普通高中课程

实施监测框架的整体开发和实践应用

上海市教师教育学院
（上海市教育委员会教学研究室） 编著

上海科技教育出版社

Preface Ⅰ
序一

教育是党之大计、国之大计。党的二十大报告提出要深入推进国家治理体系和治理能力现代化，着力推动高质量发展，建设教育强国。《教育强国建设规划纲要（2024—2035年）》进一步明确要加强教育强国建设的监测评价，建立基于大数据和人工智能支持的教育评价和科学决策制度。建设教育强国，基点是基础教育。基础教育课程承载着党的教育方针，规定了教育目标和教育内容，是国家意志在教育领域的直接体现，在立德树人中发挥着关键作用。基础教育课程的实施是推进基础教育高质量发展、支撑教育强国建设的关键要素，直接决定了教育教学质量。

推进科学有效的课程实施与教材使用监测，不仅是助力教育治理现代化、教育强国建设的重要环节，也是保障“新课程与新教材”高质量实施的关键手段。随着国家课程方案、学科课程标准的全面施行，课程实施的科学化、精准化监测与反馈需求日益迫切。为落实《教育部办公厅关于开展课程实施与教材使用监测工作的通知》（教材厅函〔2023〕5号）要求，上海于2023年7月启动中小学课程教材常态化监测体系建设，以“数智赋能、精准改进、动态监测、提质增效”为路径，扎实有效推进课程实施与教材使用监测工作，引领推动教育高质量发展。

一、范式更新：数智技术赋能课程实施监测

数智技术赋能的教育监测体系，正在重塑教育治理的决策逻辑与改进路径。基于“监测推进治理、数据聚焦证据、结果强化改进”的治理范式，课程实施监测实现了从经验驱动向数据赋能、从结果管控向过

程优化、从外部评估向内生发展的转型。

其一，监测推进治理。《教育强国建设规划纲要（2024—2035年）》将教育评价改革作为教育治理现代化的突破口，明确提出要推进信息技术赋能评价改革。在数智技术的赋能下，课程实施监测突破了传统评价的局限，通过构建"监测—反馈—改进"的闭环系统，实现了教育治理的范式跃迁。借助数字化平台，监测数据能够实时贯通市、区、校三级教育主体，构建起分布式协同治理网络。监测报告也从"事后总结"升级为"实时导航"，为教育资源配置、政策调整提供了精准坐标。这一转变使教育决策从经验依赖转向数据赋能，推动教育治理迈入科学决策的新阶段。

其二，数据聚焦证据。循证决策已成为全球治理和政策制定的共同愿景，它强调基于现有数据和证据进行科学分析和评估，以提高决策的准确性。在这一背景下，《深化新时代教育评价改革总体方案》提出要破除"五唯"痼疾，改进结果评价、强化过程评价、探索增值评价、健全综合评价。数智技术赋能的课程实施监测，能够突破"唯分数"的评价窠臼。通过多模态数据采集与智能分析技术，课程实施的全要素、全流程被转化为可观测、可比较、可改进的证据链。这种标准化数据采集与系统化评价，使教育评价从"结果判定"转向"过程诊断"，为破解五育并举落地难题提供了新路径。

其三，结果强化改进。《基础教育课程教学改革深化行动方案》提出，"坚持循证决策，健全监测反馈机制，持续优化改进课程实施规划"。课程实施监测的核心在于推动学校持续改进教育教学工作，构建良性循环，从而实现高质量发展。面向循证改进的课程实施监测，通过收集、分析和应用教育数据，科学评估课程实施效果，并依据这些证据推动课程改进。因此，监测结果的应用应紧密围绕学校需求，将"问题清单"转化为"改进指南"，推动学校从被动接受评估转向主动寻求改进。借助数字化平台，课程实施监测数据得以统合处理，形成多层次、多视角、多维度的数据报告。这些报告为市、区、校三级教育管理者和教研指导者提供了丰富多样的可视化监测信息，指明了改进方向。

二、实践推动：构建课程实施监测的上海方案

在数智技术重构教育治理范式的背景下，上海市以"三位一体"理念为指引，通过构建治理共同体、打造监测工具箱、深化评估改进机制，形成了具有示范意义的课程实施监测"上海方案"。这一实践体系既是对教育评价改革政策的精准落地，也是以技术赋能推动教育高质量发展的创新探索。

首先，高位推动，构建治理共同体，筑牢课程监测的顶层设计。教育监测是教育治理现代化的重要标志。通过科学监测实现数据采集标准化、评价维度系统化、决策依

据精准化、问题诊断前瞻化、结果反馈个性化、改进应用一体化，构建“监测强服务、监测促提质”新生态，为教育高质量发展提供坚实支点。开展课程实施与教材使用监测，是上海贯彻落实党的二十大“加强教材建设和管理”决策部署、深化基础教育课程改革的核心举措，也是推进教育现代化、落实“五育并举”育人目标的战略抓手。在上海市教委的领导下，构建起“市级统筹、区级协同、校级落实”的三级联动机制：市级教研部门聚焦政策落地与质量监控，开展全覆盖、常态化的过程性监测；区级教育局结合区域实际，针对性实施专题性监测与特色项目督导；基层学校则以“一校一策”为原则，建立校本化的自我监测与改进体系。通过遴选组建跨学科、跨领域的专家监测队伍，配套开发标准化监测工具与培训体系，市－区－校三级主体形成了“信息直通、资源共享、响应迅速”的协同网络。这种“高位推动、上下贯通”的治理架构，既确保了监测工作的权威性与公信力，又通过常态化信息采集机制，将课程监测深度融入教育治理的日常实践，为教育决策提供了“实时导航”的动态坐标系。

其次，循证决策，打造监测工具箱，构建数据驱动的智能体系。基于循证决策理念，上海构建了“目标导向、技术赋能、证据支撑”的课程教材监测体系。依托教育信息平台，整合学业数据、课堂观察、师生调研等多源异构数据，运用大数据分析与人工智能技术，实现从“原始数据”到“决策证据”的智能化转化。聚焦中小学“双新”实施要求，研发覆盖课程目标、教学内容、教学方式、评价方式等维度的监测框架，构建包含过程性指标与结果性指标的立体化评估体系，形成“规准—证据—诊断—反馈—改进”（CEDFI 模型）的闭环评估链条。监测工具箱不仅包含标准化量表与数字化平台，更嵌入了动态优化的判据模型库，能够根据区域差异与学段特征，自动生成适配性诊断报告，为教育决策提供“可解释、可操作、可复制”的科学依据。

再次，以评促改，助力“双新”高质量实施，激活学校内生的改进动能。课程实施监测的价值，在于推动学校从“被动评估”转向“主动改进”。上海通过构建“问题导向、精准施策、持续迭代”的改进机制，将监测数据转化为教育改革的“催化剂”。一方面，基于判据模型库实现问题识别与归因分析，灵活运用单指标预警与多维度画像相结合的方式，精准定位课程实施中的薄弱环节；另一方面，建立市、区、校分级报告制度，通过“数据看板—专题分析—改进清单”的递进式反馈，推动课改政策在区域层面的差异化落地。在校级层面，践行“一校一报告”原则，结合学校办学特色生成个性化诊断报告，既提供基准数据对照，又预留自主改进空间。例如曹杨中学基于高中课程教材监测要求构建了指向高水平特色发展的校本化监测体系，立足课程、教学、评价等内涵发展，促进教师专业发展和学生健康成长，建立“动态监测—及时反馈—优化改进”的长效机制；并且通过实践效果研制、不断迭代调整监测指标与观测点，逐步形成凸显学校特色、可迁移推广的校本化监测体系，为学校高水平特色发展提供实证支撑。

三、面向未来：继续高质量推动课程实施监测

课程实施监测作为教育治理现代化的核心抓手，已成为推动教育高质量发展、支撑教育强国建设的关键环节。在全面深化教育改革、落实“五育并举”育人目标的背景下，课程实施监测的价值不仅体现在对改革成效的精准评估上，更在于其通过数据赋能驱动教育治理能力现代化，为人才培养质量提供系统性保障。

在数字化转型与教育高质量发展的双重赋能下，课程实施监测的内涵与外延发生重要跃迁。其价值坐标已从单一的效果评估升维为重构教育生态的关键支点，在治理维度引发教育评价体系的范式革命。通过构建德智体美劳“五育融合”的数字化评估模型，监测体系与综合素质评价实现深度耦合，形成覆盖教育全周期、全场景的“数字孪生”系统。这种创新融合有助于弥补“唯分数论”的评估缺陷，也可以催生出“市－区－校”三级联动的协同治理新生态。市级层面，从课程建设、教材使用、教学实施、评价机制等维度梳理成效和问题，召开“双新”深化行动推进会，面向区教育局、教研部门和学校校长反馈相关信息，明确问题改进方向。区级层面，利用本区的监测数据，审视课程管理、资源赋能、研训成效等方面的效果和弱点，挖掘特色，寻找差距，开出“药方”。校级层面，对教师和学生的数据进行分析，从不同维度审视学校育人成效和薄弱点，发挥引导、诊断、改进、激励功能。

面向 2035 教育强国战略目标，课程监测的体系化创新将成为提升人才培养质量的重要战略支点。通过构建“监测—反馈—改进”的螺旋式提升机制，形成覆盖课程目标、实施过程、育人效果的全链条质量保障体系。在技术赋能层面，基于大数据、人工智能的教育监测平台将实现多源异构数据的实时采集与智能分析，构建学生成长的三维数字画像；在制度创新层面，监测结果将深度嵌入教育资源配置、教师绩效考核、学校办学质量评价等治理场景，形成“用数据说话、用数据决策、用数据创新”的新型治理文化。这种监测驱动的治理变革，不仅将重塑教育评价的价值坐标系，更将推动中国教育治理体系向精准化、科学化、现代化方向演进，为培养担当民族复兴大任的时代新人提供坚实支撑。

上海市教育委员会副主任　杨振峰
2025 年 5 月 23 日

Preface Ⅱ
序二

课程实施监测为何重要？这是理解本书诞生逻辑的起点。从2014年国家首次提出，到2018年《教育部关于做好普通高中新课程新教材实施工作的指导意见》重申“建立课程实施监测制度，确保课程实施质量”，再到2023年《教育部办公厅关于开展课程实施与教材使用监测工作的通知》明确全学科监测的任务书和时间表，政策的持续加码凸显了课程实施监测已经成为全面深化基础教育课程改革的关键举措。而实践层面，由于学校和教师对课程方案、课程标准的理解偏差，还有现实条件的制约，课程最终效果与预期目标之间存在一定的“落差”，“学校实施的课程”与“课堂实施的课程”始终处于监测评价的薄弱地带。将国家课程方案转化为学校高质量课程实践，以科学监测推动课程实施从形式落地到质量提升，这既是时代赋予教育工作者的使命，也是上海作为基础教育改革先行地区的重要任务。

正是在这样的背景下，上海市启动课程实施监测项目，探索以“技术赋能常态化监测、数据驱动精准化改进”为路径，逐步构建中小学课程实施监测体系。自2023年7月至今，上海市教师教育学院（上海市教育委员会教学研究室）项目团队顺利完成各项研究内容，针对“课程实施标准缺失”“监测碎片化”“反馈滞后”等问题，探索常态化监测的科学路径。本书展示了项目团队从课程实施监测理论与实践经验的梳理到高中课程实施监测框架、指标体系与信息采集工具的研制、基于大数据技术的监测信息化支持系统建设，逐步构建面向循证改进的课程实施监测与质量保障机制的研究过程。为保证监测的科学性与操作性，项目组通过市、区、校三轮培训统一部署要求，研发可视化培训手册规范各级操作，分两期完成了全市276所高中学校、15门学科的监测工作。在整理分析数据的基础上，面向市、区、校三级教育管理者、教研指导者等不同对象，分级、分岗、分类提供整体性、分学科、分学校课程实施监测报告，实现一区一报告、一校一报告。依托教育大数据应用的成熟技术，构建了循证视角下由“规准建立、证据收集、问题诊断、结果反馈、应用改进”5 个环节组成的课程实施监测闭环模型（Criterion-Evidence-Diagnosis-Feedback-Improvement，简称“CEDFI”）。

如何对国家课程改革政策进行在地化回应？如何通过监测实现评价、反馈、改进的良性循环？如何平衡技术工具性与教育本真性？这些困扰一线教育工作者的共性问题，或许借鉴上海市普通高中课程实施监测的运作机制，能找到经过实践检验的方案。本书是兼具学理性与操作性的课程实施监测指南。首先，在指标体系构建上，对标国家课程改革要求，构建了一套符合上海实际需求、体现教育现代化水平的课程实施与教材使用监测体系。遵循“合规性、科学性、特色性、成效性”四维导向，将课程实施分解为“课程设置”“教学实施”“评价机制”“保障支持”等一级指标，并进一步细化为可观测的具体条目。其次，为破解“数据孤岛”“工具缺失”“数据应用不足”等难题，研发信息化平台，建设监测数据库。课程实施监测涉及量大、面广的教育教学数据，建立多维度、多层次监测数据库是重中之重。监测信息化平台以服务改进为核心，支持多场景多渠道的数据采集、多视角多层级的数据分析，并通过可视化报告实现原始素材向有效数据的快速转化。再次，基于课程实施监测结果呈现了高中课程实施现状，并进行问题追因分析，提出“规范执行与校本转化的张力平衡”“教研专业引领与资源均衡配置”等具体策略，体现了问题导向、循证施策的实践智慧。最后，普通高中课程实施监测的结果应用是全书的落脚点，既有严谨的学术逻辑，也有鲜活的实践气息。项目团队吸纳了循证教育和学校改进研究的理论成果，提出基于监测结果应用的“立体化”课程实施改进机制，重点阐述了课程实施改进的关键步骤、核心技术，并用一区两校共 3 个案例，展示了如何通过“外部诊断 + 自我评价”机制，推动学校从数据解读走向行动改进。监测不是目的，而是唤醒教育系统内生动力的手段；监测的定位需要从检查评比工具变为学校健康持续发展的“导航”。

课程这个熟悉又陌生的概念，因其本身的复杂结构而停留在经验总结与反思的质性评价上，上海团队建立的这套监测办法，证明了课程实施质量是可量化的，代表了课程实施大规模监测的上海智慧。书中呈现的闭环监测模型、跨级联动工作机制、数据二次分析技术等，均具有较强的可复制性。大量的监测结果分析、鲜活的区校改进案例能带给一线教育工作者启发与思考。这项研究的价值在于展现了多维指标建构的系统思维、基于证据的改进思维、服务学校的实践导向。

在《教育强国建设规划纲要(2024—2035年)》明确提出“加强教育强国建设的监测评价”之时，本书的出版恰逢其时。通过构建常态化监测体系，政府从行政管控转向数据治理，学校从被动执行转向主动改进，教研从经验判断转向循证优化。这种治理范式的转变，正是教育强国建设的应有之义。上海的监测实践不仅是质量保障手段，更是教育治理现代化的重要标志。

当然，在肯定本书价值的同时，亦需提出尚待完成的课题。例如，尽管课程实施监测指标体系具有高度的结构化，但在监测实践中还需做到适当简化，突出重点，动态调整。再如，成功的监测不仅依赖于技术、工具和方法，还取决于数据输入的质量、操作的便利性和参与人员的监测素养，这些问题仍须深入思考。这恰恰彰显了本书的开放性——不是终点，而是新的研究起点。衷心期望本书的出版，能引发更多关于监测如何赋能教育高质量发展的讨论与实践。

让我们一同期待以科学监测为支点，撬动更高质量、更具温度的基础教育未来。

北京师范大学中国基础教育质量监测协同创新中心　辛涛

2025年5月24日

目 录
Contents

Chapter

01

第一章

课程实施监测的学理基础和模型建构

课程实施与课程改革相伴而生。对课程实施的专门研究，兴起于 20 世纪 60 年代末对“学科结构运动”失败的反思。“囿于课程变革计划和假设体系的制定，而对变革的具体实施过程关注甚少”[①] 导致了这项大规模改革的失败。自此，学界越来越多地关注课程实施，理论层面和实践层面都对课程实施形成一个清晰的共识：课程改革计划需要高质量的实施，才能从“蓝图”变为“现实”。为了科学准确地测量课程实施的程度，探究不同因素与课程实施的影响关系，评估课程改革的实际效果，课程实施研究中产生了一类关于实施评价的议题，世界众多国家和地区也不约而同地开展了针对大规模课程实施的评价活动。尽管课程实施监测方面的直接研究较为少见，但监测作为评价的一种形式，课程实施监测可以从课程评价研究中获得有益借鉴。

本章内容首先从课程实施的定义说起，梳理课程的三种取向和层级理论，由此明晰本研究对课程实施的认识。其次，解析课程监测的概念，引入课程评价的经典模式，介绍世界各国和地区较为知名的课程实施监测项目，从中获取本研究的理论支撑和实践启示。最后，结合国内对课程实施监测的政策要求和已有研究现状，提出本研究对课程实施监测的定位，构建监测模型。

① 张华．课程与教学论［M］．上海：上海教育出版社，2000：330.

第一节 课程实施的定义、取向及层级

一、课程实施是什么？

课程实施是一个舶来词汇，在英文文献中通常译为 Curriculum Implementation。已有研究对课程实施的定义一般呈现出三种观点（见表 1-1）。

（一）课程实施等同于教学

第一种观点将课程实施等同于教学。例如，陈侠认为课程实施主要依赖教学，课程实施实际上也就是教学[①]。黄光雄、蔡清田将课程实施视为“将书面课程转化为教室中教学作为的教育实践行动”[②]。持有这一观点的学者大多将课程看作一个由计划、开发、实施、评价环节构成的动态连续体，其中的实施环节就是教学[③]。

（二）课程实施是课程变革计划的实践过程

第二种观点将课程实施界定为课程变革计划的实践过程。该定义最早见于富兰（Fullan）、庞弗雷特（Pomfret）于 1977 年发表的文章，即“将课程改革方案付诸实践的过程”“课程革新的实际使用状态，即革新的运作过程中一切作为和内容”[④]。作为课程实施问题研究的奠基者，两人深刻影响着国内学者对课程实施的理解。施良方提出“课程实施是将课程计划付诸实践的历程，属于课程发展中的实质性阶段”。张华同样从课程变革的角度来界定课程实施，认为课程变革包括变革的计划、变革的实施、对变革过程及效果的评估，而变革计划实施的具体过程就是课程实施。

（三）课程实施是教师的课程开发与创生过程

第三种观点将课程实施视作教师的课程开发与创生过程。该角度与第一种角度的

---

① 陈侠．课程论［M］．北京：人民教育出版社，1989：251.
② 蔡清田．课程学［M］．台北：五南图书出版公司，2008：4.
③ 崔允漷．学校课程实施过程质量评估［M］．上海：华东师范大学出版社，2017：4.
④ Fullan M，Pomfret A. Research on curriculum and instruction implementation. Review of Educational Research，1977，47（2）：335-397.

相同点在于基于微观的课堂教学层面去理解“实施”，但是创生视角下的课程实施则凸显教师的主体性和创造性，认为作为课程主体的教师能自觉主动地变革课程的各要素以达到促进课程完善、教师成长和学生发展的目的。书面的课程只是教师实施或创造课程的资源之一。康奈利称之为“教室之内的课程开发”[①]。因此，持有该视角的课程实施研究将重心放在教师与课程的互动关系上。张增田、靳玉乐提出“课程实施是师生与文本的对话和课程意义的创造与生成过程”[②]。

表 1-1　课程实施定义的比较

课程实施观点	代表学者	课程实施定义
课程实施等同于教学	陈侠	课程实施主要依赖教学，课程实施实际上也就是教学
	黄政杰	微观层面的课程实施能简化为教学，课程计划的实施过程就是教学过程
	黄光雄、蔡清田	课程实施即将书面课程转化为教室中教学作为的教育实践行动
课程实施是课程变革计划的实践过程	Fullan、Pomfret	课程实施是指课程革新的实际使用状态，即革新的运作过程中一切作为和内容
	施良方	课程实施是将课程计划付诸实践的历程，属于课程发展中的实质性阶段
	张华	课程实施是课程变革计划实施的具体过程
	Leithwood	课程实施是个过程，用以缩短现存实际与建议实践间的差异
课程实施是教师的课程开发与创生过程	张增田、靳玉乐	课程实施是师生与文本的对话和课程意义的创造与生成过程

二、课程实施取向作为首要理论问题

对课程实施的差异化认识反映了课程实施取向的不同。课程实施取向代表了对课程实施本质的认识及其背后的教育价值观，“直接制约着研究者判断课程实施成功与

① Michael C F. The functions of curriculum development [J]. Interchange, 1972, 3 (2-3): 161-177.
② 张增田，靳玉乐．论解释学视域中的课程实施[J]. 比较教育研究，2004（6）：1-5.

否的标准，并且影响着研究者如何测量、评定或理解课程实施”[①]。因此，课程实施取向是课程实施监测研究面临的首要理论问题。基于对早期课程变革行动或实施研究的反思，学者提炼出忠实取向、相互调适取向、创生取向这三种较为常见的课程实施取向。三种取向对课程、课程实施与课程计划的关系以及教师角色、实施策略的认识均呈现较大差异，相应的研究问题和研究方法也各有侧重。

（一）忠实取向：课程实施的计划性

忠实取向侧重课程实施的计划性，认为课程实施是执行课程变革计划的一种线性的、系统的实践过程。在该过程中，课程由专家创造，是经由专家认同的权威性知识，而教师要依据专家的设计在课堂上忠实地执行课程，不能做出调试和改变。因此，无论是课程还是实施过程都具有极高的可预测性。根据这一取向，衡量课程实施成效的根本标准就是课程计划与课程实际的符合程度。符合程度越高，课程实施就越成功。为了提高符合程度，忠实取向认为要设计并建构系统化、技术化的机制或途径来指引课程实施。

持有忠实取向的课程实施研究主要围绕两个议题进行：一是测量课程实施对预定变革计划的实现程度，即课程实施程度研究；二是确定影响实施程度的基本因素，即课程实施影响因素研究[②]。研究方法通常采用量化研究，研究者认为在技术上越严格的教育与心理测量方法，越能够准确测量课程实施程度和探究课程实施影响因素。该研究制定了一套观察量表用来评判教师执行课程计划的程度，量表项目均是课程改革要求的教师行为，包括将教材布置于教室内、安排教室为工作区等 12 项。研究结果发现，教师的行为只有 16% 符合改革方案所要求的行为。这是评价课程实施程度的先驱研究。有学者对该研究提出批判意见，认为仅以教师的外在行为表现代表课程实施的量化资料是不完整的，教师在课程方面的理解与诠释转化程度也应纳入观察。这恰恰反映出忠实取向课程实施的局限性。变革不是一门技术，不能仅靠学习变革要求的行为和模式就能自然而然地发生，因为这忽略了课程实施的脉络因素、师生的创造力，以及人际互动交流的重要性。

（二）相互调适取向：课程实施的情境性

相较于忠实取向将侧重点放在课程计划上，相互调试取向侧重从实施过程来看待

① 尹弘飚，李子建．再论课程实施取向［J］．高等教育研究，2005（1）：67-73.
② 张华．论课程实施的涵义与基本取向［J］．全球教育展望，1999（2）：28-33.

课程实施，认为由于教师、情境等脉络因素的存在，课程不可避免地被修改和调整。基于此，调试取向将专家作为课程计划者，教师作为课程实践者，课程实施过程就是课程实践者与课程计划者基于情境对课程诸要素做出相互协商、调整的非线性过程。所谓“调适”有两方面内涵，一方面是改变课程计划，以适应实际情境；另一方面则是调整已有实践，使之更契合课程计划。因此，这一过程是不可预测的，需要营造沟通协商、分工合作的氛围，促进课程参与人员的交流互动，才能更有效地实施课程。

持有相互调适取向的课程实施研究主要探讨两个问题。其一，探讨课程实施过程中所产生的各种教育问题，从而深入研究课程变革的本质。研究者倾向于从社会科学中借用新的方法和理论以获得详尽的、描述性的资料。其二，着眼于提高课程实施过程与预定课程计划相互适应的效果，确定影响课程实施的各种情境因素，特别是组织变量。[①] 这类研究会采用量化研究与质性研究相结合的方法，比如自陈式问卷调查、个案研究，认为技术高度复杂的研究工具难以把握课程实施的具体情境，反而缺乏效度。代表研究为伯曼和麦克劳林的兰德计划（The Rand Project）[②]。调查结果得出结论：在学校决定采纳新课程计划之后，课程改革的主要障碍存在于学校的组织动员之中，其主要原因是学校的教师已经习惯原来的课程做法，很难再接受新的课程。该研究将课程改革总结为三个阶段：①开始的阶段；②实施的阶段；③合并的阶段。在改革开始的阶段，必须保证会充分地支持改革。如果课程改革在第一阶段就获得学校人员的支持，那么就能进入第二个实施的阶段。在实施的阶段中，学校的组织架构、教师与行政人员的能力开始进行调整以适应新的课程。到了第三个合并的阶段，新课程的改革变成既定课程的一部分，提供新课程所需的人员、经费，而让新课程能持续进行。在此阶段，在职训练、后续的活动对于新课程的持续实施是必须的。成功的课程实施取决于课程变革的特征、教学和行政管理人员的能力、社区环境以及学校组织结构等因素，具体因素包括改变的适切性和需要性、复杂性、明确性，计划的质量与实际性等 15 项。自此之后，学界对理解课程实施的本质以及影响课程实施的因素有了突破性的进展。然而，相互调试取向不是毫无破绽的，它过于强调课程实施的环境、组织因素，因此会忽略人际互动过程中可能产生的权力宰制关系。

（三）创生取向：课程实施的生成性

创生取向十分强调作为课程主体的师生的作用，认为师生才是建构课程知识并赋

① 张华．论课程实施的涵义与基本取向［J］．全球教育展望，1999（2）：28-33.
② 任庆仪．课程发展与设计原理［M］．台北：五南图书出版公司，2021：235.

予意义的角色而非专家。其中，教师更多地负有在改革过程中统整的作用。因此，专家设计的课程仅是提供给师生创生经验的资源之一，不是真正的课程。真正的课程是师生互动创造、共同体验到的经验，课程实施则是师生在具体情境中创生新的教育经验的过程。课程实施的目的不再是课程计划是否执行或修改，而是师生在思考与行动上获得成长和改变，课程实施成功的标志在于思维、感情、价值观的变革。该取向下，尤其需要对师生的主体性给予充分理解与接受，更多地提供师生增能赋权的可能。

在对以上三个课程实施取向进行比较（见表 1–2）后，张华用“连续体”形容三者关系[①]，尹弘飚、李子建提出三者表现出明显的渐进式过渡特征[②]，严卿将这种渐进式变化归因于课程实施的计划性和生成性的分配权重[③]。从比较中可知，无论哪种课程实施取向，都只反映了课程实施某一方面的本质，都没有体现事实性认识与价值性认识的统一。课程实施研究应综合三个取向的优点，结合具体的变革情境来进行。

表 1–2　三种课程实施取向的比较

维度	课程实施取向		
	忠实观	相互调适观	创生观
关键特征	计划性	情境性	生成性
课程实施	执行课程变革计划的一种线性的、系统的实践过程	课程实践者与计划者基于情境对课程诸要素做出相互协商、调整的非线性过程	师生在具体情境中缔造新的教育经验的过程
课程 / 知识	由专家创造，是经由专家认同的权威性知识	由于教师、情境等脉络因素的存在，课程不可避免地被修改和调整	师生互动创造、共同体验到的经验。专家设计的课程仅是资源之一
教师角色	知识消费者，依据专家设计的课程实施	专家作为课程计划者，教师作为课程实践者	改革过程中的统整角色
课程实施成效	具有极高的可预测性。根本标准就是课程计划与课程实际的符合程度	不可预测。改变课程计划，以适应实际情境；调整已有实践，使之更契合课程计划	师生在思考与行动上获得成长和改变，成功标志在于思维、感情、价值观的变革

① 张华 . 论课程实施的涵义与基本取向［J］. 全球教育展望，1999（2）：28–33.
② 尹弘飚，李子建 . 再论课程实施取向［J］. 高等教育研究，2005（1）：67–73.
③ 严卿 . 课程实施监测中的几个基本问题［J］. 教学与管理，2022（19）：63–66.

（续表）

维度	课程实施取向		
	忠实观	相互调适观	创生观
实施策略	设计并建构系统化、科学化的机制或途径	营造沟通协商、分工合作的氛围，促进课程参与人员的交流互动	对师生的主体性给予充分理解与接受，更多地提供师生增能赋权的可能
研究议题	测量课程实施对预定变革计划的实现程度；确定影响实施程度的基本因素	探讨课程实施过程中所产生的各种教育问题；确定影响课程实施的各种情境因素	师生创生的经验是什么？如何创生的？外部因素如何影响课程创生？创生的课程对学生有怎样的影响？如何赋予教师和学生权利？“隐性课程”的影响？
研究方法	量化研究。在技术层面体现为严格的教育与心理测量方法	量化研究与质性研究相结合。技术高度复杂的研究工具缺乏效度	质性研究为主。采用个案研究、行动研究、深度访谈等方法
代表性研究	Gross，Giaquintac 与 Bernstein “催化角色模式”	伯曼和麦克劳林的“兰德计划”	Bussis、Chittenden 与 Amarel “表面课程之外”
限制	忽略课程实施的脉络因素、师生的创造力，以及人际互动交流的重要性	忽略人际互动过程中可能产生的权力宰制关系	弱化了教师专业能力差异和学校组织特性对课程实施的影响

资料来源：欧用生，1995；Snyder et al.，1992。

三、课程实施层级的经典理论

课程实施研究必然涉及对课程层级的界定，只有明晰了所讨论的课程实施属于哪一层级，研究者才能互相理解并在同一范畴对话。关于课程层级的经典理论以古德莱德（Goodlad）的五层级课程为先驱，以霍尔（Hall）的课程使用层次理论为突破。前者大大拓展了课程的外延，深刻揭示了课程变革内涵及其转化过程。后者聚焦教师实际使用的课程，为评价教师的课程实施水平建立框架指引。

（一）Goodlad 课程层次理论：课程如何向下转化？

Goodlad 与 Klein 在 1978 年就 18 个国家的课程进行研究，发现课程实施具有五个层级，层级之间区分明显但有紧密联系，自上而下分别是：①观念层次。往往由研究机构和专家学者提出关于课程目标、内容及组织的革新方向，这些想法可能被官方采用，也可能被抛弃，因此称为“理念课程”。②社会层次。由教育行政部门对理念课程进行筛选、采用和修正，通过政策法规、文件指南确权为各种课程材料，比如课程方案、课程标准、教科书等，即“正式课程”。③学校层次。学校要遵循官方指定的正式课程，并根据自身需要加以调整，以学科为形式组织成每日、每周、每学期、每学年的课程安排。尽管大部分源于正式课程的内容，但不同年级要安排不同的课程。同时，教师对官方指定的课程材料有自己的理解。因此这一层次实施的是“教学课程”或“知觉课程”。④教学层次。即教师在具体教学情境中实际执行的课程。教学情境在变化，教师必须据情境做出调整，因此教师理解的课程与教师实际执行的课程不完全一致，教学层次实施“运作课程”。⑤体验层次。尽管接受的教学是一样的，但学生获得的学习体验因人而异。体验层次的课程就是学生实际体验和内化的学习经验，是“经验课程”[①]。

格拉特霍恩（Glatthorn）对古德莱德的课程层级稍加修正，提出了“建议课程、书面课程、支持课程、教导课程、测验课程、习得课程”，测验课程指经由课堂测验、地区测验或标准化测验所评价的内容[②]。张华基于课程层级理论，分析得出观念层次的课程与社会层次的课程仍处于课程计划阶段，而学校层次、教学层次、体验层次才真正进入课程实施阶段[③]。

不论如何，课程的层级划分揭示了课程实施的路径。课程从课程计划到学生体验，依次要经历专家建构、教育部门颁定、教师领悟、教师实施和学生理解等多个主体的加工与转化。这种加工可能是推演、主动删除、疏忽或曲解，会导致课程某部分的增减。Brophy 针对课程实施的层次关系，以图说明各层级不容易出现一致的课程，层次间也存有由于课程转化造成的落差（见图 1-1）[④]。从中发现，学校和教师在课程计划与学生之间有承上启下的重要作用，是课程实施成效的关键。

---

① 黄光雄，蔡清田．课程设计：理论与实际［M］．南京：南京师范大学出版社，2005：2.

② 格拉特霍恩，博舍，怀特黑德．课程发展与领导［M］.2 版．高新建，邱郁伦，黄秋銮，等，译．台北：华腾文化股份有限公司，2010（1）：4–15.

③ 张华．课程与教学论［M］．上海：上海教育出版社，2000：332–333.

④ Brophy J E. How teachers influence what is taught and learned in classroom［J］. The Elementary School Journal，1982（83）：1–13.

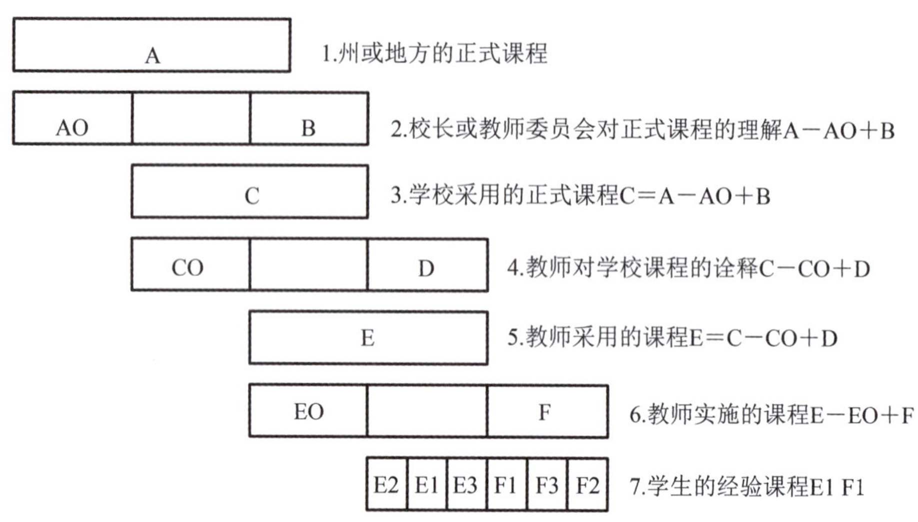

图 1-1　课程的转化差距

资料来源：Bropby J E. How teachers influence what is taught and learned in classroom［J］. The Elementary School Journal, 1982（83）：1-13.

（二）Hall 课程使用层次：教师是否实施课程?

"课程使用层次"（Level of Use，简称 LOU）源于 Hall 等人提出的"关注为本采纳模式"（Concerns-Based Adoption Model，简称 CBAM）。CBAM 主要用作测量、描述和解释教师实施新课程材料和教学方式所经历的改变过程，以及如何干预这一过程以促进个体行为改变。为了实现该目的，CBAM 开发了三大工具。LOU 是其中之一（Hall&Hord，1987），通过测量教师行为，判断教师实际使用新课程的层次并促进课程实施。其研究假设在于课程实施者与非实施者具有不同的行为特征，教师的课程实施行为能够反映课程实施程度。

LOU 首先将课程使用层次分为八层，包括未使用、定向、准备、机械地使用、例行化、精致化、统整与更新，分别以 0 水平到Ⅵ层次代指。其次，课程使用层次的判定有六类观察点，分别是知识、获取信息分享、评估、计划、观点陈述、执行状况。各个使用层次对应的观察点内容及技术熟练程度不同。如表 1-3 所示，八个层次由低到高，形成一个发展的层级。其中前三个层次属于非实施者行为，后五个层次属于实施者行为。两两层次之间有过渡的决策点，决策点即前一层次进阶为后一层次的标志性特征。例如，处于 0 水平的教师几乎或根本就不了解变革，因而没有参与变革，也不打算参与到变革中。处于 1 水平的教师已经收集到或正在收集有关变革的信息，并且（或者）已研究或正在研究变革的价值取向，还研究了变革对实施者和非实施者所在的整个系统有着怎样的要求，会表现出这些行为：寻找有关革新的信息，与人交流，参加有指导性的研讨会，阅读描述性的小册子，对革新及使用其替代方案的可能性作一般探索。但是，个体在这一水平上还没有决定实施革新。从 0 水平向 1 水平发展的标志性特征就是采取措施来了解更多关于变革的详细信息，即判断进入 1 水平的决策点。

由于问卷难以对实施行为的直接描述进行测量，而是更多地转向了对实施关注的评价，因此霍尔等人主张采用实地观察和聚焦型访谈两种方法来判定教师对新课程方案的使用层次，他们运用此两种方法所获得的研究结果之间的相关系数达到 0.98（Hall&Hord，1987）。需要补充的是，教师的实施行为可能从不同类观察点看处于不同的层次，行为也并不都是按从低到高的层次依序发展，教师个体有其独特的课程实施路线。因此，在使用 LOU 分析课程实施时，应明确它是一个指导性框架，要结合教师、具体情境和研究特点来辩证使用。

表 1-3　课程方案的“使用层次检核表”

层次与分界	表现行为
层次 8：更新	1. 实施者重新评价课程方案的质量，寻找当前创新的替代性方案或重大的修正方案，以改善对学生的影响； 2. 检视领域内的新发现，探索自己及整个学校系统的新目标
分界点	开始探讨该新方案的替代性方案或对其进行主要修正
层次 7：统整	实施者结合自己和同事在新课程方案上的努力，在共同影响的范围内给予学生集体的影响
分界点	与同事协调合作，开始改变课程方案的使用
层次 6：精致化	实施者依据短期或长期的结果，改变课程方案的使用，以改善方案对学生的实施效果
分界点	依据正式或非正式的评价，改进课程方案的使用以提高效率
层次 5：例行化	1. 课程方案的使用习惯已经建立。在使用过程中，如果有改变的话也是少数； 2. 很少考虑课程方案调整或创新的效果
分界点	实施者对于新课程方案的实施只符合课程方案所需求并熟练的工作
层次 4：机械地使用	实施者致力于课程方案的短期目标或例行性工作，缺乏时间反思。使用上的改变旨在符合实施者的需求，而非学生的需求
分界点	课程方案的使用和改变都根据实施者的需要而调整

（续表）

层次与分界	表现行为
层次 3：准备	实施者会为第一次使用课程方案而备课
分界点	决定采用课程方案并建立实施时间表
层次 2：定向	实施者已经获取课程方案的资料并且已经了解或正在探讨课程方案的价值取向、对实施者的要求等
分界点	采取行动，以获取课程改革的资料
层次 1：未使用	实施者对新课程方案缺乏了解或了解甚少，没有实施课程方案亦没有备课

资料来源：黄政杰（1991），课程设计，台北：东华书局，401.

第二节 课程实施监测的定义与模式

一、课程实施监测是什么?

(一)监测是评价的下属概念

要界定课程实施监测,首先要理解"监测"的含义。"监测"的英文是"monitoring",指持续关注与检测事物的发展状况以做出必要的改变。在《现代汉语词典》中,"监测"的意思是监督并检测。杜育红将监测过程看作在项目的实施过程中系统、连续地收集分析有关项目投入、实施、产出、结果等方面的信息,目的在于监督项目是否按照原定的标准和程序执行,项目的预期目标是否实现[①]。

在教育领域,不少学者通过辨析监测及其同位概念,更为深刻地理解"监测"的含义。高洁辨析了监测、评价、评估和考核等概念,指出监测以宏观的教育系统为客体指向,以推动教育治理科学化为主要功能,其指标体系解构于教育系统的运行样态,其运行过程依托于标准化、智能化的指标[②]。鞠锡田认为"评价"一词的外延最大,监测是其下属概念,重心在于通过"测"的手段达到"监"的目的,"测"的是对象目前所处状态(事实),主要考查预定目标是否偏离、发展速度是否合适[③]。与之相似,希尔伦斯等人指出监测是评价的进一步限定,强调持续不断的信息收集并作为管理决策的证据,着眼于描述而非价值判断。基于数据来源、主要功能和面向对象的不同,希尔伦斯等人将教育监测与评价分为 15 种基本类型,包括国家评估项目、国际评估项目、学校成就报告、学生监测系统、基于评估的学校自我评价、考试、系统层面的管理信息系统、学校管理信息系统、国际评审小组、学校督导、涵盖教师考核的学校自我评价、学校审计、教学中的监测与评价、项目评价、不同类型的教师评价[④]。这进一步表明,定义一种

① 杜育红.教育政策的监测与评价研究:以"西部地区基础教育发展"项目影响力评价为例[M].北京:人民教育出版社,2011:23.
② 高洁,方征.评价、评估、考核、监测:教育评价若干同位概念辨析及启示[J].教育发展研究,2022(19):75-84.
③ 鞠锡田.试论教育评估的本质属性[J].当代教育科学,2017(7):45-49.
④ 希尔伦斯,格拉斯,托马斯.教育评价与监测:一种系统的方法[M].边玉芳,曾平飞,王烨晖,译.北京:教育科学出版社,2017:7-13.

监测与评价类型可以以数据来源、主要功能和面向对象为依据。

（二）“5W”定义课程实施监测

关于课程实施监测的直接定义并不多见，学者多是围绕“为何监测”“监测什么”“谁来监测”“如何监测”“如何应用”等“5W”问题来分析课程实施监测。

首先，关于“为何监测”“监测什么”“谁来监测”的回答，董洪亮提出开展课程实施监测，就是要针对课程政策的执行过程、执行状况和进展，建立起一个质量调控系统，以保障课程目标的达成[①]。沈玉顺提出课程实施监测有三大充分理由：鉴定教育系统的质量水平、根据结果进行问责、提供教育改进的决策依据[②]。严卿认为课程实施监测是落实课程改革要求的重要保障，监测的是改革理念向实践转化的过程[③]。郑开义、段启章认为课程实施监测应该是上级教育行政部门对所属中小学进行的课程实施情况开展监测，直接目的是确保中小学课程实施在遵循国家基础教育课程政策的轨道上良好运行[④]。

其次，在“如何监测”“如何应用”上，李泽林基于新课程方案转化落地的需要，提出构建各地各校课程实施的监测体系，将之拆解为四项工作：落实国家课程实施监测要求、建立省级课程实施监测关键指标、形成省级课程实施监测反馈改进机制、加强课程实施监测反馈成果应用要求[⑤]。郑开义、段启章从监测指标体系、监测信息采集、监测评估方式、监测结果应用、组织领导上描述了课程实施监测的实践要求[⑥]。史丽晶指出应以国家课程改革目标为参照点，依据忠实取向来检测课程实施的程度，应建立兼顾不同主体、不同目标维度、不同要素的多维度监测模型[⑦]。在此基础上，严卿讨论了课程实施监测研究的总体思路，认为要以理论研究为基础，从课程实施过程的管理、教师及教学、学业质量、监测数据处理平台四个方面进行系统研究[⑧]。

二、课程评价的经典模式

课程实施监测或课程评价研究在前期或多或少都会基于某种评价模式作为操作指

① 董洪亮．义务教育课程实施：基础与挑战［J］．江苏教育，2022（49）：12-15.
② 沈玉顺．2017“一带一路”明德论坛兰州峰会主题报告《中小学课程实施监测与教育质量监测》https://www.sohu.com/a/134457887_398334.
③ 严卿．课程实施监测中的几个基本问题［J］．教学与管理，2022（19）：63-66.
④ 郑开义，段启章．中小学课程实施监测的认识与思考［J］．教育（教育评价），2017（22）.
⑤ 李泽林．有效推进课程方案转化落地规划行动［J］．人民教育，2023（17）：67-71.
⑥ 郑开义，段启章．中小学课程实施监测的认识与思考［J］．教育（教育评价），2017（22）.
⑦ 史丽晶，马云鹏．课程实施程度检测模型及思考［J］．东北师大学报（哲学社会科学版），2016（1）：146-150.
⑧ 严卿，喻平．中小学课程实施过程监测：现状与思考［J］．教育理论与实践，2017（8）：35-38.

引。课程评价模式正是对如何实施课程评价活动进行操作规则、方法和步骤的说明，可以为研究者提供“实施一个特定评价的一般轮廓”[①]。据统计，20 世纪 80 年代就已经有 40 多种课程评价模式，如今的发展更是细化。一种课程评价模式往往蕴含着一定的课程理念和对评价的结构性思考，这是评价模式之间的区分标志。其中具有代表性的是泰勒的目标达成模式、斯塔弗尔比姆的 CIPP 模式以及普罗沃斯的差距模式。这三种模式不仅影响了其他课程评价模式的架构，还在今天的评价研究中发挥着重要作用。

（一）目标达成模式：评价预期目标达成程度

目标达成模式由“现代课程理论之父”拉尔夫·泰勒（Ralph Tyler）提出，是课程原理在评价领域的发展，核心在于预定目标的达成程度，并以之为评价标准来判断一项课程计划实施的效果。该模式包括七个关键步骤：①设立课程计划的目的和目标；②把目标分成较细的类目；③以行为名词表述目标，这一步还包括界定和修订所使用的行为名词；④确定能表现目标达成程度的具体场景；⑤选择和发展评价所使用的测量技术；⑥搜集有关学生表现的资料；⑦将搜集到的资料与行为目标进行比较。

之所以称之为目标达成模式，是因为确定目标是该模式最为关键的一步，其他步骤都是围绕目标而展开。在泰勒看来，目标不仅是课程编制的起点，也是课程评价的起点，评价就是要确定预期课程目标与实际结果相吻合的程度。因此，目标达成模式强调要用明确的、具体的行为来表述目标，测量方法技术要与所分解的课程目标相契合，这样才能提高评价的可操作性，有效判断目标达成的情况。

目标达成模式不仅可以用来判断某个学程的情况，还可以在过程之中进行预期目标与实际情况的比较。泰勒认为，评价应贯穿于整个过程中，评价所得的信息可以循环反馈到课程设计中，作为重新界定目标、改善课程内容的选择和组织的依据。换句话说，目标达成模式能对课程计划起到评价、反馈和修正的作用。并且由于有着便于操作、见效明显的优点，目标达成模式在很长一段时间中都主导了课程评价实践。但是，它的局限性不可忽视，如过于依赖预设目标，可能忽视非预期效果和学生个体差异以及难以全面评估情感、态度、价值观等行为特征不明显的教育目标。

针对目标达成模式的缺点，目标游离模式应运而生，将评价的重点从“课程计划预期的结果”转向“课程计划实际的结果”上。但由于缺乏一套完整的评价步骤，目标游

① 张华．课程与教学论［M］．上海：上海教育出版社，2000：403-404.

离模式更多地被当作进行评价的原则。

（二）CIPP 模式：为决策者提供信息服务

CIPP 模式由美国著名教育评价专家斯塔弗尔比姆于 20 世纪 60 年代提出。斯塔弗尔比姆认为，评价不应局限在评定目标达到程度上，而是一种规划、搜集、报告、应用叙述性与判断性信息的连续性过程，目的在于指导管理者决策，支持教学效能核定，传播有效实践，增进对评价对象的了解，为决策者提供信息服务，是斯塔弗尔比姆对评价的本质认识。因此，CIPP 模式在构建之时，就将教育决策与评价模式紧密勾连。

首先，人们进行教育决策要经历计划决策、组织决策、实施决策和再循环决策四种类型。其次，对某一事物的评价可以从目标、设计、实施、影响四个层面进行。再则，将四种决策类型和评价的四个层面一一对应，提出背景评价（context evaluation）、输入评价（input evaluation）、过程评价（process evaluation）、成果评价（product evaluation）四个连续性的评价步骤，并说明各自要回答的问题、使用的方法、收集的信息及其决策作用。如表 1–4 所示，背景评价、输入评价、过程评价和成果评价分别是为计划决策、组织决策、实施决策和再循环决策服务，分别帮助方案目标的确定、最佳方案的设计、方案的实施以及方案实施结果的考核。

表 1–4　CIPP 模式四种类型的评价

	背景评价	输入评价	过程评价	成果评价
含义	在特定的环境下评定其需要、问题、资源和机会	在背景评价的基础上，对达到目标所需的条件、资源及各种备选方案的优缺点进行评价	对方案实施过程作连续不断地监督、检查和反馈	对方案目标的达成程度做出测量、判断和解释
回答的问题	有哪些需求需要达成？应该设定哪些目标？目标是否能得到各种资源的支持与配合？有哪些目标是最有可能达成的？	采用了什么计划、程序和预算来满足需要？所选方案有多大可能实现预期目标？所选方案的合理性、合法性、合道德性怎样？所选方案需要哪些人员和资源？有哪些备选方案？备选方案与所选方案相比，为什么不用备选方案？	方案实施的实际程序如何，是否按计划进行？方案实施过程是否要修改，如何修改？资源、设备、人员是否有效利用，是否要调整？实际遇到了什么障碍，如何解决？	观察到了什么预期或非预期的、肯定或否定的结果？各种结果的价值与优点如何？实际结果与预期目标之间存在哪些差异？是否满足了受益人需要，未达到的目标是什么？

（续表）

	背景评价	输入评价	过程评价	成果评价
使用的方法	系统分析、调查、文件探讨、听证会、访问、诊断测验及德尔菲法	调查和分析可用的人力及物力、解决策略与程序设计；分析相应的适切性、可行性及经济性；文献探讨；访问典型方案；建议小组与前测	检视过程中可能出现的障碍，并对非预期的障碍保持警觉；获得决定所需描述性信息；描述真实的历程；与方案工作人员不断互动并观察其活动	制定可操作、可测量的评价结果标准并测量；搜集与方案有关人员对于结果的判断；从质与量两方面进行分析
收集的信息	预期的受益人及其需要；根据需要诊断的问题和障碍；本地资源和资助时机	方案的计划、程序和预算；方案的适切性、可行性及经济性；现有人力、资源；备选方案的优缺点	方案实施过程的详尽记录；潜在的问题与障碍；方案的调整与改进；方案工作人员的活动	预期或非预期的、肯定或否定的结果；方案有关人员对结果的判断
决策作用	用于计划所需的变革，决定方案实施的背景、目标和时机；用于提供判断结果的基础	用于组织变革活动，选择支持性资源、问题解决策略、程序设计；用于提供判断方案实施状况的基础	用于有效地控制过程，实施和改善方案设计及程序；用于提供一份真实过程的记录，以供日后解释结果之用	用于决定继续、终止、修正或调整变革；用于提供一份清晰且包含正面与负面、预期与非预期效果的记录

此外，CIPP 模式还发展了评价设计大纲与工作流程，与四种类型评价理论一起构成了一套逻辑严密的评价操作指南。与其他评价模式相比，CIPP 模式突出评价的发展性功能，兼顾质与量的评价，能监测教育过程的所有阶段，能弹性选择进行部分评价，为教育活动提供了一套系统的观察、测量、解释和改进模式，因而在评价实践中得到广泛应用。诸如国际阅读素养进展研究（Progress in International Reading Literacy Study，PIRLS）、国际数学和科学评测趋势（The Trends in International Mathematics and Science Study，TIMSS）、国际学生评估项目（Programme for International Student Assessment，PISA）等大规模国际监测项目都在监测框架与指标搭建上借鉴了 CIPP 模式的思路。

（三）差距模式：应然与实际的表现差距作为改进依据

差距模式由普罗沃斯（M. Provus）于 1969 年提出，关注的是应然的课程方案与实际的课程表现之间的差距及其影响因素，并且这种差距会作为课程改进的依据。普罗沃斯认为课程运作有设计、装置、过程、产出、成本效益分析五个阶段，而课程评价是对这五个阶段进行评价。每个阶段的评价都包括四步：确定课程标准、确定课程表现、对标准与表现进行比较以及确定差别是否存在。其中，课程标准即课程方案的各种特征，包括三个方面：预期结果，即预期的课程目标；先在因素，即实现目标所需的人员、媒介、设备；过程，即为实现目标，师生需要从事的活动。

结合五阶段和四步骤，差距模式的做法包括：①设计阶段，确定及详述课程标准（预期结果、先在因素、过程）；②装置阶段，确定实施的具体课程方案，比较方案的各方面与上述标准是否有差距；③过程阶段，确定方案实施过程的中间目标，了解先在因素、教学过程与预期结果的关系，比较实施过程中的各种活动是否与标准存在差距；④产出阶段，确定实施的结果，比较实施结果与预期目标是否存在差距；⑤成本效益分析阶段，考虑其他可能方案，从整体上比较其他方案与所采用方案的成本效益。依据评价的结果，评价人员在任一阶段都可以做出以下某一种决定：进行下一阶段的工作；重复原先阶段的工作，直到标准与表现之间没有差别；回到第一阶段的工作；终止整个课程设计工作。例如，在装置阶段，如果发现方案与标准之间有差距，要决定修改方案或修改标准；在过程阶段，如果实际与预期有差距，要分析先在因素、过程与预期结果的关系，进而对过程或因素做出调整。

与泰勒的目标模式相同的是，差距模式也十分强调课程目标作为评价标准。但是，由于是系统管理理论向课程评价领域的迁移应用，差距模式主要借助评价来提高课程开发和管理的技术性，极强的技术取向使得课程评价忽视了课程实施的能动性和创造性。

第三节 课程实施监测的国际经验

国家或地区层面，研究并提高课程实施质量已成为广泛的共识。近二十年以来，西方许多国家越来越强调国家课程的统一化设计和实施，并制定配套的质量监测举措，以保障国家课程顺利实施，如澳大利亚国家课程网络监测、英国中小学教育督导、美国课程实施（SEC）调查。不少地区也开展了官方主导的课程实施监测项目，如加拿大安大略省教育质量指标。这些国家或地区侧重的课程实施监测功能有所不同，包括了质量监控、行政监督、绩效问责、调查研究、质量保障等。由于本研究是在国家课程改革的背景和要求下探讨课程实施监测，因此着重介绍以上代表性国家和地区的课程实施监测经验。

一、澳大利亚国家课程网络监测

（一）官方指导下的国家课程监测

2009 年起，澳大利亚在全国范围内逐步推广“国家课程”（Australian Curriculum）作为统一的课程标准，并由联邦政府设立了国家课程开发、实施和评估的官方机构，名为澳大利亚国家课程评估与报告机构（Australian Curriculum Assessment and Reporting Authority，ACARA）。ACARA 的主要职责之一是监测澳大利亚的学校教育，为此制定了“澳大利亚学校教育评估框架”。该框架着重关注学生的教育参与度、澳大利亚全国评估项目（National Assessment Program，NAP）、学生成就、教育公平四大方面，每个方面涵盖不同关注点。此外，该框架明确将国家课程作为学校教育评估的优先内容。由此，澳大利亚国家课程监测有了官方机构和官方文件的指导。

针对国家课程实施，澳大利亚已经建立了覆盖从学前到高中学段的监测和评估程序。监测范围包括国家课程质量、学生成就以及学校教育质量。监测工作主要由 ACARA 牵头实施。监测的信息来源主要包括：通过会议与利益相关者的互动；独立教育机构咨询、反馈以及教师意见；国家课程网站的评论和意见、访问数据；利益相关者在媒体上对国家课程的评价；算数、阅读素养评估和 NAP 测试数据；PIRLS、TIMSS、PISA 测试结果；相关评价和研究报告[①]。

① 张玉娴，高原．澳大利亚国家课程网络监测的实践与启示［J］．基础教育，2018（3）：76-86.

（二）基于网络的国家课程监测特色

基于网络的国家课程监测是澳大利亚课程实施监测的最大特色，体现在以下三个方面。

1. 国家课程官网作为监测工具

澳大利亚国家课程官网是国家课程的资源库，也是国家课程的宣传工具和监测工具。ACARA 利用该网站，收集民众对澳大利亚国家课程官网的使用数据，收集民众对国家课程的建议等重要信息，进行有针对性的调查来了解学校、社区以及其他利益相关者的教育需求及变化。

2. 开展基于网络的 NAP 评估项目

NAP 是针对国家课程的评估项目，包括四项内容：澳大利亚算术、阅读素养评估项目，每三年一次的科学素养评估、公民素养评估以及 ICT 素养评估。这些项目均规定了评估目的、评估对象、评估内容和测试要求，均以在线测试的方式进行。

3. 借助国家课程官网进行监测报告反馈

ACARA 会针对所收集的数据和信息汇总成为本年度的国家课程监测报告，内容主要包括国家课程网站使用调查、相关群体的意见反馈、课程咨询小组协助评估报告、NAPLAN 数据报告等。这些报告会发布在 ACARA 官方网站上，从而向社会各界展示本年度各州与地方各级教育单位所发现的问题，州和领地实施国家课程的变化以及变化的原因，这些变化所带来的好处。

二、英国中小学教育督导

（一）教育督导的三个发展时期

自 1839 年女王督学团建立以来，英国教育督导已有 180 年发展历史，其制度和体系已经十分成熟。学者基于评价功能的变迁，将英国教育督导发展史切分为三个时期[①]。第一，19 世纪 30 年代—20 世纪 40 年代，以管理型职能为主，强调对教育经费投入及效用的监控和评价。由女王督学团负责视导、监督和信息报告。第二，20 世纪 50 年代—20 世纪 80 年代，以服务型职能为主，注重教育绩效。女王督学团不断壮大督学队伍和设置不同层级的督学机构，致力于反映各层面主体价值诉求，服务政府决策。

① 王瑜，叶雨欣．英国义务教育督导问责制的发展演变与基本类型：基于教育评价功能的视角［J］．教师教育学报，2019（6）：93-100.

第三，20 世纪 90 年代至今，以发展型职能为主，强调教育责任，突出信息公开、问责追查、整改完善等服务社会、学校与家庭的职能。女王督学团被废止后，代替其统管教育督导的是 1993 年英国政府成立的教育标准局（Office for Standards in Education，简称 Ofsted）。

（二）普通中小学教育督导

普通中小学教育是英国教育督导的四大对象之一（其他为继续教育和技能培训、儿童和家庭服务、学前和保育）。它以 Ofsted 为统一领导机构，以评价指标为基本判断工具，以督学聘任和管理制度为实施保障，以督导准备、信息收集和评价判断、结果反馈和报告发布为主要工作环节[①]。

1. 以 Ofsted 为统一领导机构

在领导机构方面，Ofsted 是独立于教育部之外的专门机构，主要负责宏观上安排、管理、评价、监督教育督导评价工作的运行。具体职责包括：全面主持管理督导评价工作，保证督导评价工作有序进行；统筹人事安排，招募有经验的督学；依据相关政策法规、教育方针制定各项督导制度，开发督导评估工具；监督、检查督导服务机构工作；监督督导评价工作运行；审核、发布督导评价报告；为督导服务机构提供帮助等。

2. 以评价指标为基本判断工具

在评价指标方面，根据最新修订的 2012 年中小学教育督导评价指标，包括总体效能、学生成绩、教学质量、学生的行为与安全、领导和管理 5 个一级指标。总体效能被置于突出位置，代表每所学校的总评等级，由成绩、教学、行为、领导与管理为关键判断。各一级指标均有内涵描述和评价标准。

以教学质量为例，其内涵描述为“教学最重要的目的是提高学生学业质量。包含整个学校课程在内的学习活动的计划和实施、教师对学生的记分、评价和反馈，以及教师的支持与干涉策略，教学在促进学生精神、道德、社会和文化发展过程中的影响”，评价标准共 7 条：①所有学段和学科的教学是否促进学生的学习和进步；②教师始终对学生抱有较高的期望；③教师是否通过在课堂上系统而有效地检查学生理解情况，并做出适当干预，从而提高学习质量；④阅读、写作、交流和数学得到很好的教授；⑤教师和其他成人创造积极的学习氛围，吸引学生投入其中；⑥教师的记分和建设性

① 李建民 .G20 国家教育研究丛书：英国基础教育［M］. 上海：同济大学出版社，2015：100-112.

反馈有助于学生的学习；⑦教学策略，包括设置适当的作业、支持和干预能够适合个性化的需求。

3. 以督学聘任和管理制度为实施保障

在督学聘任和管理制度方面，Ofsted 下设女王总督学、女王督学和补充督学。总督学 1 人，全权负责管理教育督导评价工作。12 名女王督学受聘组成督学委员会，承担不同职能。补充督学根据实际情况向财务部申请专项资金聘请。为保证督学具备督导资格，Ofsted 设立各类督学任职标准、考核制度，委托督导服务机构按照标准招募、管理、培训督学。督导服务机构还负责实际组织、安排、执行督导工作。

4. 以督导准备、信息收集和评价判断、结果反馈和报告为工作环节

在实施环节方面，Ofsted 公布《学校教育督导评价手册》作为学校教育督导过程及其注意事项的纲领性文件。督导的准备工作在于组建督学小组，制订督导计划，收集家长意见，进行背景信息分析等。督导过程中，督导小组主要完成两项任务，一是通过与校长面谈、课堂观察、与管理层交流等手段，收集被督导学校相关一手资料，获取评价指标所要求的信息；二是在收集和分析信息的基础上形成对学校效能和质量等各个方面以及整体的判断。督导后，要向学校反馈初步督导结果，形成和发布督导报告。督导结果的一项重要内容是学校的评级（优秀、良好、需要改进、有待改进），根据学校存在问题的程度还将判断学校是否属于堪忧组别学校。在“通过督导促进学校改进”的价值引领下，Ofsted 规定学校要将督导报告与学校改进直接挂钩，并明确规定督导之后学校应提出行动计划。对于学校提出的改进计划以及学校改进情况，Ofsted 将根据学校督导评级开展后续的监测性督导。

总之，教育督导及其结果应用至少达到三个方面效果：第一，形成了全国性教育质量评价及相关问题研究的基础数据和信息，主要是为督学向教育大臣报告全国教育质量提供材料；第二，构成学校不断改进、提升办学水准的重要基础资料和依据；第三，为学生、家长和社会提供了解学校信息和质量的来源。

三、加拿大安大略省教育质量监测

（一）联邦制下的教育质量监测体制

在联邦制国家制度下，加拿大形成了权责下放、各省自治的教育管理体制。尽管各省教育部组成教育部长理事会（CMEC），在国家层面加强对教育质量监测与评价的干预，开展“泛加拿大评估项目”（PCAP），但是省级监测仍在整个体系中占据核心地位，各省有自己的领导机构、指标框架和运行特点。

（二）安大略省教育质量指标框架

以安大略省为例加以介绍[①]。安大略省于 1996 年成立教育质量和问责办公室（The Education Quality and Accountability Office，EQAO），负责管理和参与省级、国家和国际评估项目，并对全省公布评估情况。安大略省的教育质量指标框架涵盖两个部分：一是核心部分“学生学业的测验成绩”；二是四大范畴要素，包括背景性要素、输入要素、过程要素和输出要素。

1. 核心部分：学生学业的测验成绩

2010 年安大略省教育部印发的《不断成功：安大略省学校评估、评价与报告》（*Groving Success*：*Assessment*，*Evaluation and Reporting in Ontario Schools*），要求学校（教师）采用恰当的评价策略和方法，针对 1—12 年级学生在学校学习取得的学业成就进行评估与评价，其主要包括既有区别又有关联的两个评价：对学生学习技能与工作习惯的发展做出评价，基于各学科课程期望表现标准对学业成就做出评估与评价[②]。

2. 四大范畴要素：背景、输入、过程、输出

背景性要素主要用来描述经济、社会影响等影响教育制度的因素，主要对包括注册就读情况、社会经济状况、出生国、在加拿大居住时间和语言背景（第一语言学习者、在家说的语言、第一语言）、特殊需要和学生流动（学生注册就读的转学、退学、入学）在内的各项指标予以评价。

输入要素主要用于描述各类资源，主要包括学生缺席情况（小学生每天的缺席率，9 年级和 10 年级的学生在过去一个月中的缺席情况和上课迟到情况）、支持性的人事（学校层面的教学支持）、教师资格和经历（每年的教学课时数，额外的阅读、写作和数学的资格要求，教师教育背景）、教学材料的获取情况及使用频率、评价材料的获得和使用情况（有用性和使用频率）和选修课程的计算机使用情况（在家做作业时的使用情况，在学校使用计算机的情况）。

过程要素主要用于描述使用和管理上述输入要素的过程中的因素，比如教师完成计划、讨论课程评价学生的频率以及自身专业发展的指标。

输出因素主要描述学生在校的发展情况，包括学生的态度和学生学业表现结果。

---

① 赵风波 . 加拿大教育质量评价：数据驱动　公众参与［J］. 上海教育，2014（11）：57-59.
② 胡军，刘万岑 .G20 国家教育研究丛书：加拿大基础教育［M］. 上海：同济大学出版社，2015：149.

3. 监测数据和报告方式

在监测数据和报告方式上，安大略省的数据绝大部分来源于学生问卷、教师问卷、校长问卷、各种测验评价以及校董会的学生信息体系。报告采用年度汇报的形式，规定除了学业表现信息外还应介绍学校、学区等背景情况，报告也将及时汇总发布在教育部网站。此外，教育部网站还有收集公众意见、发布评价资源的功能。

四、美国教育进步评估项目和课程实施调查模式

（一）NEAP：国家基础教育质量监测

随着《不让一个孩子掉队》法案的颁布与《共同核心州立标准》的实施，美国掀起了由标准驱动并基于标准的课程改革运动，并蔓延至教育质量监测领域。由隶属于美国教育部的全国评估委员会和国家教育统计中心主导，发起了学生学业质量评估项目“教育进步评估”（National Assessment of Education Progress，NAEP）。该项目致力于在全国范围内以一种标准化的方式对各州学生学业表现、对学生不同时期内各个学科的表现进行评价，同时反映美国现有课程执行情况。随着越来越多的州参与，NAEP 已经成为美国国家基础教育质量监测体系[①]。

NAEP 包括主评价（Main NAEP）和长期趋势评价（long-term Trend NAEP）两类评价项目。平常提到的 NAEP 一般指主评价项目，分为全国评估、州评估以及城市地区评估三级项目，主要用于监测学生当前的学科学业表现。参与测试的学科涵盖数学、阅读、科学、写作、艺术、公民、经济学、地理、美国历史、技术与工程素养等，具体测试学科在各级项目、不同年份均有所区分。NAEP 为每个学科都编制了测验框架，在一定程度上就是美国某个学科通用的课程标准。长期趋势评价项目用于预测学生学业表现的变化趋势，只在国家层面上开展，评价学科包括数学、阅读。

在进行学科测试的同时，NAEP 也通过问卷调查、查阅学校记录卡等途径收集学生的性别、年龄、种族、家庭经济状况、父母受教育状况等方面的背景信息。需要特别关注的是，NAEP 高度强调监测内容与课程标准的一致性，即实际的学科测验是否对应了课程标准各方面的要求。为此，涌现了关于课程标准与考试一致性分析的多个模型。以 Webb 模型为例，从类别一致性、知识深度一致性、知识范围一致性、内容比例平衡性四维度进行一致性分析。

① 赵章靖 .G20 国家教育研究丛书：美国基础教育［M］. 上海：同济大学出版社，2015：286–288.

（二）SEC：课程实施质量检测的有力工具

基于 NEAP 评价系统，在州层面，美国威斯康星州教育研究中心与州首席教育官员理事会（Council of Chief State School Officers，CCsSO）合作研制了“课程实施调查”（Survey of Enacted Curriculum，SEC）模式，致力于评估基础教育课堂教学质量，反映课程标准在课堂上的实施情况。SEC 的领导者安德鲁·帕特（Andrew Porter）和约翰·史密森（John Smithson）认为课程具有预期课程、评价课程、实施课程和达成课程四个水平，不同水平课程在课程运行框架内指向关系和相互一致性的研究能用来检测课程实施质量[①]，这一研究思路被运用于 SEC 调查设计与统计分析中。

SEC 所调查的对象是实施课程，即由教师报告的课堂上教授的、学生经历的学科内容和教学实践。调查方法是大规模调查问卷，以自我报告式的教师问卷为主，学生问卷和学校领导问卷作为辅助和验证。教师问卷调查内容由两部分构成：一是教学内容调查，基于国家和州的学科课程标准和统一测评中的内容主题和认知要求开发二维内容矩阵；二是教学实践调查，包含教学活动、教师观念、教师专业发展、教师特征和背景、学校特征、学生特征六大维度。两种调查问卷结构均明确了下属一级、二级维度、指标、度量尺。例如，在教学内容方面，教师需要指出每个内容主题域下子主题的课时数，以及每个内容主题域下子主题在不同认知要求上占用总教学时间的百分比[②]。如此一来，SEC 收集了中小学课程实施的大样本数据，尤其是教学层面的内容数据和行为数据。借助这些数据，SEC 做出两类分析：一是教学内容与课程标准一致性分析，反映实际教的课程符合课程内容标准的程度；二是课堂教学实践分析，反映教师课堂教学的实际行为及其影响因素。

目前，SEC 模式已经在美国 30 多个州推广使用，为监控基础教育课程改革举措在课堂上的落实情况提供了有力工具。威斯康星州教育研究中心还开展了教科书与课程标准的一致性研究，将 SEC 的应用价值从提升课堂教学质量拓展至教科书质量。国外课程实施调查、督导与质量保障机制的比较如表 1-5 所示。

① 李秋实，刘学智．美国“课程实施调查”项目新进展：教科书与课程标准一致性分析模式研究［J］．外国教育研究，2019（7）：15-28.

② 郑蕾．美国 SEC 教师课程实施行为检测工具评析［J］．全球教育展望，2013，42（10）：13-19.

表 1-5　国外课程实施调查、督导与监测机制的框架

维度	澳大利亚 国家课程网络监测	加拿大安大略省教育质量监测	英国中小学 教育督导	美国课程实施调查（SEC）模式
评估机构	国家课程评估与报告机构	省教育质量问责办公室	教育标准局	威斯康星州教育研究中心与州首席教育官员理事会
评估框架	入学注册率、课堂出勤率、国家评估项目（NAP）参与度、职业教育、继续教育和终身教育参与度	学生学业测验成绩、背景性要素、输入要素、过程要素、输出因素	学生的学习和发展、学校的教育质量、学校领导与管理	教学内容与课程标准一致性分析（学习内容主题、认知要求分类）；课堂教学实践的分析（课堂教学活动、课堂教学评价活动、影响课堂教学的基本因素、教师专业发展活动及对教师课堂教学实践的影响）
信息来源	与利益相关者互动；独立教育机构咨询、反馈以及教师意见；国家课程网站的评论和意见、访问数据；利益相关者的评价；算数、阅读素养评估和NAP测试数据；PIRLS、TIMSS、PISA测试结果；相关评价和研究报告	学生问卷、教师问卷、校长问卷、各种测验评价以及校董会的学生信息体系	课堂观察、检查材料、访谈、参加会议	分析中小学教材、标准化测验、州和地区内容标准、国家专业标准以及对教师进行教学内容访谈、教师自我教学报告
结果运用	根据结果进行课程调整	给出改善的建议	问责、干预	改进教学、监控改革作用
信息平台	基于网站监测与反馈、收集意见、发布资源	用网站发布报告、收集意见、发布资源	教育标准局网站	
性质	质量监控、绩效问责、行政性监督、质量保障 ——管理型、服务型			实施情况调查 ——研究型
变量结构	过程性变量、结果性变量、影响因素变量			过程性变量、影响因素变量

第四节
基于循证视角构建课程实施监测模型

一、课程实施监测的已有研究与实践

（一）已有研究：聚焦课程实施程度或教育质量

在国内，课程实施监测的直接研究较少。早期的相关研究多以课程实施程度为关键词，关注教师层面的课程实施。聚焦课程实施程度的研究自50年前从西方国家引入，测量工具以使用层级（Level of Use，LOU）、使用者形貌（User Profile，UP）和课程实施调查（Survey of Enacted Curriculum，SEC）为主。LOU和UP均来自霍尔的“关注为本采纳模式”。1998年我国内地学者尹弘飚、靳玉乐使用CBAM，对教师认同感问卷调查中辅以CBAM的关心发展阶段与课程实施水平的调查，测量新课程改革中教师的认同程度，这是我国内地首次将CBAM应用于新课改的研究。2001年，香港学者张善培对CBAM进行了检验、修订。夏雪梅提出一种整合考查教师课程实施程度的架构，从教师的课程认知、课程行为、课程反思、课程情意方面进行考查。邵朝友提出在忠实取向视野下，可从四个维度测量教师的课程实施程度，即教师的课程知识、教师运作的课程、学生参与的课程、学生学业成就。就“如何测量教师是否遵循课程标准所倡导的理念，是否依据课程标准开展教学”，崔允漷等人开发基于理论的教师实施课程标准的测量工具，重点关注用于大规模调查的问卷编制。

近年来国内研究更多地聚焦教育质量监测与评价、教育政策监测与评价、课程实施过程质量评估、课程教学调查等。2007年，教育部成立基础教育质量监测中心，教育质量监测进入基础教育领域。2015年，国家正式启动义务教育阶段教育质量监测，了解学生在具体的知识技能、过程方法等方面的优势与不足，反映地方、学校在教育决策中存在的问题，为政府和教育行政部门制订教育发展规划、进行科学决策提供依据。省级层面，江苏省在建立课程实施监测体系方面已经有了比较好的基础，一方面从2006年开始，全面开展义务教育阶段学生学业质量监测，在2007年教育部建立了国家基础教育质量监测中心以后，江苏省于2008年初率先建立了省一级监测中心，并从2012年起独立实施本省的质量监测工作。崔允漷团队领衔的中国学校课程教学调查项目，依托“中小学课程实施监测”教育部重大课题，形成学校课程实施质量过程评估成果，从互动视角出发建立学校课程实施模型。雷浩等人以省（市、自治区）课程实施方案和大规模学生课程表调查为基础，采用课程评价的“差距模式”对我国义务教育阶段科学类课程实施状况进行分析。

（二）实践基础：上海课程与教学调研

上海市课程与教学调研是上海市教育委员会教学研究室会同各区（县）教育行政部门组织开展的一项常规工作。自 1988 年上海启动第一期课程改革以来，市教研室开展了一系列的调研工作，包括为一期课改方案研制、学科教材文本研制开展的调研，为课程方案实施情况开展的调研等等。1996 年，正式启动教学视导工作，伴随上海市二期课改试验与推广，教学视导有了更为深入的探索，产生了围绕课堂教学开展的专题性调研，视导模式逐步固化。2009 年，为区别于行政督查中的“视导”，也为了引导区域、学校和教师重新认识这一工作的意义和价值，教学视导更名为“课程与教学调研”，并持续至今。

与教学视导相比，课程与教学调研有五大变化：①采取市与区（县）共同参与的方式，如调研主题由市教研室和区（县）协商确定。②调研继续采用点与面相结合的方式，但注重点上深入，面上拓宽。对点上学校，加长了调研时间；对面上学校，拓宽了参与学科。③采取集中与分散相结合的调研模式，先进行为期一周的集中性调研，然后以学段为单位进行分散的专题调研。④整体与专题相结合，整体性调研从学校课程计划的编制和校本化实施等角度切入；专题性调研根据学段、学科特点，聚焦备课、上课、作业的一致性等进行调研。⑤调研与团队建设相结合，不仅有市教研员和相应区（县）教研员参加，还有部分学科中心组成员也参与调研。

课程与教学调研工作可概括为 20 个字：一个主线——课程校本化实施主线；两个阶段——准备阶段、调研阶段；三个结合——整体与专项相结合、集中与分散相结合、全面评估与跟踪指导相结合；四个加强——加强课程主线、加强学校环节、加强教研本身、加强实证研究；五个作用——引领上海课改、推进区（县）课改、推进市教研室工作、加强市及区（县）教研员队伍建设、推动学校的课程校本化实施。

三十多年来的纵向发展说明，开展调研工作历来是上海市教研系统的优良传统，各类调研工作都能保持整体性和规范性，有充足的工具和专业的经验支持。通过调研，可以更全面地了解情况，更深入地总结经验，更深层地发现问题，更精准地研究对策，确保课程改革的方向性、教学研究的针对性、教学实践的有效性，充分支持课程与教学质量的全面提升。这一优良传统，需要有效继承并持续发展。

（三）研究述评

1. 对国外研究的述评

基于课程实施监测的国家和地区经验的比较，这些国家与地区在类型上，可以分为管理型、服务型和研究型三类，在目的上包括调查研究、质量监控、绩效问责、行政监督、质量保障等，在评估框架上涉及学业质量、课堂教学、教师认识、学校管理等过程性、结果性和影响因素变量。总的来看，国外课程实施监测与评价机制的发展趋势有两个：一是重视国家层面的课程监测、反馈与调整；二是支持学校自主管理与能力提升。

2. 对国内研究的述评

国内目前关于课程实施的理论研究以理论分析、行动研究及经验总结为主，主观的“即兴式”研究较多，缺少信息汇总、证据支持和实践验证，导致以偏概全、各持己见、措施零散。

受限于课程实施监测理论研究不充分和实践落实的缺位与错位，国内中小学课程实施监测存在诸多问题与弊端。第一，监测视角狭窄，导致监测内容片面，未覆盖课程实施“背景—输入—过程—成果”全过程，无法深入研究课程实施的整个历程。国家、省市层面的权威性评估，如国家义务教育质量监测，都以学业质量评价为重点。第二，监测方法单一，缺少有效的数据采集工具，导致数据量不够丰富，数据结构不合理、不完整；未充分应用教育大数据技术，无法形成过程性证据系统。有些学者尽管运用了问卷调查、数据分析方法等实证方法，但数据采集只针对课程实施的部分变量与环节，比如教师课程实施水平分析、课程开设情况调查、课程满意度调查等，仅聚焦在课程实施的个别环节。第三，监测反馈的专业性和指导性不够，对课程实施的检查和督导，以自上而下的行政科层评价为主，缺少基于专业引领的形成性评价，缺乏指导、建议及可选择性的菜单。第四，监测功能片面，未充分发挥改进功能，未基于信息汇总、证据支持进行问题诊断和调控改进，无法通过监测改进课程决策、提升学校和教师的课程实施能力。

二、监测与评价的政策导向

（一）课程实施监测作为突出的改革任务

监测与评价具有强烈的政策导向。近年来，伴随基础教育课程改革的深化，尤其是新课程标准的使用，课程实施监测作为突出的改革任务出现在各大教育政策文件上，足以说明课程实施监测在当下的重要价值。

首次明确提出课程实施监测的文件是《教育部关于全面深化课程改革落实立德树人根本任务的意见》（教基二〔2014〕4号），它将“建立课程实施监测制度，定期对课程实施和教材使用情况进行评估”作为课程实施管理环节的改革内容。而后，《教育部2016年工作要点》（教政法〔2016〕6号）在深化课程改革方面要求“启动建立基础教育课程实施监测机制”。2016年教育部办公厅印发《关于开展中小学课程实施监测工作的通知》（教基二厅函［2016］11号），从监测目的、监测范围、监测内容、组织实施上对课程实施监测进行了部署。这两份文件标志着课程实施监测正式进入我国基础教育课程改革的要点工作范畴。

课程实施监测还被写入《普通高中课程方案》（2017年版、2017年版2020年修订）的“管理与监督”部分。新课标明确“建立国家、省两级课程实施监测制度，健全课程建设和管理反馈改进机制”，指出“国家制订监测方案，重点对本课程方案执行情况、课程标准落实情况及国家审查通过的教材使用情况进行监测，并对各地监测工作进行指导和督查。省级教育行政部门应建立相应的监测和反馈改进机制，并协助完成国家级监测相关工作”。其配套文件《关于做好普通高中新课程新教材实施工作的指导意见》（教基〔2018〕15号）将“建立课程实施监测制度，确保课程实施质量”作为高中新课标实施的工作机制之一，再次强调国家、省两级课程实施监测工作要求，并且首次赋予省级层面制订课程实施监测方案的权力。此外，《关于新时代推进普通高中育人方式改革的指导意见》（国办发〔2019〕29号）提出“加强课程实施监管，落实校长主体责任，强化责任追究”，课程实施监测结果由此确认了对学校问责的作用。

（二）课程实施监测的有关政策指示

政策层面对课程实施监测提出的要求必须反映在监测模型构建之中。同时，监测评价的主题和具体内容要能回应课程改革发展趋势。因此，有必要梳理基础教育课程实施监测的有关政策指示，帮助研究更确切地表达政策需求。

2020年起，我国连续出台了一系列教育评价改革文件，教育监测与评价受到了前所未有的重视。《深化新时代教育评价改革总体方案》（中发〔2020〕19号）作为教育评价改革的首个纲领性文件，明确了我国对新时代教育评价的任务书和路线图，在“改进中小学校评价”提出“国家制定义务教育学校办学质量评价标准……制定普通高中办学质量评价标准”，并明确了义务教育阶段、高中阶段的学校评价重点。而后，《义务教育质量评价指南》(教基〔2021〕3号)、《普通高中学校办学质量评价指南》(教基〔2021〕9号)相继印发,较为详尽地回答了中小学校办学质量评价的内容标准和关键指标。尽管课程实施监测与办学质量评价是两种不同的工作,但是这些内容标准和关键指标能给课程实施监测以参考。

2023年,教育部发布《基础教育课程教学改革深化行动方案》(教材厅函〔2023〕3号),从课程、教学、评价、支撑及加强科学教育等方面提出了五大行动,其中"课程方案转化落地规划行动"要求"健全课程实施监测体系。开展国家、省两级课程实施监测,研制监测关键指标,重点监测课程实施状况和学生核心素养发展状况,形成反馈改进机制,为有效推进课程实施提供参考依据"。围绕该要求,《教育部办公厅关于开展课程实施与教材使用监测工作的通知》(教材厅函〔2023〕5号)规定义务教育、普通高中的监测内容,包括"义务教育、普通高中国家课程方案和各学科课程标准实施情况;重大主题教育进中小学课程落实情况;学生核心素养发展状况;地方课程、校本课程建设管理和育人效果情况;学校经批准引进的境外课程情况(含课程文本)",提出时间节点"2023年起启动课程实施与教材使用监测工作,2027年完成对中小学所有学科课程实施及教材使用的监测"。可以说,以上政策在很大程度上都是课程实施监测开展的依据,监测的过程就是落实课程方案和评价标准的过程。

三、课程实施监测的理论认识与实践模型

(一)基于课程转化理论的课程实施

综合不同学者对课程实施所下的定义和有关讨论,本研究认为:①课程实施的内容是课程方案等官方制定的关于课程的安排;②课程实施的价值在于革新课程现实,落实课程方案;③课程实施是一个长期过程,具有历时性特征;④课程实施强调用实践来完成课程方案到课程现实的转化;⑤对课程实施的探讨要基于实施取向、课程层级两个前提,要综合不同取向、不同层级课程实施的亮点和局限性,考虑课程实施问题。

以古德莱德课程转化理论为依据,在我国"国家—地方—学校"三级课程管理体制下,课程至少有三种形态:作为静态文本/计划的正式课程,即国家课程方案;处于运作状态的实施课程,即地方/学校/教师实际采用的课程;学生真正获得的课程,即学生的学习体验。课程实施就是国家课程方案逐级向下转化为学生学习经验的动态过程。这一动态过程历经三次转化,至少有地方行政部门、教研部门、学校、教师、学生五个主体参与,是多主体互动、博弈和共同实践的过程。第一次转化是国家课程方案

向地方理解并采用的课程的转化，市、区教育行政和教研部门会研读国家课程方案，理解课程方案的改革举措及内在要求，结合本地教育实际形成课程方案的实施意见或指南，推进课程方案落实。第二次转化是国家课程方案、地方实施意见向学校 / 教师理解并采用的课程的转化。区教育行政和教研部门要面向学校解读课程方案，学校把握课程方案要求并基于校情进行自主调整，形成本校课程安排，教师理解课程方案、教材和相关教学资源并呈现在具体课堂情境。第三次转化是教师实施的课程向学生所获学习体验的转化，学生对课程的真实体验因人而异。三级管理体制下的课程实施路径如图 1–2 所示。

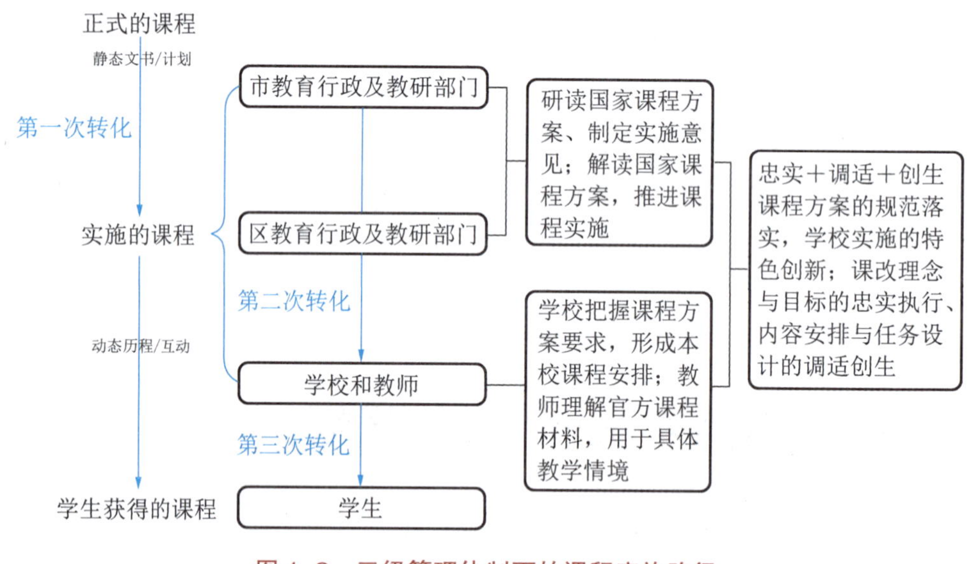

图 1–2　三级管理体制下的课程实施路径

对于地方、学校、教师而言，对国家课程方案的转化具有忠实执行、相互调适、适当创新三种情况。进一步说，课程方案的规定性要求必须规范落实，比如课程改革理念与目标必须忠实执行，课程必须按方案“开足开齐”。学校、教师拥有自主权利在课程方案预留的大量空间里进行调试创生，凸显课程特色，创新实施方式，达到“开好”“教好”的要求。例如，学校进行课程体系规划，通过重基础、有层次、多样化的课程设置，增强课程对学生的适应性和选择性，教师打破教材结构进行教学内容安排和任务设计。

（二）基于 5W 的课程实施监测框架

关于课程实施监测，本研究认为在一般意义上，课程实施监测即课程评价的下属概念，是利用各种监测与评价手段，基于标准化的指标体系，对课程实施的运行状态持续、系统地收集信息，以判断课程实施是否偏离课程计划，课程目标是否在实现的过程。“为何监测”“谁来监测”“监测谁”“监测什么”“怎样监测”“监测结果如何运用”是课程实施监测必须要回应的基本问题，以这一系列问题为基础，演绎分析课程实施监测的主要内容，建立整体框架。①

对于“为何监测”，课程实施监测具有监督与测量、调控与问责、指导和改进的基本功能，根本目的在于服务教育治理与决策，使课程改革朝着预定方向运行。要实现这一目的，教育管理者、学校、教师等人员的课程实施能力是核心所在，即借助课程实施监测活动的开展，引导各方人员在过程之中对课程进行自主规划、自我反思、自觉调整与创生，以实现课程的持续完善。

对于“谁来监测”“监测谁”，根据管理职责划分为市、区、校三级监测主体，分别为市级教育行政及教研部门、区级教育行政及教研部门、学校，根据类别划分为学科、区域、学校、教师四类监测对象。将监测主体与监测对象相匹配，就可以明确“谁来监测谁”的问题，比如市级教育行政及教研部门对全市范围的学科、区域、学校、教师等层面课程实施情况进行监测。

对于“监测什么”“怎样监测”，监测内容来源于国家课程方案的改革举措及内在要求，并结构化为监测指标及监测点，对应不同的指标及监测点，有多样化的监测方法、监测工具，依托信息化平台完成监测。为了科学规范、全面有效地收集信息，需要考虑监测内容的可测性、代表性，监测方法的多样性、可行性，监测工具的适切性、实用性，监测平台的便捷性、可操作性。

“监测结果如何运用”与“为何监测”一脉相承，从服务教育治理与决策的根本目的出发，监测结果就是提供课程决策和课程实施的“证据链”。基于监测结果的多维交叉分析，以“证据”为基础，精准识别课程实施的问题、困难，深入挖掘影响课程实施的关键因素和因素关系，分析需要改进、可以改进的切入点，制定针对性干预和改进决策。

（三）基于循证视角的“CEDFI”课程实施监测模型

要想有效开展课程实施监测，前提之一是形成课程实施监测的基本认识，使各方参与人员保持统一的监测导向和监测目的，前提之二是构建课程实施监测的实践模型，

① 王洋．中小学课程实施监测的框架、指标与支持系统［J］．课程·教材·教法，2024，44（7）：42-47.

使监测工作具备科学的顶层设计。

针对当前中小学课程实施监测存在的监测视角狭窄、方法单一、缺少专业引领、功能片面等一系列问题与弊端，为引导课程实施朝着预定方向运行，本研究依托教育大数据应用的成熟技术，凸显“证据收集”“数据分析”“问题诊断”和“循证改进”在课程实施监测的应用，对应课程实施监测的整体框架，抓住监测主要环节，构建了循证视角下“规准—证据—诊断—反馈—改进”（Criterion-Evidence-Diagnosis-Feedback-Improvement）闭环模型，简称为“CEDFI”模型。该模型包括四个工作环节，如图 1-3 所示。①

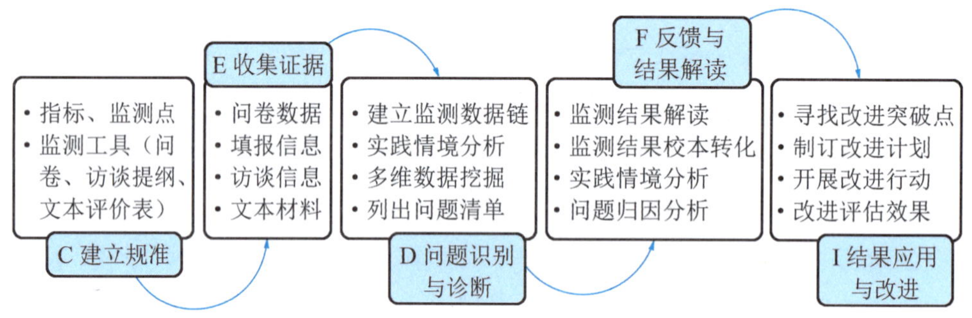

图 1-3　课程实施监测 CEDFI 模型

1. 规准建立

建立课程实施的标准体系，将课程实施监测导向基于规范的落实和基于标准的执行，解决监测指标不全面、结果缺少解释性、无法指导改进等问题。这一标准体系包含了指标体系、评价量规、监测工具三个方面的内容。指标体系、量规、工具是由概括到具体、层层转化的对应关系。第一，以国家课程方案和学科课程标准为依据，梳理课程实施影响因素及主要变量，将课程实施变量群再结构化为一套符合实际的课程实施监测指标体系。第二，评价量规是对监测指标所蕴含学理依据、价值导向和研究假设的具体阐述，对评价量规的研制需要厘清课程改革对各个监测指标的具体要求，以“监测点 + 表现标准”来描述期望中的课程实施规格。第三，针对指标体系和监测点选择相匹配的监测方法，包括数据填报、问卷调查、访谈、课堂观察、现场走访、文本评价、案例分析等，针对性研制相应的监测工具。

2. 证据收集

建设课程实施的过程性证据系统，依托信息技术平台将课程实施业务转化为数据

① 王洋. 优化中小学课程实施监测，保障“双新”高质量实施[J]. 上海课程教学研究，2025（3）：3-8.

与信息，解决数据不够丰富、数据结构不合理、过程性评价不足等问题。主要包括两项工作：第一，基于教育大数据应用的成熟技术，强化数据采集、分析挖掘，兼顾反馈报告、用户管理，研发课程实施监测的信息化平台；第二，将问题表单、文本评价表、问卷等监测工具投放到平台，学校进行数据填报、资料上传，各类数据、文本、视频、图片等信息得到储存与积累，构成课程实施数据库与问题模型库。

3. 问题诊断

构建证据支持的课程实施问题诊断机制，基于数据分析与挖掘进行问题识别、诊断与归因，解决未形成常态监测、问题找不准、影响因素不明晰的问题。一方面，基于数据分析和对比，得出课程实施现状描述和效果分析等相应结论，对课程实施过程进行常态监测和预测预警；另一方面，运用数据挖掘技术，多维分析各要素关系，精准识别数据背后的问题并归因，明晰课程实施各层各面的关键问题、关键因素及相关举措，形成问题清单，从而提升循证决策与改进的针对性。

4. 结果反馈

建立数据驱动的结果反馈与报告机制，为不同监测对象提供课程决策、教育研究、教学改进的参考依据，解决监测报告专业性和指导性不够的问题。第一，课程实施监测结果报告遵循分层分级、分岗分类、分学科的原则，面向市、区、校三级教育管理者、教研指导者，提供整体性或者分类型、分学科、分学校的监测报告，支持多视角、多维度地解读数据，进行数据的“二次分析”；第二，课程实施监测结果报告在描述的基础上兼具处方性，以国家政策文件规定为标准或以各类学校的平均水平为参照，提供学校诊断与改进的基准数据。

5. 结果应用

建立以校为本、以学生学习为中心，以教师为主体的“立体化”课程实施循证改进机制，有效发挥课程监测结果的改进功能，最终形成“规准—证据—诊断—反馈—改进”工作闭环。对于市、区教育行政及教研部门而言，通过解读监测报告，识别区域性问题与优势，制定综合干预行动，优化资源分配与支持，进行学校间协作与经验分享。对于学校而言，和教研机构要紧密配合，充分挖掘数据之间的关系，形成个性化的校本分析报告，制订具体可行的改进方案和计划，提高改进行动的执行力，以真实性（改进实践是真实发生的）、有效性（学校得到有效的改进）、内在效度（改进效果是改进措施发挥作用的结果）和外在效度（改进的经验可以推广到其他学校）衡量学校改进成效。[①]

① 王洋．构建面向循证改进的中小学课程实施监测体系［J］．上海教育，2024（27）：10.

Chapter 02

第二章

普通高中课程实施监测的框架、指标及工具研制

课程实施监测是引领课程实施方向、保障课程实施质量的重要举措。受限于课程实施监测理论研究不充分和实践落实的缺位与错位，当前中小学课程实施监测存在诸多问题与弊端，亟待建立科学有效的中小学课程实施监测机制。构建中小学课程实施监测的运作机制，包括监测框架、指标体系和支持系统三个部分。

本章第一节主要阐述课程实施监测的框架与指标体系的研制过程与技术路径。监测框架设计需要厘清“谁来监测、监测谁、监测什么、怎样监测、为什么监测及监测结果运用”等基本问题。监测指标体系研制，借鉴 CIPO 框架的二维分类方法进行指标建模，运用分解技术、叙写技术完成指标的分类分级和具体描述。第二节进一步阐述课程实施监测工具和支持系统。评价标准和信息采集表单是两种主要的监测工具，需保持与评价指标的一致性。监测支持系统是指数据采集与分析的信息化系统和市、区、校三级课程推广与改进系统，为顺利开展课程实施提供保障。第三节聚焦“校长领导力”这一课程实施质量的关键影响要素，梳理已有研究脉络，提出专题性测评构想。

第一节 课程实施监测的框架与指标体系

课程实施即课程执行、课程实践，是指把课程计划付诸实践的过程。课程实施是指课程革新的实际使用状态，即革新的运作过程中，一切作为和内容。[①] 参照这些关于课程实施的界定，研究课程实施的焦点应该是课程计划的实际运作情况，以及影响课程实施的各种因素。课程实施监测是通过数据收集、调查、评估等手段，对课程实施进行监督与测量、调控与问责、指导和改进，减少课程运行实际值与期望值之间的偏差。因此，建立课程实施监测机制是弥补课程实施“落差”、推进课程改革“落地”和保障课改要求“落实”的重要举措。

剖析当前课程实施监测的实际情况，存在以下问题：第一，监测视角狭窄，导致监测内容片面，未覆盖课程实施“背景—输入—过程—成果”全过程，无法深入研究课程实施的整个历程，比如教师课程实施水平分析、课程开设情况调查、课程满意度调查等，其研究视角仅聚焦在课程实施的个别环节。第二，监测方法单一，缺少有效的数据采集工具，导致数据量不够丰富，数据结构不合理、不完整；未充分应用教育大数据技术，无法形成过程性证据系统。第三，监测反馈的专业性和指导性不够，比如对课程实施的检查和督导，以自上而下的行政科层评价为主，缺少基于专业引领的形成性评价，缺乏指导、建议及可选择性的菜单。第四，监测功能片面，未充分发挥改进功能，未基于信息汇总、证据支持进行问题诊断和调控改进，无法通过监测改进课程决策、提升学校和教师的课程实施能力。

针对当前课程实施监测的一系列问题与弊端，为引导课程实施朝着预定方向运行，亟待建立系统设计、规范运作、实证分析的课程实施监测机制。建构课程实施监测的运作机制包括监测框架、指标体系和支持系统三个方面。

一、课程实施监测的框架设计

教育学者奥立佛（Oliva）有一个比喻“评价是问问题、问对的问题、向对的人问对的问题”[②]。据此，可以认为监测是评价的一种形式，是指以适切的方法向监测对象采集

① 任庆仪．课程发展与设计原理［M］．台北：五南图书出版公司，2021：220.
② 周新富．课程发展与设计［M］．台北：五南图书出版公司，2017：298.

所需信息，依据一些问题，向教师、行政人员、学生或不同学科领域的专家提问和采集信息。通过演绎分析，课程实施监测必须要回应“为何监测”“谁来监测”“监测谁”“监测什么”“怎样监测”“监测结果如何运用”等基本问题。以这一系列问题为基础，进一步发散和分解，构成了课程实施监测框架的整体结构和主要内容（见图 2-1）。[①]

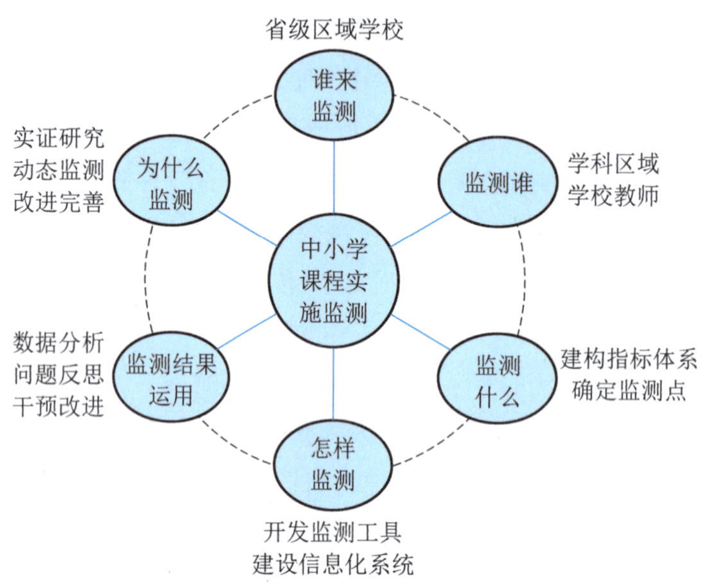

图 2-1　上海市中小学课程实施监测的整体框架

（一）监测主体与对象：划分为三级四类

回应“谁来监测以及监测谁？”这一问题，有助于实现监测主体多元化、监测对象明确化，以更好地发挥监测的促进发展功能。在监测主体上，根据职责划分为市、区、校三级监测主体，分别为市级教育行政及教研部门、区级教育行政及教研部门、学校。在监测对象上，根据类别划分为学科、区域、学校、教师四类监测对象。将监测主体和监测对象相结合，市级教育行政及教研部门对全市范围的学科、区域、学校、教师等层面课程实施情况进行监测；区级教育行政及教研部门对区域范围的学科、学校、教师等层面课程实施情况进行监测；学校进行自我监测，对本校的学科、学校、教师等层面课程实施情况进行监测。

需要说明的是，填报数据的主体是学校和教师，通过数据汇总和结构化处理，形成不同维度、不同层面的课程实施质量报告。首先对应指标体系将数据进行分类提取，

① 王洋．中小学课程实施监测的框架、指标与支持系统［J］．课程·教材·教法，2024，44（7）：42-47.

再进一步整理归类、汇总成学科、区域、学校和教师层面的课程实施情况。但个别监测点（如区域推进措施、区域教师研修情况等）需同时向各区教育局、教育学院采集数据，与学校和教师的填报数据进行相互验证与补充。

（二）监测内容与工具：建立规准和信息采集

“监测什么以及怎样监测？”对应建立规准，将新课程新教材实施要求转化为监测指标，即可测量、可观察的具体要求。针对指标体系，选择有效的监测点，采取适切可行的监测方法，建设信息化系统，全方位地搜集信息。

具体的技术路径如下：第一步，确定监测内容，构建指标体系。首先，基于课程实施的要素分析，明确课程实施的内容维度；然后，将各维度内容进行分解，建立各维度的变量清单；最后，筛选核心指标，寻找关键变量，通过监测其变化来进行课程实施质量监测。第二步，开发信息采集工具。运用信息表单、文本评价表、问卷及访谈提纲等工具进行信息采集。“把焦点放在对课程发展有帮助的多元化资料收集上，收集由下而上的教师研修、课堂观察、问卷调查等信息，以作为课程实施改进的反馈”①。信息采集工具设置在信息化系统上，便于填报数据、资料上传和自动化分析。第三步，采集信息，包括学校基础信息数据、课程实施客观数据（如学分、课时、比例、数量、人数等），质性证据如档案文本（如综合实践活动实施方案等）、案例文本（如单元教学设计案例等）、图片及其他物化成果（如手册、教学资料、作品、工具等）。通过信息采集，将课程、教学、评价、研修、教师参与等业务转化为可观测、可视化的数据。

需要强调的是，为提高数据采集的准确性和有效性，采用的是三角测量方式。运用方法三角测定、研究者三角测定和数据源三角测定②，使研究结果更加可信。教育行政及教研部门，教育管理者、教师和学生等多方收集信息，将信息填报、问卷调查与访谈、课堂观察、现场走访相结合，将数据分析与文本评价、案例分析相结合等。

（三）监测目的与结果运用：循证支持的改进

课程实施需要评价反馈机制，通过常态化监测可以诊断课程实施过程中有何缺失或问题，以便及时修正改进，确保课程实施质量。一方面，监测目的以提升学校和教师的课程实施能力为核心，监测过程即自我完善过程。“当教师有能力改变自己时，会较

① 蔡清田．课程实验：课程纲要争议的出路［M］．台北：五南图书出版公司，2017：154.
② 彭富源．我国国民中小学课程政策执行模式之建构：以九年一贯课程政策为例［D］．台北：台湾政治大学，2002：21.

愿意执行政策或改变行为，若教师所需的信息或技巧不足，各种有形或无形的障碍就会产生。”① 监测过程中充分调动教育管理者、专家、教师等各方人员参与，共同学习与反思；提供即时反馈，指导教师提升自主规划、自我反思、自觉调整与创生的能力。另一方面，强化证据支持，监测结果运用以“证据”为基础，构建证据链，找出有效、可行的改进方案。基于监测信息的多维分析，可以精准诊断问题和发现困难，深入挖掘各变量之间的关系与关键影响因素；基于归因分析，找到改进点，制定针对性干预和改进策略。因此，在专业人员的主导下，透过持续的动态监测与循证改进，有效提升课程决策和课程实施的质量。

二、课程实施监测的指标体系

课程实施牵连广泛，包含数量庞大、关系复杂的变量群，且各变量间还互相影响与作用。因此，构建一个监测课程实施过程及政策结果的模型，关键环节是研制指标体系，对课程实施变量群进行结构化处理，即将课程实施背景性、输入性、过程性、结果性变量梳理成一个清晰的结构。筛选课程实施监测的核心指标和监测点，建立课程实施的规准，导向基于规范的落实和基于标准的执行。

（一）指标的价值导向：合规性、科学性、特色性和成效性

格朗兰德（N. E. Gronlund）认为“评价 = 测量（量的记述）或非测量（质的记述）+ 价值判断”②。监测作为评价的一种形式，做出价值判断必然要基于一定的价值倾向。监测指标及工具是对课程实施过程及其结果做出判断的标准和依据，自然而然地蕴含着预设的价值导向。

中小学课程实施监测指标体系的价值导向，着眼于“规范、品质、特色、成效”四个维度：一是导向合规性，即规范落实国家课程方案、学科课程标准等相关政策要求；二是导向科学性，即课程方案、学科课程标准等相关政策要求的实施品质；三是导向特色性，即结合校情与学情的调适与创造；四是导向成效性，即促进学校课程发展、教师专业发展及学生核心素养发展。例如，对“国家课程方案、学科课程标准的落实程度”进行监测，导向合规性即规范执行，要求学校开齐开足课程方案规定课程，特别是道德与法治、艺术（或音乐、美术）、体育与健康、技术（含信息技术和通用技术）、综合实践

① 李心信．基隆市政府课程管理之研究：以实施九年一贯课程为例［D］．台北：台北师范学院，2013：22.
② 周新富．课程发展与设计［M］．台北：五南图书出版公司，2017：299.

活动、劳动等课程。又如对“学校推进课程改革的举措”进行监测，导向科学性与特色性即注重课程实施品质和特色创新，需要对课程实施过程中的调适、创造性应用与价值内化等进行深入分析与挖掘。

（二）指标框架的建模：二维分类

学校效能研究的基本模型（Context-Input-Process-Output，CIPO）是国际大型教育质量监测项目构建指标框架和研发指标较为普遍使用的理论之一，主要用于学生能力大规模国际监测项目如国际阅读素养进展研究（Progress in International Reading Literacy Study，PIRLS）、国际数学和科学评测趋势（The Trends in International Mathematics and Science Study，TIMSS），其首要目标是识别不同层面学生学业成就的影响因素。CIPO模型中的投入、过程、产出指标可以从学生、班级、学校三个层面来考查，而背景指标则包括国家或区域层面的教育环境背景指标，如社会经济文化背景。[①] 依据背景—输入—过程—产出（CIPO）框架，便于采用系统观来审查教育质量。国际学生评估项目（Programme for International Student Assessment，PISA）在PISA 2009中首次提出了较为系统的评价监测框架，从横向上划分为投入、过程与产出三个环节，从纵向上划分为个体、课堂、学校与系统四个层面，在二维框架中确定监测评价内容。[②] 因此，参照大规模国际测评项目的指标研发思路，借鉴CIPO框架作为课程实施监测指标的分类维度，搜集有关课程实施的背景、输入、过程、产出的信息作为监测内容，同时是判断课程实施质量高低的基础。

1. 借鉴CIPO框架的指标建模

指标体系作为一个框架，可以“沟通经验与理性的中间框架，兼具经验的具体性与理性的普遍性，把非结构化的定性问题结构化，把现实情况用模型模拟出来”[③]。为保证指标框架的建模更精准，借鉴CIPO框架进行指标的二维分类。纵向上，从背景、输入、过程、产出4个阶段来分析课程实施的背景性因素、结构性指标（输入）、过程性指标（实施过程）、结果性指标（实施效果）；横向上，从区域、学校、教师、学生4个层面来分析课程实施的具体内容要素。最终形成的二维分类指标框架是“4个阶段 ×4个层面 = 16个指标单元”（见表2-1）。这个指标二维框架就像一个坐标系，有助于厘清

① 檀慧玲，黄洁琼，万兴睿．我国区域义务教育质量关键影响因素监测指标框架构建研究［J］．中国教育学刊，2020（2）：33-39.
② 李刚，辛涛．基础教育质量的内涵与监测评价理论模型［J］．华东师范大学学报（教育科学版），2021（4）：15-29.
③ 姜奇平．因果推断与大数据［J］．互联网周刊，2014（9）：70-71.

课程实施的各类要素和变量群结构。若要监测课程实施的某个要素或变量，可以定位在16个指标单元里的某个点上。

表2-1　借鉴CIPO框架对指标框架进行的二维分类

不同层面	监测阶段划分			
	背景	输入	过程	产出
区域层面	区域经济文化水平 区域教育发展情况	保障机制：政策导向、教育经费投入、信息化环境等	专业支持：提供指导、研修和培训	课程实施质量
学校层面	学校性质、类别、类型、历史、规模、荣誉等	办学条件：课程资源、设备、场馆和专用教室、师生比等	课程改革关键领域：课程建设、教学改革、评价机制、研修支持	课程满意度
教师层面	教师性别、年龄、专业背景等	师资配置：人数、学历、职称、荣誉、教研组设置等	教师参与：教师课程实施能力	教师发展状况
学生层面	学生情况：人数、各类属性及结构等	学习机会、学习时间、学习氛围等	学生参与：学生学习状态与能力	学生发展状况

2. 借鉴CIPO框架的指标结构

二维分类的课程实施监测指标体系结构为：背景性因素模块，包括区域、学校、教师和学生层面的各类要素其现状、属性和结构等；输入性指标模块，包括区域教育保障机制、学校办学条件、师资配置情况和学生学习机会、时间及氛围等；过程性指标模块，包括专业支持、学校课程建设、课堂教学改革、考试评价机制、教师参与以及学生参与等；结果性指标模块，包括区域课程实施质量、学校课程满意度、教师发展及学生发展状况等。

还需要强调的是，课程实施监测重点在于纵向上的输入和过程阶段、横向上的学校和教师层面。这4个指标单元内的要素“办学条件、师资配置、课程建设、教学改革、考试评价、研修支持和教师参与”是中小学课程实施监测指标体系的主体。因为学校是课程实施最集中发生的地方，正式的课程需经过学校、教师层面的转化，最终成为学生获得的课程。而课程转化历程是一个复杂的系统，课程建设、教学改革、考试评价、研修支持、教师参与的过程与成效受到许多因素影响，且各因素间互相作用，是最需要深入研究的“黑箱”。

（三）指标体系建构的技术路径：分解技术和叙写技术

运用分解技术，即横向分类与纵向分级的方式，先将课程实施要素分类为一级指标，再分级细化为二级、三级指标。指标体系体现一致性与对应性，是由宏观至中观至微观，由抽象到具体的逻辑化表达。上海市普通高中课程实施和教材使用监测指标体系如表 2-2 所示。

表 2-2　上海市普通高中课程实施和教材使用监测指标体系

<table>
<tr><th>一级指标</th><th>二级指标</th><th>三级指标</th><th>监测问题</th><th>政策文件依据</th></tr>
<tr><td rowspan="6">1.0 课程设置</td><td rowspan="4">1.1 国家课程</td><td>1.1.1 学科课程</td><td>• 学科课程设置和课时安排、教学进度是否规范</td><td rowspan="6">《普通高中课程方案》
《上海市普通高中课程实施方案》
《中小学综合实践活动课程指导纲要》
《关于全面加强新时代大中小学劳动教育的意见》
《大中小学劳动教育指导纲要（试行）》
《关于加强中小学地方课程和校本课程建设与管理的意见》
《教育部关于做好普通高中新课程新教材实施工作的指导意见》
《习近平新时代中国特色社会主义思想进课程教材指南》《中华优秀传统文化进中小学课程教材指南》《革命传统进中小学课程教材指南》《大中小学国家安全教育指导纲要》《“党的领导”相关内容进大中小学课程教材指南》《国防教育进中小学课程教材指南》《生命安全与健康教育进中小学课程教材指南》</td></tr>
<tr><td>1.1.2 综合实践活动</td><td>• 学分和内容设置是否规范
• 实施方式
• 学校特色</td></tr>
<tr><td>1.1.3 劳动</td><td>• 学分和内容设置是否规范
• 实施方式
• 学校特色</td></tr>
<tr><td>1.1.4 重大主题教育</td><td>• 是否落实
• 管理制度、内容安排和实施方式</td></tr>
<tr><td rowspan="2">1.2 校本课程</td><td>1.2.1 学科类选修课</td><td rowspan="2">• 是否规范
• 选择性、丰富性
• 实施方式
• 学校特色</td></tr>
<tr><td>1.2.2 综合类选修课</td></tr>
<tr><td>2.0 教材使用与反馈</td><td>2.1 教材使用</td><td>2.1.1 政治方向把握正确</td><td>• 政治性
• 科学性
• 创新性
• 认同度
• 待改进的问题</td><td>教育部教材厅函〔2023〕5 号《教育部办公厅关于开展课程实施与教材使用监测工作的通知》</td></tr>
</table>

（续表）

一级指标	二级指标	三级指标	监测问题	政策文件依据
2.0 教材使用与反馈		2.1.2 思想价值导向准确		
		2.1.3 内容把握的科学性		
		2.1.4 教学实施的适宜性		
		2.1.5 教学方式的创新性		
	2.2 教材反馈	2.2.1 学生使用反馈		
		2.2.2 教师使用反馈		
		2.2.3 教研员使用反馈		
		2.2.4 教材出版社反馈		
3.0 教学实施	3.1 教学设计	3.1.1 教学目标	• 是否落实课标要求 • 教师在哪些方面进行调整	《关于新时代推进普通高中育人方式改革的指导意见》 《基础教育课程教学改革深化行动方案》 《学科课程标准》 《学科教学基本要求》 《单元教学设计指南》 《作业设计指南》 《学科德育指南》
		3.1.2 教学内容		
	3.2 教学方式	3.2.1 理解式学习	• 是否落实课标要求 • 教师教学中有哪些困难	
		3.2.2 自主性学习		
		3.2.3 实践性学习		
		3.2.4 跨学科学习		
		3.2.5 信息技术融合		
	3.3 课后作业	3.3.1 作业管理	• 作业时间、管理制度、批改方式、评价方式等	
		3.3.2 作业设计	• 体现学科核心素养的作业设计	

（续表）

一级指标	二级指标	三级指标	监测问题	政策文件依据
3.0 教学实施	3.4 个别辅导	3.4.1 个别辅导方式	• 个别辅导对象与方式 • 个别辅导内容与时间	
		3.4.2 个别辅导内容		
	3.5 选课走班	3.5.1 选课管理	• 选课走班方案、指导方式 • 科目组设置	
		3.5.2 科目组设置		
	3.6 发展指导	3.6.1 实施路径	• 生涯发展指导的实施简况	
	3.7 德育实践	3.7.1 实施路径	• 学校整体规划、学科德育、跨学科德育的实施简况	
4.0 评价机制	4.1 学业评价	4.1.1 管理机制	• 是否规范 • 管理机制	《普通高中学校办学质量评价指标》 《普通高中学生综合素质评价实施办法（试行）》 《学科课程标准》
		4.1.2 命题质量		
	4.2 活动评价	4.2.1 综合实践活动	• 是否规范 • 设计科学 • 实施方式 • 评价关注点 • 实施有效性	
		4.2.2 劳动评价		
		4.2.3 学科活动评价		
	4.3 综合素质评价	4.3.1 管理机制	• 是否规范 • 实施有效性	
		4.3.2 评价方式		
5.0 保障支持	5.1 区域推进	5.1.1 政策导向	• 是否有政策导向 • 是否有管理机制 • 区域特色	《教育部关于做好普通高中新课程新教材实施工作的指导意见》 《关于新时代推进普通高中育人方式改革的指导意见》 《基础教育课程教学改革深化行动方案》
		5.1.2 管理机制		

（续表）

一级指标	二级指标	三级指标	监测问题	政策文件依据
5.0 保障支持	5.2 师资配置	5.2.1 教师队伍	• 师资配置是否合理	《普通高中学校办学质量评价指标》
	5.3 研训支持	5.3.1 教研活动	• 研修常态化、机制化 • 研修实效 • 区域 / 学校特色	
		5.3.2 培训活动		
		5.3.3 项目研究		
	5.4 环境支持	5.4.1 信息化环境	• 环境、资源是否能支持课程开设和教学实施 • 区域 / 学校特色	
		5.4.2 设备、场馆和专用教室		
	5.5 资源支持	5.5.1 资源建设		

1. 要素分类：确定一级指标

一级目标必须是高度概括的关键要素，要有普遍性、代表性，不能互相交叉重叠。首先，通过解读课改要求，选择重点监测要素。因为课程实施过程是政策要求的课程转化与教学转化，“转化是指从抽象课程理念到具体化的课程实践与教学落实的整个历程”①。因此，一级指标应该是广义的课程实施要素，比如课程、教材、教学、评价、保障、教师、学生等。然后，基于课程实施过程的 CIPO 框架，将一级指标确定为“保障支持、课程设置、教学实施、评价机制、教师参与、实施效果”等 6 项内容，对应“背景—输入—过程—产出”4 个阶段。

2. 分级分层：确定二级、三级指标

确定一级指标后，将其分解细化为二级、三级指标，注重指标的可测性、可比性、相互独立性。对课改要求进行分解细化，围绕课程实施关键领域如“学校课程体系建设、课堂教学改革、考试评价”，关键环节如“开发选修课程、推进选课走班、加强学生发展指导、实施综合素质评价、健全学分认定管理办法、完善教学质量评价”②，形成必做任务清单。在任务清单里继续分解细化，形成二级、三级指标。例如，依据《普通高

① 卯静儒．构绘一位历史教师的教学转化［J］．课程与教学季刊，2015（4）：57–83.
② 教育部关于做好普通高中新课程新教材实施工作的指导意见［EB/OL］．（2018–08–16）（2023–12–03）.http：//www.moe.gov.cn/srcsite/A06/s3732/201808/t20180824_346056.html.

中课程方案（2017年版2020年修订版）》关于课程设置的要求，将一级指标“课程设置”分解为二级指标“国家课程设置”“校本课程设置”，“国家课程设置”再分解为三级指标“学科课程”“综合实践活动”“劳动等”，“校本课程设置”再分解为三级指标“学科类选修课”“综合类选修课”。

3. 指标叙写：兼顾量和质的要求

指标有量与质两层定义，量的指标即评价对象的具体量化数字，属于统计量数；质的指标即评价内容的描述、概念或界定。[①] 运用量化规定与质性描述结合的指标叙写技术，分类梳理课程实施的量化要求（如科目、学分、课时、覆盖面、课程目标、内容与结构等）和质性要求，由此演绎出更加具体的指标解释（见表2–3）。通过对指标进行量和质的规定、描述与界定，建构一个期望中的课程实施规范和质量标准。这既是普通高中新课程新教材实施应达成的具体要求，且可观察、可测量、可解释，又可作为判断课程实施过程及其结果质量的依据。

表2–3 上海市普通高中课程实施监测指标解释的叙写方式举例

一级指标	二级指标	三级指标	指标解释（包含量化规定和质性描述）
课程设置	国家课程	学科课程	科目设置规范性：科目开设、课时与学分设置符合课程方案要求，14门必修课程开齐开足，共88学分；选择性必修课程总共不少于42学分
			科目设置科学性：必修课程与选择性必修课程的开设时间与内容安排合理，符合学生的能力发展规律，学科间或学科内能够衔接连贯
			选必科目的学生人数分布：在6门选择性必修课程中，每门课程选择的人数情况，学校课程结构体现分层和选择性
		综合实践活动	规范性：共8学分，其中研究性学习6学分，党团活动、军训、社会考察共2学分。研究性学习需完成2个课题研究或项目设计，以开展跨学科研究为主
			课程化：课程性质是跨学科实践性课程，将学校特色和各类资源进行统筹规划。课程设计的要素完整，对课程目标、内容、实施方式有科学合理设计；对活动类型与课时、组织管理、实施方式、保障机制有明确规定，对学生学习结果有具体要求和相应的评价机制
			覆盖面：每个学生都必须参加，参与率100%，完成8学分

① 陈建利．社会学习领域能力指针转化教学目标之研究［D］．高雄：台湾中山大学，2005：28.

（四）监测指标体系的重构：基于学校变革视角

1. 以学校变革提升育人质量

基础教育正面临基于核心素养的深层次变革的挑战。从高中来讲，核心素养体系是立德树人根本任务在教育目标上的具体化，回答“培养什么样的人”这一问题。以发展学生核心素养为目标，高中教育协同推进课程教学改革、高考综合改革，新课标、新教材是高中课程改革的主要标志与实施载体，招生、考试是高考综合改革的重要领域。学校是这一深层次变革的基本组织单位。在新课程、新教材、新高考的多重政策下，高中学校要以全面落实新课程新教材为契机，采用科学化、体系化变革路径，促进课程、教学、评价等关键环节，管理、研训、环境等支持性环节有机衔接，进而全面提升育人质量。

尽管政策驱动是国内学校开展变革的主要原因，但从变革的现状来看，碎片化改进、被动执行、盲目移植等现象屡见不鲜。这并不符合期待中的学校变革样态。变革的本质是“主动进化”和“可持续发展”，即作为教育组织的学校，在面对内外环境变化时，主动突破传统育人模式，动态适应社会需求和政策要求而进行的决策与行动，可以是渐进性改进、突破性创新、系统性重构等方式。当变革成为学校的日常运作状态，当每位教师都自觉应对变革、参与变革、发起变革，学校才能真正成为培养未来人才的育人场域。

2. 基于学校变革力的课程实施指标重构

课程是育人的主要载体，课堂教学是育人的主阵地。学校对课程的革新性决策以及这些决策在课堂教学活动中的切实落地，直接影响育人效果，是学校变革的显性呈现。从系统理论出发，课程实施是涵盖多个维度，且多个维度协同互动、合作发力的复杂系统。不仅对学校教师专业能力提出挑战，更是对学校整体在课程规划、组织、执行、评估、支持等方面能力的全面考验。这些课程实施过程中所展现的学校内生力、创新力、持续行动力等主动变革的能力，就是“学校变革力”。

围绕课程实施的学校变革力由课程领导力、教学创新力、教学评估力、学生发展指导力、教师发展支持力、数字化赋能力、教育保障力七大维度组成。课程领导力、教学创新力、教学评估力，代表学校变革的关键内涵领域。学生发展指导力、教师发展支持力，是学校变革的成效体现。数字化赋能力、教育保障力，是学校变革的支撑与助力。七大维度合成学校教育变革力指数，用以衡量学校在教育理念、课程体系、教学模式、组织管理、技术应用等要素上进行系统性革新的能力。

以普通高中课程实施监测指标体系为原变量系统，对应学校变革力七大维度，重新划分二级指标和监测点，形成基于学校变革力视角的课程实施指标体系（见表2–4），揭示各个变革要素协同作用于课程实施的关联机制。有鉴于此，学校需正视课程实施在育人中的关键角色，审视如何围绕课程实施配置变革要素，放大变革合力。

表 2–4 基于学校变革力视角的课程实施指标体系

一级指标	二级指标	指标解读
课程领导力	课程方案与标准落实 学校课程结构建设 课程管理制度与规范	1. 确保开齐开足国家课程，教学进度符合规范 2. 考察学校课程设置的合理性与多样性，包括学科类课程、校本课程、综合实践活动与劳动课程等各类型课程安排与学生实践安排 3. 关注核心素养导向的学校课程管理与规范化建设情况，包括规范文本、评价工具、学习档案及校本课程审核等
教学创新力	教学观与学生观 教与学方式转变 作业设计与管理	1. 教学观与学生观更新、课堂教学方式革新，倡导自主学习、实践性学习、跨学科学习 2. 注重提升教学设计与课程标准一致性，教学设计的内部一致性 3. 作业设计品质不断提升，作业管理科学高效
教学评估力	评价观与质量观 学业质量评估 实践活动评估 综合素质评估	1. 面向学生核心素养与综合素质发展，确立科学评价观 2. 关注学生在学习过程中的进步情况，能对标课程标准，关注和开发相关工具，科学评价学生在学科知识、技能和素养方面的表现 3. 关注学生的学科实践活动表现，开发相关工具，科学评价学科实践活动实施成效及学生表现 4. 关注学生在德、智、体、美、劳等多个方面的表现评价，衡量学校开发和运用校本化综合素质评价体系的能力
学生发展指导力	选科指导与学习辅导 生涯发展规划与指导 五育融合与素养培育	1. 根据学生的特点和需要，教师进行选课走班指导，针对学习需求进行个别化辅导等 2. 学校提供个性化的生涯指导服务，建立完善的生涯发展支持体系，以促进学生的全面发展和未来的成功 3. 落实五育并举，关注学生综合素质发展，设置研究性学习、社会实践、志愿服务和劳动教育等活动

（续表）

一级指标	二级指标	指标解读
教师发展支持力	校本教研支持	1. 学校定期组织教研活动，建立教学资源库，为教师提供丰富的教学资源以及个性化的教学指导和反馈 2. 根据教师需求，给教师提供入职培训、在职培训以及外出学习的机会 3. 给教师提供参与科研项目和研究活动的支持
	校本培训支持	
	项目研究与专业学习	
数智化赋能力	课程迭代优化	1. 了解学校校内外的数智化资源、信息化平台与信息系统建设、人工智能课程开设情况 2. 关注数智化资源支持与赋能课程、教学、学习、评价的情况，强化自主探究能力、跨学科整合能力、创新能力培养
	教与学方式创新	
	评价精准化与个性化	
教育保障力	所在区域推进举措	1. 了解学校所在区域教育局对教育教学工作的推动情况 2. 评估学校教学设备、场馆设施以及专用教室的支持情况 3. 关注学校如何统筹师资配置、校内资源、社区资源等教学资源
	设备与场馆配置	
	校内外资源统筹	

3. 优势与可行性分析

以普通高中课程实施监测为基础，从学校变革力视角进行指标重构和数据分析，转化为学校的发展性评估依据，这一做法具有理论创新性和实践可行性。

第一，学校变革力指数是学校主动变革能力的综合评估指数。聚焦学校“能做什么”而非“做了什么”，突破了传统课程实施监测的合规性评估局限和数据零散的弊端，为衡量学校课程革新的进度和育人质量提升的潜力提供了一把标尺。

第二，学校变革力指数通过“二次开发”提高了已有数据的使用效率。利用普通高中课程实施监测数据的兼容性，通过跨维度整合挖掘数据深层价值，既通过理论框架升级实现研究创新，又复用已有数据，降低了研究成本。

第三，学校变革力七大维度是学校变革可视化工具的基础。按照七大维度指数，进行数据赋值和指数合成，使用学校变革力雷达图、能力矩阵等可视化工具呈现分析结果，帮助学校和管理者实现快速定位与诊断课程实施的优势与短板。

第二节
课程实施监测的工具及支持系统

一、课程实施监测的工具研制

（一）编制评价标准

评价标准既是对指标、监测点的具体化阐述，也是自我完善、外部评价的价值导向。评价标准将“双新”（新课程新教材）要求细化分解为学校的具体工作，不仅是评估课程实施质量的工具，也是帮助学校管理者、教师理解国家课程改革要求、设计学校课程实施方案的依据，是学校自我完善和改进的框架与路径指引。

第一，评价标准是监测指标的具体化。评价指标体系、评价标准、表单三者是由高到低、由概括到具体的，并且三者之间要有一致性，是层层细化的。第二，将指标、监测点细化为等级水平，将课程实施情况转化为数据，以量化数据、质化要求等方式对各水平进行描述与说明。第三，针对每一条标准，先确定有哪些元素，分析这些元素随着表现层级如何逐层变化，描述每一层级的最理想、最优表现标准，然后以此为最高标准向下一层一层地具体阐述不同水平的表现，比如 5 级为最优表现，从 5 级向下逐级确定 4 级至 1 级的表现标准。第四，确定等级评分规则，对评价内容进行等级划分，分为 1—5 级，这五个等级分别对应“不合格（1 分）、合格（2 分）、良好（3 分）、优秀（4 分）、卓越（5 分）”，“合格”是指达到标准，“优秀”是指在达标基础上有局部创新或特色。[①]

根据二级指标“综合素质评价”进行评价标准编写过程与方法的样例分析（见表 2-5 和表 2-6）。首先，将一级指标“课程评价”分解为 4 项二级指标，其中二级指标“综合素质评价”又分解为 4 个监测点，即规范性（制度、类型、方法等）、评价指标（思想品德、学业水平、身心健康、艺术素养、社会实践等）、结果表达和使用（记录、赋值、表达、使用等）、实施保障（技术、资源保障等）。然后，界定各项监测点的具体内容。例如，“3.4.3 结果表达和使用”内容界定是“在评价结果记录、赋值与分析上，有科学的方法及详细的分析；在结果的表达与使用上，查阅和调取数据方式方便，有利于对学生进行详细、个性化的诊断，促进学生全面发展；评价结果有激励、诊断功能”。

① 刘辉．基于学校改进视角的普通高中课程实施监测结果应用［J］．上海课程教学研究，2024（7）：4-11.

最后，确定优秀水平的表现和合格水平的表现标准，即优秀（4 分）和合格（2 分）水平，在介于“合格”和“优秀”之间可赋予等级“良好”，可赋值 3 分。

表 2-5　上海市普通高中课程实施监测“3.3 综合素质评价”量规

一级指标	二级指标	三级指标	监测点	表现层级
3.0 评价机制	3.3 综合素质评价	3.1.1 管理机制	3.1.1.1 制度与保障	1. 学校尚未实施学生综合素质评价
				3. 学校制定了本校学生综合素质评价管理办法，有明确的管理部门；能够按照市级规定提交学生综合素养评价的相应材料；积累了所有学生的成长档案
				5. 学校为学生综合素质评价制定了明确的管理、监督制度，有明确的管理部门；有实施细则办法，有校本化的学生综合素质评价指标体系、表现性评价标准；积累了所有学生的成长档案，能够定期、分类整理档案，并进行过程性评价；在信息技术和资源保障方面，实现数字化管理，且学生活动及资源丰富
		3.1.2 评价方式	3.1.2.1 关注要点	1. 学校尚未实施学生综合素质评价
				3. 利用学生成长记录册等载体，开展思想品德、学业水平、身心健康、艺术素养、社会实践等方面的评价
				5. 利用学生成长记录册等载体，开展思想品德、学业水平、身心健康、艺术素养、社会实践等方面的评价；根据学生的生涯发展规划，为学生提供表现机会；在“学校特色指标”上，体现学校人才培养机制的特色做法
			3.1.2.2 结果表达和使用	1. 学校尚未实施学生综合素质评价
				3. 在量化记录、分析与表述评价结果方面，有客观数据的记录，但还不够全面；能够运用评价结果促进学生全面发展和个性特长培育，但还有待深入实施
				5. 除了写实性描述外，能够量化管理学生综合素质评价结果，根据学校综合素质评价指标体系的观测点、表现性评价标准进行客观数据记录；有科学的计分、计算方法，对难以考察的主观性指标，能够将其转化为参与相关活动的情况记录及成果，使评价内容可考察、可分析；查阅和调取数据方便，能够对学生的综合素质评价结果进行个案诊断，与学生生涯发展规划结合，促进学生全面发展

表 2-6 上海市普通高中“研究性学习课程设置”的指标、监测点和量规

一级指标	二级指标	三级指标	监测点	表现层级
1.0 课程设置	1.1 国家课程	1.1.2 综合实践活动	1.1.2.1 研究性学习课程设置（包括课程要求、参与人数、资源支持、管理制度等）	1. 研究性学习未达到 6 学分，没有完成 2 个课题研究或项目设计，学生参与率未达到 100%，缺少规范的研究性学习管理制度与实施流程
				3. 研究性学习达到 6 学分，学生参与率达到 100%，学生完成 2 个完整的课题研究或项目设计。研究性学习管理制度与实施流程规范，评价结果有效
				5. 研究性学习达到 6 学分，完成 2 个以跨学科研究为主的课题或项目，学生参与率达到 100%。将学生发展、学校特色和各类资源进行统筹规划，研究性学习过程充分体现跨学科、实践性，并且对学生研究性学习过程有指导和辅导。对学习目标、内容、实施方式与评价的设计科学合理，对活动类型与课时、组织管理、保障机制有明确规定，并且有实施细则、过程性档案等文本

（二）工具与指标、监测点的对应性

课程实施质量评估中最重要的工具是信息表单，以表单为信息采集的主要方式。通过表单设计对监测点的属性化和问题化处理，运用数字化平台收集数据和汇总分析，进而将课程教学业务转化为数据。收集的数据类型包括学校基础信息数据、课程实施客观数据（如学分、课时、比例、数量等），以及档案文本（如管理制度等）、案例文本（如单元教学设计等）、图片及其他物化成果（如手册、教学资料、作品、工具等）。

政策要求、指标与工具之间保持一致性是开发工具的基本原则。评价指标体系、评价标准是设计表单的依据，同时是分析表单数据的依据。信息表单内容要与评价指标体系、评价标准的内容严密地对应，既保证在分析表单数据时能够对应到指标体系中的具体要求，也能使指标体系的关键内容都能够被检测到。因此，采用了分类、分层、纵向一致、横向关联等结构化的处理方法和技术路径，结合实际，提高其可理解性，增强其可操作性，强化其可测量性、可解释性。

（三）信息表单研制方法

从评价指标、评价标准与信息表单一致性的角度，进行信息表单设计，一是将指标

分解、细化、转化形成评价标准，依据评价标准设计信息表单，以提高信息表单的科学性；二是通过分类、归类，使信息表单结构化，利用数字化平台对数据进行统计、汇总、分析，实现数据处理的自动化；三是信息表单不仅是评估课程实施质量的工具，也是帮助学校管理者、教师理解国家课程改革要求、设计学校课程实施方案的依据和规准，是学校自我完善和改进的框架与路径指引。

需要注意的是，一是信息表单的维度要包括分类与归类，在数字化平台自动计算与汇总时根据类型选择，自动进行分类、归类，确定不同维度进行数据交叉分析；二是信息表单的回答方式包括选择选项、填空和上传材料（相应文档、图片等证据）；三是信息表单的维度或变量要与评价标准中的监测点内容相对应，避免遗漏重要的信息项。例如，信息表单中的“3.4.3 结果表达和使用”对应的评价标准设置成“数据类型、计分方法、结果呈现、诊断分析、综合素质评价结果运用”等问题模块，采集学校在综合素质评价方面实施的基本信息（见表 2–7 和表 2–8）。

表 2–7 “综合素质评价”表单

一级指标	二级指标	三级指标	监测点		问题
3.0 评价机制	3.3 综合素质评价	3.1.1 管理机制	3.1.1.1 制度与保障	制度建设	年度内，校本化综合素质评价体系（指标、工具、档案等）建设和使用状况是（单选题） ☐ 不准备建设 ☐ 未建成 ☐ 已建成，未使用 ☐ 已建成并使用
				管理规范	请上传本校综合素质评价体系建设的规范性文本，包括指标、工具和档案等文档
				技术保障	学校用信息化平台支持综合素质评价主要通过（单选题） ☐ 自建平台支持 ☐ 借助第三方平台支持 ☐ 没有平台支持
		3.1.2 评价方式	3.1.2.1 关注要点	评价内容	学校在综合素质评价实施中，反映最充分的是（选择 1—5 项）： ☐ 学科学业成绩 ☐ 科目修习类别 ☐ 研究性学习经历 ☐ 社会实践经历 ☐ 学生行为表现 ☐ 志愿服务经历 ☐ 学科作业评价 ☐ 课堂教学表现 ☐ 学生自我评价

（续表）

<table>
<tr><th>一级指标</th><th>二级指标</th><th>三级指标</th><th colspan="2">监测点</th><th>问题</th></tr>
<tr><td rowspan="2">3.0
评价
机制</td><td rowspan="2"></td><td rowspan="2"></td><td rowspan="2">3.1.2.2
结果表达与
使用</td><td>结果
呈现</td><td>学校依据评价指标对综合素质评价结果的呈现方式是（单选题）
□ 表单方式分项表达
□ 雷达图方式分项表达
□ 数字画像方式聚类表达</td></tr>
<tr><td>结果
使用</td><td>校本化综合素质评价结果除供高校录取参考外，主要还用来（选择 1—3 项）
□ 供家长了解学习状况
□ 供学生把握学习状况
□ 供教师分析学习状况
□ 供学校建立学习档案
□ 除高校录取参考外，无其他常用的用途</td></tr>
</table>

表 2-8 “研究性学习课程设置”表单

<table>
<tr><th>一级指标</th><th>二级指标</th><th>三级指标</th><th colspan="2">监测点</th><th colspan="3">问题</th></tr>
<tr><td rowspan="5">1.0
课程
设置</td><td rowspan="5">1.1
国家
课程</td><td rowspan="5">1.1.2
综合
实践
活动</td><td rowspan="5">1.1.2.1
研究性
学习课
程设置</td><td rowspan="5">课程
要求</td><td>渠道</td><td colspan="2">总体而言，年度内学校获得学分的研究性学习主要采用
A. 专门设置实施　B. 结合学科学习实施
C. 专门设置与学科学习结合实施</td></tr>
<tr><td>高一</td><td colspan="2">年度内要求高一年级完成（　　）个研究性学习课题或者项目</td></tr>
<tr><td>高二</td><td colspan="2">年度内要求高二年级完成（　　）个研究性学习课题或者项目</td></tr>
<tr><td>高三</td><td colspan="2">年度内要求高三年级完成（　　）个研究性学习课题或者项目</td></tr>
<tr><td>三年</td><td>学生三年需完成（　　）个研究性学习课题或者项目</td><td>（　　）学分</td></tr>
</table>

（续表）

一级指标	二级指标	三级指标	监测点		问题		
1.0 课程设置				参与人数	高一	年度内高一年级参与研究性学习的学生（　　）人	占（　）%
					高二	年度内高二年级参与研究性学习的学生（　　）人	占（　）%
					高三	年度内高三年级参与研究性学习的学生（　　）人	占（　）%
					三年	三年完成研究性学习并获得规定学分的学生（　　）人	占（　）%
				资源支持	校内	总体而言，校内资源对研究性学习实施 A. 有足够支持　B. 有一些支持 C. 几乎没有支持	
					校外	总体而言，校外资源对研究性学习实施 A. 有足够支持　B. 有一些支持 C. 几乎没有支持	
				管理制度	部门	年度内学校已经明确的研究性学习管理部门是（　　）	
					规范	若学校有专门的研究性学习建设规范文本，请上传文本	
					档案	若学校有专门的研究性学习实施档案，请上传档案或者案例	

二、课程实施监测的支持系统

建立中小学课程实施监测机制，需要在观念与文化、行动与技术、组织与制度等方面，创设多维的支持系统，采取可行的支持方式，为课程实施提供有力保障。

（一）建设数据采集与分析的信息化系统

目前大多数实践运行的课程实施调查与监测缺少信息化支持系统，仍停留在问卷调查与统计分析的技术应用层面，无法在线采集信息，不能储存、积累数据，未形成数据库，导致调查与监测的功能仅局限于了解情况，缺少智能化分析、即时性反馈、常态化监测预警等功能。因此，亟须借助教育大数据应用的成熟技术，系统设计功能模块，建立数据采集与分析的信息化系统。此外，今后将积极探索应用人工智能的语言识别、图像识别技术进行学生表现评价和文本资料评价，提升监测信息采集与分析的智能化水平。

课程实施监测所采集信息的数据量庞大、类型多样、结构复杂，具备了大数据的特征①。在教育数字化转型的背景下，建设具有数据采集、多维分析、异常数据提示、预测预警、报告发布等功能的信息化系统，其价值体现在以下两点。一是监测动态过程，通过全面采集、持续积累，形成框架明确、结构清晰和功能多样的课程实施数据库。二是监测方式创新，凸显“证据收集”和“数据分析”，建立基于实证的课程实施监测机制；通过数据及时反馈、横向纵向对比，促进教育行政及教研部门更精准地进行政策制定和业务指导，同时促进学校的自我监测、自我完善。

基于信息化系统的监测数据采集与分析，其技术路径如下：首先，在信息化平台上设置指标体系和工具，在线采集课程实施的各类数据与资料，并对应到 16 个指标单元中（背景、输入、过程、产出 4 个阶段 × 区域、学校、教师和学生 4 个层面）。然后，通过数据分析，对课程实施过程进行常态监测和预测预警。例如，通过对上海市普通高中课程开设、课时安排的数据采集与分析，发现 A 区有 7 所学校高一年级周课时总数超过了规定量 38 节②，占全区高中学校总数的 47%，而且有 3 所学校研究性学习的学分不达标，管理规范也有较多缺失。在高中技术课程（含信息技术和通用技术）实施过程中，只有不足 50% 的教师认为“获得了充足的校内资源支持”，是高中所有必修课程中校内资源支持度最低的。最后，运用数据挖掘技术，建立相关与寻找归因，探索各变量之间的互相作用与影响。例如，在监测“教师教学方式”指标时，信息技术融入教学的比例最高，为 68%；其次为自主性学习（37%）、实践性学习（30%）；跨学科学习比例最低，为 21%。运用回归分析发现，落实跨学科学习、实践性学习和自主性学习这三种教学方式的相关系数最高达 0.85，呈现出相辅相成的关系，也就是说实施三种教学方式中的一种，其他两种教学方式大概率也得到了相应的落实。

（二）建立市、区、校三级课程推广与改进系统

建立课程推广与改进系统，需要的不仅仅是教育行政部门召开一次会议、学校开

① 杨现民．中国基础教育大数据发展蓝皮书（2015）[G]．北京师范大学“移动学习”教育部 – 中国移动联合实验室，中国教育技术协会，江苏省教育信息化工程技术研究中心联合出品，2015：21–22.

② 根据《上海市普通高中课程实施方案》要求，高中学校的周课时总量控制在 38 节（含 37 节常规课和 1 节长课），常规课一般为 40 分钟 / 节。

展一次培训或讲座，应该是建设一整套的支持系统。“课程改革是全面的、整体的，但改革方案必须嵌进实施的组织与结构之内，改革课程若不同时改革组织的制度特征，结果将流于表面或无疾而终”。[①] 因此，应根据课程改革不同实施阶段的特点，明确市、区、校三级课程推广与改进任务。

在进行课程改革的初期阶段，要文件、规划先行，优先制定法令规章和课程规划。“政策工具是一种为达成目的，而对手段所做的权威性选择”[②]。一方面，市、区教育行政部门要发布新课程新教材实施的指导性政策文件，在师资培训、人事编制、经费投入、设施设备配置、资源与环境建设等方面，提供必要条件和保障；另一方面，学校要以学校的教育理念和学生的需求为核心，以学校的教育人员为主体，以学校的情境与资源为基础，进行课程实施的自主规划与设计。

在课程改革的推广期间，要促进课程改革目标、内容的接受与认同，使政策有效地落实到课程教学实践。一方面，市、区教研部门要建设专业支持机制，强化培训和教研引领，提升校长和教师的认知。另一方面，学校要建立课程实施转化机制，促进新课程“融入”，而不是“套入”；学校课程实施因人、事、时、地而制宜，强化自主管理与自我调整，并积极发展学校特色。

在课程改革的末期阶段，要形塑制度和专业文化氛围，促进价值内化。“如果教师与学校的价值及规范没有配合课程变革改变，仅作组织及技术层面的改变，则改革可能受阻碍，或成效仅是暂时的”[③]。一方面，市、区教研部门要总结与提炼课程实施过程中产生的经验，并进行传播、推广；另一方面，彰显学校各级课程领导者作用，以“生态观”建立教师专业发展生态系统[④]，提升校长课程领导力，加强校长对课程革新的认识与领导课程发展的能力；让具有专业能力、课程研究经验的教师带领其他教师，形成学校研究团队，鼓励教师在学科专长上持续专业发展，发挥学科领导的功能。因地因校制宜，促成中小型学校以区域联盟形式进行教师学习与研修，建立互助分享的教师学习共同体。

① 王全典．台南市国中教师对十二年国教课程改革理念认同与关注阶段之研究[D]．台南：台湾首府大学，2014：28.

② 李心信．基隆市政府课程管理之研究：以实施九年一贯课程为例[D]．台北：台北师范学院，2013：68.

③ 王全典．台南市国中教师对十二年国教课程改革理念认同与关注阶段之研究[D]．台南：台湾首府大学，2014：29.

④ 黄嘉莉．标准本位师资培育理念与实践[M]．台北：台湾师范大学出版中心，2013：142.

第三节

校长领导力监测模型建构、工具研制与举例

教育部颁布的《义务教育学校校长专业标准》和《普通高中校长专业标准》明确提出"校长是履行学校领导与管理工作职责的专业人员"。校长的专业职责体现为行政领导、教育领导、人际领导、道德领导等多维度的属性。在办学实践中，校长是推动学校发展的关键人物，校长的办学意愿和领导能力对学校品质的整体提升有着举足轻重的作用。"一位好校长就是一所好学校""一所好学校必然有一位好校长"，这些观点不断被实践所证实并得到社会的广泛认同。尤其在当前以教育高质量发展推进中国式现代化的使命之下，更加迫切地需要校长们站在改革的前沿，运用智慧和魄力来深化课程实施，提升办学品质。

一、校长领导力与学校效能

（一）由科尔曼报告到有效学校运动

校长领导力（Principal Leadership）研究是学校效能（school effectiveness）研究的一个组成维度，起源于20世纪70年代的"有效学校运动"（Effective School Movement）。这一运动的兴起源于《科尔曼报告》，在美国社会学史和教育史上享有盛名。

1964年，詹姆斯·科尔曼教授领导一个研究小组开展了一项规模宏大的研究项目。他们收集了来自美国各地4000所学校的60万名学生的数据，用以探索和分析不同变量对学生学业成就的影响。经过两年的辛勤工作，1966年科尔曼教授向国会递交了一份具有里程碑意义的调查报告——《关于教育机会平等》。这份报告后来被广泛称为《科尔曼报告》。报告中明确指出，当学生的社会经济地位（Socioeconomic Status，SES）这一关键变量在统计分析中被控制后，学校因素对学生学业成就的影响实际上是非常有限的，甚至在某些情况下可以认为是微不足道的。换句话说，决定学生成就水平的关键因素是家庭背景，而不是学校教育本身。这一"学校无用"的论断与人们的直觉和常识相悖，立即引起了社会各界的广泛关注和热烈讨论。

教育者和教育研究人员对此深感不安，认为这样很可能会对学校教育产生消极的影响。为了回应《科尔曼报告》，证明学校在确保学生掌握核心课程以及学生发展过程中扮演着不可替代的重要角色，美国教育界发起了广泛而深入的“有效学校运动”。正是在这场教育者自我救赎的运动中，校长领导力从一个仅仅存在于实践中的概念，逐渐转变成一个被学术界广泛研究和讨论的学术概念。

（二）校长领导力是学校效能的关键因素

学校效能的科学属性涵盖了效能的规模、一致性、随时间的稳定性以及不同教育结果的效能差异等维度。影响学校效能的多元因素包括强有力的学校领导、积极的学校文化、教师的专业成长以及对外部支持的重视，等等[①]。关于学校效能的研究持续至今，主要涉及三个子主题：学校对学生学业成就的影响研究；有效学校特征及其影响因素研究；学校改进过程与模式的实践研究。

该研究领域大致可划分为四个阶段。第一阶段始于 20 世纪 70 年代，由于对《科尔曼报告》的方法论和结论质疑，一些研究者发起了“有效学校运动”，旨在证明学校对学生成绩的积极影响。众多实证研究揭示，无论学生的家庭背景和社会经济地位如何，教学有效的学校往往展现出一定的共性。研究中经常提及与学校效能相关的五个关键因素，包括校长的教学领导力、对学生的高期望、安全有序的校园风气、强调基础技能的学习，以及对学生学业表现的经常性评估[②]。

第二阶段始于 20 世纪 80 年代中叶，研究在继承学校效能研究和学校改进项目的基础上，采用了更为精细的研究设计。一些英美研究者在问卷调查的基础上增加了学校观察和班级观察等方法，并运用了如多层线性模型（HLM）等先进的统计技术。越来越多的研究指出，专业领导、共同愿景和目标、良好的学习环境、专注于教学、有目的的教学、高期望、积极的强化措施、监控学生学习、关注学生权利与责任等是有效学校的核心特征。这些特征中最重要的就是校长的领导力[③]。

第三阶段从 20 世纪 90 年代早期持续至 21 世纪初。研究者们不再满足于对有效学校特征的描述，而是深入探究这些特征背后的策略机制，从而解释学校产生不同效能的原因。该阶段表现出明显的国际化趋势，来自不同国家和地区的经验进一步丰富

---

① 雷诺兹，萨蒙斯，达姆，等．教育效能研究：过去、现在和未来[J]．教育研究，2020（10）：116–133.

② Edmonds R. Effective schools for the urban–poor. Educational Leadership，1979（1）：15–24.

③ Sammons P，et al. Key Characteristics of Effective Schools：A Review of School Effectiveness Research [R]. London：OFSTED，1995.

了学校效能研究的理论体系。同时，学校效能研究者、学校改进研究者和教育实践者在学术上的紧密结合，促进了研究方法的融合与协同。

随着近年来的变革，学校效能研究进入了第四个阶段，“循证教育”在国际上兴起，为学校效能研究提供了新的视角和方法，强调了基于证据进行教育决策和实践的重要性。这一阶段既反映又促进了这些变革。

“有效学校”运动或“学校效能”研究对教育产生了广泛的国际影响，证实了学校作为影响学生学习的关键控制因素。校长作为学校领导者的角色在推进学生学业表现方面至关重要，即校长的领导力对学生学业表现具有显著影响。因此，校长领导力研究成为教育管理研究的焦点，引起教育理论者和教育实践者的广泛关注。

（三）校长领导力的多维度理解

1. 教学领导力：校长专业化的标志

最初在教育管理研究中，研究者将校长视为科层体系中的管理者角色，关注校长的行政领导职能对组织结构、规章制度的改变。而后在课程教学改革的背景之下，研究者认识到校长职能并非单纯的管理能力，更多关注到校长的教育专业领导属性。考虑到教学活动是学校教育的核心业务，教学变革直接作用于教育质量，于是提出了校长教学领导力（Instructional Leadership），校长必须强化教学领导力，发挥“促进教与学的卓越性”。校长教学领导力提出后，很多研究者对其概念进行了不同的界定（见表2-9）。这些界定由于理论视角不同，虽然没有本质上的冲突，但还是有狭义和广义的差别。

表 2-9　不同学者关于校长教学领导力的定义

研究者	时间	定义
Sheppard①	1982 年	教学领导力是与教学、学习及可观察到的校长行为直接相关的活动
De Bevosie②	1984 年	校长为提高教师的教学质量与学生的学习水平，由其本人或授权他人从事与学校教学相关的各项改进工作，包括拟定学校发展目标、提供教学与学习资源、监督评价教师教学、规划教师发展、营造校长与教师或教师间的协作关系等

① Sheppard B.The transformational nature of instructional leadership Education Administration Quarterly［J］.The Alberta Journal of Educational Research，1982（3）：325-344.

② De Bevoise W. Synthesis of research on the principal as instructional leader［J］.Educational Leadership，1984（1）：5-24.

（续表）

研究者	时间	定义
Sergiovanni①	1987 年	校长采取的行动、学校的目标、有限的可利用资源，以及与教师、家长等利益相关者合作的需要，都是定义的基本要素
Greenfield②	1987 年	校长为教师搭建高效和令人满意的工作环境，为学生创造合适的学习条件，促进学习效果的工作或行为
Donmoyer & Wagstaff③	1990 年	教学领导力指校长所有促进学生学习进步的行为与活动
Heck④	1990 年	教学领导力就是为提高教学水平，校长所采用的各种正式和非正式策略、工作任务的集合
Hallinger⑤	1992 年	教学领导者是学校教育计划相关知识的主要来源，他们具备与课程及教学相关的技能，能直接介入教师的教学活动，促进教学的改革，给予教师和学生高度的期望、密切的监督与管理。教师在教学学校课程时关心学生的进步
Daresh & Playko⑥	1992 年	对教师教学产生重大影响，并对学生学习产生重大影响的直接的或间接的行为
张碧娟⑦	1997 年	校长教学领导是指校长为提升教师教学效能，增进学生学习效果，提供指导，支持教师为学生在教育学上所采取的有效措施与作为
李森⑧	2005 年	教学领导是领导者为实现教学目标，优化教学系统，通过规划教学发展远景、制定课程标准、管理课程与教学、视导评鉴教学、促进教师专业成长、督促学生进步、提供教学知识系统和发展教学文化的领导行为，达到民主与合作、开放与交流，提升教师的教学品质和学生的学习成效的动态过程

① Sergiovanni T J. The principalship: A reflective practice perspective [M]. Boston: Allyn & Bacon, 1987.

② Greenefield W, Moral imagination and interpersonal competence: Antecedents to instructional leadership. In W. Greenfield (Ed.), Instructional leadership: Concepts, issues, and controversies [M].Boston: Allyn and Bacon, 1987.

③ Donmoyer R, Wagstaff M.Principal can be effective managers andinstructional leaders [J]. National Association of Secondary Schools Principals Bulletin, 1990 (525): 20–29.

④ Heck R H, Larsen T J, Marcoulides G A. Instructional leadership and school achievement: Validation of a causal model [J]. Educational Administration Quarterly, 1990 (26): 94–125.

⑤ Hallinger P. The Evolving Role of American Principals: From Managerial to Instructional to Translational Leaders [J]. Journal of Educational Administration, 1992 (3): 35–48.

⑥ Daresh J C, Playko M A. Mentoring for headteachers: A review of majorissues [J].School Organisation, 1992 (2): 145–152.

⑦ 张碧娟 . 国民中学校长教学领导、学校教学气氛与教师教学效能关系之研究[D]. 台湾：台湾政治大学，1997.

⑧ 李森 . 现代教学论纲要[M]. 北京：人民教育出版社，2005：327.

（续表）

研究者	时间	定义
赵茜和刘景[①]	2009年	校长教学领导力就是校长通过对教学活动和教学主体的领导促进学生发展和教师发展的能力
郑金洲[②]	2012年	校长领导力指校长在学校领导实践中提出教学愿景、引领教学变革、促进师生发展的影响力，主要表现为教学价值观的塑造力、教学总目标的设定力、教学核心问题的捕捉力、教学组织的指导力、教学条件的保障力、教学质量的评估力
赵德成[③]	2013年	指校长明确学校教学远景与目标，并动员、组织和协调有关人员围绕这一目标奋斗的能力

持狭义理解的研究者通常将教学领导与管理区隔开来，将其定义为：校长从事与教师教学或学生学习有直接关系的行为所展现出的能力，主要涵盖确立明确的教学目标、配置教学资源、管理课程与教学、监督教师教学活动等方面。然而，这种狭义的概念可能排除或低估其他相关行政管理活动的价值，因为一些相关行政措施的配合，有时比直接的行为更有效。因此，校长领导力的理解趋向广义，指代与教学和学习有关的所有活动，既包括那些直接影响学生学习的活动，也包括学校文化的创建、共同愿景的塑造、各种资源的分配等对教与学产生间接影响的活动。教学领导力拓展为所有协助教学与影响学生学习的直接或间接的领导行为能力。管理职责也被融入教学领导力的概念之中，这也是大多数研究者的立场。

随着全球范围内教育改革的不断深化，学生深度学习与教育的高质量发展逐渐成为人们关注的焦点。一些学者提出，教学领导力要加强以学习为中心的取向，主张将学生的学习置于核心位置，从领导行为的“关键环节”与“核心内容”两个方面对教学领导力进行分析。他们甚至建议将教学领导力重新定义为学习中心领导力（Learning-centered Leadership）[④]。这种观点将教学领导力与学生学习和发展联系起来，凸显了结果导向和质量意识。另外还有学者指出，校长教学领导力不仅涉及领导学生学习的方面，还应关注如何引导教师的学习[⑤]。

① 赵茜，刘景．我国校长教学领导力模型研究［J］．中小学管理，2010（3）：10-13.

② 郑金洲．校长教学领导力初探［J］．河北师范大学学报（教育科学版），2012（11）：42-45.

③ 赵德成．教学领导力：内涵、测评及未来研究方向［J］．外国教育研究，2013（4）：96-103.

④ 墨菲，戈德林，艾略特，等．范德堡教育领导力评估：以学习为中心的评估方式［J］．华东师范大学学报（教育科学版），2011（1）：1-10.

⑤ 董辉，李路路，张婕．教学领导的概念创生与理论演进：基于菲利普·海林杰教授访谈的叙事与思考［J］．华东师范大学学报（教育科学版），2020（7）：87-96.

2. 多元领导力：超出教学领导范畴

由于学校教育系统的复杂性，对校长教学领导力的认识早已超出了原本的教学业务范畴。

第一，纳入了包含课程、学习、教师发展、家校社协同等在内的多个重要领域和关键环节。校长需要在领导实践中根据情境和任务整合多种领导方式，动态发挥多元领导力，做出引领学校发展的决策。例如，加强课程领导力，创造性构建学校课程育人体系；强化教学领导力，促进深度学习的发生；提升数字化领导力，助力学生个性化学习；增强关系领导力，激发教师队伍活力；发挥协作领导力，构建育人共同体。[①]

第二，提出校长领导力的多元构成的同时，关注能力的进阶性。2013 年《义务教育学校校长专业标准》对校长提出的 6 项专业职责要求间接反映了校长领导力的多元构成。“优化内部管理”“调适外部环境”更加强调组织领导力；“领导课程教学”“引领教师成长”蕴含着教学领导力；“规划学校发展”“营造育人文化”体现的是价值领导力[②]。三种领导力分别作用于学校办学由低阶向高阶的三个发展阶段，组织领导力使学校办学“有序”，教学领导力使学校办学“有质”，价值领导力使学校办学“有品”。实现这一跃迁，首先需要校长将领导力层次由低阶的组织领导力提升至高阶的教学领导力、价值领导力。

第三，随着近年来分布式领导理论的发展，校长领导力不再特指校长等学校管理者的领导力。目前的研究把教学领导力分为宏观、中观和微观三个层次，即各级教育行政部门、校长等学校管理者、一线教师三个层次。而一线教师作为教学的践行者，教师教学领导应该是最直接的教学领导[③]，教师的教学领导力需予以关注。

第四，随着信息技术在教育领域的广泛应用，如何在信息化环境中实现高效领导和管理，成为当前讨论的热点。因此，提出发展教育信息化背景下的校长领导力。校长需要具备推动教育信息化发展的能力，如制订信息化发展规划、促进信息技术与教育教学深度融合、培养师生的信息素养等。

---

① 赵德成，周照林，罗宁．教育高质量发展需要怎样的校长领导力？[J]．中小学管理，2024（1）：9-13.

② 项红专．校长领导力漫谈[N]．中国教师报，2024-03-20.

③ 孙祯祥，刘小翠．教师信息化教学领导力：概念、内涵与调查分析[J]．现代远距离教育，2015（4）：28-36.

二、校长领导力的实证研究

（一）校长领导力的测量：指标与工具

测评是揭示事物本质特征及推进科学研究的基础。要在理论上深入探讨校长领导力的特征与规律，以及在实践中客观分析校长表现并促进其发展，不可或缺的是开发可靠、高效、实用的领导力测评方法和工具。

1. 校长领导力问卷是传统测量工具

问卷调查法是领导力研究领域应用最为广泛的测评手段。从 20 世纪 80 年代开始，很多学者基于既有的理论模型，结合理论推导与实证研究，致力于开发校长领导力的问卷工具。

Larsen 和 Heck 开发的教学活动问卷（IAQ）首次将校长行为划分为“治理学校”“创设文化”“监控教学”三大维度，下设 34 项指标（如确立使命、进行沟通、保障资源、进行决策、监控教师和学生等）系统界定了校长教学领导的核心行为。问卷作答由校长本人或者教师来报告校长从事教学领导行为的频率。该问卷为后续研究奠定了基础，但缺乏对行为与教学效果关联性的实证分析。后续 Heck 等人的研究修正了该模型，将题项指标精简至 22 项（见表 2-10），并引入“传播教学目标”“保障教学资源”等更具操作性的指标[①]。

表 2-10　Heck 修订的教学活动问卷指标

治理学校	创设和维护学校氛围与文化	组织和监控教学流程
1. 让教职员工参与重要事务决策 2. 让家长参与学校教育 3. 确保教师不会有过度的压力 4. 不干涉教师教学	5. 传播教学目标 6. 传播对学生的高期望 7. 鼓励对教学问题进行讨论 8. 认可学生的学业成就 9. 向社区通知教学成果 10. 保持教师高昂的士气 11. 建立安全有序、有纪律的氛围	12. 发展学校目标 13. 与各年级教师一起协调课程与教学 14. 就教学进行正式与非正式的讨论 15. 观察教师的教学方法 16. 确保教学员工监控学生学习进展 17. 注重以教学改进为目的的测试结果 18. 保障教学资源 19. 经常随堂听课 20. 在听课后帮助教师提升教学效能 21. 了解教师的需求 22. 评估学校课程体系

① Heck R H，Larsen T J，Marcoulides G A .Instructional Leadership and School Achievement：Validation of a Causal Model［J］.Educational Administration Quarterly，1990，26（2）：94-125.

2003 年，Aligmielcarek 聚焦于教学过程管理，提出教学领导力的新模型，进一步开发教学领导力量表（ILI），如表 2-11 所示。量表维度包含“确定和传播共同目标”“监督教与学的过程并提供反馈”“促进教师专业发展”三项，题目共计 23 题。与已有的教学领导力量表相似，ILI 量表也通过教师报告的方式提升测量的客观性。其创新之处在于强调数据驱动的教学决策（如基于学生成绩数据指导教学讨论），但未充分考虑校长与教师的互动机制。例如，要求校长“根据学生成绩数据指导教师讨论教学”，但未明确如何平衡数据导向与教师专业判断之间的关系。[①]

表 2-11 Aligmielcarek 教学领导力量表（ILI）

确定和传播共同目标	监督教与学的过程并提供反馈	促进教师专业发展
1. 根据学生成绩数据，指导教师讨论教学工作 2. 鼓励教师对学生的学业进步进行数据分析 3. 与教师共同制定数据驱动的教学目标 4. 把学校的教学目标传达给教职员工 5. 与教师一起解释评价数据并用于教学 6. 根据学校目标进行教学决策 7. 制定能提升所有学生学业标准和期望的目标 8. 为所有学生设计较高但能达到的标准	9. 观察课堂，保证课堂教学与学校目标一致 10. 监督课堂实践，保证课堂教学与地区课程一致 11. 与学生一起完成学习任务 12. 整天在办公室待着（反向题） 13. 关注教师专业发展而非评价 14. 为提升教学实践而评价教师 15. 私下里对教师提供反馈意见 16. 私下里对学生提供反馈意见	17. 鼓励教师参加与学校目标一致的专业发展活动 18. 围绕教学最佳实践给教师提供自身发展的机会 19. 根据教师需求拟订专业发展计划 20. 支持个性化的专业发展计划 21. 与教师一起制订专业发展计划 22. 为教师提供有用的专业资料和资源 23. 为教师间的合作安排时间

2. 综合性评估框架的构建与优化

2010 年后，研究转向多维整合评估。Porter 等人突破单一行为视角，提出“6 个核心要素 ×6 个核心过程”交互作用下的 36 个行为领域来界定校长领导力的范围。6 个核心要素是指校长为了促进所有学生学业成就的提高所要完成的各种任务，分为“很高的学习标准、严格的课程内容、教学质量、学习文化和专业行为、与外部群

① Aligmielcarek J M .A model of school success: instructional leadership, academic press, and student achievement [J]. Dissertations & Theses, 2003.

体的联系、表现问责”。6个核心过程回答了校长是如何创造出六个核心要素的整个过程，包括“计划、实施、支持、倡导、交流、监督”。由此，构建了以学习为中心的校长领导力评估模型（见表2–12），开发了涵盖72个题项的“范德堡教育领导力评估问卷（VAL–ED）”。

该评估模型是对校长领导范围的评估，也是对校长领导过程的一种评估（见图2–2）。以“学习文化和专业行为”为例，校长领导行为需要覆盖这一维度，同时要考查校长围绕这个维度都做了哪些事情，如：校长领导下是否创设出一个环境促进学习文化和专业行为？校长领导下是否实施有关的方案？校长领导是否有效地交流学习文化？ VAL–ED评分规则在于为衡量学校重要的领导行为提供一个清晰的框架，目的在于衡量校长在决策制定过程中的优缺点，分析和诊断校长领导行为，也对校长领导行为进行过程监控和总结性评估。[①]VAL–ED的创新在于：第一，将校长行为与学生学习成果直接关联；第二，支持360度多主体评价（教师、校长、上级）；第三，引入等级评分（“优秀”“熟练”“基本”“低于基本”）；第四，使用图表、文字陈述来进行反馈。

表2–12 Porter等人以学习为中心的校长领导力评估模型

核心要素	核心过程					
	计划	实施	支持	倡导	交流	监督
很高的学习标准						
严格的课程内容						
教学质量						
学习文化与专业行为						
与外部群体的联系						
表现问责						

① 曾家延，赵晶．美国四种校长教学领导力评估模型的比较与评论［J］．外国中小学教育，2016（10）：34–42．

High Standards for Student Learning		Sources of Evidence Check Key Sources of Evidence						Eiffectiveness Rating Mark One Circle to Indicate How Eiffective or Check DK					
		Reports from Others	Rersonal Observations	School Documents	School Projects or Activities	Other Sources	No Evldence	Ineffective	Minimally Effective	Satisfactorily Effective	Highly Effective	Outestandingly Effective	Don't Know
How effective is the principal at ensuring the school…													
Planning	1. plans rigorous growth targets in learning for all students.	☐	☐	☐	☐	☐	☐	○ 1	○ 2	○ 3	○ 4	○ 5	○
	2. plans targets of faculty performance that emphasize improvement in student learning.	☐	☐	☐	☐	☐	☐	○ 1	○ 2	○ 3	○ 4	○ 5	○

图 2-2　范德堡教育领导力评估问卷（VAL-ED）示例

3. 本土化研究与实践应用深化

中国学者陆续提出我国校长领导力的本土化模型，推动校长领导力测评工具创新。赵茜和刘景基于校长行为与学校内外情境的交互作用，提出由四大行为（指导教学组织、策划教学活动、提供教学条件、监控教学情况）、八个情境因素（学校因素和教育管理体制方面因素）构成的领导力标准（见表 2-13）①。他们认为，校长教学领导力行为越靠近核心部位，越会受到学校情境因素的影响。

表 2-13　赵茜和刘景提出的校长领导力标准

领导力层面	行为表现	标准描述
指导教学组织	促进教师关系	校长从学校的教师、教学组织、教学制度方面进行引导和服务，为教学创设良好的环境，对教学组织进行指导
	教学组织管理	
	教学制度管理	
	教学工作协调	

① 赵茜，刘景．我国校长教学领导力模型研究［J］．中小学管理，2010（3）：10-13.

（续表）

领导力层面	行为表现	标准描述
策划教学活动	课程设置引领	校长在策划教学活动时，从教学内容、教学目标、教学目的（促进学生发展）方面进行理念和方法上的引领，在教学常规活动中也要起到引领和提升的作用
	教学目标管理	
	学生发展指导	
	教学常规引领	
提供教学条件	教师人力资源规划	校长对教师的生涯规划提供指引，为教师发展提供资源保障，为教学活动提供硬件和资金保障，并从宏观方面创设教学环境，为教学提供优良条件
	教师发展资源提供	
	教学硬件资金保障	
	教学环境创设	
监控教学情况	兼课	校长通过兼课、听课、巡堂、召开会议、直接与教师和学生交流等方式，监控学校教学情况
	听课	
	巡堂	

2014 年，为探明卓越教学领导者与普通教学领导者间存在显著差异的教学领导行为，赵德成团队从胜任特征视角研究义务教育学校校长的教学领导力，从“明确与交流目标”“指导教学”“监控学习进展”“激励教师”“促进教师成长”“激励学生” 6 个维度及 36 个行为指标构建出校长教学领导力胜任特征模型，据此模型开发出来的量表通过了信效度检验（见表 2-14）。①

表 2-14 赵德成团队校长教学领导力胜任特征模型的探索性因素分析结果

指标	因子负荷						共同度
	Fl	F2	F3	F4	F5	F6	
在就课程与教学有关问题决策时以学业目标为依据	0.722						0.703
在教师会议上与教师就学业目标进行讨论	0.712						0.716
明确学校教学管理的年度核心目标	0.703						0.645

① 赵德成，宋洪鹏，苏瑞红．义务教育学校校长教学领导力胜任特征模型的构建［J］．教育研究，2014（8）：85-92.

（续表）

指标	因子负荷						共同度
	FI	F2	F3	F4	F5	F6	
确保学校学业目标经常出现在有关文本和场合中	0.688						0.645
与学校成员有效交流学校教学管理目标	0.683						0.685
形成易于被教师理解和应用的目标	0.665						0.647
在学生会议或论坛中提及学校的目标	0.664						0.654
明确教职工在实现学校教学管理目标中的职责	0.662						0.603
确保教师优先考虑事项与学校教学管理目标一致	0.646						0.670
检查教师教学目标与学校目标的一致程度	0.474						0.608
在听课后的反馈中指出教师教学中的不足					0.808		0.791
在听课后的反馈中指出教师教学中的优点					0.757		0.797
经常随堂听课					0.733		0.696
在评估教师教学时查看学生作业					0.518		0.457
采用书面形式向教师通报学生整体表现						0.826	0.749
向学生通报学校学生学业表现情况						0.763	0.676
评估学校统一测验与学校目标的契合程度						0.480	0.616
在绩效考核中认可教师的优异表现		0.735					0.738
在职称晋升中考虑教师的突出表现		0.693					0.731
通过各种形式对教师的优异表现进行公开表扬		0.632					0.677

（续表）

指标	因子负荷						共同度
	Fl	F2	F3	F4	F5	F6	
对特别有贡献的教师提供专业发展机会		0.620					0.700
私下里对教师的努力和成绩表示赞赏		0.607					0.553
确保教师的各项工作与学校目标相一致		0.558					0.706
积极支持教师在课堂中使用在职培训中获得的技能		0.505					0.597
为教师提供外出学习、交流的机会			0.749				0.752
邀请优秀教师进行教学经验介绍或示范教学			0.733				0.734
为教师提供高水平的理论引领			0.661				0.688
建立有效促进教师自我批判性反思的机制			0.581				0.616
在教师会议上留出时间让教师分享信息或交流经验			0.540				0.566
领导或参与教师专业发展活动			0.533				0.649
倡导教师之间相互切磋共同成长			0.521				0.628
对成就高的或进步快的学生进行表扬				0.797			0.801
在集会中对学业成绩优异或表现好的学生进行表扬				0.794			0.786
对表现好的学生给以正式奖赏				0.720			0.718
支持教师对有贡献或成绩突出的学生进行表扬				0.643			0.686
与进步快、表现优异学生的家长进行联系和交流				0.528			0.612

李刚通过 N-vivo 软件对国内外共计 13 个校长教学领导力框架进行编码分析，提

炼出校长领导的七大行为领域，即形成教学目标、指导课堂教学、管理学校课程、保障教学时间、促进教师发展、提供教学支持和进行教学评价，为本土工具开发提供参照。[①] 张辉蓉和李东香则构建中小学教师教学领导力评价体系，包括 4 个一级指标、9 个二级指标和 21 个三级指标，从认知、规划到评价实现多层级评估（见表 2-15）[②]。

表 2-15　张辉蓉和李东香中小学教师教学领导力指标体系修正结果

一级指标	二级指标	三级指标
1. 教学领导认知力	1.1 对教学领导的认识	1.1.1 理解教学领导的本质 1.1.2 了解教学领导的价值 1.1.3 具有教学领导的观念
	1.2 对教学领导对象的认识	1.2.1 了解学生的身心发展特点 1.2.2 了解学生的学习特征
2. 学习目标规划力	2.1 设立共同学习愿景	2.1.1 符合所教学科课程标准 2.1.2 符合教材内容要求 2.1.3 能够激发学习动力
	2.2 引导学生设立学习目标	2.2.1 了解学生个性化发展需要 2.2.2 激励和支持学生设立适切的目标
3. 教学活动引导力	3.1 组织教学活动	3.1.1 选择和运用恰当的教学策略 3.1.2 有效选择和组织教学资源
	3.2 创设良好学习氛围	3.2.1 为学生参与提供支持 3.2.2 进行良好师生沟通
	3.3 监控调节教学活动	3.3.1 获取信息和反馈 3.3.2 及时调节教学活动
4. 教学领导评价力	4.1 学生目标达成评价	4.1.1 运用多元评价方式 4.1.2 支持学生参与评价
	4.2 教师教学领导反思改进	4.2.1 反思教学领导行为 4.2.2 反思教学领导自我认识 4.2.3 改进教学领导实践

将信息技术深度融合到教学过程的趋势，催生了校长领导力测评的子主题——校

① 李刚．为了教学，校长如何领导：北京市 A 区校长教学领导行为调查［J］．教育科学研究，2015（7）：48-52.

② 董艳，黄月，孙月亚，等．校长信息化教学领导力的内涵与结构［J］．现代远程教育研究，2015（5）：55-62.

长信息化教学领导力。董艳等人在厘清教学领导力、信息化领导力的概念基础上，提出校长信息化教学领导力可以分解为核心能力、关键环节、价值理念、综合保障等四个要素（见表 2-16）①，但尚未形成统一的操作化工具。

表 2-16　董艳等人的信息化教学领导力关键要素

组成要素	二级指标
核心能力 （能力体现）	信息化教学内涵的领悟力 信息化教学目标的规划力 信息化教学活动的理解力 信息化教学资源的鉴别力 信息化教学组织的指导力 信息化教学效果的评估力
关键环节 （过程体现）	明确目标→计划实施→倡导支持→沟通分享→监控评价→反思调整
价值理念 （个人相关）	信息化意识 学校信息化教学价值观 教师专业发展 对未来学生成长的关注
综合保障 （组织相关）	健全的家校、社区互动 充足的信息化教学设备与条件 人格魅力 学校信息化文化建设 管理与决策

4. 小结

对校长领导力的测评工具以问卷类或量表类工具为主。共性是以校长行为频率统计为核心范式（Principal Leadership Behavior Scale），从校长领导行为的多个维度（如愿景领导、团队建设、教学领导等）设计题目，通过教师、学生或校长自评来测量领导力水平。优势在于标准化程度高，能够在较短时间内收集到大量数据，有效节约人力资源、时间成本及经费开支，并且便于后续进行定量处理与分析。

其他测评方法作为问卷的辅助。360 度评估法综合校长自身、教师、学生、家长、社区成员等多方面的评价，全面了解校长领导力，能够提供更全面的反馈，但评估过程

① 张辉蓉，李东香．中小学教师教学领导力评价指标体系的构建与应用［J］．教育科学，2023（5）：59-66.

较为复杂，成本较高。案例分析与行为观察法通过分析校长在具体管理情境中的决策和行为，观察其领导力表现，具有针对性强、能够深入了解实际行为的优点，但主观性较强，难以进行大规模比较研究。

对校长领导力的测评工具大多基于西方理论和实践开发，不同国家和地区的校长对题目的理解可能存在差异。测评指标体系尚未形成统一标准，不同研究之间的结果可比性较差。在将这些测评工具移植到国内校长领导力测评时，需注意文化适应性问题，应适应我国基础教育的特点和需求进行本土化改造。而国内自主研发的测评工具凸显本土教育生态的特殊性，但跨文化效度仍须验证。

不同类型学校（如城市学校与农村学校、重点学校与普通学校、公办学校与民办学校）的校长领导力需求存在差异，研究关注校长领导力的群体差异，探索适合不同学校情境和校长特点的领导力测评方式。

（二）校长领导力的产出：如何影响教与学？

如前所述，自 20 世纪 90 年代起，校长领导因素在关注学生学业成就的学校改进实践中逐渐受到重视。进入 21 世纪，以“提升教育质量、促进教育公平、强调教育问责”为特征的世界教育变革新趋势，促使学校领导者深入思考如何更有效地影响学生学习。然而，经过众多实证研究的探索，关于校长领导力对学生学业成就的预测力，目前尚无统一的结论。政策理念、实践认同与研究发现之间的不一致性，促使学术界反思过往研究范式的局限性，校长领导力的实证研究开始转向。

1. 组织情境作为调节变量

近年来，研究者逐渐将焦点转移到组织情境特征对校长领导效能所产生的影响上。基于权变理论的视角，他们强调校长在进行领导实践时，必须努力寻求与学校组织内外部情境因素的最优匹配[①]，试图从理论和实证两个角度来辨识哪些特定的情境因素能对领导者的行动产生系统性的影响[②]。例如，在使用 PISA2012 中国上海的数据进行校长领导力实践（包括目标引领、教学发展、问题解决、教师参与等方面）对学生学业成就（特指数学、阅读、科学方面的学业测评结果）的影响研究时[③]，特别关注到这一影响

① Tan C Y. Examining school leadership effects on student achievement: The role of contextual challenges and constraints [J]. Cambridge journal of education, 2018 (1): 21–45.

② Hackman J R, Wageman R. Asking the right questions about leadership: Discussion and conclusions. American Psychologist [J]. 2007 (1): 43–47.

③ 黄亮，赵德成 . 校长领导力对学生学业成就的影响：教师教学投入与学校自主权的调节作用[J]. 教育科学，2017（3）：35–41.

过程中学校内外部的组织情境因素对校长领导效能的调节作用。学校内外部组织因素作为调节变量，具体是指两大变量：一是学校自主权，即学校在教师聘任、编制、预算分配决策、课程与评价政策制定等方面的权限；二是教师教学投入，即教师对学生保持高期望、满足学生学习需求、积极备课等方面的投入。

2. 教师教学作为中介变量

教师是教育变革的发动者和最主要实施者，教师所具有的持续专业学习力、有效教学实施策略是促进学生全面发展（而非仅仅学业成绩）的直接推动力。据此，研究者十分关注校长领导力与关键教师因素之间的关联，试图打开校长领导力影响学生学习与发展的"黑箱"。

校长领导力作为关键学校因素，包括目标引领、教学管理（教学发展、问题解决）、教师专业学习、教师参与等维度。关键教师因素则是教师专业学习（Teacher professional learning），是指教师以促进学生全面发展为专业目的的个体自主学习与合作学习参与程度。遵循此逻辑，研究分析了不同维度校长领导力对教师专业学习的影响[①]。基于江苏省S市初中整群抽样数据的分析结果表明，城乡初中教学质量存在差距，而且这种差距造成的原因在于城乡校长教学领导力差距，以及由此引发的教师专业学习差距（见图2-3）[②]。这一结果一是验证了校长教学领导力对教师专业学习的影响，进而影响学生学习；二是反映出校长教学领导力在弥合城乡教学质量、促进义务教育均衡发展方面的重要政策工具作用。

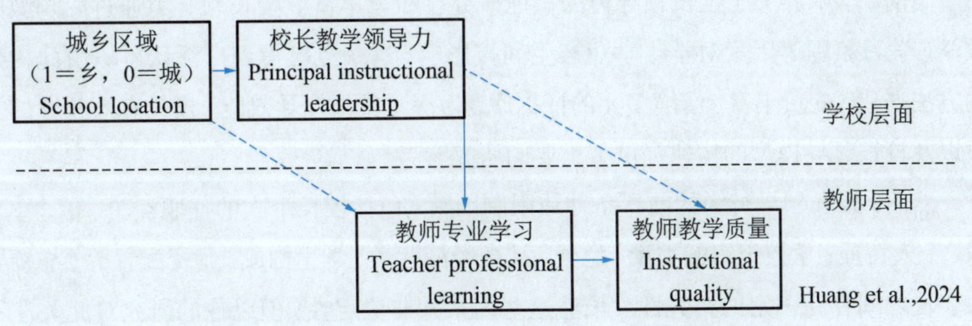

图2-3　校长教学领导力影响城乡教学质量差异的研究

① Huang L，Huang Y，Zhou S. Examining principal leadership effects on teacher professional learning in China：A multilevel analysis［J］. Educational Management Administration & Leadership，2023（6）：1278-1300.

② Huang L，Zhao D，Zhou S. Examining principal instructional leadership effects on the rural-urban instructional quality gap in China：The mechanism of teacher professional learning［J］. Studies in Educational Evaluation，2024（81）：101346.

3. 对学生学习的影响路径

Leithwood[①] 将校长领导力影响学生学习的路径研究（见图 2-4）总结为四条：理性路径（Rational Path），强调校长对教师教学行为的领导；情感路径（Emotional Path），关注教师信任、动力、效能的提升；组织路径（Organizational Path），主张营造班级的学术 / 创新文化；家庭路径（Family Path），倡导家庭教育理念的影响。其中，理性路径和情感路径都可归纳为由校长领导实践通过教师关键因素而作用于学习结果。在关键教师因素之外，逐步将校长领导效能影响学生学习的中间因素拓展到学校氛围、家庭理念等层面。

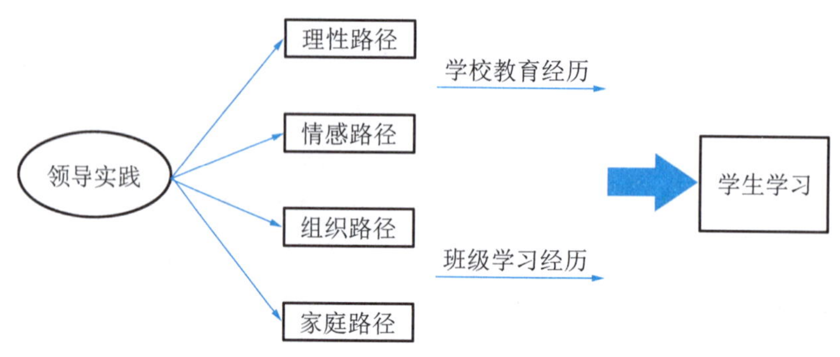

图 2-4　校长领导力影响学生学习的路径模型

4. 小结

当前，学术界关于校长领导力的实证研究已积累丰富。校长领导力通过影响教师教学、学习氛围等因素对学生学业产生间接影响，这一点已得到广泛认可。由此构建的方法迭代、变量丰富、情境多元的证据库，为探讨校长领导效能、校长有效领导的方式以及校长领导模型的构建提供了重要的研究参考。

然而，校长领导行为的前置条件或限制因素（包括校长个人的任职经验、信念、知识、个人特质；学校组织的类型、位置、社会经济背景、学生构成、师资配置等）与领导力表现之间存在一定的相关性。虽然这些因素并非决定性，但以往的研究对此关注不足，这在一定程度上限制了校长领导力的提升。

此外，推动教育公平是基础教育的核心目标之一。校长如何通过领导力实践，保障每个学生都能享有优质教育资源，缩小校际、区域、群体之间的教育差距，是一个值

---

① Leithwood K，Sun J，Pollock K. How school leaders contribute to student success：The four paths framework［J］. Springer，2017.

得深入探讨的议题。未来的研究需进一步强化校长领导力研究与政策的关联性，凸显其在有效缩小区域、校际教育差距、促进教育高质量发展等方面扮演学校教学软实力、发挥有效政策工具的作用。

三、指向课程高质量实施的校长领导力测评

（一）校长领导力的核心内涵

领导和领导力既有区别也有联系。领导是一种行为，特指个体在组织中所采取的引导和影响他人的各种方式事件。而领导力是一种能力，通过个体实施领导行为的过程来展现。将这一定义迁移并具体为校长领导力，它是指校长在引领学校这一集体组织达成教育目标的过程中所展现的专业智慧与综合能力。

在对现行校长领导力国际研究文献及多个领导力评估模型进行细致梳理的基础上，校长领导力的核心内涵需要考虑到以下四个方面。第一，目标导向。校长领导以提升教育质量、促进学生发展为根本目标。而当前的首要任务是贯彻落实核心素养导向的课程教学改革要求，推动新课程新教材的高质量实施。第二，愿景引领。校长通过自身的专业素养、人格魅力、管理策略等，能对教师、学生、家长及社区等全体参与者产生影响，促使其认同学校的发展目标和愿景规划，并以此为共同的行动方向。第三，多元构成。校长领导力是涵盖多个维度的集合概念。从业务范畴来讲，涉及课程教学为核心业务及其衍生职责，比如育人目标的明确与交流；课程与教学的规划、实施和管理；教师专业学习的鼓励和支持；物理、心理、文化等学习环境的创设；教学质量监督与学习进展评估；激励与支持机制的建设，等等。第四，动态发展。校长领导力不是固定不变的能力。随着教育环境、学校发展阶段、师生需求的变化，校长领导力的内涵也要不断调整和提升。例如，在信息化背景下关注信息化教学领导力。

（二）校长领导力测评

1. 校长专业领导力理论框架界定

借鉴 Leithwood 关于理想的、具备可预测特征的领导力功能（leadership functions）研究，从目标设定（通过发展教师对学校教育任务和目标的共同理解，形成组织愿景）、促进发展（通过运用专业知识和情绪智能，发展教师的专业能力以实现学校育人目标）、重构组织（通过重构学校组织文化和结构，发展组织学习，促进学校持续良性发展）和管理核心业务（通过专注于学校核心业务流程优化，而提升学校育人成效）等维

度，构建校长专业领导力理论框架。①

特别需要注意的是，在学校教育情境中，校长不仅肩负在学校组织层面管理学校整体的课程教学项目和推进课程教学改革的领导职责，而且应当具备深入教师课堂教学实践、引领指导教师教学研究和解决教学真问题的领导才能。鉴于此，将教研指导作为重要的专业领导力内容维度纳入校长领导力理论框架。

综上，校长专业领导力界定为：校长以促进学生全面而有个性的发展、健康成长为学校课程教学改革目标，统筹推进学校课程教学体系建设和优化，实施高质量教学实践与改进，支持促进教师高水平专业成长与创新，保障提升学校组织转型与外部网络搭建，引领指导学校教学与研究成果实践转化等方面的专业领导行动与策略的集合。

2. 校长专业领导力测评量表设计

在此基础上，将校长专业领导力概念具体操作化地划分为目标设定、教学领导、专业发展、组织转型与改进、教研指导等五个维度（或方面）的领导实践。在参考和借鉴校长领导力国际成熟量表，包括 Day et al.②、Louis et al.③ 和国际大规模调查项目 OECD 的校长领导力量表后④⑤，初步拟定了面向教师调查的包括五维度、29 题项的 6 点 Likert 量表（见表 2-17），在计分方法上，1 表示没有，2 表示每学年 1—2 次，3 表示每学年 3—4 次，4 表示一月 1 次，5 表示一周 1 次，6 表示一周多次。

表 2-17 面向教师调查的校长专业领导力测评量表

不同维度		没有	每学年 1—2 次	每学年 3—4 次	一月 1 次	一周 1 次	一周多次
目标设定							
1-1	校长对学校课程及其实施目标做出清晰规划和阐释	1	2	3	4	5	6

① Leithwood K, Mascall B. Distributing leadership to make schools smarter: Taking the ego out of the system [J]. Leadership and Policy in Schools, 2007 (6): 37-67.

② Day C, Sammons P, Leithwood K, et al. Successful school leadership: Linking with learning and achievement [M]. McGraw-Hill Education (UK), 2011.

③ Louis K S, Dretzke B, WahlstromK. How does leadership affect student achievement? Results from a national US survey. School effectiveness and school improvement, 2010 (3): 315-336.

④ OECD. PISA 2012 Results: What Makes Schools Successful? Resources, Policies and Practices (Volume Ⅳ), PISA, OECD Publishing, 2013.

⑤ OECD.PISA 2015 Results (Volume Ⅱ): Policies and Practices for Successful Schools, PISA, OECD Publishing, Paris, 2016.

（续表）

不同维度		没有	每学年1—2次	每学年3—4次	一月1次	一周1次	一周多次
1-2	校长坚持以促进学生全面而有个性的发展、健康成长为目标推进课程教学改革	1	2	3	4	5	6
1-3	校长创造机会与教师沟通、解释、讨论学校特色课程育人目标	1	2	3	4	5	6
1-4	校长确保教师各项工作与学校发展目标相协调	1	2	3	4	5	6
1-5	校长在各种场合强调学校课程教学改革的目标、愿景和使命	1	2	3	4	5	6
1-6	校长对落实学校课程教学改革目标保持高期待	1	2	3	4	5	6
教学领导							
2-1	校长明确、清楚地提出教学质量标准和要求	1	2	3	4	5	6
2-2	校长采取措施避免学校教学活动受到干扰	1	2	3	4	5	6
2-3	校长通过多种渠道（听评课、教研会议、课题项目）了解和解决课程教学问题	1	2	3	4	5	6
2-4	校长推介最新的、前沿的课程教学理念和方法提升课堂教学质量	1	2	3	4	5	6
2-5	校长认可、表扬或者奖励教学质量突出的教师个人或团队	1	2	3	4	5	6
2-6	校长推进适合学生发展需要的课程教学体系建设和优化	1	2	3	4	5	6
专业发展							
3-1	校长调动资源帮助教师个人或团队解决专业发展面临的问题	1	2	3	4	5	6
3-2	校长关心、理解和回应教师的专业发展需求	1	2	3	4	5	6

（续表）

不同维度		没有	每学年1—2次	每学年3—4次	一月1次	一周1次	一周多次
3-3	校长保证教师有充足的时间参加专业发展活动	1	2	3	4	5	6
3-4	校长鼓励教师根据实践需求开展合适的创新研究或改革活动	1	2	3	4	5	6
3-5	校长为教师创造各类学习成长的机会（例如承担课题、参加评比活动、在职进修等）	1	2	3	4	5	6
组织转型与改进							
4-1	校长倡导部门/职工间的协同合作	1	2	3	4	5	6
4-2	校长采取措施加强与家庭和社区的联系	1	2	3	4	5	6
4-3	校长保障教师了解、参与课程教学等专业事务，尊重教师的意见	1	2	3	4	5	6
4-4	校长为改进学校办学而优化架构、制度和流程	1	2	3	4	5	6
4-5	校长注重营造对话、分享、包容、开放的学校工作氛围	1	2	3	4	5	6
4-6	校长加强学校与校外组织机构（学校、科研院所、管理部门）的联系与合作	1	2	3	4	5	6
教研指导							
5-1	校长深度参与、指导年级组、教研组、备课组等层面的教研活动	1	2	3	4	5	6
5-2	校长深入课堂观摩听课，为教研活动重点和突破点指明方向	1	2	3	4	5	6
5-3	校长邀请校外专家、名师指导校本教研活动	1	2	3	4	5	6
5-4	校长与教师团队就课程教学改革中的重点、难点、热点问题开展专项研究	1	2	3	4	5	6

（续表）

不同维度		没有	每学年 1—2 次	每学年 3—4 次	一月 1 次	一周 1 次	一周 多次
5-5	校长推动成熟教师外出观摩学习最新教研成果	1	2	3	4	5	6
5-6	校长注重教研成果在具体课堂教学实践中的转化	1	2	3	4	5	6

Chapter

03

第三章

普通高中课程实施监测的信息化支持平台建设

课程实施监测是一项复杂的系统工程，在参与范围和时间方面，涉及部门与人员多样，工作周期长、环节多；在数据类型和规模方面，监测数据来源与类型多样，数据体量大，数据分析过程与方法复杂。只有充分利用信息技术平台，构建灵活、可靠的协同工作空间，调用自动化、智能化数据处理和展示工具，才能保证监测工作过程的规范化与可管理性，保证监测任务的高质量、高效率完成。

本章第一节详细介绍课程实施监测信息化平台的开发思路、功能模块和用户类型，回答信息化平台为何开发、如何开发、开发了什么、面向谁开发等问题。第二节聚焦课程实施监测信息化平台的应用层面，具体展现前期准备、数据采集、统计分析、报告反馈等阶段的工作，在数据分析技术和报告层级体系上做出重点阐述。

第一节 课程实施监测信息化平台功能设计

一、平台开发原则

（一）将服务学校、指向反馈和改进作为根本目的

课程监测平台不仅是为了评价学校的表现，更重要的是通过监测发现学校在教育教学过程中存在的问题与不足，进而提供改进的方向和方法。这种监测不是一次性的评价，而是一个持续的过程，它强调的是学校教育质量的动态提升和长期发展。

平台的内容与结构设计和实施体现了对学校改进的关注。平台涵盖课程设置、教学实施、评价机制等多个方面，采用分级指标设问方法，确保监测结果的全面性和准确性。监测过程中，学校被鼓励参与到数据收集、整理和分析中来，这样不仅能够提高学校对监测结果的认可度，也能够增强学校利用监测结果进行自我改进的能力。

监测数据分析也以促进学校改进为目标。监测结果会具体指出学校在各项指标的表现情况、在市区级的排名情况，方便教育管理部门、学校更好地发现问题并改进。由于不同学校之间存在差异，包括学校的规模、资源、学生背景等，因此在监测时会根据学校的实际情况来调整评估的标准和重点，以确保监测的公平性和适用性。

本平台并非仅单次使用，而在于长期的持续跟踪和应用。监测关注学校如何利用监测结果进行改进，并在后续的监测中观察这些改进措施的效果。这种循环往复的过程，有助于学校形成持续自我监测和改进的机制，从而实现长期的教育质量提升。

（二）支持多场景、多模态数据采集

课程监测平台支持多场景、多模态数据采集，这一特性使其在教育质量监测领域显得尤为突出和有效。

首先，多场景的数据采集确保了监测数据的全面性和准确性。平台不仅支持学校多级管理者的数据填报，还支持专家的文本评价以及线下听课评价等定性数据收集。专家的文本评价可以提供对教育教学过程的深度解析，而线下听课则能获取直观的教学现场信息，这些定性数据对于理解教学现象、挖掘潜在问题具有不可替代的作用。

此外，平台的多模态数据采集能力进一步增强了监测深度与广度。平台能够处理包括结构化数据和异构数据，结构化数据以其清晰的格式和易于分析的特点，为统计和比较提供了基础；而文本、图片、声频、视频等异构数据则丰富了监测内容，使得平台能够捕捉到学校管理、教育教学过程中的多维度描述性数据，更接近教师的教学日常和切实反映教师们关注的问题，这些通常是纸质问卷或简单观察所无法获取的。

（三）指向不同目标的多视角分析，充分释放数据资产价值

课程监测平台设计不同用途的多视角分析方法，充分释放数据资产价值。本平台的问卷设计确保了数据资产能够为服务区校管理者、学科教研员、研究者等提供支持，并针对学科教研、区校课程质量管理、专项研究等多用途发挥作用。

对于服务区校管理者而言，平台提供了全面的数据支持，帮助他们更好地理解学校运营的各个方面。通过对课程设置、教学实施、评价机制等多个维度的分析，管理者可以及时发现问题所在，制定相应的改进措施。这种基于数据的决策过程，不仅提高了管理的效率，也确保了教育质量的持续提升。

对于学科教研员，平台提供的数据可以用于深入分析特定学科的教学情况。通过数据分析，教研员可以判断出各学校科目组的教学管理情况，以及教师们认为有效的教研范式等，从而更好地安排后续的教师教研内容。

对于研究者而言，本平台提供了一个宝贵的数据源，用于开展专项研究。通过使用本平台提供的数据，研究者可以对一线教育情况进行定量分析或定性研究，探索目前学校教育教学的发展困境。这些研究成果不仅可以为教育实践提供理论依据，还可以推动教育政策的制定和改革。

（四）重视数据质量和安全

课程监测的成功实施，不仅取决于数据本身的收集和分析，更在于数据质量和安全的确保。在当前信息技术快速发展的背景下，数据已成为教育监测工作的核心资源。因此，保障数据的高质量和安全性对于整个监测项目的可靠性和有效性至关重要。

数据质量管理是确保监测结果准确性和可信度的关键。在数据收集阶段，平台采用了多种措施来保证数据的准确性和完整性。首先，通过设计详尽的数据收集方案和问卷，确保所收集的数据能够全面覆盖监测所需的各个维度。其次，在数据录入过程中，采取了严格的数据验证流程，比如某些问题的提交需要上级管理者的审核。此外，为了进一步提高数据的准确性，本平台还采用了数据交叉验证的方法，通过比对不同

来源的数据，识别并纠正可能存在的误差。

除了提高数据质量，数据安全也是本平台关注的一个重点。在数据采集、存储和传输的各个环节中，我们都采用了先进的安全技术来保护数据不被非法访问、泄露或篡改。例如，所有的数据传输都经过加密处理，确保数据在传输过程中的安全。在数据存储方面，使用了安全的服务器和备份系统，以防数据丢失或损坏。同时，制定了严格的数据访问控制机制，只有授权的人员才能访问特定的数据，从而最大限度地保护数据的机密性。

在数据分析阶段，为了确保分析结果的客观性和准确性，本平台遵循了严格的数据分析流程，包括使用专业的统计软件进行数据分析，以及采用适当的统计方法来确保分析结果的科学性。分析过程中，平台项目组成员之间会进行多次讨论和评审，以确保分析的每一步都是准确无误的。

二、平台功能

课程监测业务的核心是数据的采集和分析，平台的功能设计也以此为中心，加上基础功能，共形成了通用系统、数据采集系统、指标工具管理系统、数据分析系统、报告系统五大模块（见图 3-1）。

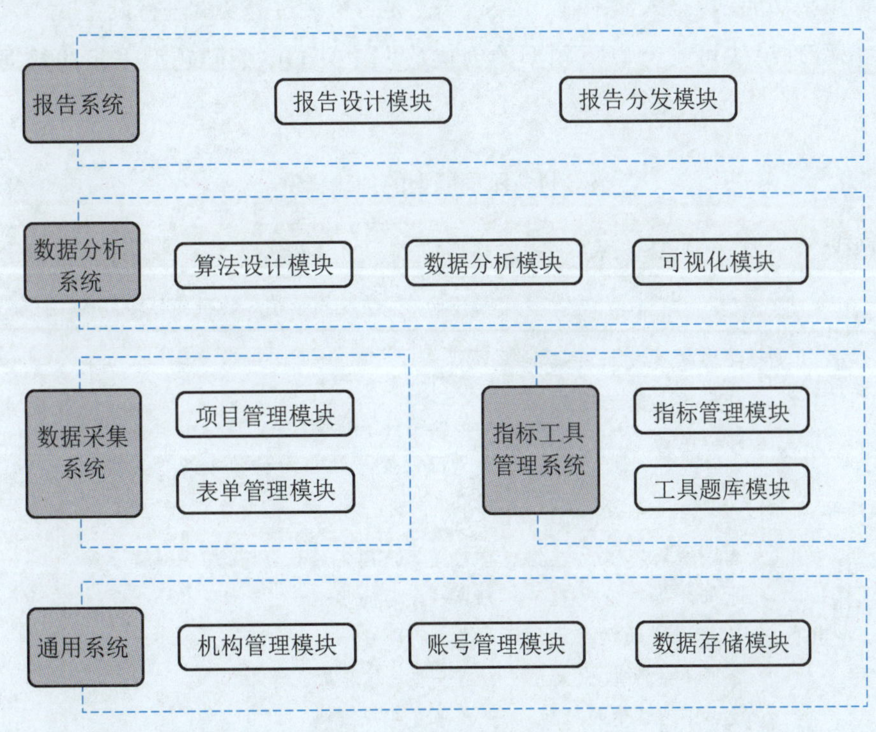

图 3-1　平台功能模块

（一）通用系统

通用系统包括机构管理、账号管理、数据存储三大模块，具体功能如下。

（1）机构管理模块：负责各类机构的定义与管理，包括基本信息维护、机构类型设置、机构层级管理、机构间关系管理。

（2）账号管理模块：用于用户身份认证和授权过程，确保只有经过验证的用户才能访问平台、执行权限内的操作，包括用户登录管理、用户信息管理、角色和权限管理、账户状态管理。

（3）数据存储模块：对通过数据采集系统采集的结构化数据、异构文件（文本、声频、视频）进行存储和管理，并支持数据分析系统对采集数据的检索、调用和分析。

（二）数据采集系统

数据采集系统包括项目管理、表单管理、专家评价三大模块，具体功能如下。

（1）项目管理模块：创建课程监测项目，设置项目的层级、有效期、实施流程、覆盖的机构和账号等。

（2）表单管理模块：在项目下创建支持各类题型的表单，并对表单的学段学科属性、协同填报功能、填报人数限制、是否审核、是否可跳过等功能进行设置。

表单管理模块可支持以下题型的创建（见表 3-1），不同题型采集的数据类型各异。

表 3-1　不同题型的创建样例

题型		题目特点	样例	数据类型
单选题	Ⅰ类	选择结果仅对数据进行分类，数据之间不可排序	总体而言，学校授予学分的研究性学习实施主要采用： • 专门设置方式 • 结合学科学习方式 • 专门设置与结合学科学习两种方式相结合	定类变量
	Ⅱ类	选择结果不仅对数据进行分类，还代表了某类特性的排序，但选项不能反映出大于或小于的数量或距离	学校是否有固定的社会场馆、基地等支持研究性学习的实施？ • 丰富的场馆和基地资源 • 有一些场馆和基地资源 • 几乎没有资源	定序离散型变量

（续表）

题型		题目特点	样例	数据类型
多选题	/	选择结果仅对数据进行分类，数据之间不可排序	除了学科课程设立教研组外，学校还专门设立：（最少选 1 项） ■ 综合实践活动教研组（含研究性学习教研组） ■ 劳动教育教研组 ■ 跨学科学习教研组 ■ 项目化学习教研组 ■ 校本课程教研组 ■ 以上都没有	定类离散型变量
填空题	Ⅰ类	填空内容与单选题或多选题结合，受选项的制约	学校对校本课程的审议审核主要包括：（最少选 1 项） ■ 学校课程实施方案 ■ 校本课程纲要 ■ 校本课程学习材料（含数字资源） ■ 其他，请说明______	字符变量
	Ⅱ类	填空内容独立存在，需填入数值	学校依据学科课程标准共形成 *____门学科类选修课程。	连续型变量
	Ⅲ类	填写内容独立存在，需填入字符	学校最需要补充建设的场馆是____（请列出）。	字符变量
量表题	/	选择结果代表了排序结果	校内外资源对志愿服务实施支持程度： 资源包括专用教室、设备器材、信息化环境和素材工具等。 总体而言，校内资源对志愿服务实施的支持程度如何？ 几乎没有支持　有一些支持　有足够支持 总体而言，校外资源对志愿服务实施的支持程度如何？ 几乎没有支持　有一些支持　有足够支持	定序离散型变量
上传题	/	支持文档、图片、音视频和其他类型文件的上传	请您上传选课走班实施方案（如没有，可不上传） 选择文件	文件

（3）专家评价模块：支持在项目下创建专家评价任务，并将评价任务分配至指定专家账号，采集专家评价数据。

（三）指标工具管理系统

指标工具管理系统包括指标管理、字段标签管理两大模块，具体功能如下。

（1）指标管理模块：创建和维护多层级的课程监测指标，设置指标与工具题库、数据字段和文件标签的关联关系。

（2）字段标签管理模块：针对课程监测工具采集的数据点或文件，进行字段编码或文本标签设定，建立字段 / 标签与指标的对应关系。

（四）数据分析系统

数据分析系统包括算法设计、模型分析两大模块，具体功能如下。

（1）算法设计模块：支持对采集数据的清洗、转化和标准化处理，支持对经典算法（分类算法、回归算法、聚类算法、降维算法等）的调用。

（2）模型分析（含可视化）模块：调用算法设计模块，对课程监测数据进行统计分析和挖掘，根据数据类型和意义进行可视化呈现。

（五）报告系统

报告系统包括报告设计、报告分发两大模块，具体功能如下。

（1）报告设计模块：对报告目录和内容板块、布局、样式（字体、配色、背景等）、交互形式、在线观看与下载等进行设定。

（2）报告分发模块：对报告的发送时间、有效期、分发对象、访问控制、查看和编辑权限等进行设置。

三、平台用户与角色

（一）平台用户

平台用户指真实世界中不同岗位、职位的使用者，包括平台内部使用者与外部使用者。

（1）内部使用者：由项目组与运维组构成。项目组又按职责分为实施组和数据组。实施组负责根据项目实施流程和数据采集要求，搭建平台项目，监控数据采集进度，配置数据报告的发布参数；数据组则根据指标工具研制专家的要求，调用模型、开发算法、设计可视化图表和报告模板。运维组负责日常平台运维、数据安全等工作，保证系统正常运行，解答外部使用者问题，并参与系统微调试。

（2）外部使用者：分为评审专家和管理者。评审专家指在课程监测中对学校提交的文件进行质量评价的评审人员。管理者指分为承担不同层级或不同领域管理职责的管理人员。在课程监测业务中，用户类型及职责如表 3-2 所示。

表 3-2　用户类型及职责

管理层级	管理领域	用户	在课程监测业务中的职责
市级	教育行政管理	市基础教育管理部门	应用市级整体数据分析结果进行决策、组织设计改进行动
	教研管理	市教研管理部门	
	学科教研管理	市学科教研员	应用市级学科数据分析结果，设计和开展学科行动教学、评价、研训等改进
区级	教育行政管理	区基础教育管理部门	应用区级整体数据分析结果进行决策、组织设计改进行动
	教研管理	区教研管理部门	
	学科教研管理	区学科教研员	应用区级学科数据分析结果，设计和开展学科行动教学、评价、研训等改进；将市级改进行动做区本转化
校级	教学管理者	校长	应用校级数据分析结果，组织校级改进行动
	课程建设、学生发展等不同领域	学校部门管理者	提供部门数据；支持校级改进的落实，转化为部门行动
	学科管理者	学科教研组长	提供学科数据；支持校级改进的落实，转化为学科行动

平台各项功能可支持不同用户履行其在课程监测业务中的对应职责（见图 3-2）。

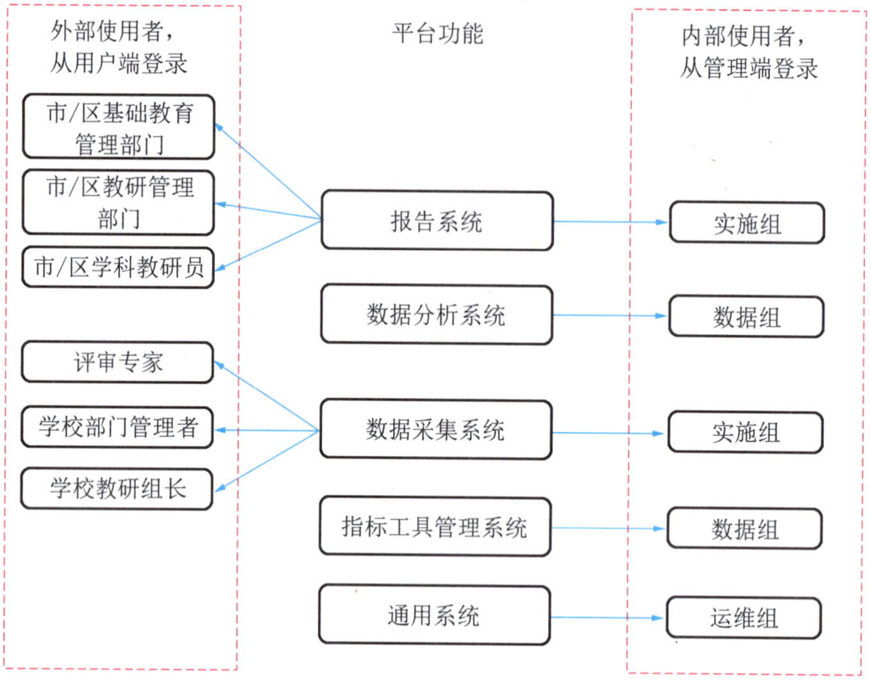

图 3-2　平台用户类型及对应职责

（二）平台角色和权限

平台角色指上述内部和外部使用者在课程监测平台上的账号类型，不同类型的账号，权限各不相同。

对外部使用者而言，用户与平台角色、权限的对应关系如表 3-3 所示。

表 3-3　平台外部用户和角色对应表

平台角色	对应用户	权限					
		分配填报/审核任务	填报	审核	查看填报结果	查看分析报告	数据管理
市级管理员	市基础教育管理部门 市教研管理部门 市学科教研员	×	×	×	√（可下钻至下辖区域和学校）	√（可下钻至下辖区域和学校）	×

（续表）

<table>
<tr><th rowspan="2">平台角色</th><th rowspan="2">对应用户</th><th colspan="6">权限</th></tr>
<tr><th>分配填报 / 审核任务</th><th>填报</th><th>审核</th><th>查看填报结果</th><th>查看分析报告</th><th>数据管理</th></tr>
<tr><td rowspan="3">区级管理员</td><td>区基础教育管理部门</td><td rowspan="3">×</td><td rowspan="3">×</td><td rowspan="3">×</td><td rowspan="3">√（可下钻至下辖学校）</td><td rowspan="3">√（可下钻至下辖学校）</td><td rowspan="3">×</td></tr>
<tr><td>区教研管理部门</td></tr>
<tr><td>区学科教研员</td></tr>
<tr><td>专家</td><td>评审专家</td><td>×</td><td>√（文本评价类内容填报）</td><td>×</td><td>×</td><td>×</td><td>×</td></tr>
<tr><td>学校管理员</td><td>校长</td><td>√</td><td>×</td><td>√</td><td>√</td><td>√</td><td>√（长期监测积累的数据、文本作为校本资料库，由学校自行管理）</td></tr>
<tr><td rowspan="2">学校填报人</td><td>学校部门管理者</td><td>×</td><td>√</td><td>×</td><td>√</td><td>×</td><td>×</td></tr>
<tr><td>学校教研组长</td><td>×</td><td>√</td><td>×</td><td>√</td><td>×</td><td>×</td></tr>
<tr><td rowspan="3">学校审核人</td><td>校长</td><td rowspan="3">×</td><td rowspan="3">×</td><td rowspan="3">√</td><td rowspan="3">×</td><td rowspan="3">×</td><td rowspan="3">×</td></tr>
<tr><td>学校部门管理者</td></tr>
<tr><td>学校教研组长</td></tr>
</table>

内部用户及其权限对应关系如表 3-4 所示。

表 3-4　平台内部用户和角色对应表

平台权限	用户		
	实施组（角色：项目管理员）	数据组（角色：数据分析员）	运维组（角色：平台管理员）
机构创建	√		√
账号创建	√		√
指标创建和管理		√	√
表单创建和管理		√	√
指标和表单关系设置		√	√
项目创建和管理	√		√
项目进度查看	√		√
算法开发和模型调用		√	√
报告模板开发		√	√
报告发布设置	√		√
底层数据维护			√

第二节 课程实施监测信息化平台的实施应用

一、平台业务实施流程

课程监测业务的开展，一般分为前期准备、数据采集、评价、统计、报告这五个阶段，不同角色有各自的工作内容要求，整体流程如图 3-3 所示。

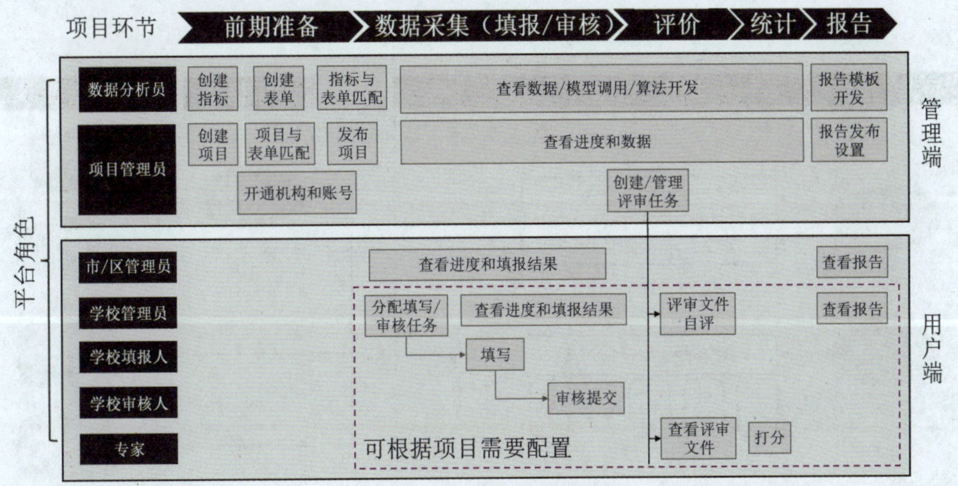

图 3-3 业务实施流程图

1. 前期准备阶段

本阶段的重点工作是指标、表单、项目、机构及账号的创建和发布，数据分析员与项目管理员按其权限，分工协作完成。

项目创建和发布，项目内应该设置哪些机构参加、需要配置哪些账号，此类与项目实施有关的操作，由项目管理员完成；而指标创建、表单创建等涉及采集数据为什么内容的操作，由数据分析员完成。

指标没有时间、地域属性的，但项目具有时间和地域限制，两者之间的关系需要通过表单建立。数据分析员创建表单，并将表单采集的数据与指标进行挂钩匹配；项目管理员在项目中引用表单，从而建立指标与项目的关系。

2. 数据采集阶段

本阶段的主角是学校，学校管理员是整个项目推进的统筹者、监管者，负责表单的填报和审核任务分配，并随时监督工作进展、检查填写内容，并在必要时进行过程和结果干预。

学校部门管理者和学科教研组长根据学校管理员分配的任务，按时完成填报和审核工作。

在本阶段，市/区管理者可查看所辖地区所有学校、所有表单的填报进度，并在表单通过审核后查看学校填报结果，可在必要时提醒学校管理员注意进度。平台内部用户，即实施组和数据组，无论表单是否通过审核，可随时查看进度和结果，如图 3-4 所示。

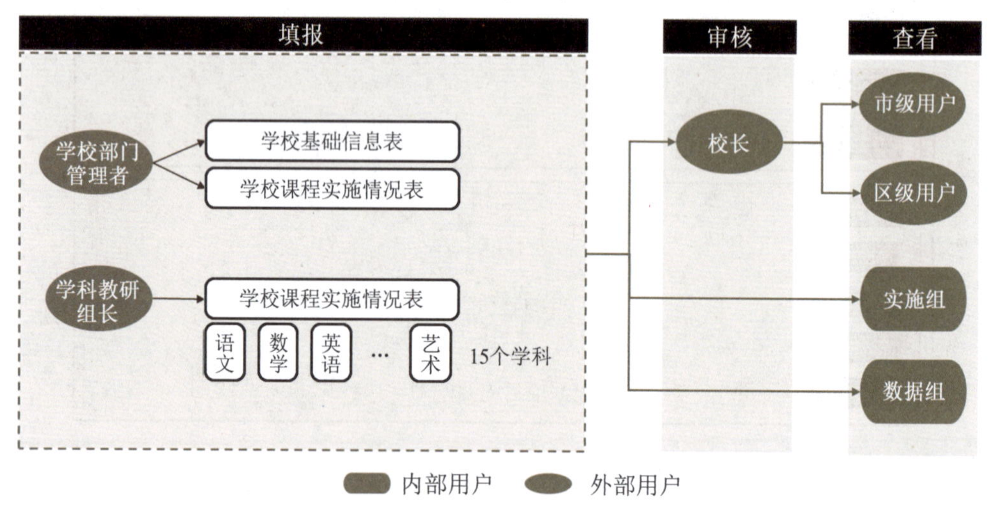

注：市级用户指市基础教育管理部门和市教研管理部门；区级用户指区基础教育管理部门和区教研管理部门。

图 3-4　采集阶段表单的审核和查看流程

3. 评价阶段

本阶段不属于课程监测业务的必备环节。如项目要求对学校提交的文件进行内容质量评价，则可启用本阶段，否则可跳过。

评价阶段由项目管理员发起评审任务作为起点。项目管理员可根据项目要求，指定评审的文件范围，在平台导入评审专家账号，为其分配评审任务。专家即可登录平台，根据配置好的评审表进行打分和评价。

项目管理员可选择是否开通自评功能。如开通，则学校亦收到评审任务，由学校管理员登录平台，对本校提交的文本质量进行自我打分。

学校自评和专家他评数据，与采集阶段的数据，一道进入数据分析系统。

4. 分析和报告阶段

本阶段是数据分析员的主战场，数据分析员需在这一阶段完成学校填报数据、专家评审数据、学校自评数据（如有）的数据整合，并基于其对业务逻辑、分析需求的理解，对数据进行清洗、转化（将定类、定序变量转化为数值，或对数据进行标准化处理）后，调用系统内置模型进行算法开发，对结果作可视化处理，并设计数据反馈报告的格式、布局、交互方式，形成报告模板。

报告模板开发完成后，由项目管理员对报告发布对象、发布时间进行配置，从而使各级管理者可在指定时间内查看和下载报告。

二、报告类型与内容

平台报告体系按报告使用者的层级进行划分，其内容框架源于对不同层级使用者数据诉求的理解（见表 3-5）。

表 3-5 平台报告体系内容框架

层级	报告类型	预设使用者	报告内容
直辖市级报告（即省级报告）	直辖市（省）级整体报告	直辖市级教育行政管理者或教研部门管理者	• 汇报本直辖市（省）学校在关键指标上的数据表现 • 汇报下辖区域、各学校群体在关键指标上的差异，探讨其可能的成因 • 对有明确合规标准的观测点，提供不符合标准的学校名单或学科名单，指出其不合规的具体表现 • 探索关键指标间的关联关系，找出关键影响变量，揭示其作用机制 • 对部分有其他直辖市（省）公开数据的观测点，提供跨直辖市（跨省）数据的对比，便于自我定位和反思
	直辖市（省）级学科报告	直辖市（省）级学科教研员	• 从省级整体报告中，抽取学科相关内容，从学科角度阐释数据表现
直辖市区级报告（即地市或区县级报告）	直辖市区级整体报告	直辖市区级教育行政管理部门或教研部门	• 提供关键指标的分校、分科明细数据，展示区域内不同学校群体在关键指标上的数据表现 • 对有明确合规标准的观测点，提供不符合标准的学校名单，指出其不合规的具体表现 • 对于无明确合规标准的观测点，提供全省平均、全省分类平均作为参照，便于自我定位和反思

（续表）

层级	报告类型	预设使用者	报告内容
直辖市区级报告（即地市或区县级报告）	直辖市区级学科报告	直辖市区级学科教研员	• 从直辖市区级整体报告中，抽取学科相关内容，从学科角度阐释数据表现
校级报告	学校整体报告	校长	• 展示本校（含本校各科）在关键指标上的数据表现 • 对有明确合规标准的观测点，指出其是否符合标准，如不符合，列出具体表现 • 对于无明确合规标准的观测点，提供全省 / 本市平均、全省 / 本市分类平均作为参照，便于自我定位和反思

以直辖市区级整体报告为例，该报告包括监测实施概况、学科课程、综合实践活动 / 劳动及重大主题教育、学校管理与保障和区域管理与保障五个部分内容。其中，学科课程部分的目录如图 3-5 所示。

2. 数据分析—学科课程
  2.1.课程设置
    2.1.1. 学科三类课程的开设方式
    2.1.2. 学科三类课程的课时和学分
    2.1.3. 学科选修课程的数量和参与率
  2.2. 教学实施
    2.2.1. 教学方式
    2.2.2. 课后作业
    2.2.3. 个别辅导
  2.3. 评价机制
    2.3.1. 学业评价
    2.3.2. 学科活动评价
  2.4. 师资与校本研修
    2.4.1. 师资配置
    2.4.2. 校级研训支持
  2.5. 资源支持
    2.5.1. 学科三类课程的资源支持
    2.5.2. 学科资源支持
    2.5.3. 信息化支持
    2.5.4. 教学设备与器材

图 3-5　学科课程部分目录

三、数据分析和可视化技术

秉持“监测服务于改进”的理念，分析报告不做学校排名，而是导向学校问题的诊断和改进，也就是在报告的描述深度和诊断水平以及图表的可理解性层面下足功夫。基于此，平台主要采用以下量化分析方法（见图 3-6），并根据数据特点应用丰富多样的数据可视化技术。

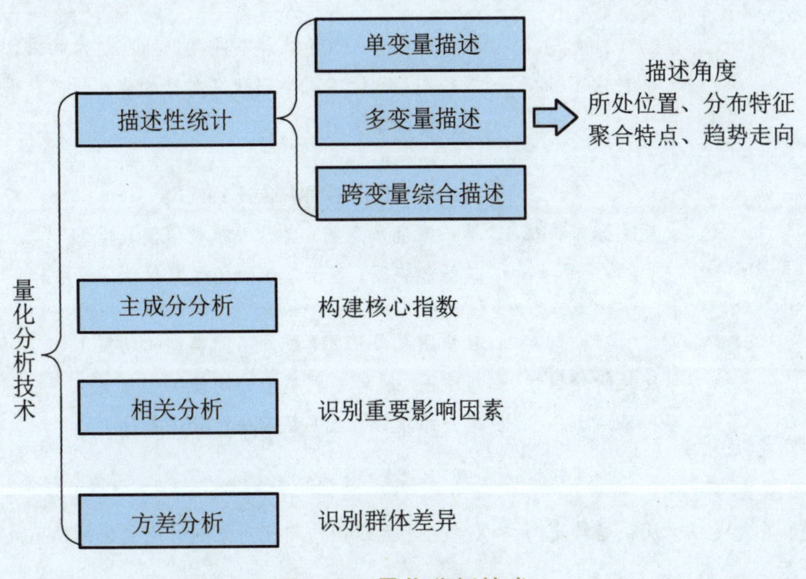

图 3-6　量化分析技术

（一）描述性统计

描述性统计用于对区域或学校的课程实施现状进行描绘。监测点意义不同，描绘方式将有多个角度，如对所处位置的描绘、对分布特征的描绘、对聚合特点的描绘、对趋势走向的描绘等，相应的图表可视化技术亦有差异，具体如表 3-6 所示。

表 3-6　不同描绘方式对应的图表可视化技术

数据类型	数据视角	常见图表可视化技术
定序离散型变量	反映所处位置	雷达图（对数据经过赋值转化后，可反映研究对象处于何种水平）
	反映分布特征	柱状图或条形图（反映不同层次研究对象的占比情况） 直方图（反映不同层次研究对象的出现频次）
	反映趋势走向	桑基图（反映不同层次研究对象随时间变化的结构比例）

（续表）

数据类型	数据视角	常见图表可视化技术
定类离散型变量	反映聚合特点	饼图［统计不同类别研究对象的占比情况，适用于类别较少（建议5个以内）的变量］ 热力图（统计不同类别研究对象的占比情况，类别多或较少的变量均适用）
	反映分布特征	柱状图或条形图（统计不同类别研究对象的占比情况） 哑铃图（统计不同类别研究对象的占比情况，并在同一标尺上标注其差异）
连续型变量	反映分布特征	直方图（显示不同取值段的频次） 单一维度散点图（显示一维数值聚集度） 二维散点图（显示二维数值聚集度）
	反映所处位置	柱状图或条形图（统计不同类型的均值） 折线图（统计不同类型的均值） 单一维度散点图（显示一维数值差异）
定序离散型变量/定类离散型变量/连续型变量	反映趋势走向	折线图（显示同一研究对象随时间变化的均值或比例）

1. 单变量描述

对单一变量进行现状描述。例如，针对“学科必修课程的学分是否达标”这一变量，采用单变量描述统计的方式，面对不同层级的数据使用者，其呈现方式各异。

图3-7呈现了该变量在地市级报告的展现形式，该图以国家课程方案中的学科作为一个小模块，通过3*3的模块组合，呈现了本地市学校在各学科必修课程的整体排课情况。在每个模块中，用柱状图呈现每所学校在该学科必修课程上的学分，用横线呈现国家课程标准中关于该学科必修学分的规范要求。

解读下页图时，区域管理者可将学分转化为排课课时，对照国家课程方案的要求，进行具体问题识别。如某条柱子超出横线之上，则表明学校在该学科必修课程上的排课数量超出了课程方案要求；如某条柱子在横线之下，则表明学校在该学科必修课程上的排课数量不足。超出和不足，均表明学校未规范开设必修课程。

图3-8呈现了该变量在校级报告的展现形式。该图是柱状图与折线图的组合，每条柱子显示本校该学科必修课程的排课情况，折线体现了国家课程方案关于该学科必

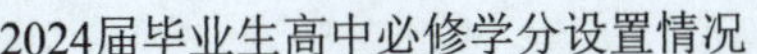

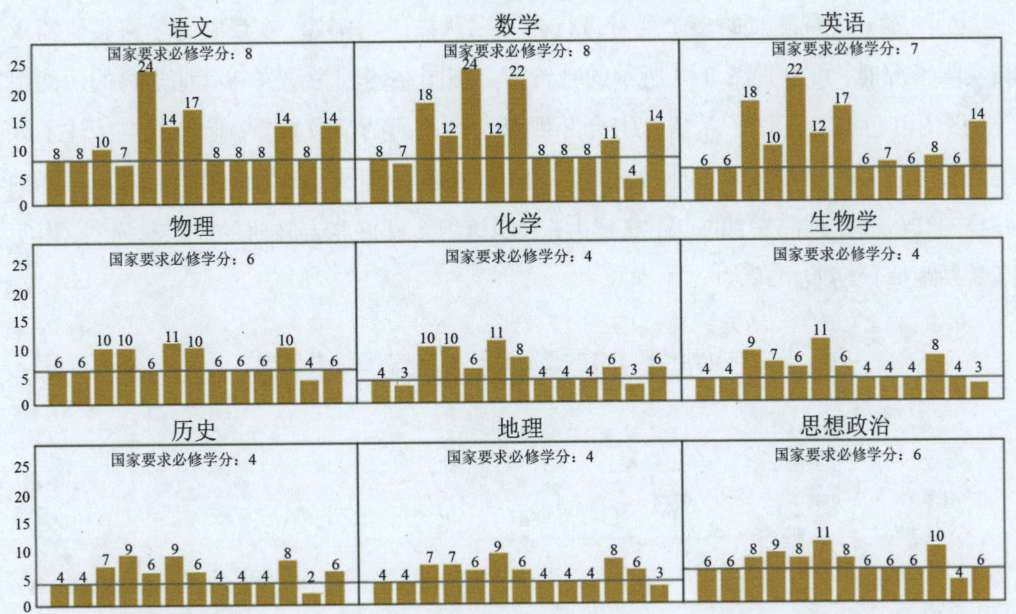

图 3-7　单变量描述举例："学科必修课程的学分是否达标" 变量在地市级报告的呈现方式

修学分的规范要求。柱子超出折线或低于折线，表明学校的排课数量超过或低于国家要求，均为不规范的表现。

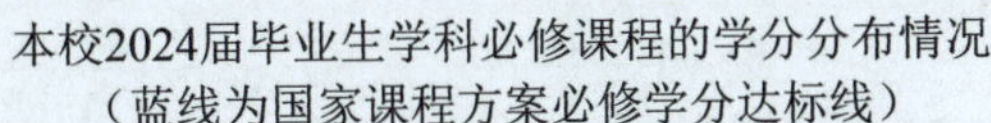

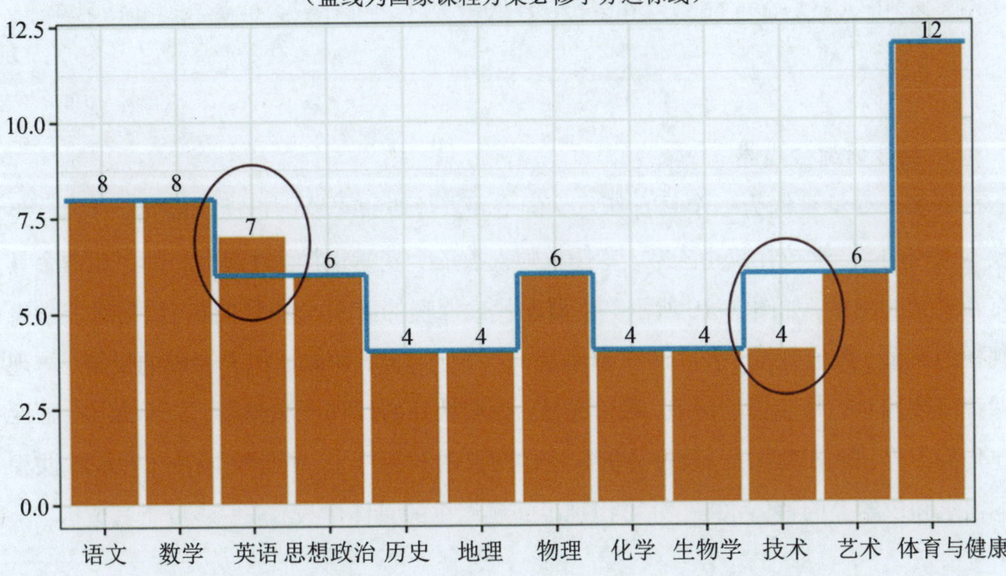

图 3-8　单变量描述举例："学科必修课程的学分是否达标" 观测点在校级报告的呈现方式

2. 多变量描述

对同属一类观测点的多个变量进行合并现状描述。例如，在反映跨学科教研需求与实际情况时，可呈现图 3-9 所示的哑铃图。该图左侧轴为语文与其他学科的两两组合，区内红色圆点标注了希望该组合开展跨学科教研的学校数量；蓝色圆点标注了该组合实际开展跨学科教研的学校数量。两个点之间的连线，即为该组合需求与实际的差异。红色圆点越靠右，两点距离越大，表明该组合开展联合教研的需求越强烈，但实际效果距离预期差距越大。

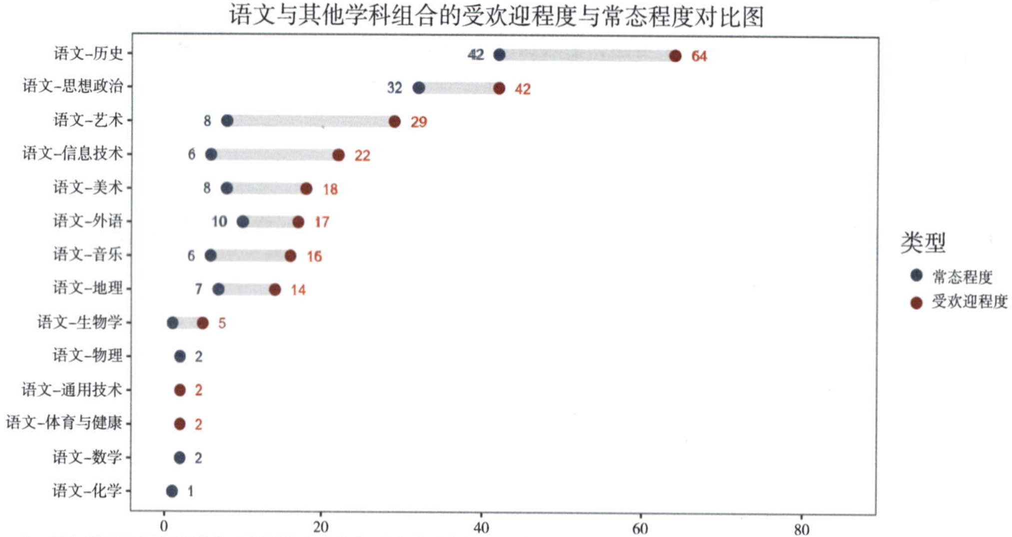

注：语文-物理组合受欢迎程度＝选择该组合为受欢迎联合教研学科的学校数量；语文-物理组合常态程度＝选择该组合为实际联合教研学科的学校数量。其他组合以此类推。

图 3-9　多变量描述示例

3. 跨变量综合描述

将多个变量重构为一个具有新意义的变量，对新的变量进行现状描述。例如，将校本课程门数、学校在校生人数、专任教师人数三个变量重构为生课比、师课比两个具有新意义的变量，如图 3-10 所示。生课比代表课程的需求，体现课程门数相对于学生规模的比值，数值越低，表明课程越丰富，选择性越高；师课比代表课程的供给，体现课程门数相对教师规模的比值，数值越低，表明教师的课程产出越高。以生课比、师课比均值为界，画出四象限，通过分析学校在四象限上的分布，判断区域整体在校本课程的需求和供给上的整体水平，并可识别出问题严重的具体学校，进一步分析其成因。

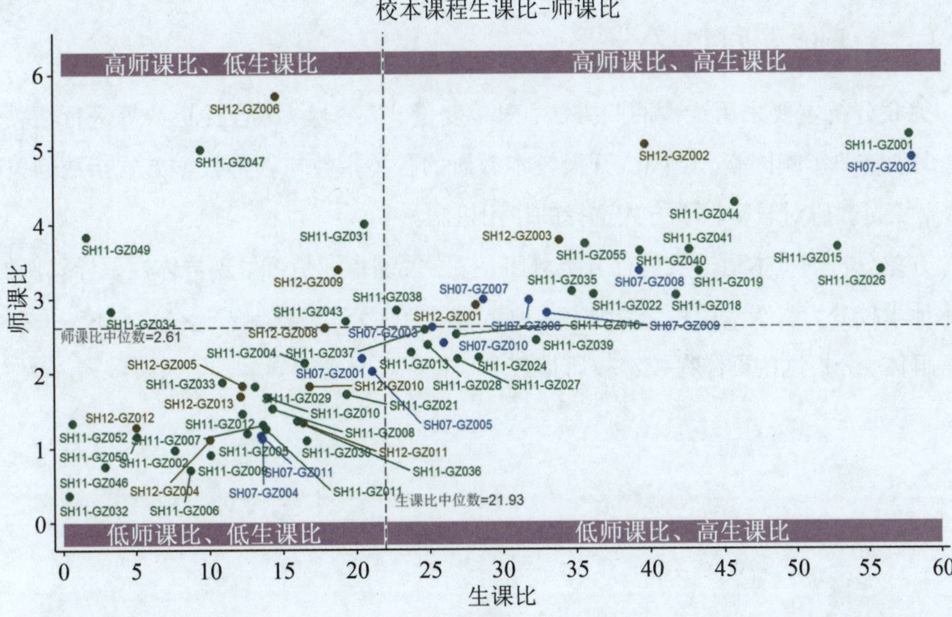

图 3-10 跨变量综合描述举例：校本课程的需求与供给在省级报告的呈现方式

（二）主成分分析

将分散在不同指标中的多个变量，构建为带有主题意义的综合指数，呈现本地在这一主题下的数据特征。

如图 3-11 所示，将学科教研组是否有固定的教研时间、是否有学年 / 学期工作计划、教研活动是否有档案记录等变量，构建为“校本教研的规范指数”；将学科教研组学年内的校级展示次数、区级展示次数等变量，构建为“校本教研的示范效应”；以此类推，最终构建为“校本教研品质指数”，以此综合体现本地、下辖区域或学校的校本教研品质。

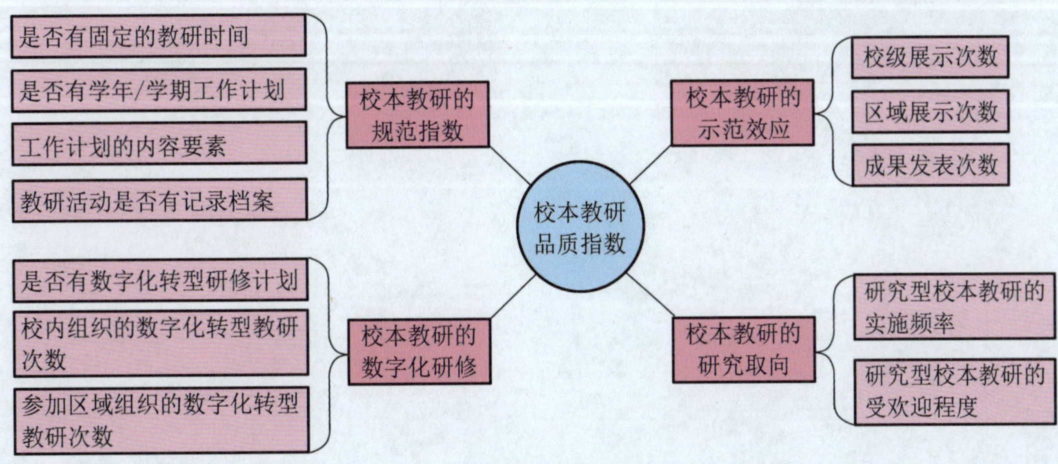

图 3-11 综合指数构建举例

（三）关联分析和方差分析

关联分析主要采用线性回归方法，对单变量、多变量、综合性指数等进行相关分析，识别重要影响因素。例如，开展校本教研的各类指数与教师教学方式指数的关联分析，探讨教研对教师教学方式选择的作用机制。

方差分析则将本地学校进行分类分组，探索关键指标是否呈现群体性差异。例如，将本地学校分为省级示范性公立学校、地市级示范性公立学校、普通公立学校、民办学校等群体，分析这些群体在校本教研指数上是否存在显著差异。

Chapter

04

第四章

普通高中课程实施监测数据分析与结论建议

为贯彻落实《教育部关于做好普通高中新课程新教材实施工作的指导意见》《关于新时代推进普通高中育人方式改革的指导意见》《基础教育课程教学改革深化行动方案》等文件精神，落实《教育部办公厅关于开展课程实施与教材使用监测工作的通知》的文件要求，上海市教育委员会发布了相关政策文件，进一步强化对国家课程方案的实施转化要求，并提出健全课程实施监测反馈机制，循证决策，持续优化改进课程规划与实施。

上海市中小学课程实施与教材使用监测自 2023 年 7 月启动，已对标国家课程方案和课程标准，构建了一套符合上海实际需求、体现教育现代化水平的课程实施监测体系，建立了规准引领、证据驱动，市、区、校一体联动及持续完善的运作机制。同时，完成了试测和第一期监测及结果反馈。

本章以上海市级监测数据为基础，呈现普通高中课程实施监测概况，涉及监测对象、监测方法与工具、监测流程和参测学校基本信息。从课程设置、教学实施、评价机制、保障支持四大方面呈现课程实施现状；结合客观数据和访谈分析，进一步总结问题、分析成因；以规范性、科学性、特色性、成效性为价值引领，提出对策与建议。

第一节 高中学校课程实施监测概况

一、监测对象

本次监测面向上海市三个区的普通高中学校，三区共有 82 所高中学校参与本次监测。每所参与监测的高中学校，均抽取了行政管理部门的学校管理者代表（包括校长、副校长、部门主任等）和各学科教研组长，共计 492 位学校管理者、1087 位学科教研组长参与信息采集。各校基本信息汇总见表 4-1。

表 4-1 上海三区高中学校基本情况统计表

学校类型	数量	特色高中类型	数量	学校性质	数量	地理位置	数量
市实验性示范性	19	科技类特色	2	公办学校	63	中心城区学校	40
区实验性示范性	25	艺术类特色	2	民办学校	19	郊区学校	42
普通高中	37	航海特色	1				
综合高中	1	金融素养特色	1				
		多语种教育特色	1				
		环境素养特色	1				

二、监测方法与工具

（一）运用信息化系统平台

本次监测采用信息化系统平台统一开展大规模学校信息填报工作，便于填报数据、资料上传和自动化分析。在设计信息化平台时，先确定分类维度，根据分类维度进行数据归类和交叉分析。

（二）运用多元信息互证

根据具体的监测点选择和匹配监测方法，系统地搜集多元信息和数据。例如选择部分高中，在对教师和学生进行问卷调查的同时访谈教师对本学科课程的课时安排情况。在对学校填报信息和教师、学生问卷结果交互验证后，发现抽查学校数据填报的准确率较高。例如学科课程的课时安排，高一年级的学校填报数据和教师、学生问卷数据完全一致，高二年级接近一致，高三年级略有不一致的情况。

（三）运用表单分类测查

根据监测内容指向，针对不同监测对象选择不同的信息收集表单或调查问卷实施监测。学校行政管理部门代表填写“学校基础信息表”“学校课程实施情况表”，用于了解学校的背景信息、课程实施整体情况；学科教研组长填写“学科课程实施情况表”，用于了解学科课程实施情况。表单结构见表 4–2。

表 4–2　第一期上海市普通高中课程实施监测工具题目数量和结构

<table>
<tr><th rowspan="2">填报对象</th><th rowspan="2">工具名称</th><th rowspan="2">学科</th><th colspan="3">表单题目数量（单位：道）</th></tr>
<tr><th>数据填报题</th><th>文件上传题</th><th>总计</th></tr>
<tr><td rowspan="2">部门代表</td><td>学校基础信息表</td><td>/</td><td>11</td><td>0</td><td>11</td></tr>
<tr><td>学校课程实施情况表</td><td>/</td><td>86</td><td>13</td><td>99</td></tr>
<tr><td rowspan="4">学科教研组长</td><td rowspan="4">学科课程实施情况表</td><td>语文 / 英语 / 思想政治 / 历史</td><td>89</td><td>10</td><td>99</td></tr>
<tr><td>数学 / 物理 / 化学 / 地理 / 生物学 / 信息技术</td><td>90</td><td>10</td><td>100</td></tr>
<tr><td>通用技术</td><td>82</td><td>8</td><td>90</td></tr>
<tr><td>体育与健康 / 音乐 / 美术 / 艺术</td><td>81</td><td>8</td><td>89</td></tr>
</table>

监测收集的信息包括学校基础信息数据、课程实施客观数据（如学分、课时、比例、数量、人数等），质性证据有档案文本（如综合实践活动实施方案等）、案例文本（如单元教学设计案例等）、图片（如学校课程图谱等）及其他物化成果（如校本评价工具等）。

通过信息采集，将课程、教学、评价、研修、教师参与等业务转化为可观测、可视化的数据。

三、监测流程

（一）准备阶段

本次监测包括研制、试测、优化、启动四个准备阶段，确保监测指标和工具的合理、可操作与可解释，监测平台功能完善、用户体验良好，组织实施流程有效顺畅。具体过程与步骤如下。

1. 研制指标与工具

2023 年 7—12 月，组建研究团队，运用政策文本分析、文献梳理、专家咨询（德尔菲法）、头脑风暴、座谈与访谈等方法，进行指标与工具研发。

2. 组建区级监测团队和试测

2024 年 1—2 月，在上海市 16 个区组建区级监测团队，建立区级监测机制，每区 1 所高中学校参与指标和工具试测。

3. 优化监测工具

2024 年 3 月，基于 16 所学校试测结果，召开研讨会，听取高中校长、高中学科教研员和区教研室主任等参试人员的建议，进一步聚焦监测目的、明确重点监测问题、优化监测工具。

4. 启动第一期监测

2024 年 4—5 月，启动上海市三区普通高中课程实施监测工作，包括动员、培训、填报、反馈填报问题、答疑及座谈等工作。

（二）信息收集阶段

本次监测基于信息化系统平台开展，采用网络方式直接采集数据，利用信息技术来收集、处理、分析课程实施的各类信息和数据，提高监测工作的效率和效能。信息化系统平台是整合了数据采集、数据分析挖掘、反馈与报告呈现等综合功能的数据中心，也是承担着不同类型、不同层级用户信息管理功能的管理中心。

1. 采集学校整体课程实施信息

这部分信息表单由学校各部门管理人员（部门代表）填写，如学校课程设置情况的相关信息由课程与教学部或者教导处的管理人员进行填写。

2. 采集学科课程实施信息

这部分信息表单由学校 14 个学科组（如学校设置艺术学科，则为 13 个学科组）组长填写。

3. 学校进行信息审核

本次监测对面向行政管理部门、学科教研组的测查采取“填报—审核—完善”程序，保障监测数据的有效性和准确性。学校指定管理员在部门代表、教研组长填写完成后，对其填报数据进行审核，查缺补漏。

4. 区教研室统筹协调与业务指导

各区教研室负责统筹协调区内高中学校的信息采集工作，对学校进行指导、培训、答疑、监督等，并及时与市项目组沟通工作进展以及遇到的问题。

（三）分析与反馈阶段

1. 数据分析注重评估课程实施各要素的现状及其关联

本次监测通过自我评估与专家评估、现状评估与横向比较评估、纵向发展评估相结合等方式，帮助区域、学校发现和诊断优势与不足，引导区域、学校课程实施机制的持续完善，促进“双新”实施和教育高质量发展。

2. 数据反馈兼具描述性和处方性

本次监测对各区教研室、各高中学校的数据反馈报告兼具描述性和处方性，在描述的基础上进行诊断，提供基准数据，以标准参照（以国家政策文件规定为标准）、常模参照（以各类学校的平均水平为参照）模式为学校自我定位、自我监测和自我完善提供循证改进依据。[①]

3. 反馈报告覆盖市、区、校三级监测主体

本次监测对市教育行政部门、区教育行政 / 业务部门和学校反馈结果报告（见表4-3），根据不同反馈对象的需求，确定报告内容和分析角度，形成结论与建议。

表 4-3　第一期上海市普通高中课程实施监测系列反馈报告

层级	报告类型	报告对象	内容呈现	基准
市 / 区级	整体报告	市教委 区教育局 / 教研室	① 提供明细数据：分校、分科明细 ② 提供分类统计：对部分指标提供分层或分类统计 ③ 提供基准：标准参照和常模参照	① 有国家基准的，与标准进行比较 ② 无国家基准的，进行横向比较，以市 / 区平均数作为基准数据
	学科报告	学科教研员		

① 刘辉．基于学校改进视角的普通高中课程实施监测结果应用［J］．上海课程教学研究，2024（7）：4-11.

（续表）

层级	报告类型	报告对象	内容呈现	基准
校级	整体报告	校长	① 提供明细数据：对分学科填写的内容提供分科明细 ② 提供基准：标准参照和常模参照	① 有国家基准的，与标准进行比较 ② 无国家基准的，以区平均、市级同类学校平均数为基准（因区内同类学校数量较少，平均值取市同类学校平均水平）

四、参与本次监测的学校基本信息

（一）总体及9门学科的生师比

上海三区高中学校的生师比均值是10.33，标准差是2.99，最小值是2.55，最大值是22.44[①]。与全国（12.72）[②]、江苏省（11.12）、浙江省（11.03）相比，上海三区的生师比均值较小。

生师比存在明显的学科差异。因6选3的选科设置，生师比最大的学科是地理，其次是思想政治、生物学。这说明选考地理的学生多，师资配置的压力较大。在6门选考科目中，生师比最小的学科是化学。但9门考试学科中，生师比最小的学科是英语，语文、数学次之，如图4-1所示。

（二）专业背景及荣誉

大多数学科教师执教学科与所学专业一致的比例在90%以上，只有通用技术学科为35%、信息技术和美术学科为85%。

生物学科硕士、博士学历的教师比例最高，信息技术、通用技术学科硕士学历的教师比例最低。

物理学科的特级教师比例最高，化学和信息技术学科的学科带头人比例最高，化学学科的骨干教师比例最高。而通用技术学科在各类荣誉上，都是比例最低的。

① 说明：计算上海三区生师比均值时，因极端值对均值影响太大，学生总数少于100人的高中学校没有计入。生师比＝在校学生总数/本校教师总数。

② 数据来源：《2022年全国教育事业发展统计公报》，源自中华人民共和国教育部政府门户网站。

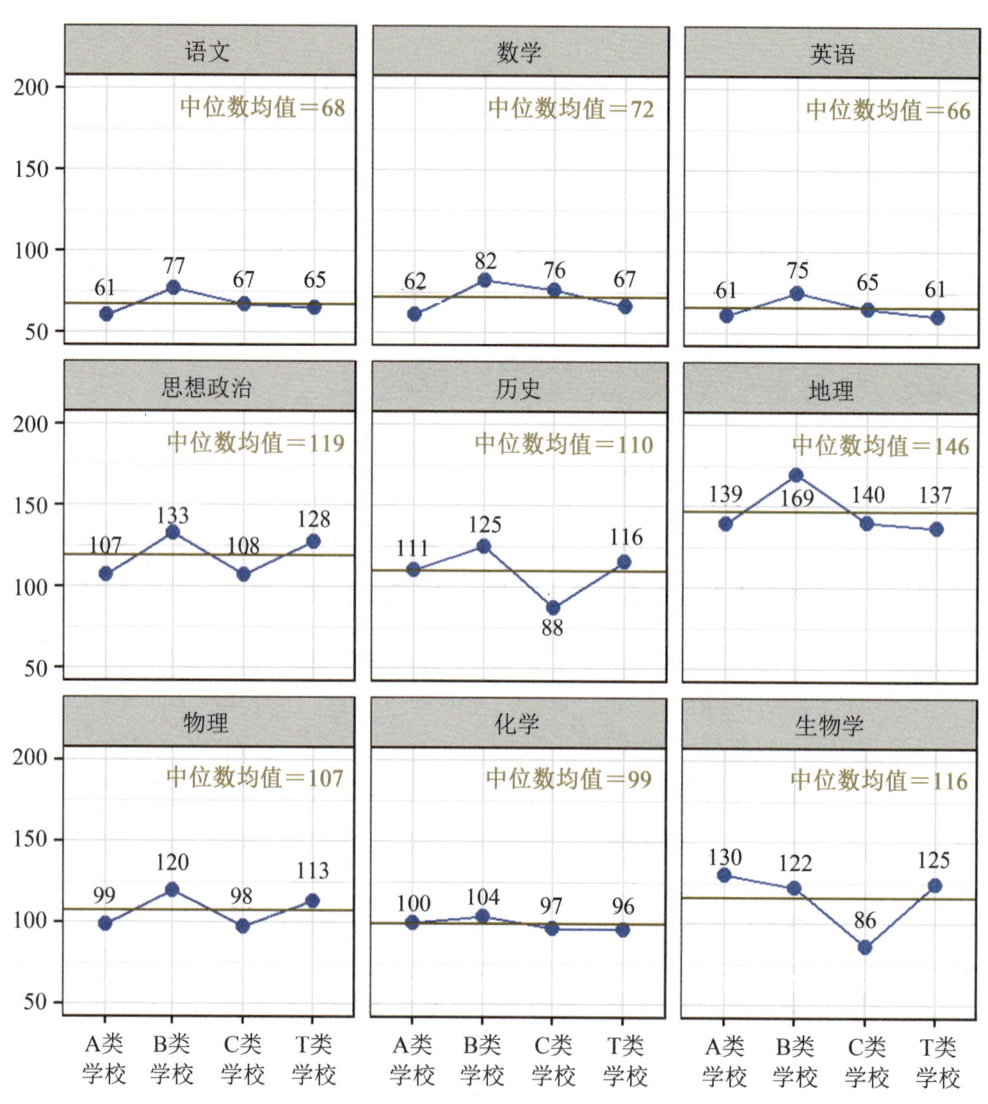

1.A类学校：市实验性示范性高中；B类学校：区实验性示范性高中；
C类学校：公办普通高中；T类学校：特色高中。
2.语数外三科的生师比＝全体在校生人数/该学科专任教师人数；
思想政治等其余6门选考科目的生师比＝选考该科目的学生人数/该学科专任教师人数。

图 4-1 上海三区高中 9 门学科的生师比中位数均值

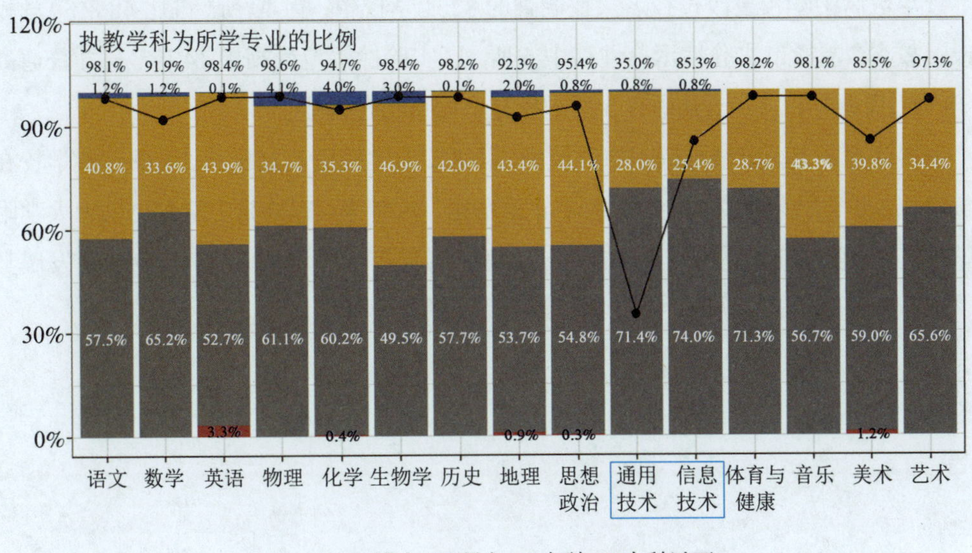

图 4-2 学科专任教师的专业背景和学历结构

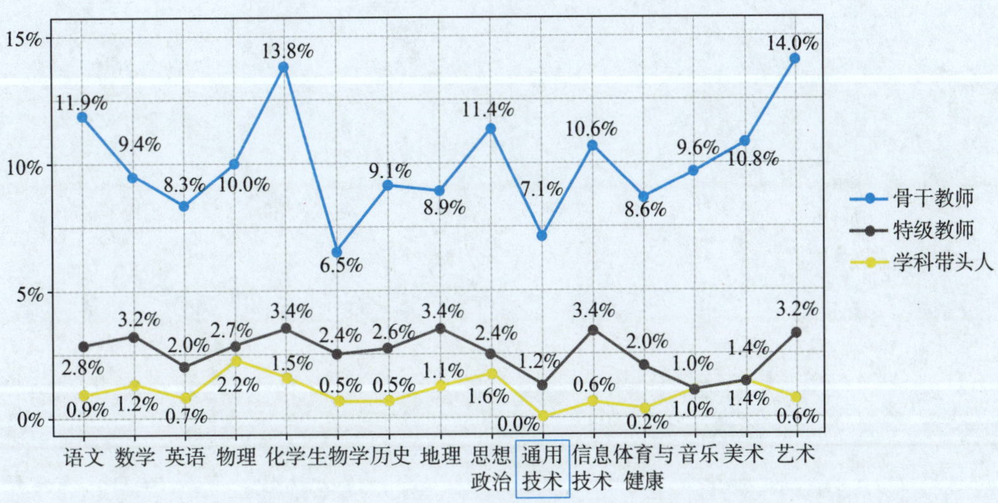

图 4-3 学科专任教师的各类荣誉情况

（三）办学历史及更名情况

新开办学校在逐步增加，办学历史在 20 年以下的高中学校有 19 所，占 23%。因学生数量的趋势变化，入学高峰在向高中转移，高中学位供给需求有所提升。办学历史在 20—60 年的高中学校占 32%，办学历史在 60—100 年的高中学校占 37%，办学历史在 100 年以上的高中学校占 7%。

近半数高中学校更改过校名。在调查的 82 所学校中，有 40 所（占比 48.8%）学校更改过校名，包括市实验性示范性高中 6 所、区实验性示范性高中 14 所、公办普通高中 13 所、民办学校 7 所，其中有 5 所学校是上海市特色高中。

值得注意的是，在参与调查的学校中，48.8% 的学校更改过校名，说明这些学校在办学定位、办学思路或模式上，发生了显著变化。近年来，部分高中学校更名为大学附属学校，高中学校依托大学丰富的师资、课程、场馆等学术资源，为学校创造了发展契机，有助于开阔师生的视野，弥补学校各类资源的不足。

第二节 上海三区高中学校课程实施现状

一、“课程设置”基本情况分析

（一）开齐学科必修课程，学科三类课程实施呈校本化特点

将 82 所学校 2024 届毕业生在校三学年各学科必修课程的课时数折算成学分[①]，分析其必修学分达标情况。

1. 开齐课程方案规定的所有学科必修课程

根据《普通高中课程方案（2017 年版 2020 年修订）》《上海市普通高中课程实施方案》的学分要求，将 2024 届毕业生在校三学年各学科必修课程的课时数折算成学分，从整体情况来看，所有高中学校都开齐了课程方案规定的所有学科必修课程。

一是 9 门考试学科开设、实施必修、选必和选修的学校比例较大，尤其是语文、数学、英语和化学学科开设和实施三类课程的学校最多。但仍有部分学校在开设和实施学科课程时不区分三类课程的差异，尤其是英语学科不区分必修、选必和选修差异的学校较多，如图 4–4 所示。

二是技术类（信息技术和通用技术）、艺术类、体育与健康学科开设、实施必修、选必和选修的学校比例较小，大部分学校只开必修和选择性必修课程，如图 4–4 所示。

三是从学校类型来看，特色高中学校开设和实施必修、选必和选修的学校比例最大，并且在通用技术、音乐、美术学科仍然开设和实施三类课程。

（二）综合实践活动、劳动课程以统筹实施为主，注重课程建设

1. 综合实践活动、劳动课程建设水平明显提高

一是在综合实践活动、劳动课程建设上，高中学校普遍对综合实践活动、劳动课程进行统筹规划，制定了匹配的制度性文本，基本实现了立制建规。综合实践活动、劳动课程规划文本中包含的课程要素全面系统、与学校特色结合紧密、评价工具具有针对

① 计算方法：三年六个学期内，必修课程每学期的周课时数 × 周数的值，相加后，按 20 课时（40 分钟 / 课时）折 1 学分进行计算。

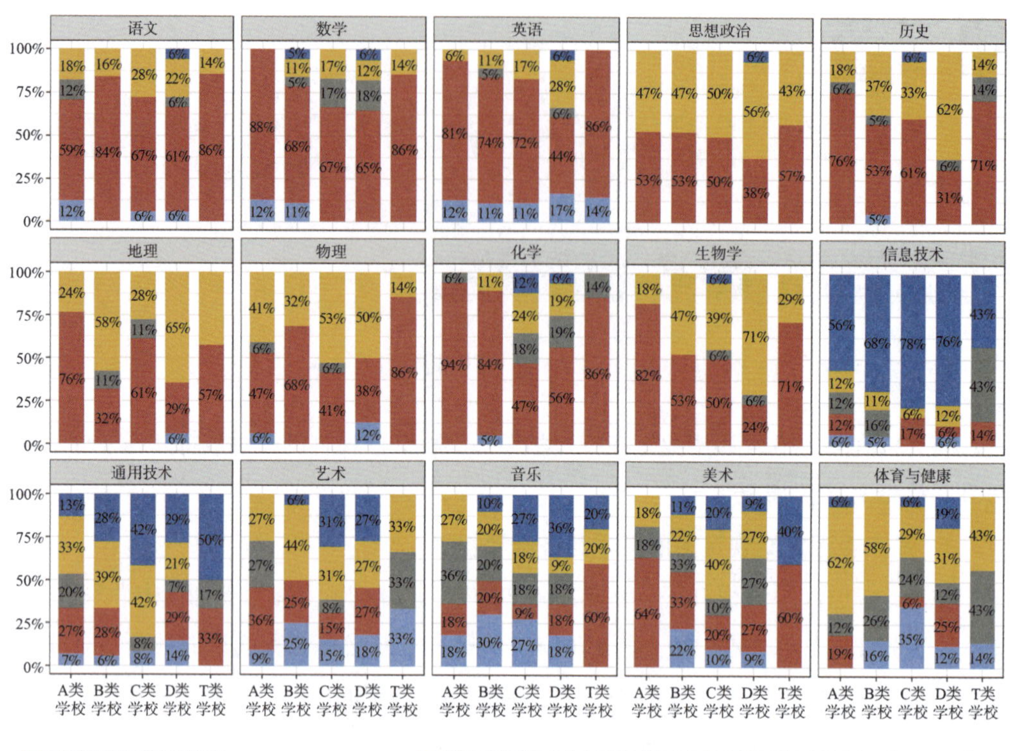

图 4-4　不同类型学校三类课程开设和实施方式

性。例如劳动课程设计上，出现频率最高的是“实施阶段、实施流程、进度安排”，其次是“背景分析、学校基础、指导思想、学习内容、课程内容、项目内容、机构与人员保障”，有个别学校在“实施方法、实施策略、教室与设备保障、信息化平台操作”等方面缺少统筹规划和实际操作方法，仍须进一步完善课程规划。

2. 多数学校的研究性学习需改进实施方式

按照《普通高中课程方案（2017 年版 2020 年修订）》规定：综合实践活动是必修课程共 8 学分，其中研究性学习 6 学分，需要完成 2 个课题研究或项目设计，以开展跨学科研究为主。

在研究性学习的实施方式上，在 26 所完成 2 个研究性学习项目的学校中只有 4 所学校的研究性学习项目都是采取跨学科的实施方式。在不同类型学校之间，在研究性学习项目数量和跨学科研究上，表现最好的是特色高中学校，需要改进的是民办高中学校。在研究性学习的评价方式上，建成了研究性学习校本化评价体系的学校占比是 54%，其中特色高中学校达到了 75%，显著优于区实验性示范性高中、公办普通高中和民办高中，如图 4-5 所示。

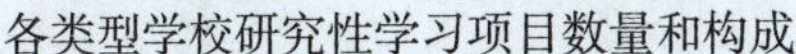

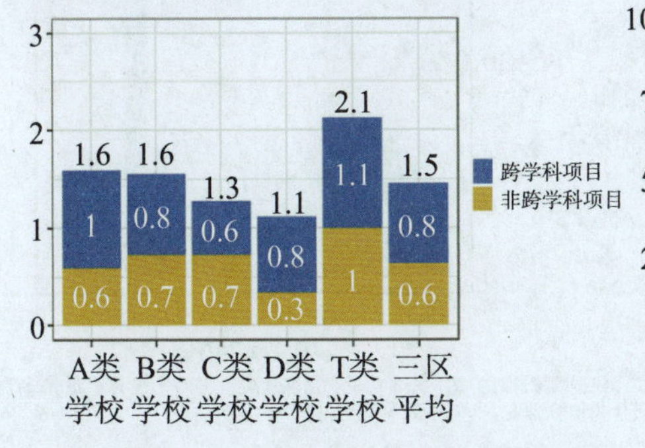

A类学校：市实验性示范性高中；B类学校：区实验性示范性高中；C类学校：公办普通高中；D类学校：民办高中；T类学校：特色高中

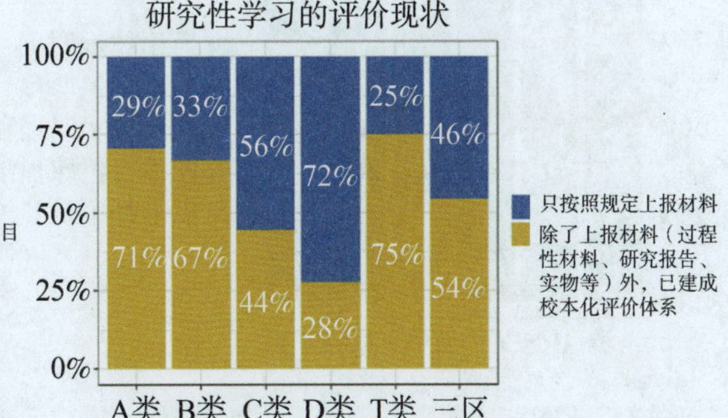

A类学校：市实验性示范性高中；B类学校：区实验性示范性高中；C类学校：公办普通高中；D类学校：民办高中；T类学校：特色高中

图 4-5 研究性学习项目数量、实施方式和评价方式

3. 九成以上高中学校的志愿服务设置符合要求

按照《普通高中课程方案（2017 年版 2020 年修订）》规定：劳动是必修课程共 6 学分，志愿服务 2 学分，在课外时间进行，三年不少于 40 小时。

有 72 所高中学校的学生在校三年志愿服务时间达到了 40 小时的要求；有 7 所高中学校的学生在校三年志愿服务时间未达到 40 小时的要求。

4. 校本劳动必修课采取统筹实施方式

按照《普通高中课程方案（2017 年版 2020 年修订）》规定：劳动是必修课程共 6 学分，与通用技术的选择性必修内容以及校本课程内容统筹学习 4 学分（注：折算成课时后，共 80 课时）。

在实施方式上，59% 的高中学校将劳动与通用技术课程、校本特色课程统筹实施；25% 的高中学校将劳动与通用技术课程统筹实施；10% 的高中学校将劳动与校本特色课程统筹实施，如图 4-6 所示。

（三）重大主题教育在学校教育和学科教学中的落实程度较高

通过数据分析和访谈，重大主题教育进课程教学的落实情况较好，具体情况如下。

一是重大主题教育落实的方式主要是班团队活动、综合实践活动、专题教育、学科课程教学、劳动教育、校本课程等，如图 4-7 所示。

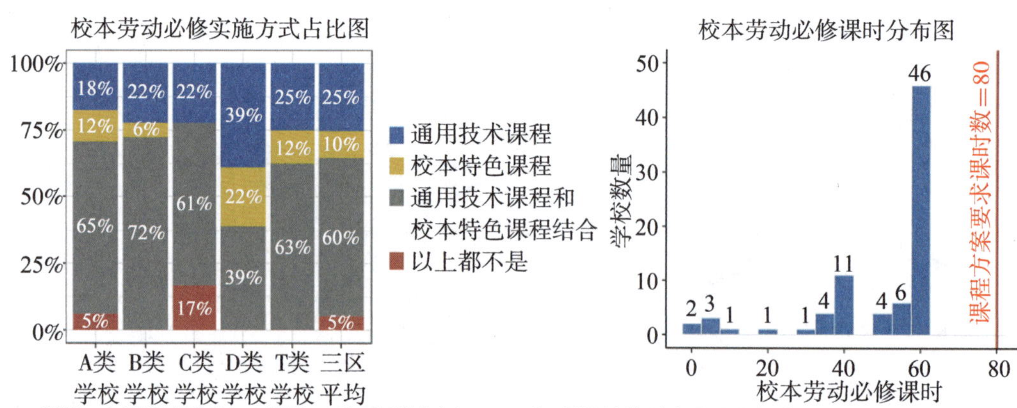

图 4-6　校本劳动必修课程的实施方式和课时安排

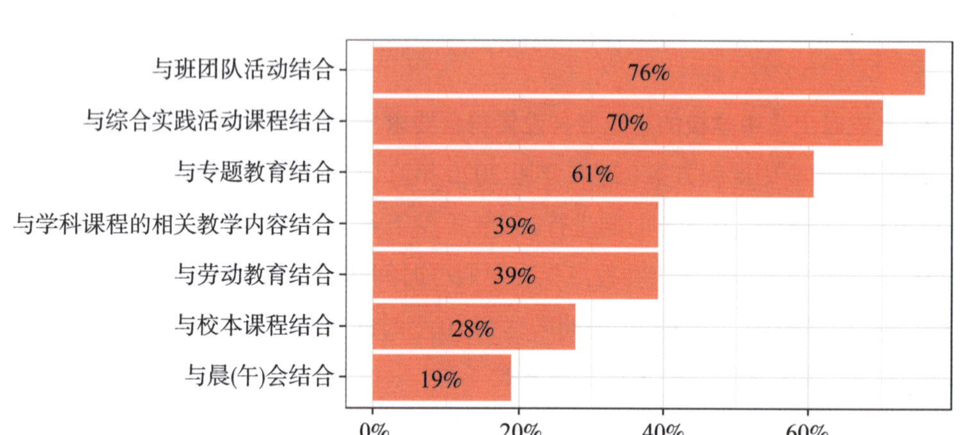

图 4-7　高中学校落实重大主题教育的实施方式

二是学科教学的落实程度非常高，尤其是中华优秀传统文化、生命安全与健康、习近平新时代中国特色社会主义思想在学科教学中的落实比例最高，分别落实在 70%、62% 和 53% 的学科中，如图 4-8 所示。

三是特色高中学校表现最好，100% 的特色高中学校在每个学科教学中都落实了重大主题教育。而且特色高中学校在学科教学中对重大主题教育的落实程度略高于其他类型学校，尤其是在劳动教育、生命安全与健康的落实程度上，明显高于其他类型学校。

	习近平新时代中国特色社会主义思想	党的领导	革命传统	劳动教育	国家安全教育	中华优秀传统文化	国防教育	生命安全与健康	无
三区平均	53%	45%	39%	47%	49%	70%	39%	62%	9%
市实验性示范性高中	53%	45%	42%	48%	47%	73%	33%	63%	10%
区实验性示范性高中	52%	51%	44%	49%	50%	75%	42%	65%	9%
公办普通高中	47%	38%	29%	43%	46%	62%	38%	60%	9%
民办高中	61%	44%	38%	43%	49%	64%	43%	58%	10%
特色高中	55%	47%	43%	59%	55%	76%	41%	72%	

图 4-8　不同类型学校在学科教学中落实重大主题教育情况

（四）校本课程管理规范、门类丰富，需关注校际差异

校本课程包括综合类选修课和学科类选修课。根据《上海市普通高中课程实施方案》，校本课程至少 14 学分。上海市高中学校开设校本课程数量、学分设置情况如下。

1. 校本课程门类丰富、统一规划，具有相应制度性文本

高中学校普遍对校本课程进行统筹规划，制定了匹配的制度性文本，对校本课程的目标、内容、实施、管理、评价进行了规定，指引校本课程的规范化建设。通过对校本课程制度性文本进行分析，个别学校需强化办学特色，进一步明确校本课程育人价值并匹配校本课程建设方案。

2. 校本课程审核制度比较规范，注重教学质量管理

大部分学校建立了规范的校本课程申报、审核制度，尤其是 93% 的市实验性示范性高中有完善的申报、审核制度，如图 4-9 所示。

对校本课程的教学管理方式包括：有完善的教学计划和进度安排，组织开展多种形式的教学活动，形成以过程评价、综合评价为主的评价制度。除民办高中学校外，其他类型高中学校在校本课程教学管理上都非常规范，如图 4-10 所示。

3. 校本课程门类丰富，但存在校际差异

一是不同类型学校的校本课程开设数量有明显差异，如图 4-11 所示。对于综合类选修课程，市实验性示范性高中平均开设 27 门，高于区实验性示范性高中（20 门）和公办普通高中（12 门）；然而民办高中只有 5 门。对于学科类选修课程，市实验性示范性高中平均开设 20 门学科类选修课程，显著高于区实验性示范性高中（12 门）和公办普通高中（10 门）；然而民办高中只有 7 门。因此，民办高中亟待加强校本课程建设。

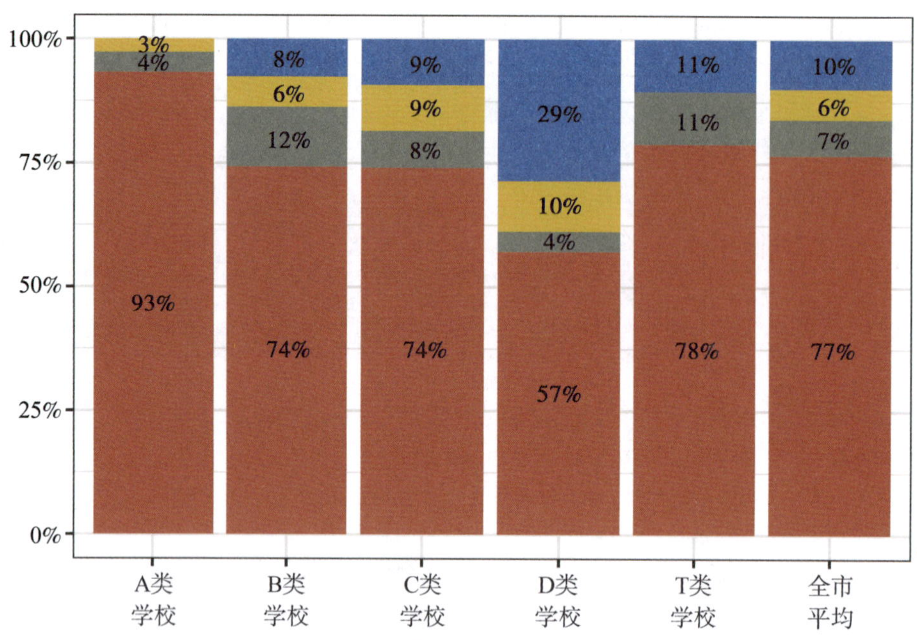

图 4-9 不同类型学校校本课程管理制度建设情况

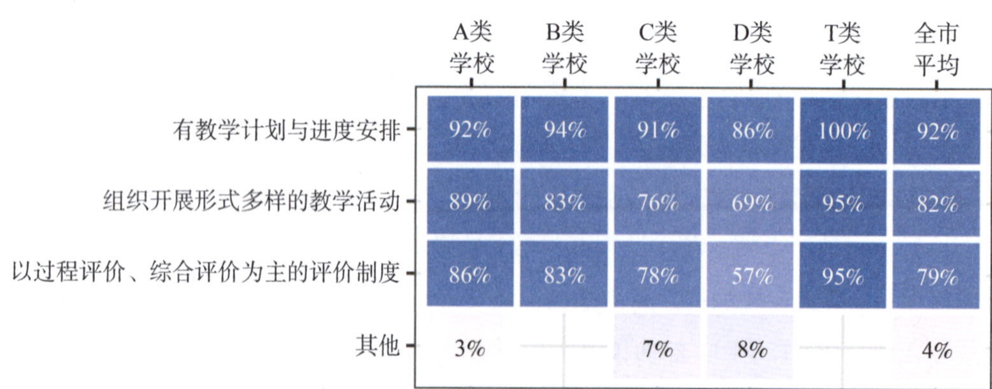

	A类学校	B类学校	C类学校	D类学校	T类学校	全市平均
有教学计划与进度安排	92%	94%	91%	86%	100%	92%
组织开展形式多样的教学活动	89%	83%	76%	69%	95%	82%
以过程评价、综合评价为主的评价制度	86%	83%	78%	57%	95%	79%
其他	3%		7%	8%		4%

图 4-10 不同类型学校校本课程教学管理方式情况

二是特色高中的综合类选修课程平均 28 门、学科类选修课程平均 19 门，明显高于区实验性示范性高中，如图 4–11 所示。说明特色高中的校本课程建设卓有成效，学校层面注重课程规划与建设、资源统筹利用和发挥课程育人价值。

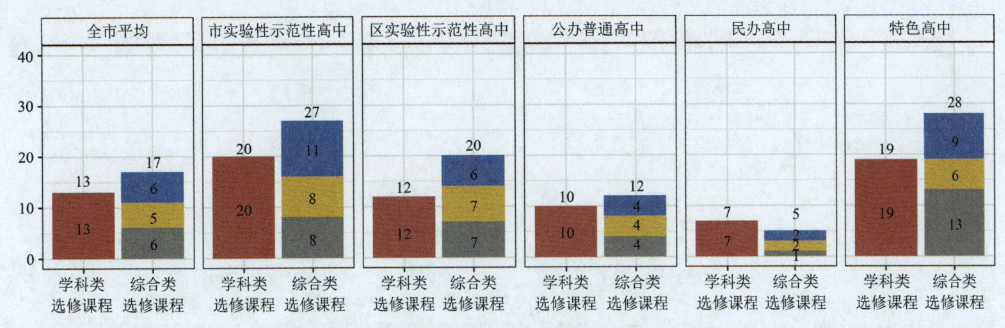

图 4–11　不同类型学校开设综合类、学科类校本选修课程的数量对比

4. 学科选修课的学生参与率存在校际、学科差异

一是民办高中的高二年级学科选修课学生参与率最高，其次是区实验性示范性高中，如图 4–12 所示。

二是市实验性示范性高中的高二年级学科选修课学生参与率最低，但其学科选修课开设是覆盖全学科的模式，高二各学科都开设了选修课，如图 4–12 所示。

三是区实验性示范性高中在高二年级未开设技术类（信息技术和通用技术）、艺术类学科选修课；普通高中在高二年级未开设技术类、音乐学科选修课，如图 4–12 所示。

四是学科差异明显，语文、数学、英语、体育与健康学科选修课的学生参与率最高，技术类、艺术类学科的学生参与率最低，如图 4–12 所示。

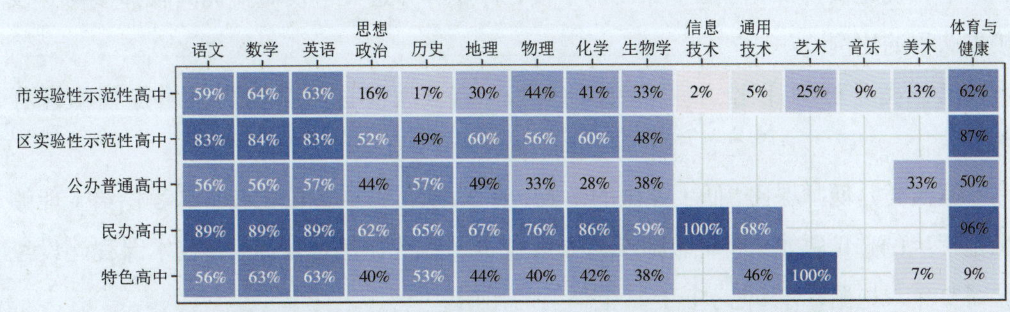

图 4–12　不同类型学校 2024 届毕业生在高二年级的学科选修课参与率

5. 部分学校的师课比、生课比较高，存在课程需求与供给矛盾

根据校本课程需求与供给关系，将上海三区高中学校分成四类，如图 4-13 所示。

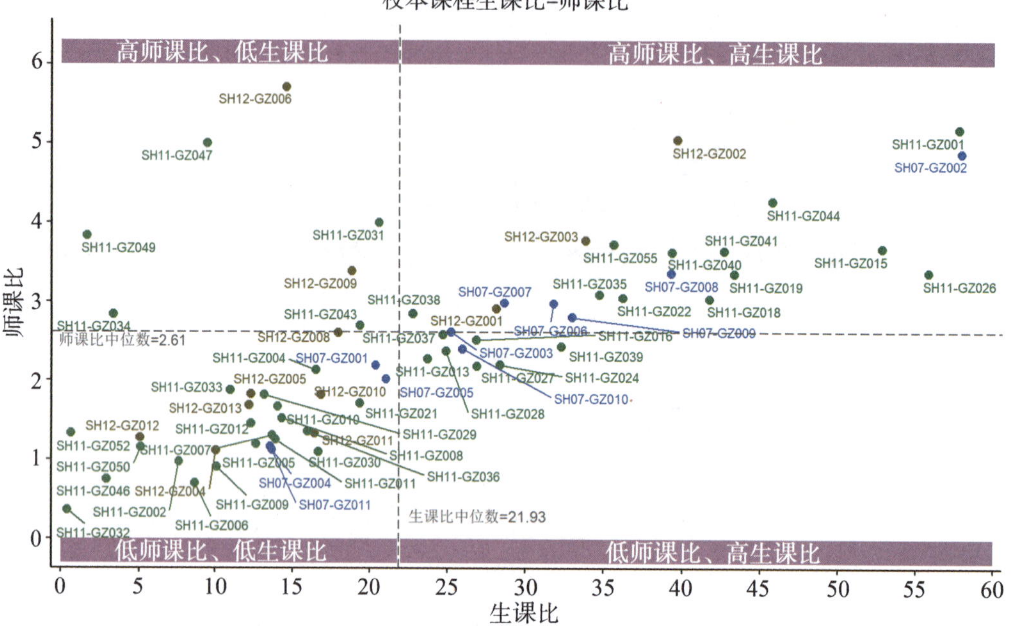

注：（1）横轴为生课比，计算方法=本校在校生总数/本校所有校本课程门数；纵轴为师课比，计算方法=本校所有专任教师总人数/本校所有校本课程门数。其中，校本课程含学科类选修课程和综合类选修课程。（2）浦东新区丰华高中、上南中学、南汇一中、吴迅中学、周浦中学、金苹果学校、工商附中未体现。

图 4-13　上海三区学校校本选修课程的师课比和生课比

第一类是高师课比、高生课比的学校，有 30 所。这类学校是需要改进的，以解决学生选课需求和课程供给之间的矛盾。改进措施包括增加校本课程数量或者开设多个并行班授课、补充师资或者提高教师参与开设校本课程的比例。

第二类是高师课比、低生课比的学校，有 8 所。这类学校需要提高教师参与开设校本课程的比例。

第三类是低师课比、高生课比的学校，有 8 所。这类学校需要增加校本课程数量。

第四类是低师课比、低生课比的学校，有 30 所。这类学校在校本课程供给上能够满足学生的选课需求，同时教师参与开设校本课程的比例也较高，其校本课程建设经验需要深入挖掘，对其他学校有示范辐射的作用。

二、“教学实施”基本情况分析

（一）对“双新”倡导的学习方式认识程度高、落实程度低

对比信息技术融合、自主性学习、实践性学习、跨学科学习四种学习方式在学科教师中的认识程度、在课堂教学中的落实程度，具体情况如下。

一是信息技术融合的比例最高，其次是自主性学习、实践性学习，但跨学科学习比例最低。值得注意的是，比较各学科四种学习方式的认识程度和落实程度，数学学科是比例最低的，其次是地理、语文学科比例较低，如图 4-14 所示。

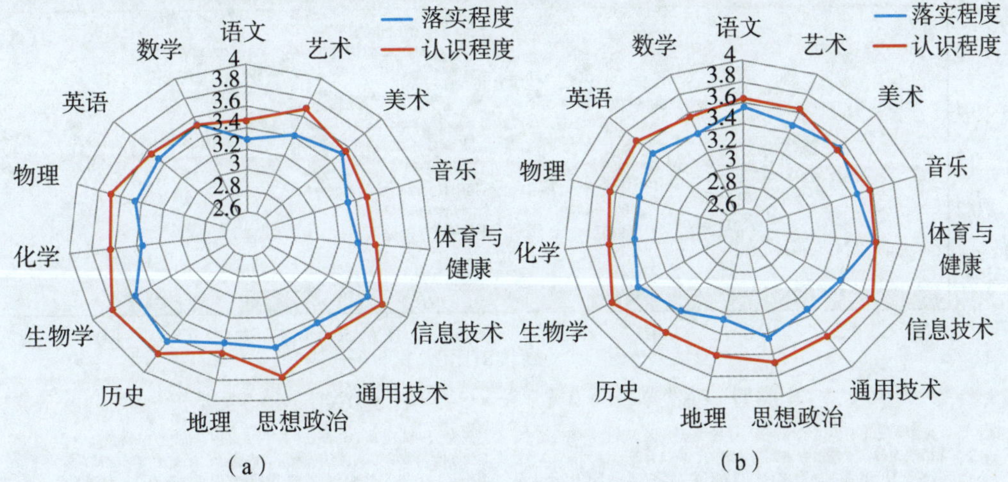

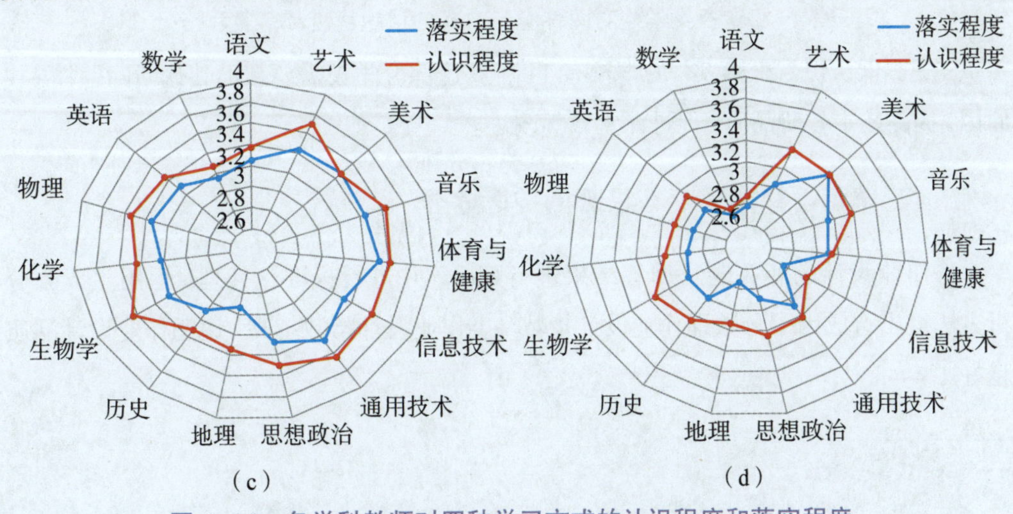

图 4-14　各学科教师对四种学习方式的认识程度和落实程度

二是“高认识－高落实”的学校有15所，但“高认识－低落实”类型的学校有51所，如图4-15所示。这些学校在理念上认同四种学习方式，但是在课堂教学中实施仍有难度。今后需加强对课堂教学落实四种学习方式的教研交流、日常指导、教学展示和经验提炼。①

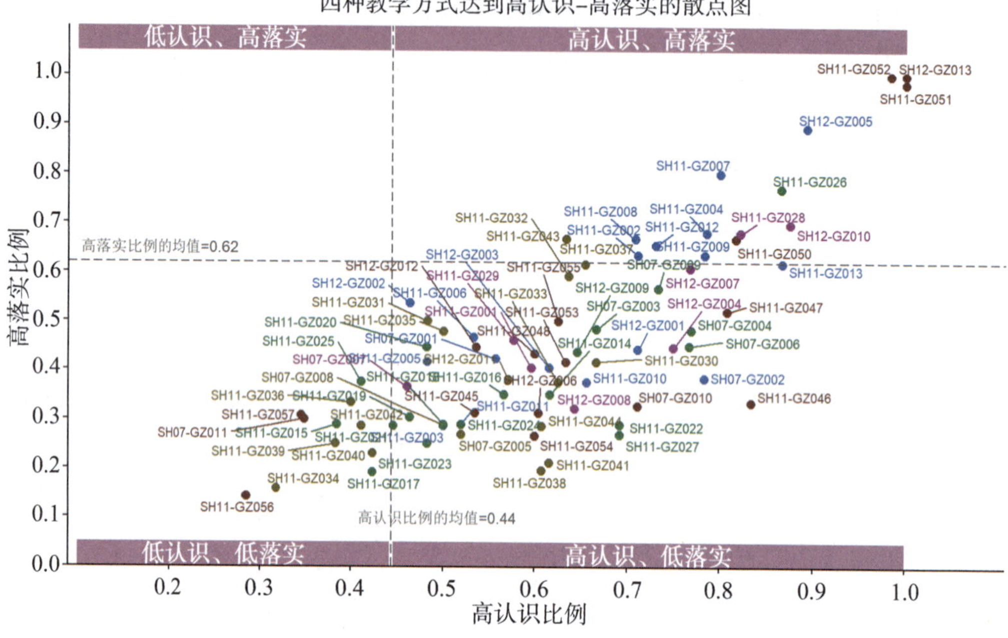

1.A类学校:市实验性示范性高中；B类学校:区实验性示范性高中；C类学校:公办普通高中；D类学校:民办高中；T类学校:特色高中。
2.横轴为教学方式指数达到高认识的比例，计算步骤为：（1）计算本校在四类教学方式上分别属于“高认识”层次的学科数量，除以本校参与监测的所有学科，得到四类教学方式各自的“高认识”比例；（2）将四类教学方式的“认识比例”计算均值，得到教学方式指数的高认识比例。教学方式指数达到高落实比例的计算方法以此类推。

图4-15 各类学校对四种学习方式的认识程度和落实程度

三是“低认识－低落实”的学校有11所。这部分学校需要帮助其诊断问题，寻找原因，提高校本教研品质，促进课堂教学改进。

（二）作业设计指数存在显著的校际差异

将作业设计的相关题目回答结果进行赋分，并进行标准化处理，运用主成分分析方法得出合成因子分数即作业设计指数②。作业设计指数越高，说明作业设计品质越好。

① 刘辉．从认识到落实，促进教学实施变革［J］．上海教育，2024（27）：11.
② 作业设计指数涉及的题目共9道，包括实践类作业种类与案例、表现类作业种类与案例、跨学科作业种类与案例、团队合作作业种类与案例、作业属性标注等。

运用单因素方差分析F检验得出结论①，作业设计指数在不同类型学校之间有显著差异，特色高中的作业设计指数显著高于其他学校。具体内容见表4-4（注：$+p<0.10$，$*p<0.05$，$**p<0.01$）。

表4-4 不同类型学校作业设计指数的比较

学校类型	均值	标准误差
市实验性示范性高中（A）	0.108	0.062
区实验性示范性高中（B）	0.005	0.056
公办普通高中（C）	–0.126	0.064
民办高中（D）	–0.137	0.070
特色高中（T）	0.314	0.104
F值	5.531**	
事后检验	D<T，D<A，C<T，C<A，B<T，T>A	

（三）布置实践类作业比例最高、跨学科作业比例最低

一是在四类新型作业中，布置实践类作业的比例是最高的，其次是表现类作业和团队合作类作业；而布置跨学科作业的比例是最低的，在各学科都需要适当加强，如图4–16所示。这和教学方式落实的情况是一致的，在几种教学方式中，跨学科学习的落实程度也是最低的。这说明落实跨学科学习和跨学科作业是教学实施中比较薄弱的环节，在今后工作中需加强研究，对教师进行操作性的实践指导。

二是在各学科中，布置四种类型作业比例最高的是语文学科，其次是英语学科，而布置四种类型作业比例最低的是数学学科，如图4–16所示。

三是布置新型作业存在明显的校际差异。值得注意的是，在数学、历史、地理、物理、化学、生物学、音乐等学科，特色高中学校布置四类新型作业的比例高于其他学校，如图4–16所示。

① 将相关题目的回答结果进行赋分，并进行标准化处理，使用SPSS软件主成分分析方法计算合成因子分数即相应指数；进行单因素方差分析F检验，对不同区域、不同类型学校之间的作业设计指数进行差异检验。

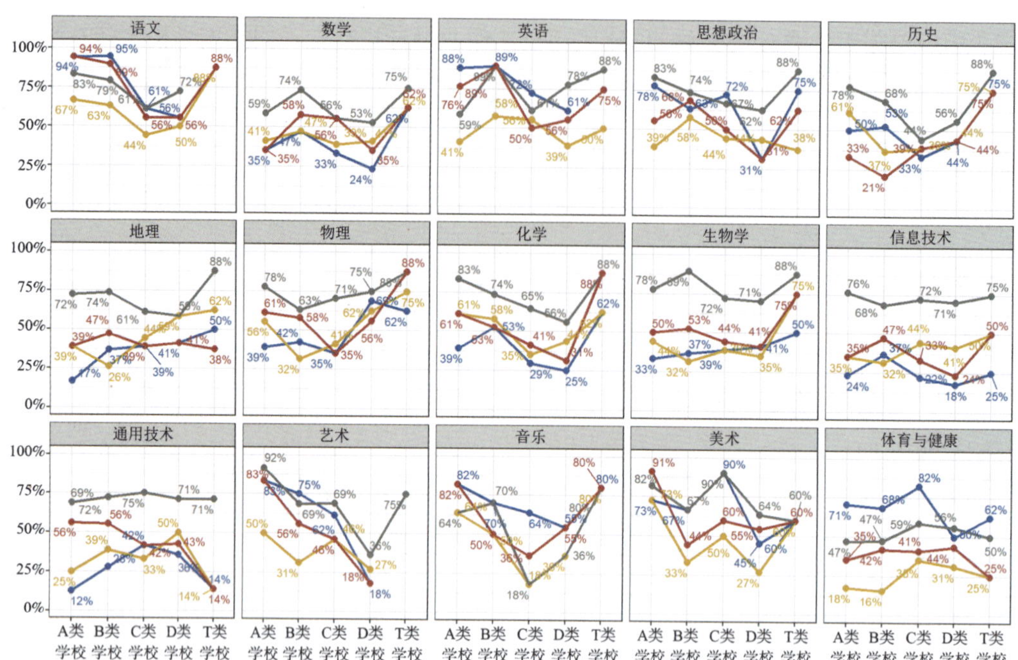

图 4-16　不同类型学校在各学科布置新型作业的比例

（四）跨学科学习和作业在跨学科性、综合性上仍有待加强

开展跨学科学习、布置跨学科作业的深层次整合性仍须加强，进一步落实学科核心素养要求。跨学科性和综合性是跨学科学习的本质特征，目的在于融通其他学科内容，以促进学生对相关学科内容的深入理解。

在对各学科跨学科学习方式、作业类型的具体形式进行分析时（见图 4-17），相较于观察、记录、参观、体验为主的学习方式和作业类型，“项目研究”“内容统整”“综合主题”等学习方式和作业类型，更强调学科间的相互关联与整合。因此，在各学科教学中要加强“项目研究”“内容统整”“综合主题”等综合性学习方式和作业类型的运用。

（五）需加强作业分层设计与个别化反馈、智能诊断与资源推送

1. 大多数学校布置分层作业，但有明显的学科、校际差异

一是大多数学校布置分层作业，但学科差异明显。数学学科布置分层作业的学校占比最高，均值为 90%；其次是英语学科，均值为 82%。但地理学科布置分层作业的学校占比最低，均值为 59%。语文、思想政治、历史、物理、化学、生物学 6 门学科布置分层作业的学校占比超过 70%，如图 4-18 所示。

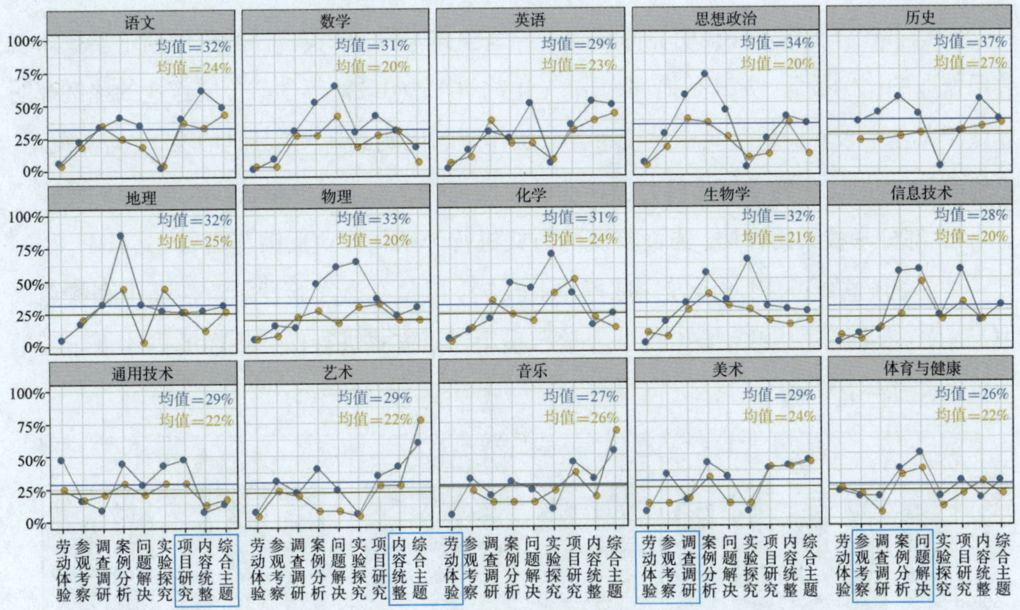

各模块中的蓝色横线为该学科跨学科学习方式的占比均值，黄色横线为该学科跨学科作业类型的占比均值。

图 4-17 各学科开展跨学科学习方式和布置跨学科作业类型的情况

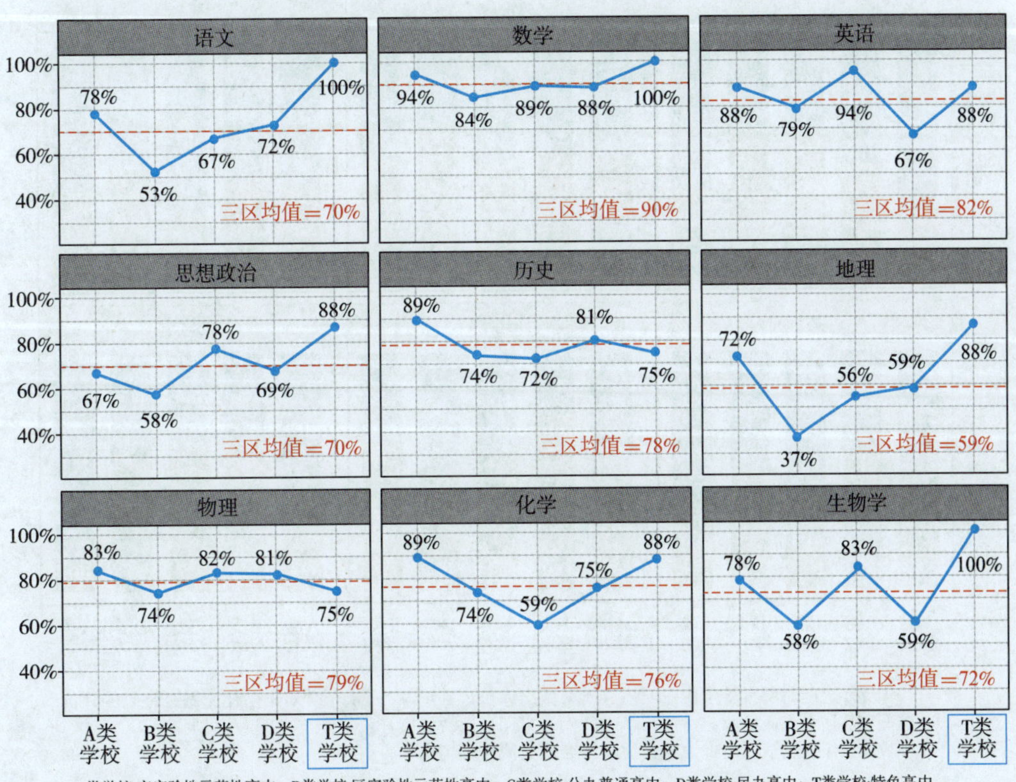

A类学校:市实验性示范性高中；B类学校:区实验性示范性高中；C类学校:公办普通高中；D类学校:民办高中；T类学校:特色高中

图 4-18 不同类型学校布置学科分层作业的情况

二是布置分层作业存在明显的校际差异。整体来看，区实验性示范性高中学校布置分层作业的比例最低，尤其是地理、语文、生物学、思想政治等学科分层作业的比例都明显低于其他学校。而特色高中学校布置分层作业的比例最高，尤其是语文、数学、英语、思想政治、地理、生物学等学科分层作业的比例都明显高于其他学校，如图 4-18 所示。

2. 部分学校采用评语、当面交流的方式进行个别化作业反馈与指导

一是部分学校采用评语方式进行作业反馈，但是在市实验性示范性高中和特色高中，语文、英语、思想政治、生物学等学科采用评语方式进行作业反馈的占比低于其他学校，如图 4-19 所示。

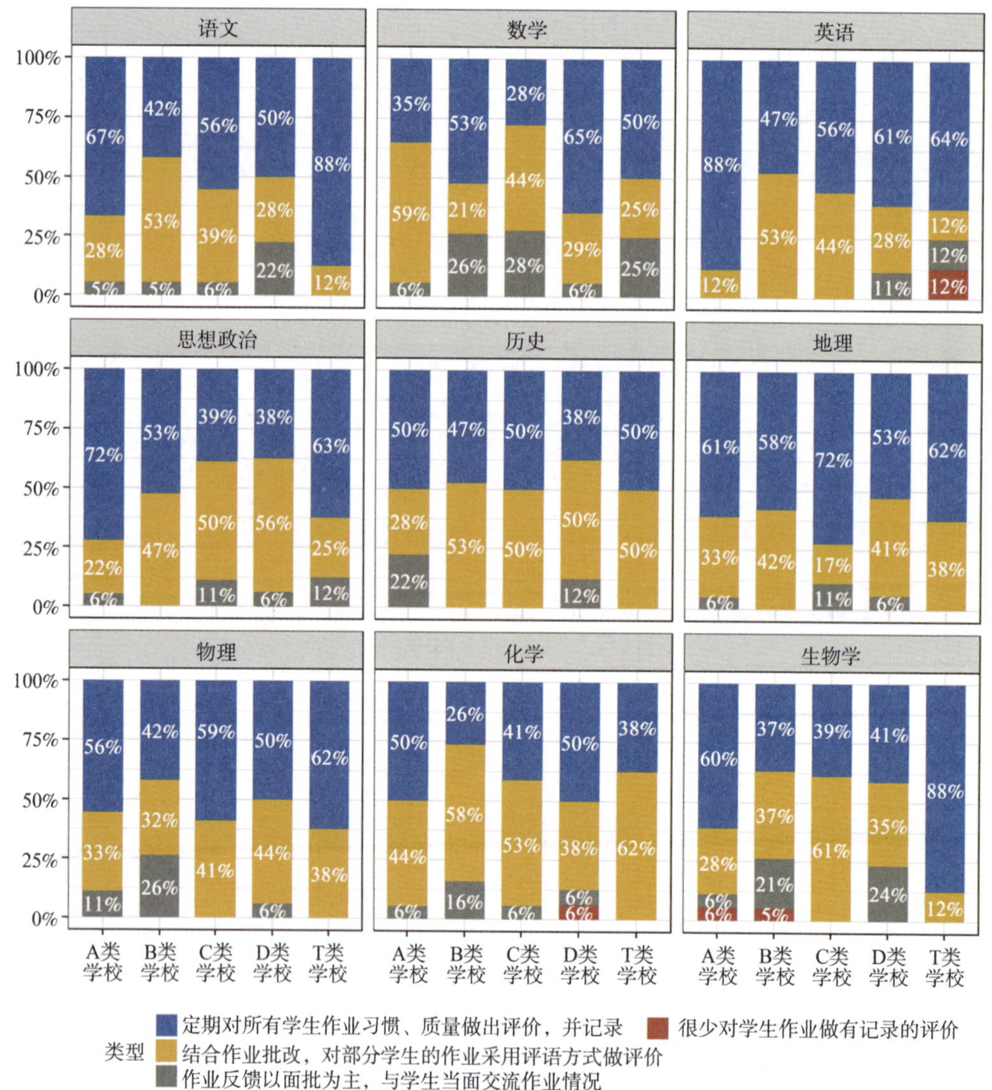

A类学校:市实验性示范性高中；B类学校:区实验性示范性高中；C类学校:公办普通高中；D类学校:民办高中；T类学校:特色高中

图 4-19　不同类型学校学科作业批改与反馈的情况

二是仅有少量学校采用当面交流的方式进行作业反馈与指导，如图 4-19 所示。

三是数学学科采用当面交流的作业反馈与指导方式明显多于其他学科，而采用当面交流方式最少的是英语和地理学科，如图 4-19 所示。

相对于简单的分数反馈，针对学生作业情况的评语反馈和当面交流，能更有效地促进学生学习。因此，在教学中要关注学生差异，进一步加强个别化的作业反馈与指导。

3. 部分学校在个别辅导中实现智能诊断和学习资源推送

一是特色高中、市实验性示范性高中在个别辅导中实现智能诊断和学习资源推送的比例略高于其他学校，如图 4-20 所示。

二是历史、语文学科在个别辅导中实现智能诊断和学习资源推送的比例略高于其他学科，而信息技术学科在个别辅导中实现智能诊断和学习资源推送的比例最低，如图 4-20 所示。

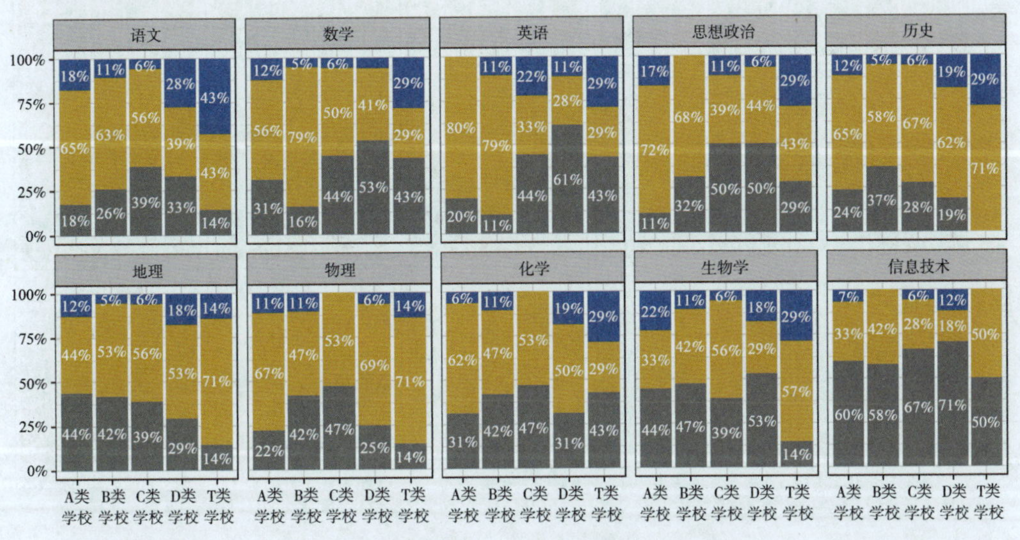

图 4-20　在个别辅导中实现智能诊断和学习资源推送的情况

（六）在校本作业的难度上，英语、思想政治和化学学科最高

一是英语、思想政治和化学学科的校本作业[①]难度最高，在考试学科中，语文学科

① 校本作业包括教师自己设计的任务与活动、自主编制的试卷，教师整理、改编的任务与活动、试卷。但不包括购买的教辅材料、统一下发的配套练习册。

的校本作业难度较低，如图 4–21 所示。需要说明的是，通过访谈发现，教师普遍认为语文学科教材上的研习任务较难，所以校本作业难度较低；思想政治学科的合格考和等级考难度都比以往有所提高，导致校本作业的难度也较高。

二是在非考试学科中，信息技术学科的校本作业难度高于其他学科，市实验性示范性高中的信息技术学科校本作业难度最大，如图 4–21 所示。在非考试学科中，信息技术学科要参加合格考，因此更重视其校本作业。

三是不同类型学校的校本作业难度有显著差异。在考试学科的校本作业难度上，市实验性示范性高中显著高于其他学校，而特色高中则高于区实验性示范性高中，如图 4–21 所示。

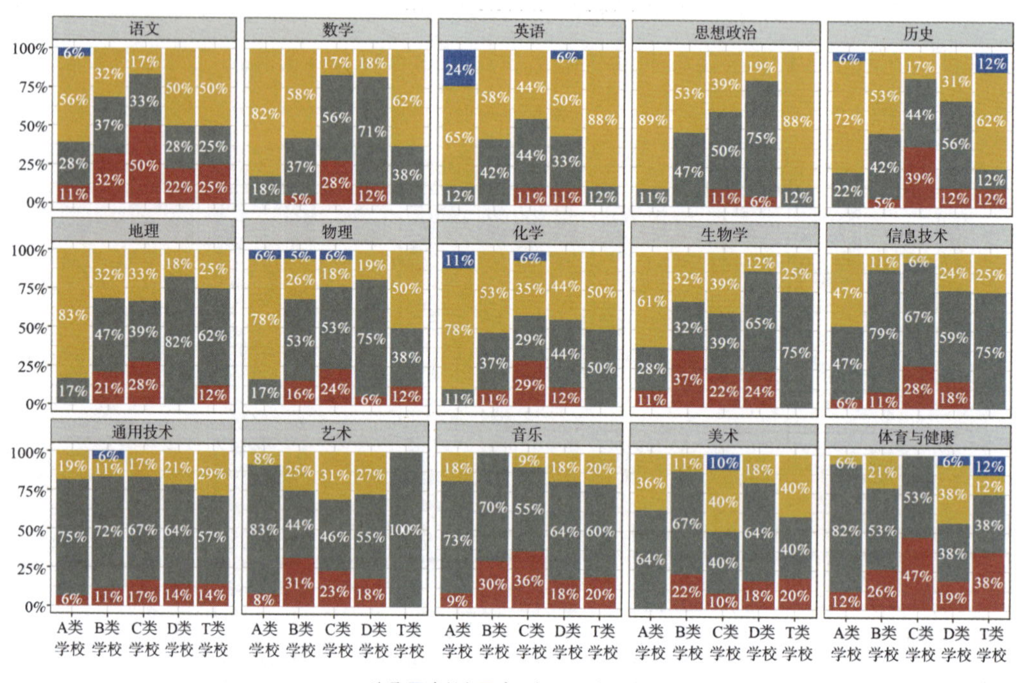

图 4–21 不同类型学校各学科的校本作业难度

（七）作业属性标注和作业时长管理仍然不够完善

1. 部分学校没有进行作业属性标注

一是有部分学校没有进行作业属性标注，需加强对学科作业属性标注的要求和指导。在各类学校中，特色高中最重视作业属性标注，作业属性标注的学校比例最高，如图 4–22 所示。

二是在标注作业属性时，标注最多的是“题目类型”“内容领域”，而标注“题目难度”则较少，如图 4-22 所示。

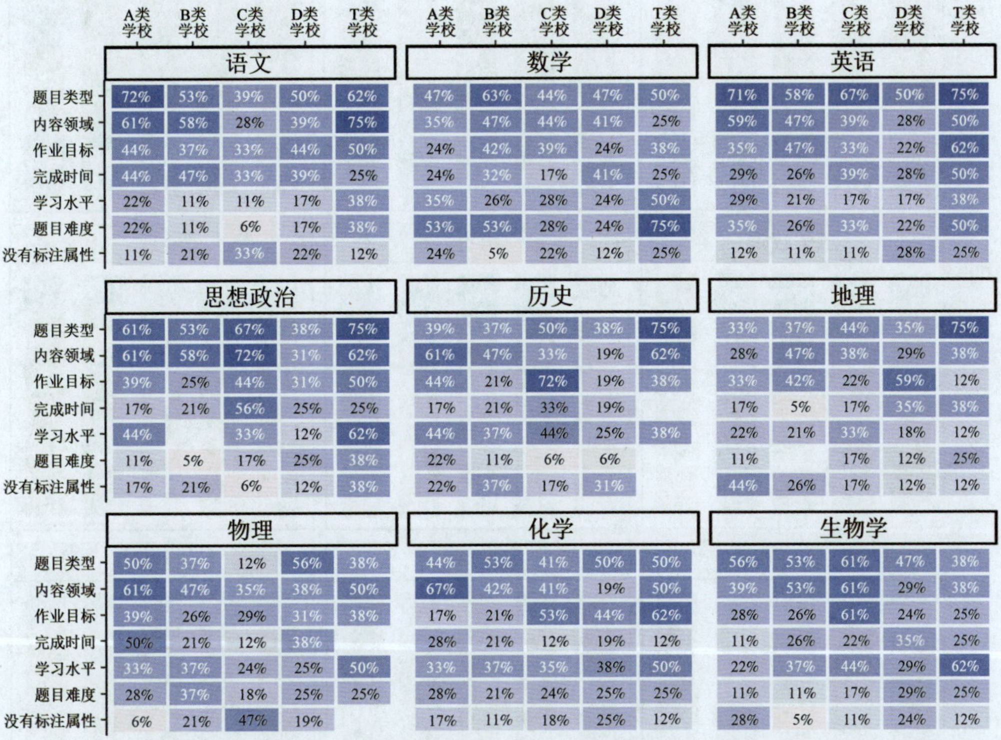

	语文					数学					英语				
	A类学校	B类学校	C类学校	D类学校	T类学校	A类学校	B类学校	C类学校	D类学校	T类学校	A类学校	B类学校	C类学校	D类学校	T类学校
题目类型	72%	53%	39%	50%	62%	47%	63%	44%	47%	50%	71%	58%	67%	50%	75%
内容领域	61%	58%	28%	39%	75%	35%	47%	44%	41%	25%	59%	47%	39%	28%	50%
作业目标	44%	37%	33%	44%	50%	24%	42%	39%	24%	38%	35%	47%	33%	22%	62%
完成时间	44%	47%	33%	39%	25%	24%	32%	17%	41%	25%	29%	26%	39%	28%	50%
学习水平	22%	11%	11%	17%	38%	35%	26%	28%	24%	50%	29%	21%	17%	17%	38%
题目难度	22%	11%	6%	17%	38%	53%	53%	28%	24%	75%	35%	26%	33%	22%	50%
没有标注属性	11%	21%	33%	22%	12%	24%	5%	22%	12%	25%	12%	11%	11%	28%	25%

	思想政治					历史					地理				
	A类学校	B类学校	C类学校	D类学校	T类学校	A类学校	B类学校	C类学校	D类学校	T类学校	A类学校	B类学校	C类学校	D类学校	T类学校
题目类型	61%	53%	67%	38%	75%	39%	37%	50%	38%	75%	33%	37%	44%	35%	75%
内容领域	61%	58%	72%	31%	62%	61%	47%	33%	19%	62%	28%	47%	38%	29%	38%
作业目标	39%	25%	44%	31%	50%	44%	21%	72%	19%	38%	33%	42%	22%	59%	12%
完成时间	17%	21%	56%	25%	25%	17%	21%	33%	19%		17%	5%	17%	35%	38%
学习水平	44%		33%	12%	62%	44%	37%	44%	25%	38%	22%	21%	33%	18%	12%
题目难度	11%	5%	17%	25%	38%	22%	11%	6%	6%		11%		17%	12%	25%
没有标注属性	17%	21%	6%	12%	38%	22%	37%	17%	31%		44%	26%	17%	12%	12%

	物理					化学					生物学				
	A类学校	B类学校	C类学校	D类学校	T类学校	A类学校	B类学校	C类学校	D类学校	T类学校	A类学校	B类学校	C类学校	D类学校	T类学校
题目类型	50%	37%	12%	56%	38%	44%	53%	41%	50%	50%	56%	53%	61%	47%	38%
内容领域	61%	47%	35%	38%	50%	67%	42%	41%	19%	50%	39%	53%	61%	29%	38%
作业目标	39%	26%	29%	31%	38%	17%	21%	53%	44%	62%	28%	26%	61%	24%	25%
完成时间	50%	21%	12%	38%		28%	21%	12%	19%	12%	11%	26%	22%	35%	25%
学习水平	33%	37%	24%	25%	50%	33%	37%	35%	38%	50%	22%	37%	44%	29%	62%
题目难度	28%	37%	18%	25%	25%	28%	21%	24%	25%	25%	11%	11%	17%	29%	25%
没有标注属性	6%	21%	47%	19%		17%	11%	18%	25%	12%	28%	5%	11%	24%	12%

A类学校:市实验性示范性高中；B类学校:区实验性示范性高中；C类学校:公办普通高中；D类学校:民办高中；T类学校:特色高中

图 4-22　不同类型学校各学科作业的属性标注情况

2. 大多数学校由学科教研组或备课组控制作业时长

一是由学科教研组或备课组控制作业时长的学校占比最多，甚至在特色高中的思想政治和化学学科达到 100%，如图 4-23 所示。

二是由学校统一控制各学科作业时长的比例较低，如图 4-23 所示。今后需要加强在学校层面建立作业时长控制机制，这样将有助于统筹规划各学科作业量，合理设置各学科作业时长。

三是有少量学校在个别学科没有作业时长控制机制，如图 4-23 所示。应督促这部分学校加强对作业的常规管理，提升作业管理的规范性。

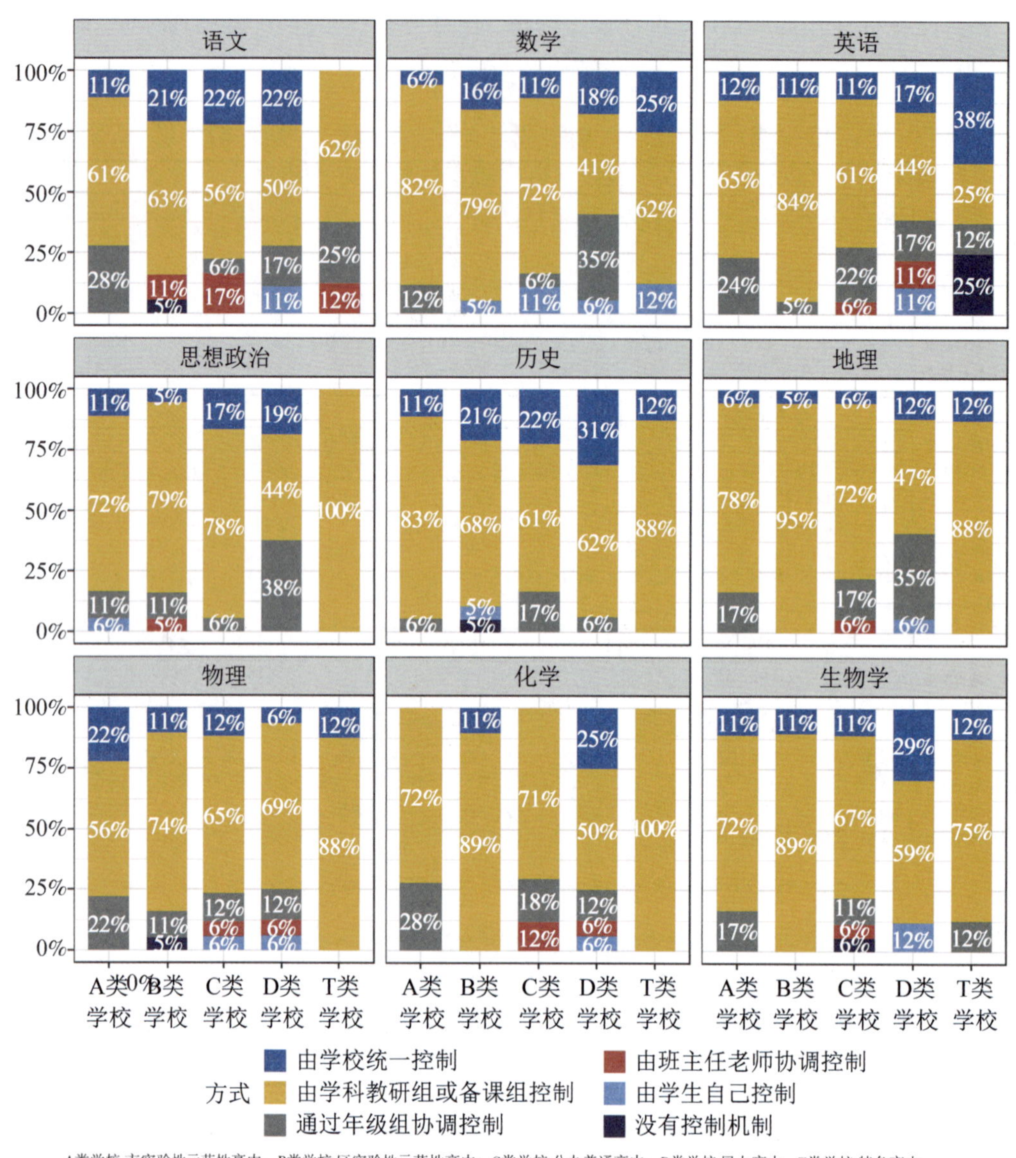

图 4-23　不同类型学校各学科的作业时长控制方式

（八）选课走班实施比较规范，但资源保障和信息化支持仍须加强

1. 半数以上学校对选课走班管理规范

选课走班的整体实施比较规范。在选课走班管理上，有 66% 的学校编制了专门的选课走班实施方案。在学生选课指导上，有 72% 的学校通过“专设课程或结合生涯发展指导课程实施”对学生进行选课指导；有 27% 的学校通过“师生沟通交流”对学生

进行选课指导；有 1% 的学校是教师根据学生成绩和选课人数进行遴选。在科目组设置方式上，有 32% 的学校完全根据学生选择设置科目组；有 68% 的学校按照学生选择，结合学校实际统筹协调后设置科目组。

2. 高选择性的学校占 61%，科目组设置数量的校际差异明显

一是有 61% 的学校科目组数量在 15 个及 15 个以上。通过对高中学校高二年级科目组数量与学生人数进行对比，发现科目组数量与学生总数并不是完全相关。具体分为四种类型，其中第二类学校（低选择学生多）需要关注、提供支持，第三类学校（高选择学生少）是优秀范例，如图 4-24 所示。

第一类是科目组数量少且学生总数少（低选择学生少）的学校有 12 所，约占 18%；第二类是科目组数量少但学生总数多（低选择学生多）的学校有 13 所，约占 20%；第三类是科目组数量多但学生总数少（高选择学生少）的学校有 19 所，约占 29%；第四类是科目组数量多但学生总数多（高选择学生多）的学校有 21 所，约占 32%。

二是科目组设置数量有显著的校际差异。例如学校 SH11-GZ006 高二学生数约 600 人，科目组数量是 8；学校 SH11-GZ015 学生数是 600 多人，但科目组数量是 20；学校 SH11-GZ030 高二年级只有 200 多人，但科目组数量是 20，如图 4-24 所示。

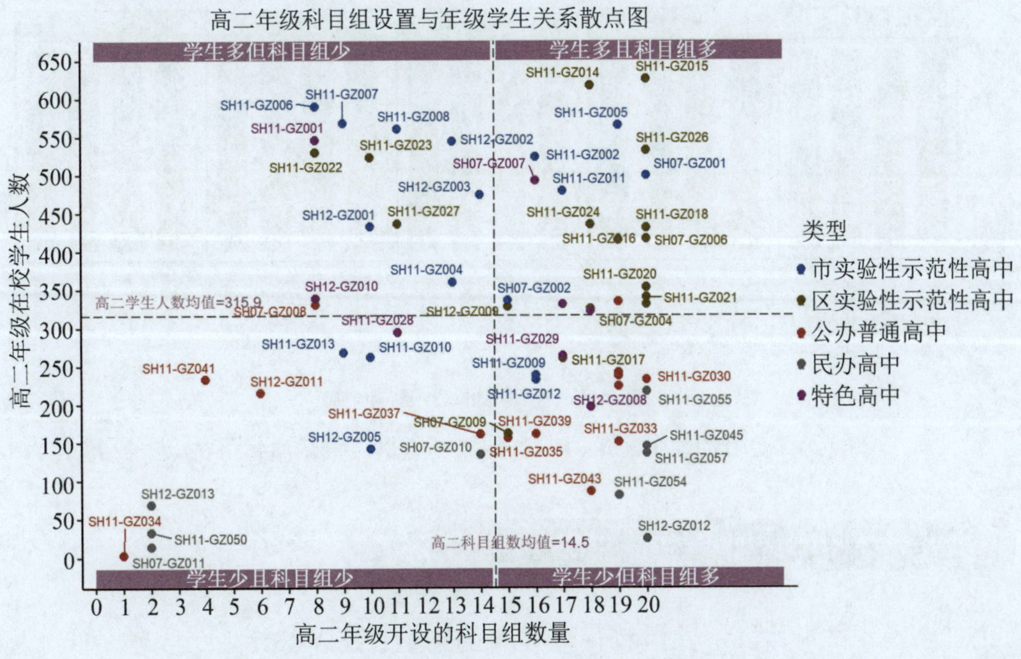

图 4-24　各学校高二年级科目组数量与学生人数对比

三是区实验性示范性高中科目组数量最多。全体学校高二年级科目组数量的均值是 14.5，其中市实验性示范性高中是 13.3，区实验性示范性高中是 17，普通高中是 14.07，民办高中是 13.2，特色高中是 14.2，如图 4–24 所示。

3. 师资、教室保障和信息化平台应用仍须加强

一是在选课走班的师资保障上，从所有学校的均值来看，仅有 38% 的学校教师队伍能完全支持选课走班，54% 的学校教师队伍能部分支持选课走班，还有 8% 的学校不能支持，必须外聘教师才能保障选课走班。但在公办普通高中有 22% 的学校不能支持，必须外聘教师才能保障选课走班，如图 4–25 所示。

二是在选课走班的教室保障上，从所有学校的均值来看，仅有 34% 的学校常规教室和专用教室均能完全支持选课走班，51% 的学校常规教室和专用教室能部分支持选课走班，还有 15% 的学校专用教室保障有困难。但在公办普通高中有 28% 的学校不能支持，专用教室保障有困难，如图 4–25 所示。

三是半数学校能够完全运用信息技术平台进行排课、选课。从所有学校的均值来看，应用信息化平台能够完全支持排课、选课的学校占 48% 和 51%，部分支持的占 39% 和 38%；但仍有 10% 以上的学校不能应用信息化平台支持排课、选课。只有区实验性示范性高中在信息技术平台应用上显著优于其他学校，如图 4–25 所示。

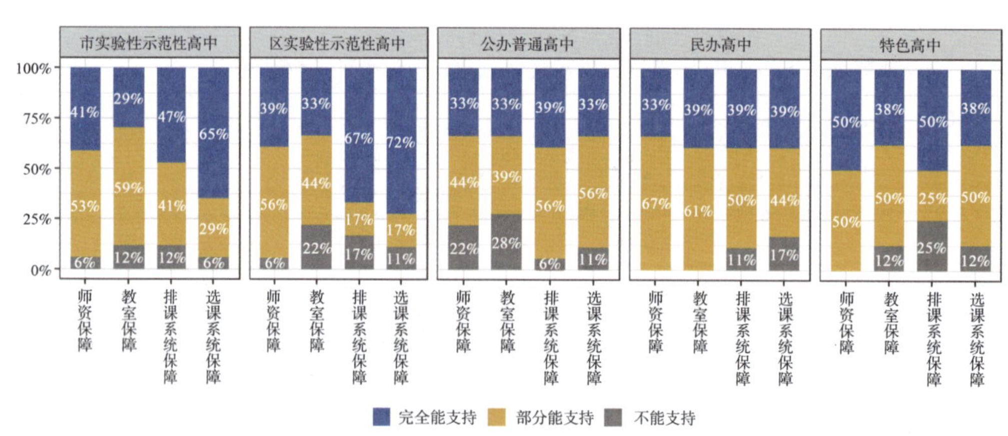

图 4–25　选课走班的师资保障、教室保障、排课和选课信息化平台应用情况

三、“评价机制”基本情况分析

（一）考试测验科学性指数存在显著的区域、校际差异

将考试测验科学性、规范性的相关题目回答结果进行赋分，并进行标准化处理，运

用主成分分析方法计算合成因子分数即考试测验科学性指数和规范性指数①。考试测验科学性指数越高，说明考试测验命题越科学；考试测验规范性指数越高，说明考试测验的管理和质量分析越规范。

运用单因素方差分析 F 检验得出结论②。一是考试测验科学性指数在不同类型学校之间有显著差异，特色高中的考试测验科学性指数最高，市实验性示范性高中次之。二是民办高中的考试测验规范性指数显著低于特色高中、市实验性示范性高中和区实验性示范性高中。具体内容见表 4–5（注：+$p<0.10$，*$p<0.05$，**$p<0.01$）。

表 4–5　不同类型学校考试测验科学性指数和规范性指数的比较

学校类型	考试测验科学性		考试测验规范性	
	均值	标准误差	均值	标准误差
市实验性示范性高中（A）	0.094	0.064	0.073	0.064
区实验性示范性高中（B）	0.014	0.062	0.032	0.063
公办普通高中（C）	−0.121	0.062	−0.018	0.064
民办高中（D）	−0.134	0.064	−0.160	0.064
特色高中（T）	0.304	0.103	0.135	0.096
F 值	5.066**		2.393*	
事后检验	D<B D<T，D<A，C<T，C<A，B<T，T>A		D<B，D<T，D<A	

（二）特色高中最重视学习过程评价工具的研制与使用

一是在整体上，研制与使用校本化的学习过程评价工具的学校比例并不高，具体包括作业或作品评价的校本化工具如作业态度评价表、作业质量评价表等，学科实践活动评价的校本化工具如实践活动参与情况问卷、采访情况评价表、调查活动评价表等，课堂学习评价的校本化工具如小组合作评价表、课堂笔记评价表、课堂参与评价表等。因此，高中学校要加强对形成性评价的重视，通过研制与使用校本化的学习过程

① 考试测验科学性指数涉及的题目共 6 道，包括考试命题关注点、考试试题属性标注要求、考试属性内容、学期考试卷案例、测验试题属性标注要求、测验属性内容等。考试测验规范性指数涉及的题目共 4 道，包括学期考试管理、日常测验管理、学期考试分析及案例等。

② 将相关题目的回答结果进行赋分，并标准化处理，使用 SPSS 软件主成分分析方法计算合成因子分数即相应指数；进行单因素方差分析 F 检验，对不同区域、不同类型学校之间的考试测验科学性指数、考试测验规范性指数进行差异检验。

评价工具，促进课堂教学中教、学、评一体化，加强教、学、评过程的融合性，使学科核心素养在课堂教学中落实。

二是在校际差异上，特色高中最重视研制与使用校本化的学习过程评价工具。特色高中在数学、英语、物理、化学、生物学学科研制与使用校本化的学习过程评价工具的比例，显著高于其他学校；在思想政治、历史、地理、通用技术、音乐、体育与健康等学科研制与使用校本化的学习过程评价工具的比例，略高于其他学校，如图 4-26 所示。

三是在学科差异上，语文、英语和思想政治学科研制与使用校本化的学习过程评价工具的比例，略高于其他学科，如图 4-26 所示。

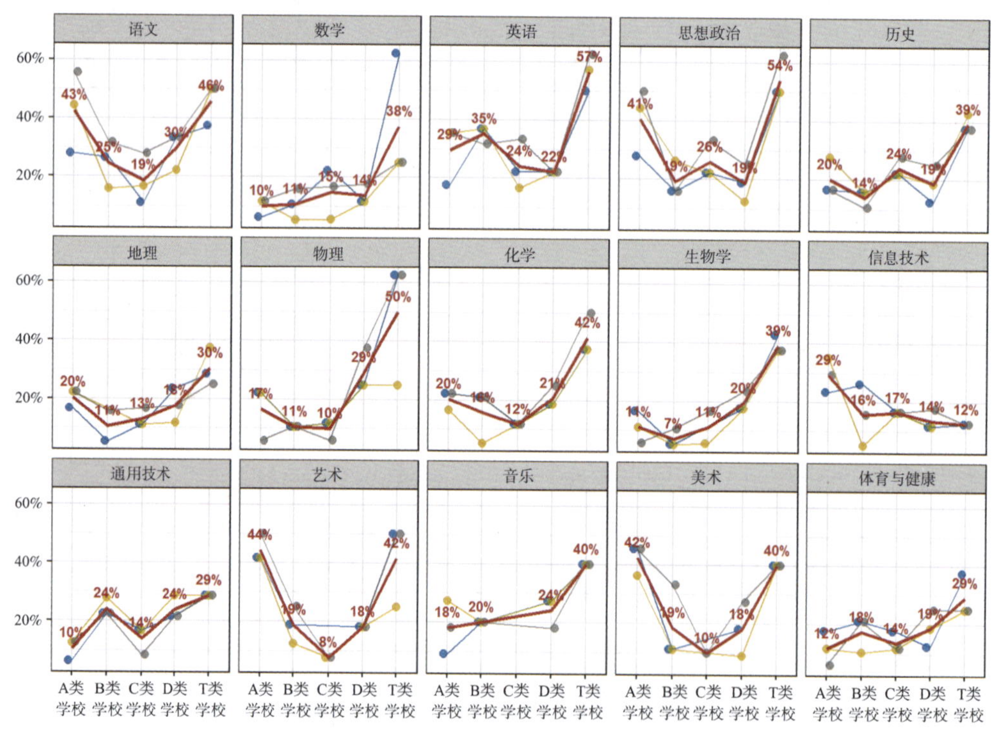

图 4-26　各学科研制与使用校本化的学习过程评价工具情况

（三）需要加强命题属性标注，提高命题科学性

1. 学期考试比日常测验更注重命题质量

一是各学科在学期考试（期中、期末考试）命题时，进行题目属性标注的比例高于

日常测验。但从整体情况来看，标注命题属性的学校占比并不高。在考试命题时仍须加强属性标注，合理设置题目，提高命题质量。

二是在校际差异上，特色高中最重视学期考试和日常测验命题的质量要求。特色高中在英语、历史、物理、化学、生物学学科进行题目属性标注的比例，明显高于其他学校，如图 4-27 所示。

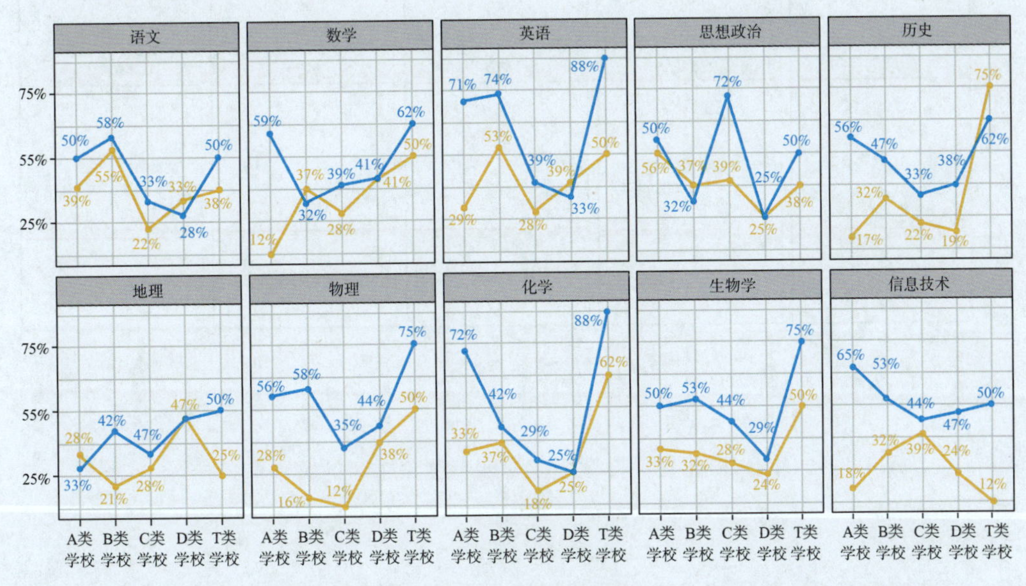

● 学期考试 ● 日常测验

A类学校:市实验性示范性高中；B类学校:区实验性示范性高中；C类学校:公办普通高中；D类学校:民办高中；T类学校:特色高中

图 4-27　各学科日常测验和学期考试命题属性标注情况

2. 最关注“体现目标要求”，需加强“设计任务情境”“优化试卷结构”

一是各学科在学期考试（期中、期末考试）命题时，教师最关注的是“体现目标要求”，其次是“体现内容覆盖”“体现学习水平”，如图 4-28 所示。

二是各学科在学期考试（期中、期末考试）命题时，教师最不关注的是“设计任务情境”“优化试卷结构”，这说明考试命题的“情境化”“结构化”要求落实不到位。尤其是在数学、英语学科考试命题时，“设计任务情境”几乎完全不被关注。

（四）学校安排、年级组或教研组交流是提升评价能力的主要途径

一是大部分学校开展了提升评价能力的研修活动，但仍须加强。由学校统一安排、年级组或教研组安排提升教师评价能力的培训与交流活动，占比超过 80%，如图 4-29 所示。通过培训、研讨、交流等专业活动，提高教师的学科活动评价工具研制能力和考

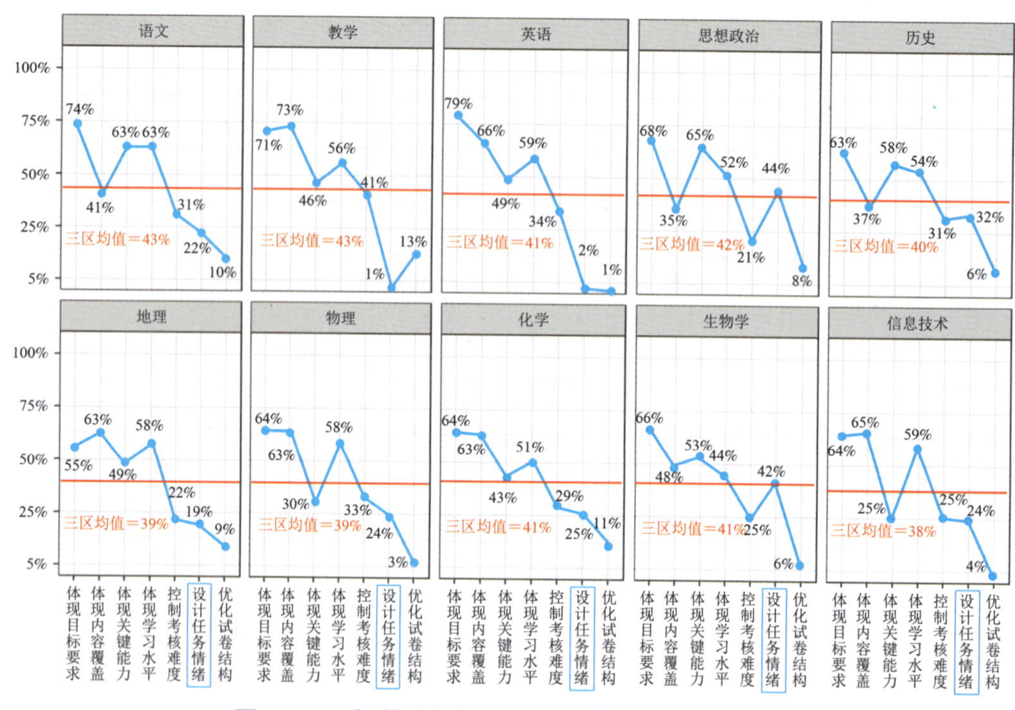

图 4-28 各学科教师在学期考试命题时的关注点

试命题能力。

二是信息技术、通用技术学科在年级组、教研组层面安排培训和研讨的比例低于其他学科。这与现实情况完全相符，设置信息技术和通用技术教研组在现实中存在困难，因此在开展年级组或教研组的交流、研讨活动时，信息技术和通用技术学科存在困难，这种情况如不能改善，对于通用技术学科的校本教研、教师专业发展和教师队伍建设都存在不良影响。

四、“保障支持”基本情况分析

（一）课程资源支持指数存在显著的校际差异

将资源支持的相关题目回答结果进行赋分，并进行标准化处理，运用主成分分析方法计算合成因子分数即资源支持指数①。资源支持指数越高，说明资源越丰富，对课程实施的支持程度越高。

① 劳动及主题教育资源支持指数涉及的题目共4道，包括校本劳动校内外支持、主题教育校内外支持等。学科课程资源支持指数涉及的题目共6道，包括学科必修、选择性必修、选修课程校内外资源支持程度等。

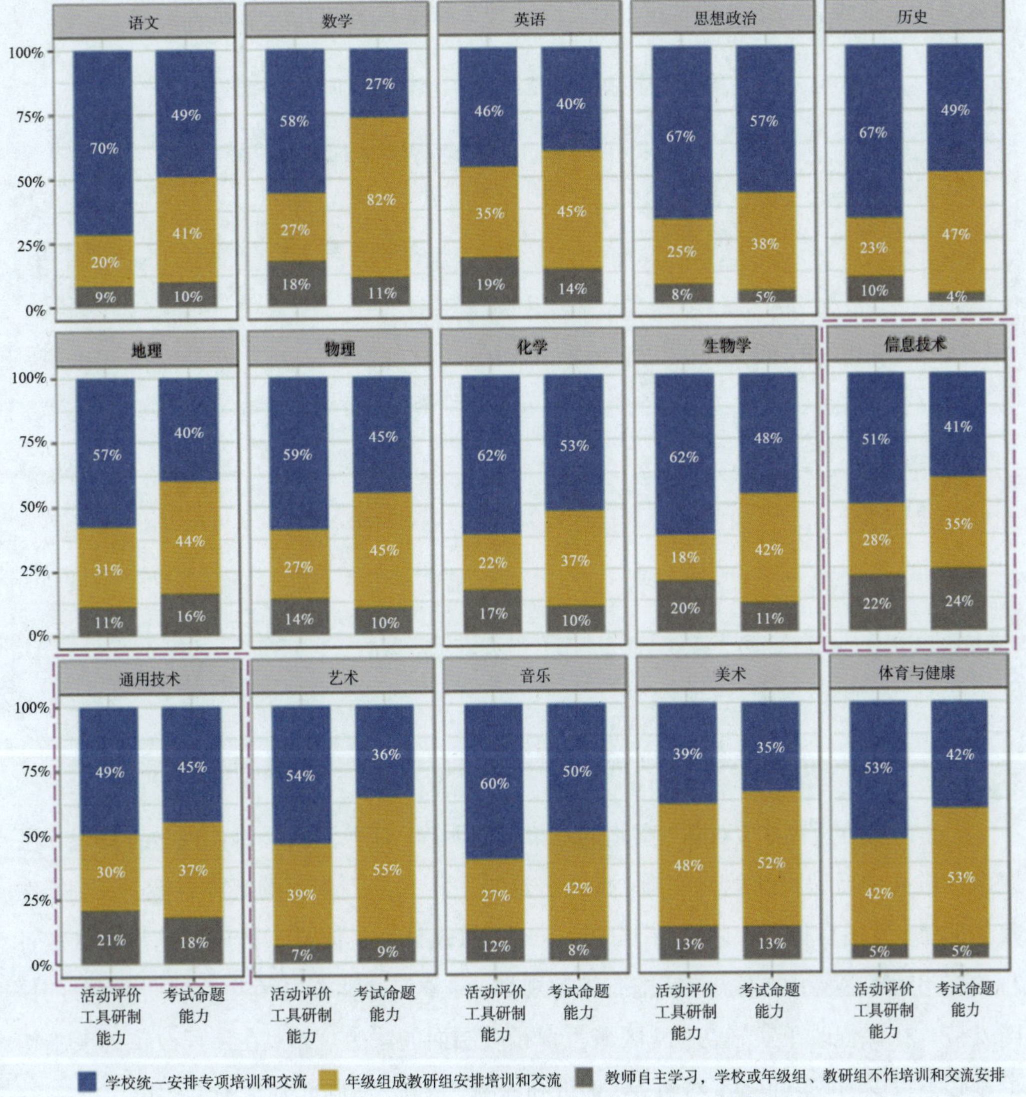

图 4-29　各学科教师提高评价能力的主要途径

运用单因素方差分析 F 检验得出结论[①]。一是学科课程资源支持指数有显著的校际差异，特色高中的学科课程资源支持指数最高，市实验性示范性高中次之，区实验性示范性高中、公办普通高中再次之，民办高中的学科课程资源支持指数最低。具体内容见表 4-6（注：$+p<0.10$，$*p<0.05$，$**p<0.01$）。二是特色高中的劳动及重大主题教育

① 将相关题目的回答结果进行赋分，并进行标准化处理，使用 SPSS 软件主成分分析方法计算合成因子分数即相应指数；进行单因素方差分析 F 检验，对不同类型学校之间的资源支持指数进行差异检验。

资源支持指数显著高于其他学校，但另外 4 种类型学校之间并没有显著差异。

表 4-6　劳动及重大主题教育资源、学科课程资源支持指数的比较

学校类型	劳动及重大主题教育资源支持		学科课程资源支持	
	均值	标准误差	均值	标准误差
市实验性示范性高中（A）	0.099	0.231	0.172	0.056
区实验性示范性高中（B）	0.119	0.223	−0.025	0.062
公办普通高中（C）	−0.187	0.249	−0.119	0.067
民办高中（D）	−0.381	0.255	−0.200	0.074
特色高中（T）	0.802	0.098	0.360	0.067
F 值	2.356+		8.794**	
事后检验	D<T，C<T，T>A		D<B，D<T，D<A，C<T，C<A，B<A，T>A	

（二）区域高中“双新”实施的政策导向、工作机制明确

一是区域推进高中“双新”实施的政策导向明确、任务清晰。例如区教育局发布了区域推进高中新课程新教材实施、推进普通高中育人方式改革的实施方案等文件，在整体部署、发展目标与保障支持上进行区域顶层设计和具体推进措施。这说明区教育行政部门对本区高中“双新”实施有统筹规划，注重促进学校内涵发展，提供充分的保障支持。在课程改革实施初期，区域教育行政层面的法令规章，在课程改革的实施初期是必不可少的政策工具，对引导、推进和保障“双新”实施起到了关键作用。

二是推进高中新课程新教材实施措施，以“督导视导”“专题调研”和“展示交流”为主。这说明促进教育品质内涵发展，调研、督导是主要推进措施，但区域在推进“双新”实施的人、财、物等保障支持上仍有待改进，尤其是“加强学校师资配置”“提供社会资源”“配置教学仪器和设备”“改善学校硬件和校园环境”等方面。值得注意的是，在教育数字化转型背景下，应该更加重视“优化数字化资源”，进一步提高数字化资源配置的数量和质量。

三是区域推进高中“双新”的工作机制明确。各学校根据具体的工作任务或承担项目，参与区教育行政部门召开的工作会议频次不同。由此可见，区教育行政部门在

任务布置、研讨交流和推进落实等方面的工作节奏快、扎实而有序。

（三）校本教研注重反思和听评课，技术类学科的展示机会较少

一是从整体均值来看，在各学科校本教研活动中，有观课评课的比例为 56%，对教研活动有反思的比例为 91%，说明校本教研活动在整体上比较规范，如图 4-30 所示。但外部专家参与校本教研活动的比例仅为 34%，仍有待提高。

二是技术类学科（包括信息技术和通用技术）的校本教研活动在听评课、专家参与等方面的比例显著低于其他学科，如图 4-30 所示。

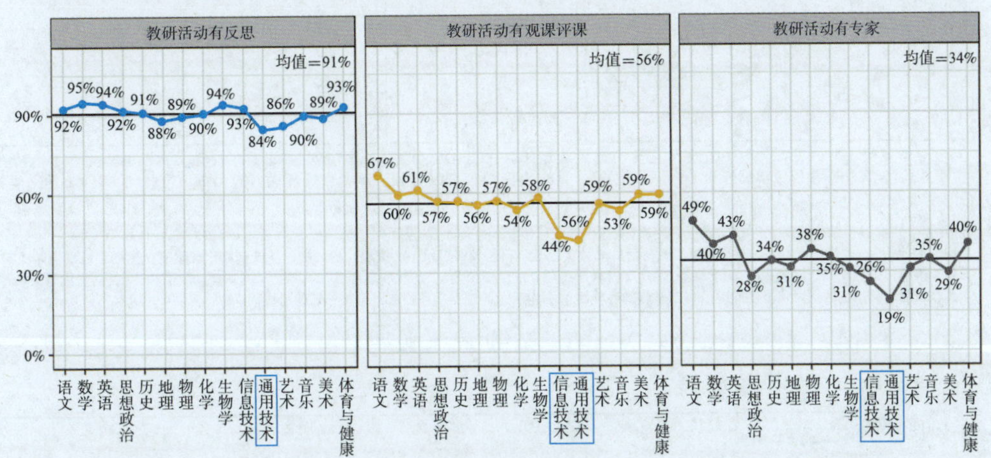

图 4-30 校本教研活动的教学反思、听评课、专家参与情况

三是技术类学科校本教研的外部专业支持和展示机会较少。在校领导、教研员或专家参与，区级和校级展示等方面，在各学科中最薄弱；而且各类型学校之间没有显著差距，普遍都比较薄弱，如图 4-31 所示。

（四）校本教研以学科独立开展为主，校际、学科联合教研较少

一是常态化校本教研以学科独立开展为主，尤其是语文、数学、英语学科开展学科联合教研的比例最低，仅为 9%—13%。开展学科联合教研超过 50% 的学科是通用技术、艺术、美术等学科，音乐学科开展学科联合教研的比例达到 62%。

二是各学科开展校际联合教研，即与集团校、他校进行联合教研的比例很低。其中音乐学科开展校际联合教研的比例最低，仅 4%；语文学科开展校际联合教研的比例最高，达到 25%，如图 4-32 所示。

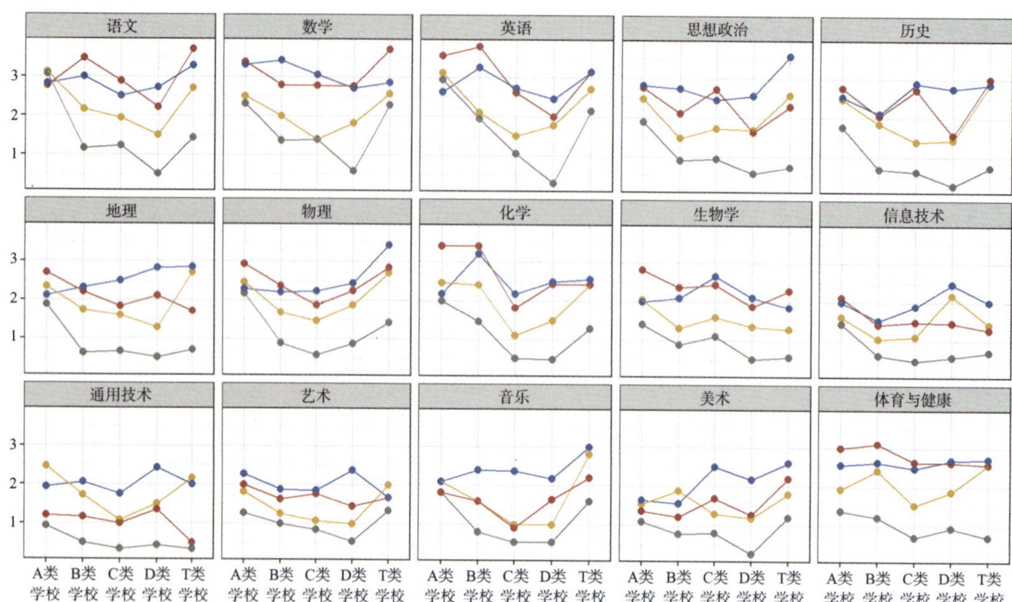

●校领导参与 ● 教研员或专家参与 ● 区域展示 ● 校级展示

1.A类学校:市实验性示范性高中；B类学校:区实验性示范性高中；C类学校:公办普通高中；D类学校:民办高中；T类学校:特色高中

2.本图将校领导、教研员或专家参与学科校本教研活动的频次，及学科组校级展示、区级展示的频次，从低到高作了赋值，例如，校级领导从不参加学科组教研活动的，赋值为0，每学年参加1次学科教研组活动的，赋值为1，每学期参加1次的，赋予为3，最高赋值为5，教研员或专家参与学科教研活动频次的数据赋值方法同理。将本学科的各项赋值平均后，得到本学科外部参与和外部展示指数。

图 4-31　校本教研活动的校领导、专家参与和区级、校级展示情况

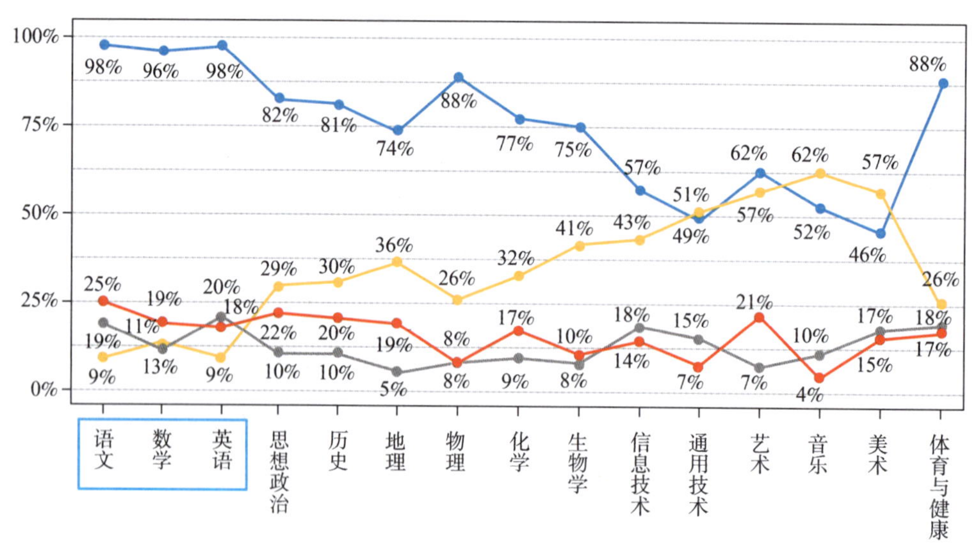

● 本学科独立开展教研活动为主　● 与其他学科联合开展教研活动为主

● 与他校联合开展教研活动为主　● 与同集团内学校联合开展教研活动为主

图 4-32　各学科常态化校本教研的基本形式

（五）教师之间跨学科专业合作的实际情况低于期望

1. 由学校统一安排的学科联合教研活动占比最高

一是从整体来看，由学校统一安排的学科联合教研活动占比最高。只有体育与健康学科是由区级统一安排的学科联合教研活动，因此占比最高，如图 4-33 所示。

二是部分教师自主安排学科联合教研活动。尤其是数学、英语学科占比最高，有 20% 以上的教师回答“教师自主安排学科联合教研活动”，如图 4-33 所示。

三是仍有部分学校没有开展学科联合教研活动。从学科来看，数学、生物学需加强学科联合教研，有 20% 左右的教师回答“没有开展学科联合教研活动”，如图 4-33 所示。

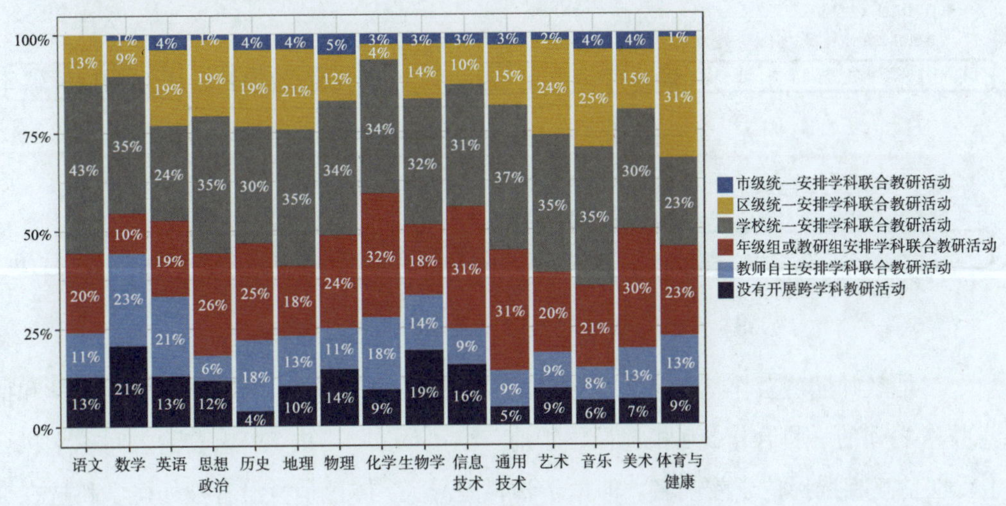

图 4-33 开展学科联合教研活动的组织形式

2. 跨学科教研的难点是不同学科在教学内容进度上无法衔接

一是从整体来看，开展跨学科教研活动的最大困难是不同学科在教学内容进度安排上无法衔接，如图 4-34 所示。

二是英语、生物学和信息技术学科，开展跨学科教研活动的最大困难是教师工作量大、缺少时间，如图 4-34 所示。

3. 各学科教师之间的实际合作程度低于期望合作程度

一是各学科教师之间的实际合作程度低于期望合作程度，说明教师之间的跨学科合作程度还远远不够，未能达到教师期望，如图 4-35 所示。

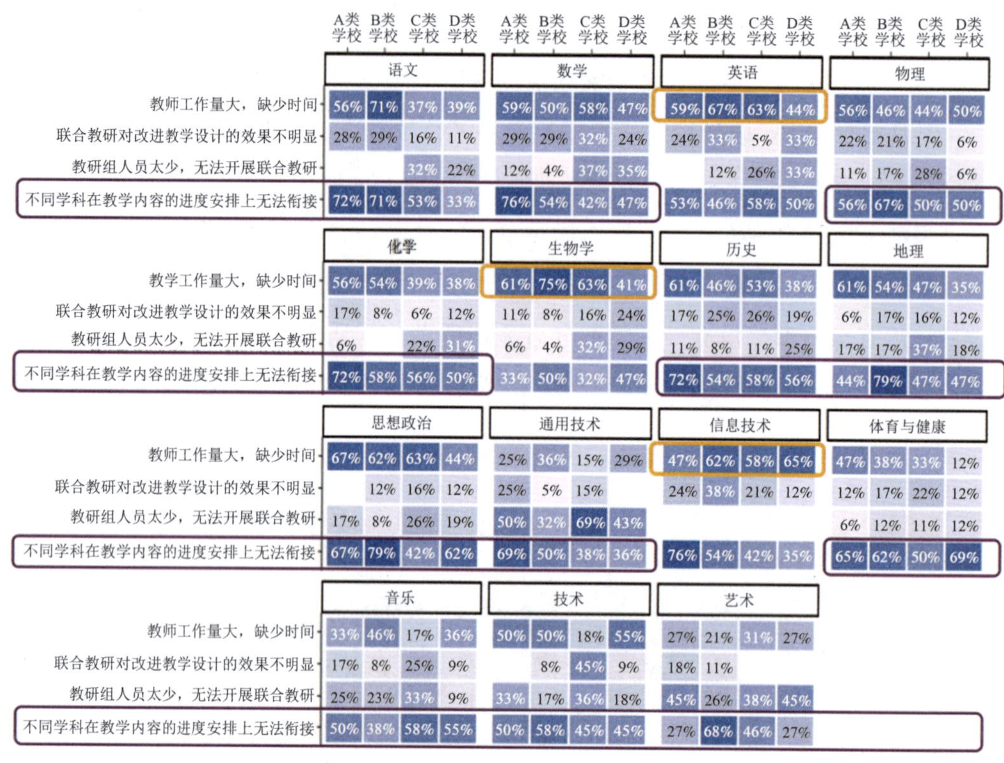

图 4-34　各学科开展跨学科教研活动的困难

二是教师期望合作学科呈现出显著的学科内容强关联性。数学、物理、化学和信息技术之间的学科合作，互相选择位于前三名。语文、历史、思想政治之间的学科合作，也是互相选择位于前三名。但由于学科差异大，体育学科没有被任何学科选在期望合作的前三名，如图 4-35 所示。

（六）校本教研品质越高，教师教学能力越强

将校本教研的相关题目回答结果进行赋分，并进行标准化处理，运用主成分分析方法计算合成因子分数即校本教研规范性指数、校本教研示范效应指数、校本教研数字化转型研修指数和校本教研的研究取向指数①。校本教研规范性指数越高，说明校本教研管理和实施越规范，例如有固定的时间、有规范的工作计划及档案等。校本教研

① 校本教研规范性指数涉及的题目共 5 道，包括学科教研时间、工作计划及内容、工作计划案例及教研活动档案等。校本教研示范效应指数涉及的题目共 3 道，包括学科教研组校级展示次数、区域展示次数、成果发表数量等。校本教研数字化转型研修指数涉及的题目共 3 道，包括数字化转型研修计划、区域数字化转型教研次数、校级数字化转型教研次数等。校本教研研究取向指数涉及的题目共 2 道，包括研究型教研活动的实施频率和受欢迎程度。

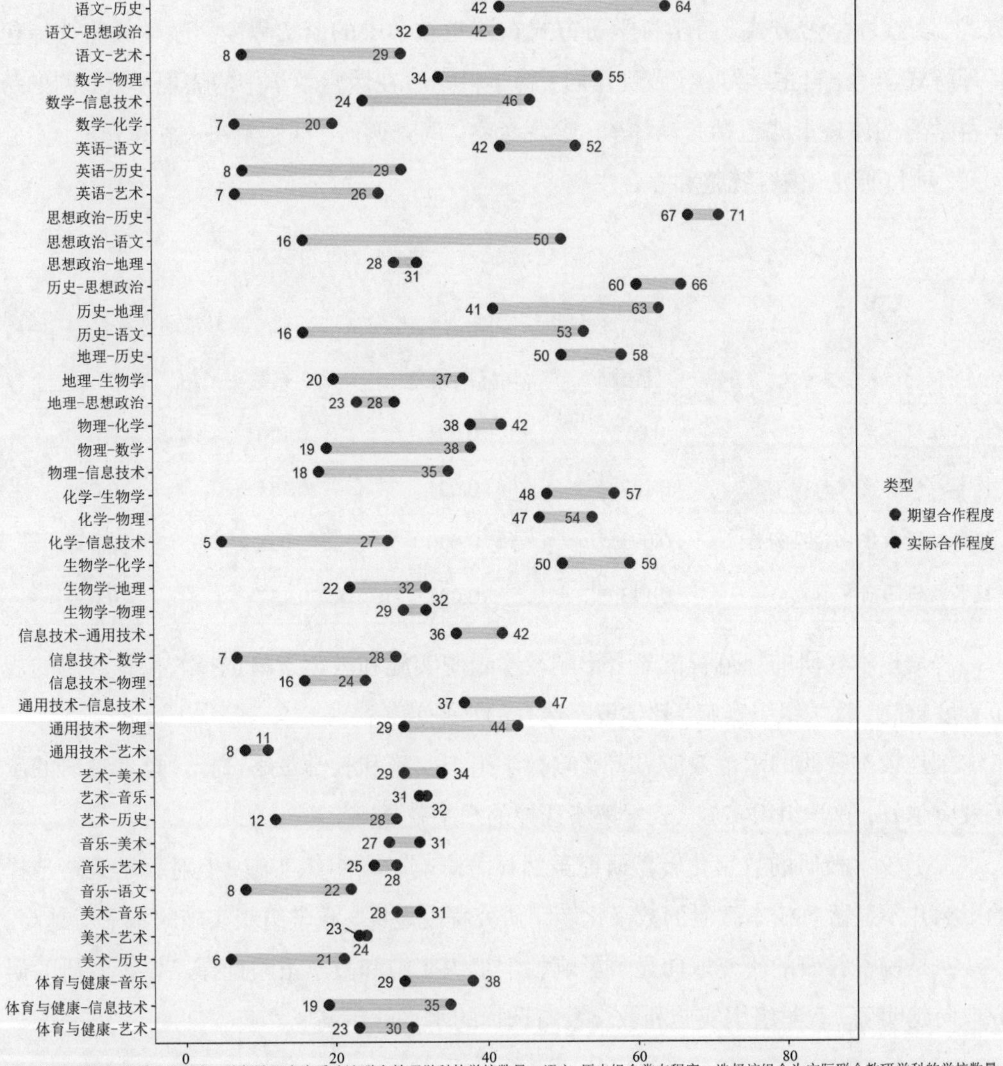

注：语文-历史组合受欢迎程度＝选择该组合为受欢迎联合教研学科的学校数量；语文-历史组合常态程度＝选择该组合为实际联合教研学科的学校数量。其他组合以此类推。

图 4-35 各学科教师之间的实际合作程度与期望合作程度

示范效应指数越高，说明展示活动、成果发表的频次与数量越多。校本教研数字化转型研修指数越高，说明数字化转型研修计划越完善、教研活动次数越多。校本教研的研究取向指数越高，说明研究型教研活动的实施频率和受欢迎程度越高。

用线性回归分析得出结论①（见表 4-7），校本教研的品质越高，教师的教学组织实

① 将相关题目的回答结果进行赋分，并进行标准化处理，使用 SPSS 软件以校本教研规范性、校本教研示范效应、校本教研数字化转型研修、校本教研的研究取向为自变量，分别以教学组织实施、教学策略选择为因变量，进行线性回归分析，探索不同维度校本教研对学科教师教学的影响。

施水平和教学策略选择水平就越高。教学组织实施包括理解式学习方式、自主性学习方式、实践性学习方式、跨学科学习方式在课堂教学中的落实程度。教学策略选择包括理解式学习、自主学习、实践性学习、跨学科学习在课堂教学中的体现形式，例如跨学科学习的体现形式包括劳动体验、参观考察、调查调研、问题解决、案例分析、实验探究、项目研究、内容统整和综合主题。

表 4-7　校本教研对教学方式影响的回归分析

	教学组织实施		教学策略选择	
	系数	标准误差	系数	标准误差
校本教研规范性	0.061*	0.031	0.176**	0.030
校本教研示范效应	0.137**	0.031	0.151**	0.031
校本教研数字化转型研修	0.093**	0.030	−0.032	0.030
校本教研的研究取向	0.143**	0.031	0.157**	0.030

一是校本教研的规范程度显著影响教学组织实施和教学策略选择。校本教研的规范程度越高，教学组织实施、教学策略选择的水平就越高。

二是校本教研的示范效应显著影响教学组织实施和教学策略选择。校本教研的示范效应越好，教学组织实施、教学策略选择的水平就越高。

三是校本教研的数字化转型研究虽然显著影响教学组织实施，但对教学策略选择的影响并不显著。校本教研的数字化转型研究程度越深，教学组织实施的水平就越高。

四是校本教研的研究取向显著影响教学组织实施和教学策略选择。校本教研的研究取向越明确，教学组织实施和教学策略选择的水平就越高。

（七）特色高中和市实验性示范性高中参与项目研究的积极性高

一是特色高中和市实验性示范性高中学校参与项目研究的积极性很高。所有参与市、区两级项目研究的均值是 4.8 个，但校际差异显著。特色高中学校参与市、区两级项目研究的均值达到 15 个，市实验性示范性高中是 8.9 个；而区实验性示范性高中、普通高中、民办学校参与项目研究则非常少，如图 4-36 所示。

二是特色高中项目研究能力强。所有学校领衔市级项目研究的均值是 0.9 个，区级项目研究的均值是 1.9 个，校级项目研究的均值是 4.1 个，但校际差异显著。特色高中学校项目研究的数量显著高于其他学校，领衔市、区、校级项目研究的数量分别是

3.1 个、7.1 个和 15.8 个，如图 4-36 所示。

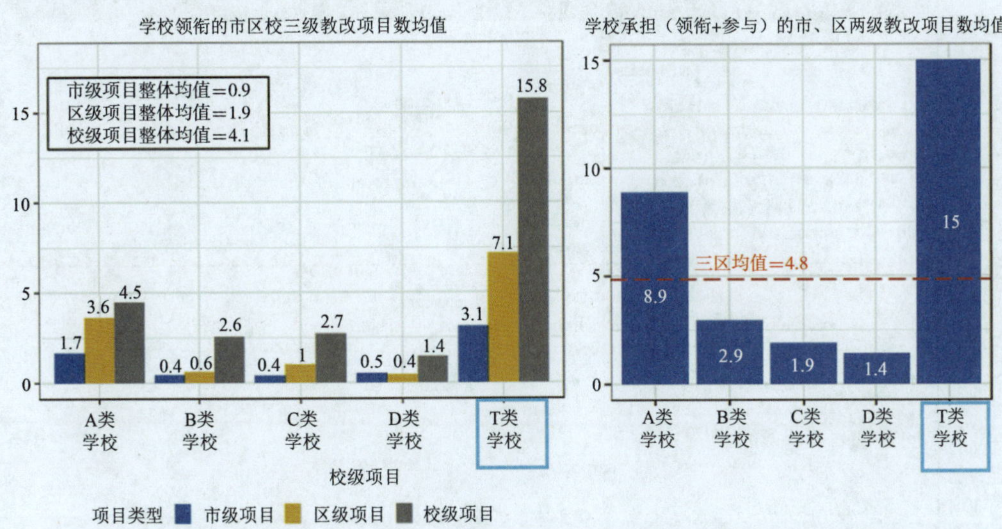

图 4-36 各类型学校领衔和参与市、区、校级项目研究的情况

（八）高学生负载率学校在空间利用上存在城乡差异

通过计算场馆、各类教室总面积与学校总面积之比，得出空间利用率；计算学生总数与学校场馆、各类教室总面积之比，得出学生负载率。部分中心城区学校总面积不够、部分郊区学校空间利用率低，需要改进空间利用的学校如下。

一是高空间利用率且高学生负载率，大多数是中心城区学校，场馆、各类教室总面积与学校总面积之比较高，且学生数与场馆、各类教室总面积比较高，可能需要进一步扩大学校总面积，如图 4-37 所示。

二是低空间利用率但高学生负载率，大多数是郊区学校，场馆、各类教室总面积与学校总面积之比较低，但学生数与场馆、各类教室总面积之比较高，可能存在空间利用不足的问题，需要增加场馆和各类教室面积，如图 4-37 所示。

（九）实验室使用频率仍须提高，仍有实验设备需求不能满足

对 2023 年 1 月至 2024 年 1 月期间，学科教师所教班级去实验室的次数进行了统计，具体情况如下。

一是信息技术学科使用实验室频率最高，均值为 8.2 次；其次是通用技术学科，均值为 7.9 次；地理学科使用实验室频率最低，均值为 1.7 次，如图 4-38 和图 4-39 所示。

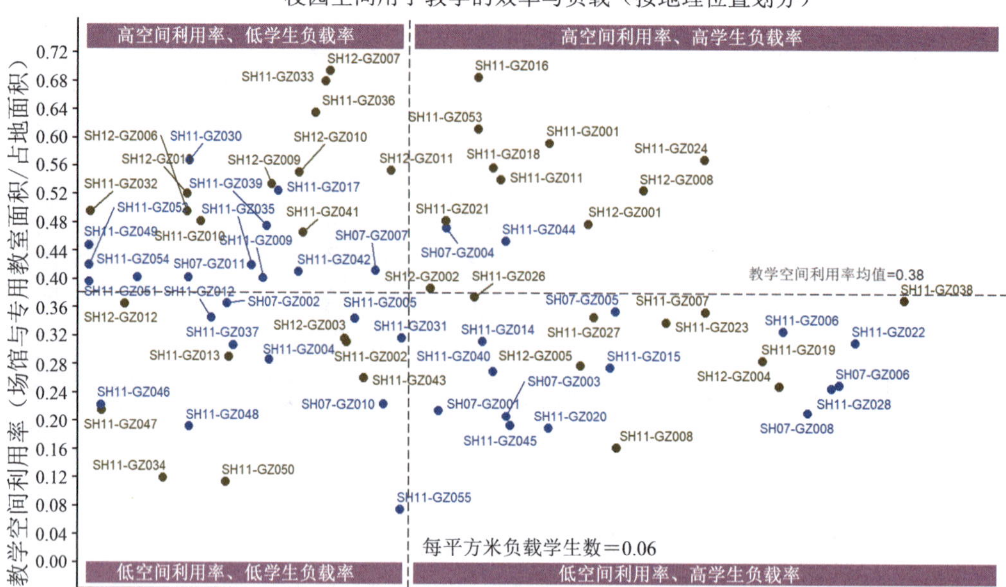

0.00 0.01 0.02 0.03 0.04 0.05 0.06 0.07 0.08 0.09 0.10 0.11 0.12 0.13 0.14 0.15 0.16

单位教学面积的学生负载率（在校生总数/场馆与专用教室面积）

地理位置 • 上海市郊区 • 上海市中心城区

注：横轴为单位教学面积的学生负载量，计算方法＝本校在校生总数/本校场馆与专用教室的面积和；纵轴为教学空间利用率，计算方法＝本校场馆与专用教室面积和/本校总占地面积。

图 4-37　不同地理位置学校的空间利用率和学生负载率

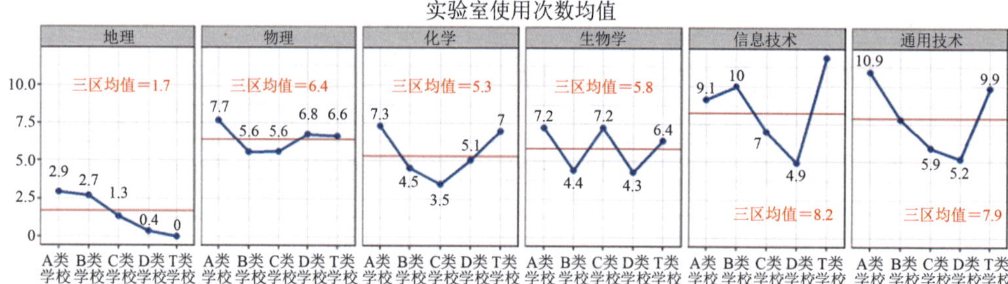

A类学校：市实验性示范性高中；B类学校：区实验性示范性高中；C类学校：公办普通高中；D类学校：民办高中；T类学校：特色高中

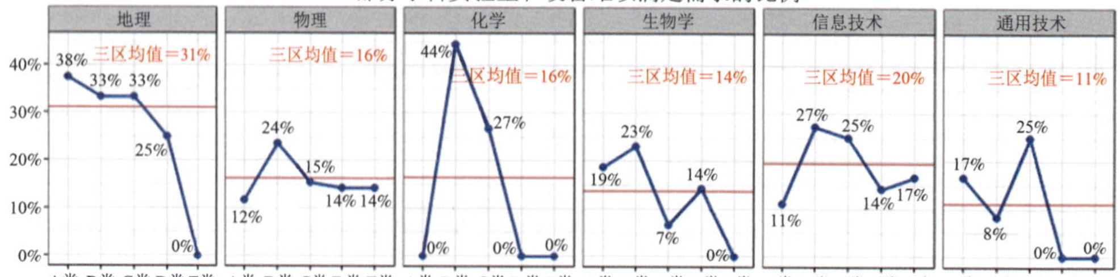

1. A类学校：市实验性示范性高中；B类学校：区实验性示范性高中；C类学校：公办普通高中；D类学校：民办高中；T类学校：特色高中
2. 部分学校类型无数值，表明该类无学校选择需要实验室或实验设备开展教学

图 4-38　实验室使用频率、实验室和设备难以满足需求的情况

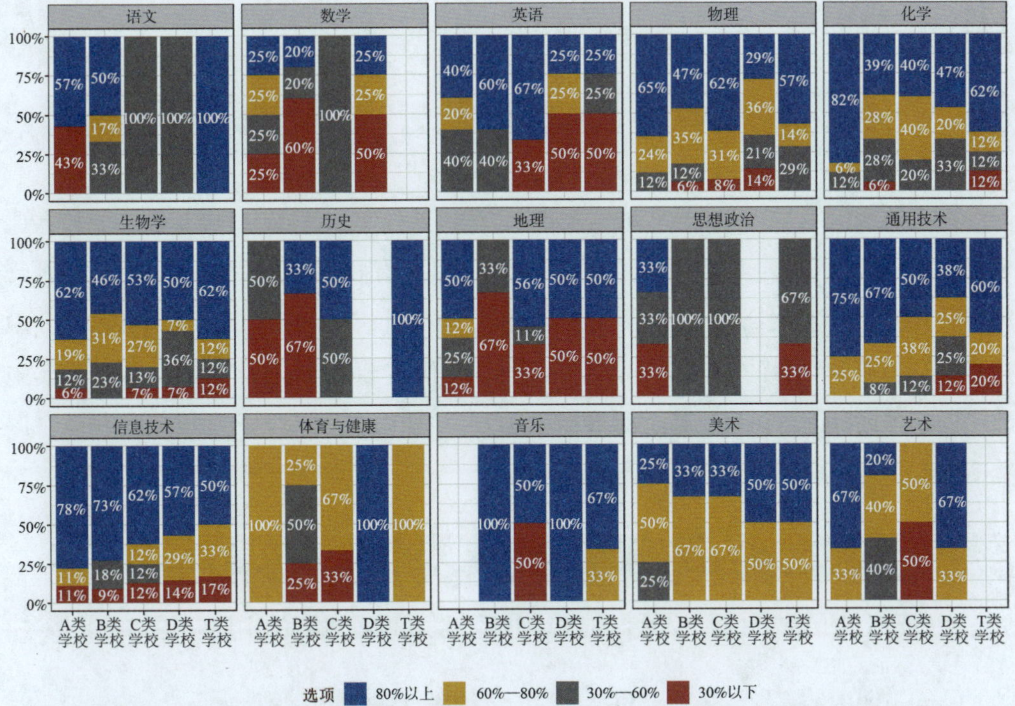

图 4-39　各类型学校学科教师使用实验室的情况

二是实验室使用频率仍须提高。化学学科使用实验室频率是 1 年平均 5.3 次，物理学科使用实验室频率是 1 年平均 6.4 次，生物学科使用实验室频率是 1 年平均 5.8 次。

三是部分学校的学科实验室和设备难以满足需求，尤其是市实验性示范性高中在地理学科、区实验性示范性高中在化学学科的实验室和设备配置难以满足需求比例最高，达到 40% 左右，如图 4-38 所示。但特色高中各学科实验室和设备都可以满足需求，说明这部分特色高中学校的资源配置更充足、更合理。

第三节 高中学校课程实施的问题与成因

本次监测运用“学校课程实施情况表”“学科课程实施情况表”收集高中学校在课程、教学、评价、研修、资源方面的数据和信息，其中有82所高中学校共492位学校管理者、1087位学科教研组长参加了信息填报。为进行信息多元互证，同时在部分高中进行部分教师和学生的问卷调查，召开多所学校代表参加的座谈会，对高中课程实施监测的相关内容进行访谈。通过对数据、信息和访谈内容的综合分析，总结、提炼了课程实施监测各项指标的相应问题与结论。

一、课程设置的规范性、丰富性、特色性有待提升

经过对上海三区高中学校的数据进行分析，发现课程设置的主要问题如下。

（一）课时设置与教学进度安排需合理统筹规划

目前部分学科存在必修和选择性必修课程课时数超标的现象，在各校各学科总课时数不变的情况下，势必会对其他学科课时安排造成不利影响。例如，物理、化学学科普遍面临课时不足的问题，超出课程方案要求的课时主要用于习题训练和考试讲评等，对学生的学习经历和实践体验重视不够；为赶教学进度只能草率处理新教材丰富的内容，难以深入讲解和引导学生探究，实验活动更因课时紧张难以实施。

（二）校本课程的选择性、特色性有待加强

第一，普通高中和民办高中的校本课程数量少。对于综合类选修课程，市实验性示范性高中平均开设27门，高于区实验性示范性高中（20门）和公办普通高中（12门）；然而民办高中只有5门。对于学科类选修课程，市实验性示范性高中平均开设20门，显著高于区实验性示范性高中（12门）和公办普通高中（10门）；然而民办高中只有7门。因此，普通高中、民办高中亟待加强校本课程建设。

第二，学科选修类校本课程的选择性不高。语文、数学、英语、体育与健康学科选修课的学生参与率最高，技术类（信息技术和通用技术）、艺术类学科选修课的参与率最低。市实验性示范性高中的高二年级学科选修课开设是覆盖全学科的模式，区实验

性示范性高中在高二年级未开设技术类、艺术类学科选修课，普通高中在高二年级未开设技术类、音乐学科选修课。

第三，校本课程的特色性不够鲜明。校本课程开设与学校办学定位、学情和资源的结合不够紧密，无法促进学校的特色多样化发展，校本课程的时代性、特色性有待进一步凸显。

需要说明的是，有 39% 的学校师课比、生课比都高于均值，存在课程需求与供给矛盾。师课比高的原因是学校具备开设校本课程能力的师资不足，或者教师开设校本课程的意愿和动力不足；而生课比高的原因是校本课程数量少或者学生数太多，导致校本课程供给不足。因此，校本课程规划不科学、校内外资源支持不足、教师数量少或能力不足等因素，导致了校本课程设置不能满足增强办学特色和发展学生兴趣特长的需要。

（三）民办高中落实国家课程方案不规范

近年来，新开办民办高中学校数量正在逐步增加。在本次监测的学校中，民办高中共 18 所，占比约 22%。经过对上海三区高中学校的数据分析发现，民办高中课程设置的主要问题如下。

第一，民办高中科目、课时设置不符合要求。具体表现为：一是民办高中各学科必修课程课时不达标现象非常严重，必修课时不足的学校占比远高于公办高中。二是部分民办高中研究性学习项目数尚未达到国家课程方案要求，不合规学校的占比远远高于公办高中。三是校本课程门类少，学校不重视校本课程的丰富性和选择性；综合类校本选修课程学分不达标，远低于公办高中的平均水平。

第二，民办高中学校的管理、指导和监管不足。具体表现为：一是部分民办高中由培训机构转制而成，学校管理制度不健全。二是民办高中因为大部分学生不参加高等学校招生考试，对科目和课时设置的随意性更强。三是大多数民办高中不参加区级教研部门的教学视导、学业质量分析会、学科教研活动等常规工作，对规范性要求并不十分了解，缺少必要的业务指导和检查监督。

二、教学理念得到认同，但落实程度较低

经过对上海三区高中学校的数据进行分析，发现教学实施的主要问题如下。

（一）“双新”倡导的教学理念需提高落实程度

对“双新”倡导的信息技术融合、自主性学习、实践性学习、跨学科学习方式认识

程度高、落实程度低。一是在四种学习方式的认识和落实中，信息技术融合的比例最高，其次是自主性学习、实践性学习，但跨学科学习的认识和落实比例最低。二是对各学科认识程度和落实程度进行比较，数学学科对四种学习方式的认识和落实程度是最低的。三是“高认识 – 低落实”的学校数量占 66.2%，“低认识 – 低落实”学校数量占 14.3%，而“高认识 – 高落实”的学校数量仅占 19.5%。

（二）跨学科在课堂教学和课外作业的落实程度最低

落实跨学科学习和跨学科作业仍然是教学实施的薄弱环节。一是在四种学习方式和四类新型作业中，跨学科学习和作业的比例是最低的，均值不到 30%。二是跨学科学习和作业的深层次整合性仍须加强。对跨学科学习方式、作业类型的具体形式进行分析，相比于观察、记录、参观、体验为主的学习方式和作业类型，“项目研究”“内容统整”“综合主题”等学习方式和作业类型，更强调学科间的相互关联与整合。但是“项目研究”“内容统整”“综合主题”在课堂教学和课外作业的实施程度并不高，这说明跨学科性、综合性的体现不够充分和深入。

（三）探索新型作业实施，作业设计品质、智能诊断需优化

第一，积极探索新型作业设计与实施，建设高质量作业体系。目前高中学校正在积极探索新型作业包括表现类、跨学科、实践类、团队合作作业的设计与实施方法，提高作业的针对性、有效性，发挥作业的育人功能。从整体看四种新型作业实施情况，布置实践类作业的比例是最高的，其次是表现类作业和团队合作类作业。

第二，大多数学校布置分层作业，但有明显的学科、校际差异。数学学科布置分层作业的学校占比最高，均值为 90%；但地理学科布置分层作业的学校占比最低，均值为 59%。区实验性示范性高中布置分层作业的比例最低，而特色高中布置分层作业的比例最高。

第三，部分学校采用评语、当面交流方式进行个别化作业反馈。市实验性示范性高中和特色高中，语文、英语、思想政治、生物学等学科采用评语方式进行作业反馈的占比低于其他学校。仅有少量学校采用当面交流的方式进行作业反馈与指导，数学学科采用当面交流的作业反馈与指导方式明显多于其他学科，而采用当面交流方式最少的是英语和地理学科。

第四，作业属性标注和作业时长管理机制仍然不够完善。注重作业属性标注的学校比例不高，对作业属性标注的内涵要求理解仍不到位。作业时长主要是由教研组、

备课组控制，需加强学校和年级组的统一控制。需加强对作业的常规管理，提升作业管理的规范性。

第五，个别辅导中智能诊断和学习资源推送存在校际、学科差异。特色高中、市实验性示范性高中在个别辅导中实现智能诊断和学习资源推送的比例略高于其他学校。历史、语文学科在个别辅导中实现智能诊断和学习资源推送的比例略高于其他学科，而信息技术学科的比例最低。

（四）选课走班比较规范，仍须完善保障支持

第一，选课走班的整体实施比较规范。在选课走班管理上，有 66% 的学校编制了专门的选课走班实施方案。在学生选课指导上，有 72% 的学校通过“专设课程或结合生涯发展指导课程实施”对学生进行选课指导。在科目组设置方式上，有 32% 的学校完全根据学生选择设置科目组；有 68% 的学校按照学生选择，结合学校实际统筹协调后设置科目组。

第二，61% 的学校科目组数超过 15 个，科目组数量的校际差异明显。区实验性示范性高中科目组数量最多。全体学校高二年级科目组数量的均值是 14.5，其中市实验性示范性高中是 13.3，区实验性示范性高中是 17，普通高中是 14.07，民办高中是 13.2，特色高中是 14.2。

第三，选课走班的师资、教室保障和信息化支持仍不够。分别有 8%、15% 和 10% 以上的学校在师资、专用教室和排课、选课信息化平台等方面，完全不能支持选课走班的实施。

三、过程性评价应用相对薄弱，考试科学性有待改进

经过对上海三区高中学校的数据进行分析，发现评价实施的主要问题如下。

（一）学习过程评价未得到充分重视

在整体上，研制与使用校本化学习过程评价工具的学校比例不高。语文、英语和思想政治学科研制与使用校本化学习过程评价工具的比例，略高于其他学科。特色高中在数学、物理、化学、生物学、英语学科研制与使用校本化学习过程评价工具的比例，显著高于其他学校。这说明高中学校尚未重视学习过程评价，需要加强校本化过程性评价工具的研制与使用。

（二）命题规范性和科学性有待提高

一是学期考试比日常测验的命题质量更高，各学科在学期考试（期中、期末考试）进行题目属性标注的比例高于日常测验。但从整体情况来看，标注命题属性的学校占比并不高。特色高中最重视学期考试和日常测验命题的质量要求。二是各学科在学期考试命题时，教师最不关注的是“设计任务情境”“优化试卷结构”。这说明考试命题的“情境化”“结构化”要求落实不到位，尤其是在数学、英语学科考试命题时，“设计任务情境”几乎完全不被关注。三是特色高中的考试测验科学性指数最高，民办高中的考试测验规范性指数最低。

（三）提升教师评价能力的研修支持需加强

教师评价能力包括命题能力和过程性评价工具研制能力。由学校统一安排提升教师评价能力的培训与交流活动比例为 50% 左右；由年级组或教研组安排的活动比例为 30% 左右。值得注意的是，信息技术、通用技术学科在年级组、教研组层面安排培训和研讨的比例低于其他学科，这不利于技术类学科开展校本教研、提升教师专业能力和建设教师队伍，甚至影响通用技术学科课程目标、课程内容的有效落实，进而影响学科核心素养落实和育人效果。

四、教研支持效果显著，师资和环境保障需要改善

经过对上海三区高中学校的数据进行分析，发现保障支持的主要问题如下。

（一）教研专业引领有成效，跨学科教研有待加强

第一，校本教研的努力转化为教师教学能力。校本教研的规范程度、示范效应和研究取向与教师的教学组织实施水平、教学策略选择水平呈显著正相关，这说明校本教研品质越高，教师教学能力越强。

第二，校本教研倡导学习型文化。校本教研活动有观课、评课的比例为 56%，对教研活动有反思的比例为 91%，但技术类学科（包括信息技术和通用技术）的校本教研活动在听评课、校领导和专家参与、区级和校级展示机会等方面的比例显著低于其他学科。

第三，校际、学科联合教研较少。校本教研以学科独立开展为主，教师之间跨学科专业合作的实际情况未能达到教师期望，跨学科教研活动的最大困难是不同学科在教

学内容进度安排上无法衔接。

（二）资源配置有待优化，使用率有待提高

第一，学科师资配置需改进。按照 6 选 3 的选科设置，生师比最大的学科是地理，因为选考地理的学生多，师资配置的压力较大。有 18% 的学校没有设置通用技术学科教研组。

第二，场馆、各类教室、实验室和设备利用率有待提高。低空间利用率但高学生负载率的学校，大多数位于郊区，这类学校的空间利用明显不足，场馆、各类教室总面积占学校总面积的比例较低。地理学科使用实验室频率最低，均值为 1.7 次；理化生学科的实验室使用频率基本能够保障完成学科课程标准要求的必做实验。仍有部分学校的学科实验室和设备难以满足需求，尤其是市实验性示范性高中在地理学科、区实验性示范性高中在化学学科的实验室和设备配置难以满足需求比例最高，达到 40% 左右。今后需要加强相应的学科实验室和设备配置，以满足教师教学和学生实验操作的需求。

第四节

高中学校课程实施改进建议

普通高中课程实施要充分贯彻新课程理念，遵循合规性、科学性、特色性和成效性四个价值导向。具体而言，合规性是指规范落实国家课程方案、学科课程标准等相关政策要求；科学性是指达成课程方案、学科课程标准等相关要求的实施品质；特色性是指结合校情与学情的调适与创造；成效性是指促进学校课程发展、教师专业发展及学生核心素养发展。针对上海三区高中课程实施过程中存在的问题，提出如下建议。

一、加强课程设置的规范性，提升选择性和特色性

（一）保持规范执行与校本转化之间的张力

第一，课程方案转化实施需经过合理范围的调整。因高中学生基础能力的校际差异非常大，各学校课程实施方式无法整齐划一。学校应对学科必修、选必和选修课程的开设时间、课时安排进行统筹，以适应本校的学情。例如基于本校的学情调整三类课程开设时间，统筹安排每学期课时量，保持总课时量不变，属于合理范围的调整。

第二，学校课程计划需体现个性化、特色化。学校执行课程方案既不能“一刀切”，也不能机械照搬，要因地制宜、因校制宜。加强对不同类型学校的专业指导，针对校情和学情，运用科学合理的课程规划策略与方法，帮助学校制订既合规又具个性化、特色化的解决方案，解决学校的实际困难。

第三，课程规划与实施以学生核心素养培育为目的。落实“双新”的学校课程规划须充分贯彻新课程理念，为学生高中三年的学习与成长进行完整的课程设计。在选择性必修课程管理中，以课程模块替代科目作为学生选择课程的基本单位。高中学校可以积极鼓励信息技术、通用技术、艺术、体育与健康等暂未纳入等级考的学科开设选择性必修课程，以满足学生生涯规划和个性化发展需要。综合实践活动与学科课程并列设置，是培养学生综合素质的跨学科实践性课程，强化了新型课程形态的建构。劳动作为国家课程，旨在落实劳动教育，促进五育并举、五育融合。在综合实践活动、劳动课程实施时，需要保证政策方向、关键要素、量化指标等全面贯彻执行。

（二）建设高质量、高选择的校本课程体系

第一，校本课程要体现时代性和选择性。促进各类型学校的校本课程丰富性、选择性和特色性建设。一是加强区实验性示范性高中、公办普通高中、民办高中校本课程建设的资源与经费支持、师资保障。二是加强郊区高中的学科类校本选修课程建设，拓展校本课程开设的资源和经费支持、师资保障，给予学生更多的课程选择性，促进因材施教，满足学生个性发展需求。

第二，促进校本课程与学校办学特色紧密结合。一是通过校本课程建设促进教师专业发展，服务学生个性化学习需求，发挥育人价值。二是课程需求和供给有矛盾的学校要针对性地改进。对于师课比高于均值的学校，需要补充校本课程所需的特色师资，动员教师积极开设校本课程，提高教师参与开设校本课程的比例；对于生课比高于均值的学校，需要增加校本课程门类，或者以同一课程开设多个并行班级的方式减轻授课和教学管理压力。

（三）加强民办高中课程实施的指导与监管

第一，提出规范性要求。作为政府批准开设的民办高中，均要遵循国家课程方案进行规范办学。对民办高中的课程设置、课时安排、教学质量和学校管理制度等，提出规范性要求。对民办高中要加强“双新”要求的培训，提升其规范意识。

第二，采取必要的监管措施。结合市、区教育行政和业务部门的督导、视导、调研等工作，对民办高中的课程实施情况进行及时检查与调控。加强常规的业务指导，提升其对课程方案和学科课程标准的认识和执行能力。

第三，提升课程实施品质。开齐开足学科必修课程、综合实践活动和劳动课程，按照国家课程方案和学科课程标准规定的育人目标和育人方式进行课程实施。加强民办高中校本课程建设，关注个体差异，丰富课程供给，增加学生的选择性，培养学生的兴趣爱好，发展学生特长。

二、促进教学转型，落实跨学科学习和关注个体差异

（一）提高跨学科在课堂教学和课后作业的落实程度

第一，促进课堂教学方式转变。“双新”真正落地、落实，主要是看课堂有没有变化，是否落实了“双新”倡导的信息技术融合、自主性学习、实践性学习、跨学科学习

相关要求中的落实。针对四种学习方式“高认同－低落实”占主体的情况，今后需加强对课堂教学落实四种学习方式的教研交流、日常指导、教学展示和经验提炼。

第二，强化跨学科性和综合性。一是将“接受＋操练”的学习方式转变为更加注重跨学科实践的学习方式，强调以学习者为中心，注重学习的建构性、情境性、合作性，聚焦于学习者的能动性。二是跨学科学习和作业的深层次整合性仍须加强。基于学生的发展需求，以主题为载体、以问题为载体、以成果为载体、以项目为载体、以概念为载体等，开展综合学习。三是在跨学科学习和作业中，跨学科性、综合性的体现不够充分和深入。跨学科性和综合性是跨学科学习的本质特征，目的在于融通其他学科内容以促进学生对相关学科内容的深入理解。因此，在各学科教学中要加强“项目研究”“内容统整”“综合主题”等跨学科学习方式和作业类型的运用。①

（二）优化作业设计与反馈，加强智能诊断与学习资源推送

一是加强作业分层设计和作业属性标注。二是注重以作业批改、记录、反馈和交流等方式促进学生学习。三是关注学生差异，进一步加强个别化的作业反馈与指导。相对于简单的分数反馈，针对学生作业情况的评语反馈和当面交流，能更有效地促进学生学习。四是需加强对作业的常规管理，提升作业管理的规范性；需完善由学校和年级组的统一控制作业时长的机制，减轻学生的作业负担。五是加强个别辅导中的智能诊断与学习资源推送，促进因材施教。

（三）关注学生需求，加强对学生的选课指导

在科目组设置方式上，只有32%的学校完全根据学生选择设置科目组。因此，根据综合培养、多元发展的教育理念，要尽量统筹学校资源，关注学生的个体差异和个性化需求。尤其是科目组数量少但学生总数多的学校，应该根据学生的兴趣与特长，结合高校相关专业要求和未来职业发展的愿景目标，给予学生更多的选择性。

（四）进一步深化特色高中的课堂教学改进

第一，特色高中创建成效显著。目前特色高中的整体发展态势良好，改革氛围浓、

---

① 刘辉．从认识到落实，促进教学实施变革［J］．上海教育，2024（27）：11.

动力足、自觉性强。一是特色高中在作业设计指数、考试测验科学性指数、劳动及重大主题教育资源支持指数、学科课程资源支持指数方面，显著高于其他类型学校①。二是特色高中学校的综合类校本选修课程的丰富性明显优于区实验性示范性高中，这说明特色高中的校本课程建设有成效，注重课程规划与建设、资源统筹利用和发挥课程育人价值。三是特色高中学校项目研究的数量明显高于其他学校，特色高中学校参与市、区两级项目研究的数量达到 15 个，领衔市、区、校级项目研究的数量是 26 个，参与项目研究的积极性高、研究能力强。

第二，适度增加特色高中的数量。特色高中的办学定位、办学思路与模式符合高中特色多样化发展的目标，有利于增强学校办学特色，是探索育人方式改革的有效路径。随着上海市"特色高中创建"项目深入推进，高中与高校联合办学的措施为高中学校主动发展创造外部契机和资源支持，成为短期内快速提升办学品质的一种模式，其经验值得辐射推广。

第三，提升特色高中的课堂教学品质。需要注意的是，特色高中在教学方式指数上，即信息技术融入、实践性学习、自主性学习和跨学科学习方式的认识与落实上，与其他学校没有显著差异。因此，在特色高中学校创建过程中，今后仍须加强课堂教学的教研交流、日常指导、教学展示和经验提炼。

三、推进教学评一体化，评价融入教与学过程

（一）统筹教学、学习与评价之间的关系

在教学评一体化的理念指导下改进学科教学和评价，以学定教、以教导学、以评促学、以评促教，教、学、评相互促进。加强教、学、评过程的融合性，过程性评价要自然地嵌入教与学活动，一个活动同时发挥教、学、评的多重作用，应用多样化的评价工具和方法，鼓励学生参与和自主学习，强调及时反馈与调整，以确保教学目标的达成和学生的学习发展，使学科核心素养在课堂教学中落实。

（二）加强过程性评价应用

第一，丰富创新评价方法。采用观察、讨论、作品展示、项目报告、同伴评价、自

① 单因素方差分析 F 检验：将相关题目的回答结果进行赋分，并进行标准化处理，使用 SPSS 软件主成分分析方法计算合成因子分数即相应指数，进行单因素方差分析 F 检验，对不同类型学校之间的指数进行差异检验。

我评估等多种评价方法，全方位地评估学生的知识、技能、态度和学习过程。

第二，加强各学科校本化学习过程评价工具的研制与使用，发挥评价的导向、诊断、反馈作用。通过研制与使用校本化学习过程评价工具，评估学生的学习情况，帮助学生了解自身的学习状态，更好地促进学生的学习；同时能够评价教学过程中的教师行为和与学生的互动，为改进教师教学提供依据。

（三）注重提升教师的评价能力

第一，加强命题的规范性和科学性。在考试命题时需加强属性标注，合理设置题目，提升命题质量。加强“设计任务情境”“优化试卷结构”，落实考试命题的“情境化”“结构化”要求。

第二，提升教师命题能力，以促进学科核心素养在考试评价中的落实。加强研修支持，通过组织专业培训和研讨交流，让教师学习评价知识，掌握评价工具和技能。加强深层次的专业合作，分享经验和教学实践，以相互促进和提高。尤其是在研修支持相对薄弱的信息技术、通用技术学科时，更加需要开展市、区、校三级培训和研讨等专业发展活动，提升教师的评价能力。

四、强化教研专业引领，优化资源配置和应用

（一）加强跨学科教研，推进教研方式创新

第一，加强教师间的深层次交流与合作研究。通过听评课、教学反思、专家指导、同伴合作等方式进行教学研究。教师应结合教学实践中的问题进行研究，深化主题教研模式，凸显深度教研模式的主题性、实证性、系列性和进阶性，聚焦研究问题开展系列连贯的深入研究，基于工具和证据进行深度反思，在新课程的实施过程中不断提高专业水平。

第二，促进校际联合教研、学科联合教研。教师通过跨校、跨学科教研提升专业能力和综合素养，加强跨学科性、综合性学习方式的落实，突破学科壁垒和学科本位。学科教师之间的专业合作，体现了显著的学科内容强关联性特点。根据学科内容相关性和教师对跨学科教研的期望，有针对性地开展各学科教师之间的专业合作。例如数学、物理、化学和信息技术学科教师之间的专业合作，语文、思想政治和历史学科教师之间的专业合作。

第三，补齐技术类学科校本教研的短板。注重提升信息技术和通用技术学科的

校本教研品质，加强信息技术和通用技术学科校本教研的示范效应、专家指导和研究取向。

（二）推进资源配置的均衡化、优质化和数字化

第一，缩小教师数量、学历与职称的学科、校际差异。实施校长、教师流动制度，加快推动校际间师资均衡配置。完善集团化办学和学区制管理办法及运行机制，加快实现集团内、学区内校际优质均衡。加强地理学科师资统筹与供给，以满足选考的教学需求。在高中阶段适度增加高级教师职称评审的比例，鼓励高中教师专业发展与职称晋升。

第二，加强对选课走班的资源保障和信息化支持。区教育行政部门和学校要统筹协调资源配置，在师资、专用教室和排课、选课信息化平台等方面，加强对选课走班的资源支持。

第三，重视实验教学，优化实验室和设备配置。在做好科学教育加法、提升科学育人水平的政策要求下，遵循课程方案要求，开齐开足开好科学类课程，推进基于探究实践学习方式的科学教育。提高对实验教学的重视程度，在实验数量和学习要求上，保质保量落实课标要求的必做实验，加强地理学科使用实验室的频率。尽快落实科学及相关学科教学装备配置标准，加强实验室建设。进一步探索利用人工智能、虚拟现实等技术手段改进和强化实验教学。

第四，提高空间利用率，降低学生负载率。对于高空间利用率且高学生负载率的学校，需要进一步扩大学校总面积，解决学生数量多与校园空间小之间的矛盾。对于空间利用率低但学生负载率高的学校，需要增加场馆和各类教室面积，解决学生数量多与场馆、各类教室面积小之间的矛盾。

Chapter 05

第五章 普通高中课程实施监测结果应用与改进案例

在以往的教育监测实践中，往往存在监测报告提交后便束之高阁的现象，导致监测结果未能充分发挥其调控、问责、指导和改进的功能。这是课程改革有时偏离预定方向的一个重要原因。基于循证视角的“规准—证据—诊断—反馈—改进”（Criterion-Evidence-Diagnosis-Feedback-Improvement，简称“CEDFI”）课程实施监测模型强调，监测结果的应用是课程实施改进的最后一环，也是关键一环。课程实施监测是否能真正有效服务于教育治理与决策，是否能真正有效作用于课程改革实施，关键就在于是否有效运用了监测结果。

本章聚焦监测结果应用，首先在第一节引入监测的形成性功能、循证教育、学校改进等理论内容，阐释为何要重视监测结果应用，解释为何基于实证方法开展监测结果应用以及探讨如何将监测结果应用于改进。接着，在第二节介绍本项目对监测结果应用于课程实施改进的研究思考，旨在从课程实施监测的工作机制、程序步骤、关键技术等方面给予教育工作者一系列方法指引。最后，在第三节选取监测结果应用的区、校典型案例，分享本项目基于监测结果开展“立体化”课程实施改进的实践。

第一节 课程实施监测结果应用的基本认识

一、发挥监测的形成性功能

课程实施监测功能包括形成性与总结性两个方面。“形成性功能即用来改进及发展课程实践，总结性功能即用于绩效责任、证明或筛选。”① 总结性功能则偏重遵循、执行与控制，以指示性、权威性和权力性的方式进行评价，关注目标的达成，计划的执行。例如，办学绩效评价等，这类评价通常以自上而下的管理方式为核心，凸显了“行政科层评价”的特点②。自从斯塔弗尔比姆（Daniel L. Stufflebeam）提出“评价最重要的目的不是为了证明（prove），而是为了改进（improve）”的观点后，许多学者开始强调评价的及时反馈，以期达到发展与改进课程实践的目的。③ 因此，课程实施监测除了履行其监督与测量的基本功能外，更应注重挖掘和利用其调控与问责、指导与改进等形成性功能，以促进课程的持续优化与提升。

发挥监测的形成性功能，其核心在于坚守以人为本的教育价值观。教育的出发点是促进完整个体的自我实现，旨在推动教育主体实现全面且富有个性的发展。秉持以人为本的价值观开展监测，是教育监测与教育目的之间一致性的体现，也是坚持工具理性与价值理性的辩证统一。无论是在监测工具的设计、监测的实施还是数据统计和结果运用上，都需要充分回应人本发展的价值导向。否则，容易陷入工具主义的泥潭，过分追求功利和效率，被动地迎合社会、经济的短期需求，而忽视对学校和学生长远发展的深切关怀。

因此，为充分发挥监测的形成性功能，应当以学生为中心、以教师为关键对象、以校为本地设计与实施监测。在目的上侧重促进主体的发展，在内容上关注主体的多元表现，在方法上注重定性与定量评价的有机结合，在结果上强调结论能服务于决策与改进。通过这样的监测体系，有力推动课程的持续优化、学生和教师的自我成长，以及学校办学质量的全面提升。

① 周新富 . 课程发展与设计［M］. 台北：五南图书出版公司，2017：299.
② 周新富 . 课程发展与设计［M］. 台北：五南图书出版公司，2017：153.
③ 周新富 . 课程发展与设计［M］. 台北：五南图书出版公司，2017：301.

二、引向基于证据的教育发展

“教育应和医学一样遵循科学可靠的证据而非主观经验。”[①] 针对教育领域实践与理论相脱节的问题，“循证”（Evidence-based）在教育领域勃兴。[②] 所谓“循证”，即遵循、应用证据并依据证据而决策。“循证教育”（Evidence-based Education）的核心是以证据为基础，通过整合专业智慧和最佳实践证据来指导教育决策，旨在提升教育政策制定、教育教学研究与实践的科学性与实效性。

“循证教育”旨在于教育教学实践过程当中，谋求专业智慧与最佳可利用经验证据之间的融合，其方法论特征主要体现在其跨学科性、理论与实践之间的双向互动上。[③] 在研究方法上，采用严谨的实证研究来获取、分析和应用证据，强调标准设计、系统谋划、综合分析和持续调整。在实践范式上，既依托实证方法获取事实性证据，也重视教育人士的实践经验和专业知识，两者相结合，就问题确定最佳证据，给出最佳干预，形成最佳实践。在实践步骤上，包括确定问题、搜集证据、选评证据、基于证据制订和实施实践方案、监测与改进（见图 5-1）。在应用场景上，循证方法可被广泛应用于教育领域，涵盖教育治理、教育政策制定、课堂教学改革、教学评价、课程建设、学生发展、教师队伍建设、教研等方面。

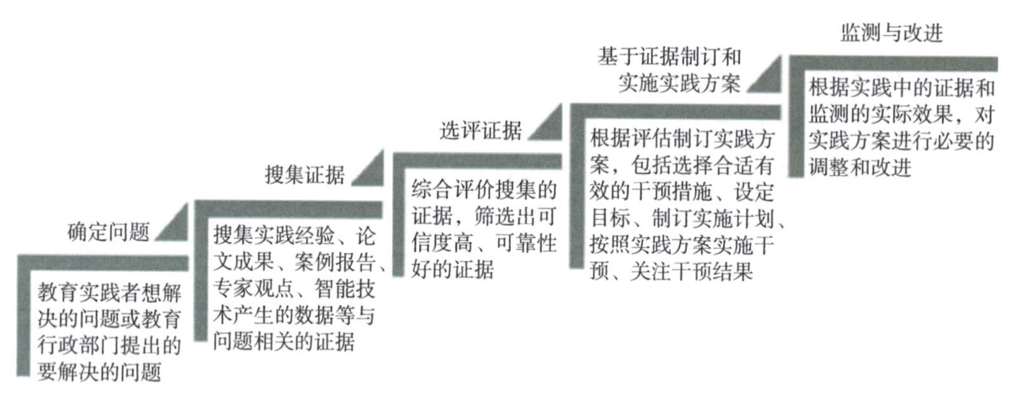

图 5-1　循证教育实践的步骤

循证教育引向的是基于证据的教育发展，是兼顾方法科学性与实践有效性的一种

① Hargreaves　D H. Teaching as a research-based profession: possibilities and prospects［J］.M Hammersley Educational, 1996.

② 杨文登，叶浩生．缩短教育理论与实践的距离：基于循证教育学的视野［J］. 教育研究与实验，2010（3）：11-17.

③ 徐文彬，彭亮．循证教育的方法论考察［J］. 教育研究与实验，2014（4）：10-14.

教育研究逻辑。以循证逻辑来开展课程实施监测，要注重证据收集、反馈改进和专业引领。在收集课程实施数据时，覆盖课程实施全过程和全要素，注重学校整体发展水平及特色。为更有效地收集数据，需要开发多维度、多类型的课程实施数据采集工具，并依托信息化系统平台进行智能化分析、即时性反馈和常态化预警。通过数据存储与积累，可以构建一个完善的课程实施过程性证据系统。通过对证据系统数据的深入分析，可以从中获取有用的信息，从而实现对课程实施情境脉络的掌握与了解，进而发掘课程实施中的问题，并据此制定改进策略。进一步地，基于课程实施情况的反馈与报告，采用培训和指导等专业支持方式，加强与课程实施相关的知识与能力提升，可以提高学校和教师课程规划能力与实施质量。[①]

三、促进有效而持续的学校改进

（一）学校改进的理念遵循

“学校改进”这一术语，源自有效学校运动。在这一运动中，人们根据有效学校的特征，对薄弱学校进行深入的诊断性分析，并据此开展改进实践，以提升学校的整体效能，提高学生的学业表现。[②]学校改进的概念界定可以追溯到经济合作与发展组织（Organization for Economic Co-operation and Development）在1982—1986年资助的“国际学校改进计划”（International School Improvement Project，ISIP）。ISIP项目的实施周期不是很长，但这个项目关于学校改进的定义及相关研究成果被认为是学校改进领域的重要知识基础。[③]ISIP项目将学校改进定义为：学校改进是一种系统而持续的努力，旨在于一所或多所学校中改变学习条件和其他相关条件，最终能让学校更有效地实现教育目标。[④]该计划提出了学校改进实践的8条理念，对如何开展学校改进具有深刻的指导价值[⑤]：①学校是变革的中心。校长、教师及家长意识到变革的必要性，并主动参与；改进的关键点在于学校的内部条件。②从学校实际出发。在深入分析学校情境的基础上，选择有针对性的改进策略。③学校改进是一种系统的变革方法。改进过程具有不确定性，变革前要精心规划，充分考虑各种挑战，统筹协调各种工作，变革中要及

① 王洋．构建面向循证改进的中小学课程实施监测体系［J］．上海教育，2024（27）：10.
② 程晋宽．美国有效学校的理论与实践［J］．外国教育资料，1994（3）：58-63.
③ Reynolds D，Bollen R，Creemers B P M，et al. Making good schools：linking school effectiveness and school improvement［M］. London：Routledge，1996.
④ Velzen W G V，Moles M，Ekholm M，et al. Making school improvement work：a conceptual guide to practice［M］. Leuven，Belgium：Acco，1985：48.
⑤ 赵德成．有效的学校改进：理论探讨与案例分析［M］．上海：华东师范大学出版社，2022：5-6.

时评估进展，做好过程管理。④学校改进不局限于课堂上教与学的改进。要跳出课堂、跳出学校，关注到比如学校组织文化、管理制度、家校关系甚至地方性政策等其他相关条件。⑤学校改进可以在一所学校内进行，也可以在多所学校中同时推动。发起方可以是学校，也可以是督学或教育主管部门。范围可以拓展到一个学区、一个地市乃至全国。⑥学校改进是一个过程，而不是一个事件。达成改进目标需要很长时间，是一个不断分析问题和解决问题的过程。⑦学校改进需要多元参与。要想进行高质量改进，必须与多种利益相关者充分合作，包括校长、教师、家长、社会人士、教育主管部门以及各种提供支持的组织或个人。⑧学校更有效地实现多元化教育目标。不仅仅是学生学业成绩，还包括学生作为一个完整的人的全面发展目标，学校作为一个组织的发展目标，以及学校作为社会公共服务部门的目标。

各国的学校改进实践多样纷呈，但在理念上都与“国际学校改进计划”存有一致性。学校改进不仅仅是忠实执行外部的政策要求，而且更加强调以学校内部的主动性自下而上地发起变革、参与变革、应对变革，从而实现学校的可持续发展。

（二）学校改进的模式借鉴

学校改进是复杂多变的，那么，是否存在一种简明扼要的模式，能够概括学校改进工作的机制，并对实践操作有普适性的价值呢？答案是肯定的。

来自有效学校改进项目的综合框架[①]，揭示了学校改进的关键要素。该框架从学校层面和教育背景层面，拆解了文化理念、改进过程、改进结果、改进压力源、资源与支持、教育目标等多个内外部要素。在这个综合框架中，背景要素备受关注，学校改进根植于特定的情境中，为什么改进、改进什么、怎么改进、改进效果之所以是这样等问题都要基于特定情境下才有立论基础。换句话说，背景要素是学校改进的前提，发起一项学校改进项目必须符合当下的外部情境与条件。再者，背景要素和学校层面要素之间是相互影响的，学校层面内部各要素之间相互影响。因此，当学校改进不起作用或者遭遇阻碍时，需要对这些要素进行全面复盘、反思及针对性改进。

鲍尔、巴泽提出的“持续改进过程模式”和科普兰提出的“学校改进探究循环模式”[②]，聚焦学校改进的程序环节。鲍尔将学校改进视作基于行动研究开展的一轮又一轮螺旋上升的实践，每一轮改进都包括合作性问题诊断、根本原因分析、寻求解决方案

① 丁娴，徐士强．美国学校改进项目变革模式分析：基于有效学校改进综合框架［J］．上海教育科研，2017（7）：50–54.

② 赵德成．有效的学校改进理论探讨与案例分析［M］．上海：华东师范大学出版社，2022：17，22.

和提出行动计划、反思与评价四个环节。科普兰更加强调数据的使用，认为学校改进由基于数据识别问题和学习领域、提炼工作重点、在学校和年级水平上设定可测量的目标、在学校和年级水平上制订具体的工作计划、采取行动、基于数据对改进结果进行分析与反思六个步骤构成。

此外，赵德成项目组总结的“基于问题的学校改进模式”[①] 将问题导向、行动研究逻辑与学校改进相整合，在总体思路和具体操作上有较强的指导性。学校改进总体思路是发现问题、陈述问题、分析问题、解决问题以及评估问题解决的效果。实施要点在于：①学校改进从现状分析开始，才能从复杂的学校脉络中识别最迫切和能解决的问题；②深入开展问题识别与诊断，根据问题解决的迫切性与可行性进行多维排序，针对重点问题进行原因分析，明确直接原因和间接原因；③方案和计划要具体可行，选择最合适、能在最大程度上解决本校问题的、有条件付诸实施的方案，转化成具体的行动计划，为每一项具体的行动设计成功指标；④在实施环节加强项目执行力，包括加强实施过程的监管，加强进展评估，加强批判性反思并有针对性地进行动态调整；⑤认识到学校改进是一个动态变化的过程，前面的每个步骤和环节不是机械的线性顺序，要根据情况调整当前步骤或回到上一环节，或重新启动改进。

① 赵德成．有效的学校改进理论探讨与案例分析［M］．上海：华东师范大学出版社，2022：25-30.

第二节

基于监测结果应用的“立体化”课程实施改进

建立基于监测结果应用的“立体化”课程实施改进的机制，需借助关键技术和方法。首先，将数据转化为确凿的证据；其次，依据这些证据制订详尽的改进计划；再次，有组织、有步骤地推进改进工作的实施；最后，通过标准化评估来检验改进成效，并进行深入的反思与总结。这一系列动作旨在引导各方人员对课程进行自我反思与自觉调整，从而实现课程的持续完善和改进。当这些步骤都得到有效执行，且课程得到实质性改进时，方可认为监测结果实现了真正的转化与落地应用。

一、何为“立体化”？

（一）组织结构：基于三级四类数据架构课程实施改进

在课程实施监测框架的建构中，根据管理职责，将监测主体分为市、区、校三级，即市级教育行政及教研部门、区级教育行政及教研部门、学校；根据监测对象类别，将监测对象分为学科、区域、学校、教师四类。[①] 经由科学设计和规范实施后，课程实施监测结果能较为客观和系统地反映相应层级辖属对象的课程实施情况，并作为现象描述和作用机制解释的证据。具体来说，市级监测报告反映全市范围的学科、区域、学校、教师等的课程实施情况；区级监测报告反映全区范围的学科、学校、教师等的课程实施情况；校级监测报告反映全校范围的学科、教师的课程实施情况。基于这样的三级四类数据架构，构建了监测结果应用于课程实施改进的组织结构。

结合具体职能来说，市级教育行政部门依据市级监测报告，负责制定教育政策，完善教育管理。区级教育行政部门则在上级教育政策的指导下，依据区级监测报告，制订具体的实施方案，完善已有举措。市级、区级教研部门结合相应的层级监测报告和行政指示，跟进教学研究，将政策转化为学校、教师能落地的规格方法。在学校层面，学校和教师依据本校的监测报告，在执行政策和参考教研意见基础上，主动寻求变革，

① 王洋．中小学课程实施监测的框架、指标与支持系统［J］．课程·教材·教法，2024，44（7）：42-47.

改进课程实施，提升办学质量。

在权责清晰、层级分明的组织结构下，弱化行政式命令而强化功能性责任，使各个主体各司其职，致力于不同层面的课程实施，形成围绕课程实施看似分散实则紧密的共同体文化，才能让监测结果得到有效应用。

（二）工作重点：基于不同职能主体分析课程实施改进

如前所述，基于职能划分，课程实施改进主体涉及三类：①教育行政部门，即教育政策制定者和管理者；②教研部门，即教育教学研究者；③一线教育单位，即学校和教师。不同职能主体应用监测结果，开展课程实施改进的重点不同（见图 5-2）。

1. 教育行政部门重在决策

对教育行政部门而言，从课程监测系统中选用证据，确保决策具有一定的实证来源，一则有说服力地做出采用或放弃某项课程改革提案的决策，二则为已经实施的课程政策提供更多实施效果的佐证，帮助做出深化或调整的决策。通过课程实施监测了解课程方案执行情况、课程标准落实情况以及新教材使用情况，职能部门获得相关证据后，就可以据此判断课程政策是否能落地转化到学校层面，是否需要进一步补充和优化课程政策，或是否需要对某些关键环节、重点领域或者局部区校进行专项干预。

2. 教研部门重在转化

对教研机构和教研人员而言，从经验走向实证是新形势下教研工作改革发展的共同诉求。作为国家课程政策与学校教学实践的转化桥梁，教研工作一方面以课程实施监测结果为依据，自上而下地问需于校、问需于师，以数据化、证据化的循证路径发挥专业引领作用；另一方面从课程实施监测结果中发现优秀的育人经验和典型的实施案例，自下而上地提炼为可复制、可推广的成果，以便在更大范围内传播。此外，课程实施监测结果不仅具有规准引领性、数据客观性，还能精准解释课程实施的作用机制，有望和课程与教学常态调研有机结合，使结果应用机制成为教研工作内在机制的组成部分。

3. 学校和教师重在自我完善

对学校和教师而言，学校是课程变革的基本单位，教师是直接执行者与创新主体。课程实施监测结果直接反映了学校和教师对国家课程校本化落实与创新转化的情况。学校可以应用标准参照方法找到与国家课程方案的差距，应用常模参照方法找到与市平均、区平均或同类学校平均水平的差距，应用横向比较方法找到薄弱学科和薄弱育人环节，以及应用纵向比较方法找到学校增值进步之处。这些方法有助于学校全面诊断课程实施的情况，从而确定校本化落实国家课程的优势与不足，以及学校的"最近发展区"。另外，借助外部的课程实施监测结果，学校可以开展以校为本的自我监测、评估与反馈，及时对课程实施进行调整，以确保其持续符合政策目标与学生发展需求。

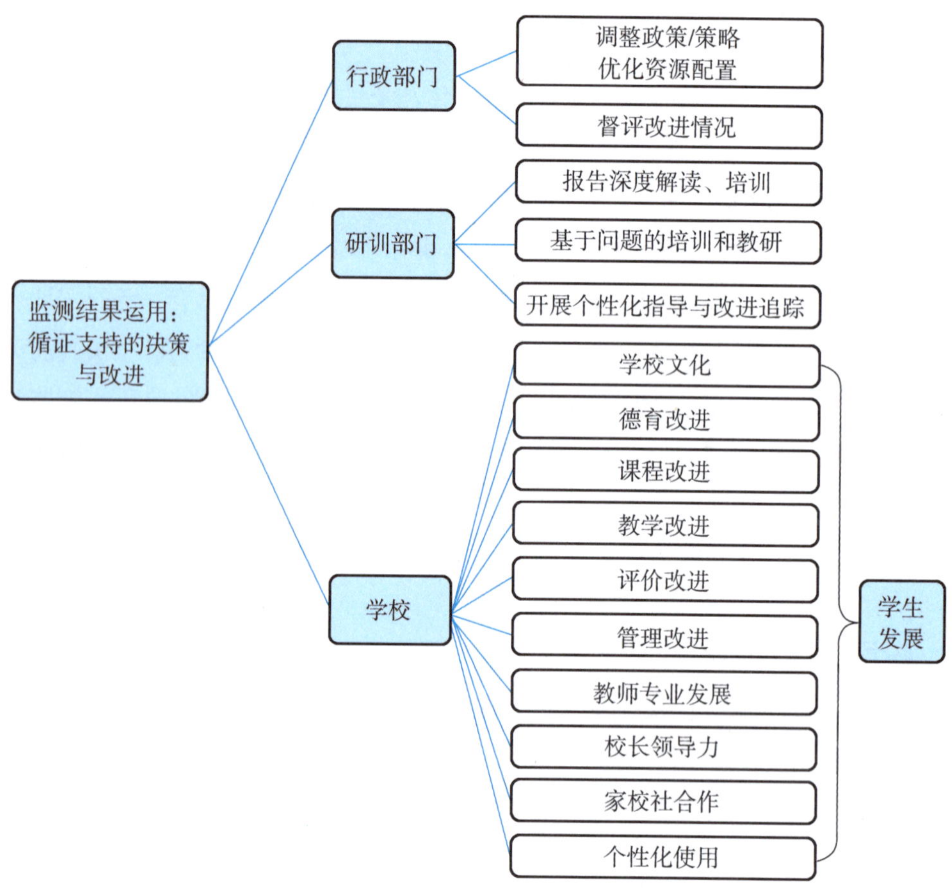

图 5-2　不同主体对课程实施监测结果运用的方式与内容

（三）程序步骤：从四阶段七步骤推行课程实施改进

课程实施改进是一个动态的、循环的过程。借鉴学校改进模式研究，将课程实施改进划分为诊断与识别、分析与定向、计划与行动、评价与反思四个阶段（见图 5-3）。每个阶段都承载着特定的目的、步骤以及要点。不论是哪个层级的主体，都可以使用这套程序步骤推行课程实施改进，推动课程实施质量的持续提升。[①]

① 任佳瑶 . 数据·证据·改进：课程实施监测结果应用的技术路径［J］. 上海课程教学研究，2025（3）：9–15.

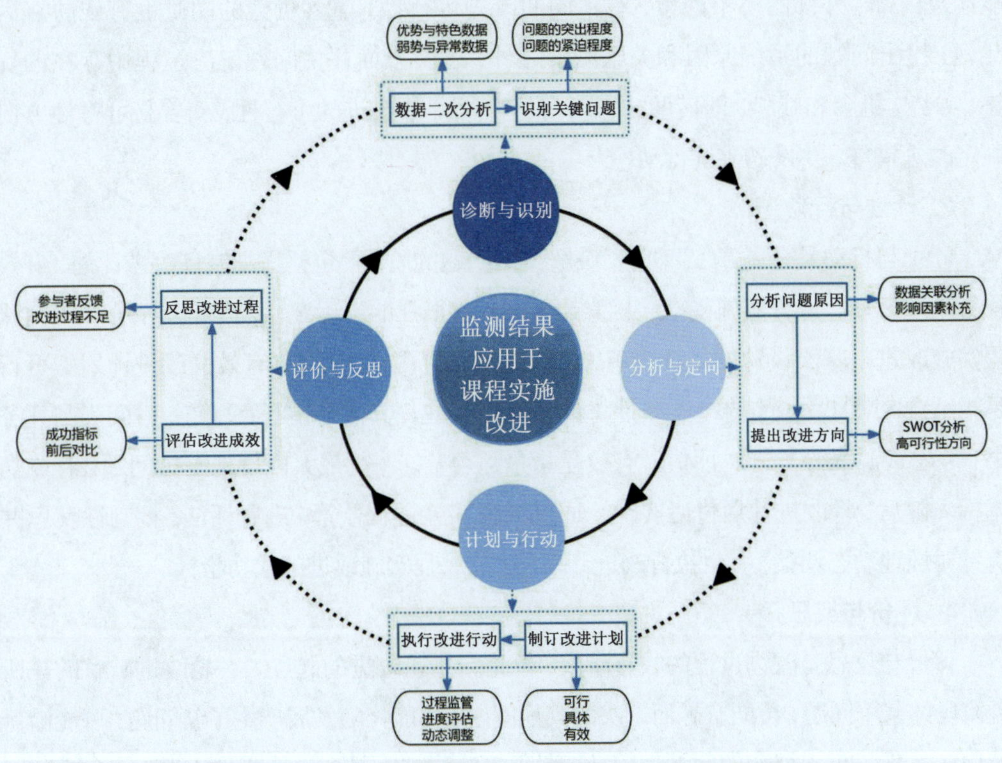

图 5-3 监测结果应用于课程实施改进的程序步骤

1. 诊断与识别

诊断与识别是找出“真”问题，确定改进起点的阶段，包括课程实施监测数据二次分析、识别课程实施关键问题两个步骤。由于课程实施监测以定量方法为主，监测结果外显为图表繁多、数据丰富的监测报告，容易导致人们不知从哪看起、不知背后含义、不明彼此关联。因此，有必要开展监测数据二次分析，提炼出优势与特色数据、弱势与异常数据，从而将报告化繁为简。优势数据集中表现了课程实施到位的地方，而弱势数据和异常数据则揭示了课程实施不到位的地方，是课程实施的问题所在。然而，并非所有问题都适合在现阶段解决，因此需要根据问题的突出程度与紧迫程度排列问题解决的优先级，进一步识别课程实施的关键问题。

2. 分析与定向

分析与定向是开展“真”研究，确定改进方向的阶段，包括追因溯源分析问题原因，提出改进方向的步骤。课程实施监测报告主要描述了课程实施的现状，但往往缺失了对问题原因和细节的深入分析。在识别课程实施关键问题后，要通过数据关联分析、影响因素补充等方法更深入地追因溯源，挖掘问题产生的合理原因。这些原因可能涉及内部、外部的多个因素，有不同的改进可行性，蕴含机会的同时也有威胁。因此，在找出问题的系统原因和关联因素之外，还要全面评估问题解决过程中存在的优势、劣势、机会和威胁，即借助 SWOT 分析全面评估改进的可行性，朝着高可行性方向制定改进措施，并投入改进行动。

3. 计划与行动

计划与行动是开展“真”改进，破解关键问题的阶段，包括详细制订改进计划，有效执行改进行动。课程实施受众多因素影响，具有很强的不确定性，因此要充分认识到课程实施改进是基于设计的系统变革，尽可能地制订可行、具体、有效的改进计划。可行是指结合 SWOT 分析结果，有条件将计划付诸实施。具体是指有目标链、时间表与任务书，考虑资源统筹与进展评估。有效是指最适合需求、能最大限度地解决问题、有成功指标。随后，将改进计划付诸实践。通过加强实施过程监管、进展评估、批判性反思并有针对性地动态调整，有效执行改进计划，达成课程实施改进的成功指标。

4. 评价与反思

评价与反思是改进过程的收官阶段，也是新一轮改进的起点。一轮改进破解的是所处阶段的某个问题，可能有悬而未决的其他问题，可能伴随发展产生了新问题，可能沿着原问题发现了更深层次的问题。因此，课程实施改进不是一次性事件，而是一个不断解决问题、循环递进的过程。在这一阶段，通过开展成效评价与自我反思，促进改进工作能够持续进行，形成一个不断迭代、自我完善的循环。改进成效要依据课程实施改进的成功指标，使用改进前后的对比数据来评估。同时，结合参与者的反馈与看法，以及改进过程中出现的障碍，反思本轮改进的不足，为下一轮的诊断与识别提供宝贵的输入。

二、“立体化”课程实施改进的关键技术

（一）监测数据“二次分析”在于读懂数据

进行监测数据的“二次分析”的前提在于读懂不同数据的含义。在监测报告中，所有数据均基于描述性统计、主成分分析、方差分析和关联分析等数据分析方法而得到，具有层次性和复杂性。[①] 基于描述性统计的数据，可以反映在单一变量上的所处位置、分布特征、聚合特点、趋势走向。基于主成分分析的数据，将分散在不同指标中的多个变量，构建为带有主题意义的综合指数，呈现这一主题下的数据特征。结合描述性

① 刘辉．基于学校改进视角的普通高中课程实施监测结果应用［J］．上海课程教学研究，2024（7）：4-11.

统计与主成分分析，就能知道课程实施各要素的现状。方差分析基于学校的分类分组，探寻单变量、多变量、综合性指数上的群体性差异，据此比较各学科、各类学校等的课程实施现状。关联分析采用相关分析、线性回归方法，揭示单变量、多变量、综合性指数等的依存关系，从而识别重要影响因素。

在读懂数据含义的基础上，采用四种思路来明确课程实施优势数据、特色数据、弱势与异常数据。第一，以预先设计的特定水平（如学科学业达标水平、国家课程方案规定）为标准参照，找到符合规定与未达标的指标。第二，以某一群体的平均水平（如全区平均、同类学校平均、年级平均）为常模参照，找到相对来说有差距的指标。第三，采用内部比较，对比指定范围内不同群体（如不同区、不同学校、不同年级）在同一指标的数据表现，找到普遍表现较好的指标或者内部差异大的指标。第四，采用横向比较，对比同一群体（如全区、全校、全年级）在不同指标上的数据表现，找到相对而言表现较好的指标或者较差的指标。对数据的数值本身而言，既要看数值的绝对大小，也要看其相对排名；既要看数值的变化，也看变化的真实含义①。

在此基础上，将数据按优势、弱势、特色、异常进行分类整理。优势数据与特色数据代表课程实施成效。弱势数据与异常数据代表课程实施的不足，往往作为发现问题的突破口。异常数据到底是属于个案，还是有稳定性的规律，需要结合经验、结合多样化的数据来进一步判断①。例如，结合学生学习诊断、课堂观察、区域教学质量综合评估、学生综合素质评价等相关数据，使丰富的数据之间的关系得到充分挖掘与分析。基于数据“二次分析”的学校改进路径如图 5-4 所示。

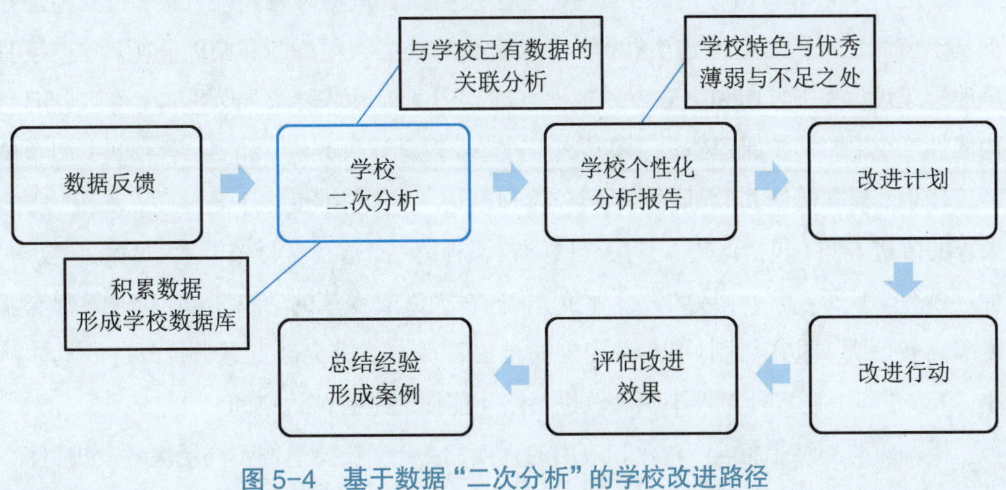

图 5-4　基于数据“二次分析”的学校改进路径

① 陈荣荣. 教育质量评价数据的挖掘思路与应用路径［J］. 上海教育科研，2017（6）：54-60.

（二）SWOT 工具辅助个性化课程实施报告

SWOT 是一个战略规划工具，可用于构建个性化的学校课程实施质量报告框架，该框架围绕优势（Strengths）、劣势（Weaknesses）、机遇（Opportunities）和威胁（Threats）四个维度展开。

首先，SWOT 分析帮助从内外部环境综合评估课程实施情况。内部因素包括学校的教学资源、师资力量、课程设置等，而外部因素可能涉及教育政策、社会需求、技术发展等方面。在实际操作中，通过课程实施相关数据，识别课程实施中的优势（如高质量的教学内容、优秀的教师团队）、劣势（可能包括资源分配不均、教学方法单一）、机遇（如新技术的应用、课程改革的政策支持）和威胁（如教育政策的变化、师资流失）。通过 SWOT 分析，学校可以明确课程实施中的优势和劣势，把握机遇与挑战，从而为课程改进提供理论支撑。

在 SWOT 分析的基础上，报告可以探讨利用优势及机遇的 S–O 策略，从把握优势、克服威胁的角度提出 S–T 策略，以弥补劣势、抓住机遇为出发点提出 W–O 策略，以及从遏制劣势及威胁的视角提出 W–T 策略。这些策略有助于形成学校内在质量提升共同愿景，并据此设计学校内在质量提升规划，反映到规划中的实施步骤应详细说明学校发展的目标、任务、措施及具体实施方案。

（三）选择课程实施改进的突破点与多层模式

改进行动一般有两种情况：一种是基于监测报告撰写学校整改方案；另一种是开展基于监测结果的学校改进实践研究，都需要学校在问题诊断和归因分析后，逐级明确改进维度、改进方向和突破点。根据普通高中课程改革要求，改进维度可以分解为内涵性维度（如学校课程建设、课堂教学改革、教育评价改进）和支持性维度（如学校环境建设、校本研修和教师发展、学校管理改进）。改进维度之下是体现“双新”实施要求的改进方向，包括促进五育融合的学校课程体系、落实学科核心素养的课堂教学、促进教—学—评（考）一致的教育评价、指向育人方式变革的学校环境、提升教师专业素养的教研训、重在体制（机制）完善的学校管理。改进突破点是学校改进的具体抓手，在改进点上制定针对性干预和改进策略才能使改进有落地空间。①

根据对监测结果整合、转化和应用的程度，结合学校要达成不同层次的改进目标，

① 王洋．优化中小学课程实施监测，保障“双新”高质量实施［J］．上海课程教学研究，2025（3）：3–8.

学校改进模式可分为专题式改进、整合式改进、全程式改进和系统性变革等四类[①②]，如图 5-5 所示。专题式改进对学校的基础条件和数据支持要求较低，适合基础差、数据零散的学校，应用外部监测结果，聚焦切口小的具体问题解决和改进，提升学校某一个薄弱或不足方面。整合式改进、全程式改进和系统性变革，要求有顶层设计、核心团队、固定载体、数据支持平台、成熟的校本研修机制，具备成体系的数据如学生发展数据、选课数据、作业数据等，有能力进行外部监测结果和本校数据的关联分析与深度挖掘，最终实现各项工作的整合、全程改进，进行课程、教学、评价、管理、保障等系统性变革。

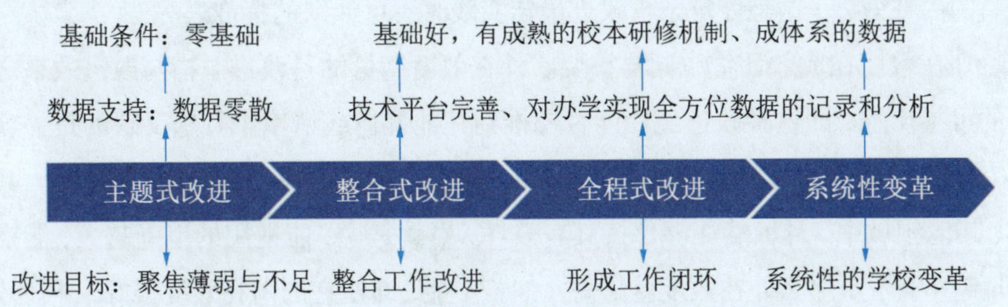

图 5-5　基于监测结果整合应用的学校改进模式

（四）从四个维度衡量课程实施改进成效

课程实施改进成效评估并非基于主观臆断，而是要基于一定的客观标准，用“证据”说话。基于真实性、有效性、内在效度和外在效度四个维度的标准，可以科学地衡量学校课程实施改进成效。

真实性是评估改进成效的首要标准。课程实施改进实践要用真实的数据、真实发生的事件来证明改进实践已经真实发生。这一标准的设立，旨在避免“造假”现象。很多时候，管理者在向上级汇报工作或与同行分享交流时，出于突出政绩或扩大影响力的目的，会有意地虚构、隐瞒或夸大改进的实践效果。因此，在成效评估时，要审查改进案例及材料的真实性，确保改进针对的是真实存在的问题，改进过程是真实发生的，改进目标达成是靠真抓实干取得的。

有效性是指课程实施改进实践在多大程度上达成了预期目标，是评估改进成效的基本标准。在设计改进项目时，围绕着推动课程实施改进的不同维度或突破点，会制

① 陈荣荣.数据驱动学校教育教学改进的进阶路径[J].教学与管理，2023（7）：35-38.
② 刘辉.基于学校改进视角的普通高中课程实施监测结果应用[J].上海课程教学研究，2024（7）：4-11.

定不同的预期目标。成效评估就是为了确认这些目标是否得到了有效的实现。例如，预期目标定为跨学科学习方式在课堂上的落实，那么成效评估就要重点分析各个学科使用跨学科方式开展日常教学的提高幅度。同时，受目标游离评估模式的启发，应注意到一些未曾预料到的副效应，或者意外的积极效果。

在改进实践中，还要关注内在效度。它是指改进效果是否确实由改进措施所导致。一个改进项目即使在结果上是有效的，但很有可能发挥作用的不是改进举措，而是其他变量，这就是内在效度不高，那么这样的改进就不是成功的。内在效度关注的是改进举措与改进效果之间的因果关系或相关性，二者相关性较强，才能认为该改进具有较高的内在效度，这是评定学校改进最佳实践时不可或缺的标准之一。

外在效度在成效评估中同样重要。外在效度衡量的是改进举措与改进效果之间关系的可推广性，即这种改进经验能否外推到其他群体或情境中。这反映的是一项实践研究结论的概括力和外推力。如果一项改进经验可以复制、迁移到其他学科、其他学校、其他领域中，且依然能够保持其有效性，也就是说，能适用的范围越大，能推广的情境越多样化，那么外在效度就越高。如若不能，即使它的内在效度很好，外在效度很低，也不能认为其取得了卓越的成效。

（五）用好“人”的因素来保障课程实施持续改进

监测结果的有效应用，离不开“人”的观念性因素的积极参与。尤其在下位的学校层面，校领导和教师们是否充分理解和接受这些政策、指令或意见，会极大影响监测结果应用的效果。

在课程变革的进程中，校长的角色至关重要。在理论上，校长领导形象由“反应者”（responders）发展为变革的“发动者”（initiators），课程变革与实施效率会大大提高①。然而，仅凭校长的领导力还不足以确保变革的成功。兰德课程变革动因研究表明，学校机构对课程变革的接受性是成功实施的必要条件，但并非充分条件。关键在于教师作为课程实施的主体对变革的内在需求②。值得注意的是，教师实际的需求往往与行政人员和政策制定者的认知存在差异。这种需求更多地源自教师对课程变革的“专业关切”。倘若教师认同这项专业活动，并且对自己成功实施这项活动的“效能感”很高，就容易产生内部动机并积极参与，而“效能感”的产生往往建立在一定的从事专

① 张华．课程与教学论［M］．上海：上海教育出版社，2000：356.

② 格拉特霍恩，博舍，怀特黑德．课程发展与领导［M］.2 版．高新建，邱郁伦，黄秋銮，等译．台北：华腾文化股份有限公司，2010：1–2，13–14.

业性活动所需要的知识、技能与能力上。此外，教师之间的合作与交往也是影响课程成功性的重要因素。教师之间因合作与交往活动而积累的信任、支持氛围越浓，课程的成功性就越高。

为了有效应用监测结果，需要从以下四个方面着手：其一，要向学校领导和教师清晰传达监测结果应用的意图与主旨，确保他们充分理解和接受这些核心思想，从而为后续的工作奠定坚实的基础；其二，要将监测结果应用与学校领导和教师自身职业发展、专业成长建立起密切关系，让他们意识到自己不仅是执行者，更是利益相关者，从而激发他们的积极性和参与度；其三，要引导学校领导和教师深入理解监测报告的内容，通过培训和实践提升他们应用监测结果的专业素养，确保他们能够准确解读数据并做出有效的决策；其四，要围绕监测结果的应用发起合作与交流活动，鼓励学校和教师积极参与，与上级行政与教研部门以及学校内部建立起良好的沟通与协作机制，共同推动教育质量的持续提升。

第三节

区域和学校的课程实施监测结果应用与改进案例

【案例 1】

从数据到证据，迈向“循证决策”的区域教育治理

——嘉定区普通高中课程实施监测结果分析与应用报告

本案例以嘉定区普通高中课程实施监测为例，探讨区域教育治理中循证决策的应用。通过对监测数据的分析，从成效评估和问题诊断两方面阐述数据的应用情况，包括课程规范管理、资源赋能、研训引领的施策成效，以及薄弱学科的识别等，同时展望提出将诊断结果转化为行动，提升区域数据治理能力，形成长效机制。

循证决策强调在决策过程中充分利用现有数据和证据，通过科学分析和评估，以事实为依据，提高决策准确性和有效性，其所遵循的“循证”理念源于西方的循证医学领域。1992 年，Guyatt 等在美国医学会杂志上首次提出循证医学概念，强调利用现有最佳证据制定诊治方案[①]。在此基础上，循证实践逐步推广应用，随着 1999 年英国布莱尔政府在《政府现代化白皮书》中提出“政策的制定应当基于当前的最佳证据”理念，循证决策走入公共管理领域，在各国政策文件中被提及和重视。例如，英国监管视野委员会（Regulatory Horizons Council）于 2021 年提出了循证决策框架，将其用于监管和评估技术创新对英国经济社会的影响，以确保决策公平性和高效性[②]；2021 年美国

① 温志强，胡峰．跨越“最后一公里”：循证决策中从数据到证据的转化困境与纾解策略［J］．信息资源管理学报，2022（4）：82-94.

② 杨克虎，郭丽萍，蔡立群．证据驱动的循证决策国际进展、趋势与展望［J］．图书与情报，2024（2）：102-108.

白宫发布《关于通过科学诚信和循证决策制定、恢复对政府信任的备忘录》[①]；2024 年，美国国家科学技术委员会（National Science and Technology Council，简称 NSTC）发布《利用社会与行为科学、推进循证决策的工作蓝图》（*Blueprint for the Use of Social and Behavioral Science to Advance Evidence-based Policymaking*）[②]。在教育领域，循证决策实践路径、行动框架等也在加拿大、墨西哥、韩国、拉美等国家或地区中得到广泛应用。

党的十八届三中全会提出了“国家治理体系与治理能力现代化”重大命题；党的十九届四中全会强调要完善权力配置和运行制约机制；2019 年中共中央、国务院发布的《中国教育现代化 2035》提出要推进教育治理方式变革，加快形成现代化的教育管理与监测体系，推进管理精准化和决策科学化，等等。这一系列政策和行动，体现了“循证决策”的中国视角，并强化了从基于局部调查、个人经验的决策走向基于证据的教育治理方式变革路径。而在数字化转型的背景下，“循证决策”离不开大数据这一基本要素，而从用途出发、将数据与经验判断结合，实现向证据的转化，又是其中的关键策略。

当前，嘉定教育正在积极推进“循证决策”模式的教育数字化治理，落到区级教研层面，加强课程规范管理、落实资源赋能、强化研训引领这三项区域教育管理的重要工作，是否取得预期成效，还有哪些疏漏或薄弱之处，后续应如何开展针对性干预，是嘉定区应用市级课程实施监测数据、探索“循证”之路的主要诉求。

一、区域背景描述和数据概况

嘉定区作为长三角地区的一个综合性节点区域，同时是上海五个新城之一。过去十年（2016—2025 年）来，嘉定区常住人口增长了 24.7%，增速位居全市之首，人口导入结构日趋多元化，人口集聚效应日益显著。然而，面对快速增长的人口需求，本区原有高中的学生承载量变得相对有限，办学内涵也有待进一步提升。因此，嘉定区高中阶段教育的扩优提质势在必行。一方面，区域加大投入，在持续提升原有高中办学质量同时，引入外部办学力量；另一方面，区域从规范管理、资源建设和专业引领三个方面着手，强化综合施策，形成了目前 12 所高中横向（办学历史）分化、纵向（学校层级）相对均衡的宏观结构（见图 5-6）。

① The White House，Memorandum on restoring trust in government through scientific integrity and evidence-based policymaking［EB/OL］.（2021-01-27）［2024-11-26］.https：//www.whitehouse.gov/briefing-room/presidential-actions/2021/01/27/memorandum-on-restoring-trust-in-government-through-scientific-integrity-and-evidence-based-policymaking/.

② National Science and Technology Council. Blueprint for the use of social and behavioral science to advance evidence-based policymaking［EB/OL］.［2024-11-26］. https：//www.whitehouse.gov/wp-content/uploads/2024/05/Blueprint-for-the-Use-of-Social-and-Behavioral-Science-to-Advance-Evidence-Based-Policymaking.pdf.

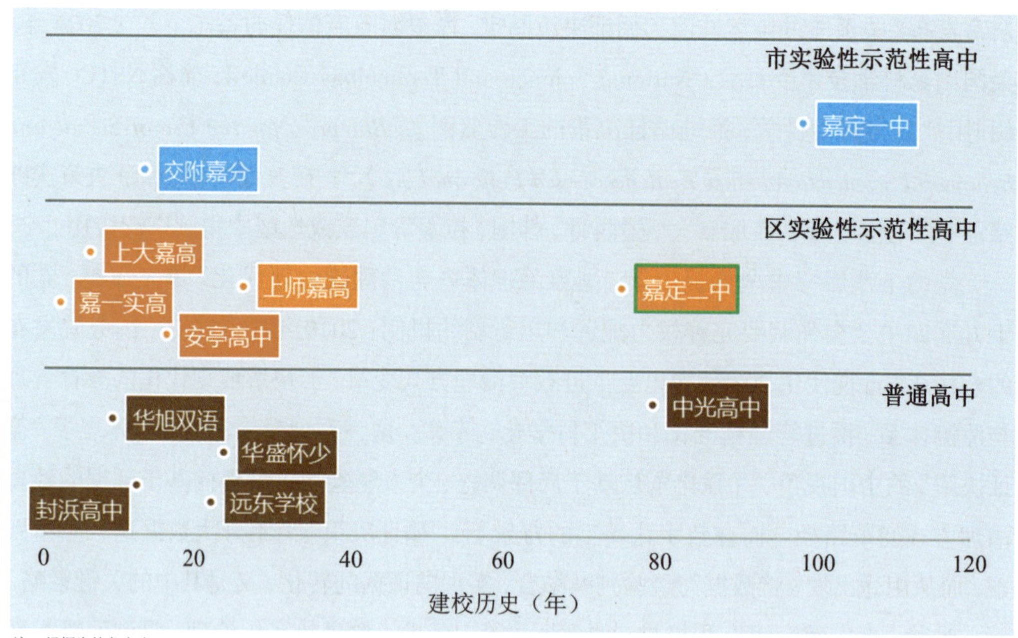

注：绿框为特色高中。

图 5-6　嘉定区普通高中布局

面对 12 所办学条件、发展路径、教育管理理念各有特点的学校，区域如何进行有效施策成为一大挑战。实践中，我们时常遇到各类难题。例如，在数据内容上，入学率、生均拨款和学生学业表现结果等体现区域治理结果的数据较为丰富，而指向学校内涵建设的过程数据较为贫乏；在采集方式上，大多依赖于针对特定问题的抽样调研，缺乏全面覆盖、结构化且能同时反映质量与数量的数据；在数据结果应用上，多用于评价问责，诊断作用未得到充分发挥；等等。这些难题，导致我们的教育治理模式更多是一种静态的“谋而后动”，而非动态的“随动而谋”。

2024 年 4 月，由上海市教委主持领导、上海市教师教育学院（上海市教育委员会教学研究室）组织实施的上海市普通高中课程实施质量监测（第一期）项目启动，含嘉定区在内的上海市三区先行参与。2024 年 5 月，第一期项目截止。2024 年 7 月区域取得数据反馈报告。

嘉定区数据反馈报告基于近 3.5 万条数据产生，涵盖了参测学校基础信息、学科课程、非学科课程（指综合实践活动、劳动、学校特色课程和重大主题教育）、学校管理与保障、区域管理与保障五大模块。报告为嘉定区 12 所普通高中的课程实施过程提供了丰富翔实的、指向内涵建设的数据，并按学科、学校两个维度描绘了标准参照和常模参照视角下的区域课程实施全貌，为本区深入开展成效评估、问题诊断提供了坚实的数据基础。

二、指向成效评估的数据应用

检验施策成效，是嘉定区应用课程监测数据的首要需求。区域教研管理的三大工作落实得如何，不仅要看绝对意义上“有多少学校达成目标”，还要从相对意义上“与其他区相比表现如何”来综合评判。

（一）关注点一：课程规范管理的施策成效

课程监测数据反馈报告中有多项关于学校课程管理结果的数据点。例如，在研究性学习、社会考察、志愿服务、劳动必修课程领域，提供了“学校是否建立校本化评估体系”（数据 A）、“学校是否编制实施方案”（数据 B）、“学校是否研制校本化评价工具”（数据 C）、“学校是否建设了校本化学习档案”（数据 D）等数据。我们将它们按规范管理的三个关键动作，即“立制、定规、建档”进行重新组合（见图 5-7），整体描绘本区学校在课程管理规范性上的表现。

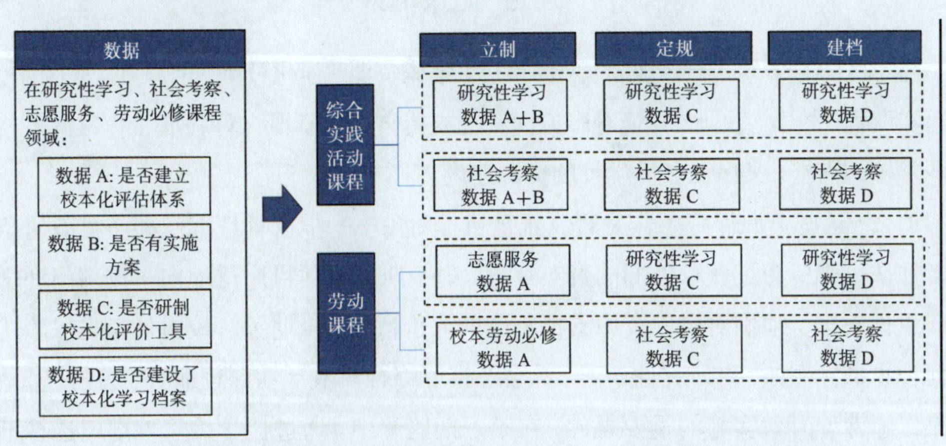

图 5-7 从“数据”走向具有教育管理意义的“证据”的路径举例

监测结果表明，本区高中在课程规范管理上表现突出，不仅学科类课程管理得当，而且综合实践活动、劳动等在高中学段容易“边缘化”的课程也展现出了良好的管理成效，如表 5-1 所示。例如，以研究性学习管理为例，本区有 82% 的学校完成了“立制、定规、建档”三个关键动作，这一比例远高于其他两区平均不足四成的水平（他区平均有 41% 的学校完成了“定规”，据此判断，同时完成“立制、定规、建档”的学校更少）。

表 5-1　体现综合实践活动、劳动课程管理规范的数据横向对比

课程		项目	立制	定规	建档
综合实践活动	研究性学习	本区	82%*	82%	91%
		他区平均	52%*	41%	49%
	社会考察	本区	55%	55%	64%
		他区平均	49%	42%	59%
劳动	志愿服务	本区	72%	64%	73%
		他区平均	54%	49%	62%
	校本劳动必修	本区	55%	64%	73%
		他区平均	53%	48%	43%

*82% 表示本区 82% 的学校完成了研究性学习“立制”工作，其他两区平均仅 52% 的学校完成了“立制”。表格内其他数字的含义依此类推。

（二）关注点二：落实资源赋能的施策成效

嘉定区一直秉承“统筹规划、协同推进、集聚资源、强化分类”的原则，从区、校层面落实课程、教学、教研、环境等多方面资源支持。这包括既做好托底工作以满足相对薄弱学校的需求，又保证资优学校的资源建设。

那么，这些资源保障工作是否真正被目标对象——学校管理部门和学科教研组所感知并认可呢？为了获取他们的真实评价，第一期监测项目广泛地向学校部门和学科教研组长采集了他们对课程资源支持程度的评价数据，以期了解校内外各类保障达到了何种水平。例如，对研究性学习、社会考察等综合实践活动课程而言，场馆、基地资源是保障课程有效实施的重要条件，在第一期监测中，通过让学校管理部门选择不同层次的选项，来了解此方面资源保障水平如何，如表 5-2 所示。

表 5-2　校内外资源保障评价内容

监测点	研究性学习的场馆、基地资源保障	社会考察的场馆、基地资源保障
工具	学校是否有固定的社会场馆、基地等支持研究性学习的实施？（单选题） 有丰富的场馆和基地资源 有一些场馆和基地资源 几乎没有资源	学校是否有相对固定的社会场馆、基地等支持社会考察的实施？（单选题） 有丰富的场馆和基地资源 有一些场馆和基地资源 几乎没有资源

监测结果显示，本区大部分学校为学科课程、综合实践活动、劳动和校本特色课程提供了充足的资源支持，反映了本区在落实全面育人方面的工作成效。例如图 5-8 所示，本区有 82%、91% 的学校在校本劳动必修课程、主题教育上得到了校内资源的充分支持，高于他区平均 65%、76% 的比例；本区有 82%、73% 和 73% 的学校为综合实践类校本课程、跨学科校本课程和综合主题类校本课程提供了充足支持，分别高于他区平均 51%、48% 和 54% 的比例。

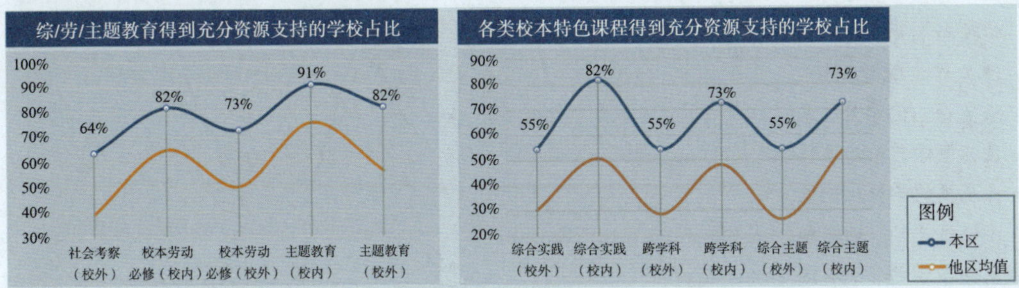

图 5-8　学科以外课程资源支持程度的横向对比数据

在学科课程建设上，嘉定区以“作业”为突破口，注重顶层引导、加强研训赋能、重视资源建设、强化经验提炼，以作业设计的科学性、针对性和多样化作为检验工作成效的考量指标。第一期监测的数据反馈报告中，提供了高中各学科在作业领域的大量数据，本区遵循将“数据”转化为“证据”的思路，将分散的数据点按前述三项考量指标进行归类，如表 5-3 所示。

表 5-3　考量指标归类

考量指标	考量内容	数据点
科学性	学校是否开展了作业属性标注的工作	各学科未开展作业属性标注的学校占比
针对性	学校是否根据学情建立校本作业库，以及校本作业的覆盖范围	各科目的校本作业占比
	校本作业是否兼顾了学生差异	各科目实施分层作业的学校占比
多样化	是否开展了跨学科作业、实践类作业等新型作业的探索	各科目在学期内布置了实践类作业、表现类作业、团队合作作业和跨学科作业四类新型作业的学校占比

基于以上框架整理各科目（由于体育与健康、音乐等科目对“回家作业”的范畴理解差异较大，此处仅挑选语数外等九门考试学科为例）的作业数据，形成各考量指标的

图表如下。

1. 作业设计的科学性

<table>
<tr><td>数据解读：图 a 显示语文、数学等九门考试学科下，本区和他区平均有多少比例的学校尚未开展属性标注工作。统计显示，除英语、化学外，本区其他学科未标注作业属性的学校比例低于他区平均，地理和生物学学科下，本区所有学校均开展了作业属性标注</td><td>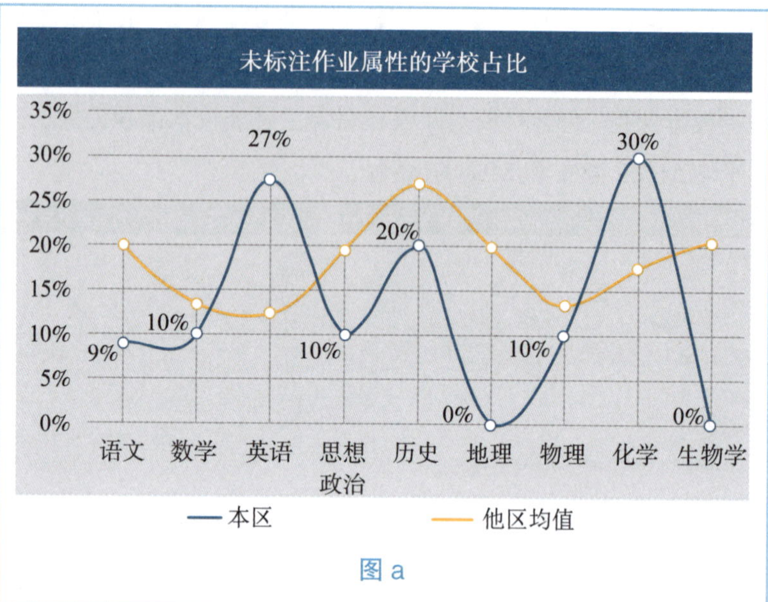

图 a</td></tr>
</table>

2. 作业设计的针对性

<table>
<tr><td>数据解读：图 b 显示了九门考试学科中的七门（除英语、化学外），本区校本作业比例超过 40% 的学校占比数据均高于他区均值</td><td>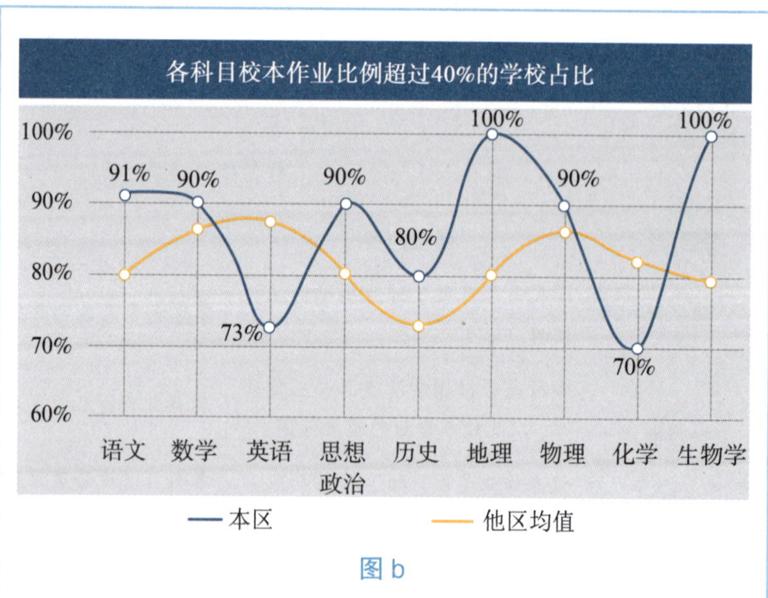

图 b</td></tr>
</table>

（续表）

<table>
<tr>
<td>数据解读：图c显示在数学、历史和地理学科上，本区有70%、50%和45%学校的校本作业占比超过80%，高于他区均值</td>
<td>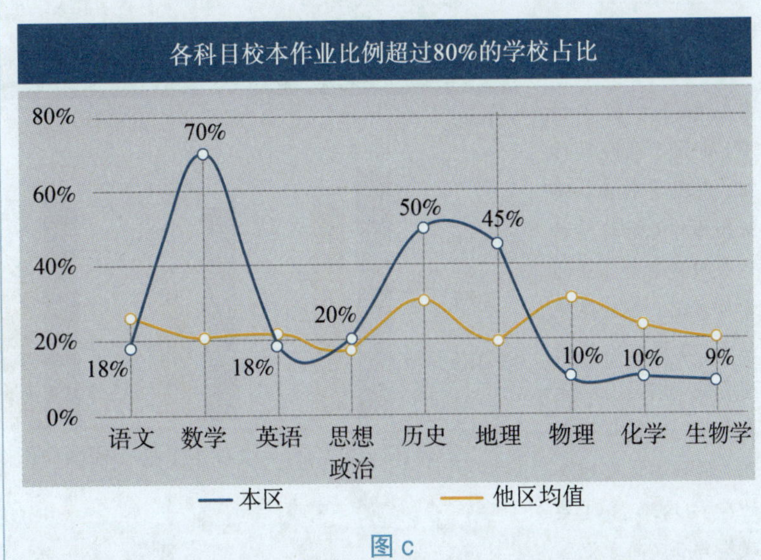

图c</td>
</tr>
<tr>
<td>数据解读：图d呈现了九门考试学科下，建设校本作业的学校中，有超过60%的学校在此基础上进行了作业分层。其中，语文学科下，所有建设了校本作业资源的学校，都按照分层实施的方式来设计校本作业</td>
<td>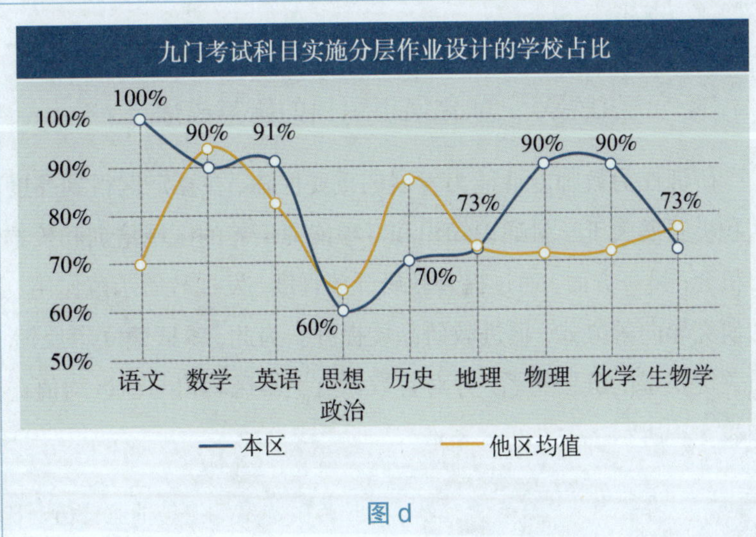

图d</td>
</tr>
</table>

3. 作业设计的多样性

数据解读：图 e 呈现了在过去一个学年内，九门考试学科下，布置了实践类作业、表现类作业、团队合作作业和跨学科作业四类新型作业的学校占比。统计结果显示，本区在四类新型作业的探索上，走在他区平均水平前列。例如本区有 86% 的学校均布置过实践类作业，高于他区 73% 的学校比例

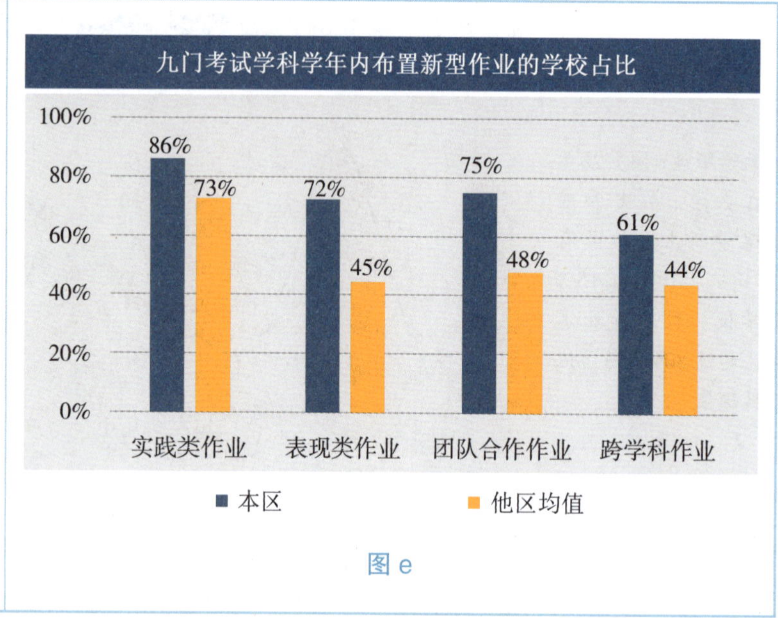

图 e

（三）关注点三：强化研训引领的施策成效

研训作为教师专业能力发展的重要保障，在嘉定区得到高度重视。一方面，嘉定区积极开展关于学科通识知识和专项能力培养的区域培训和校本培训，保障教师的学习机会；另一方面，通过提升教研开放程度、发挥教研示范作用、鼓励数字化转型取向和研究导向等方式，促进教研品质提升。为此，本区建立了反馈报告数据点与教研品质关键要素的链接关系，并对各数据点上本区均值与他区均值进行了比较，具体内容如表 5-4 所示。

表 5-4　基于数据点的本区均值与他区均值对比

教研品质的影响要素	数据点	本区均值	他区均值	横向对比结果
1. 教研的开放程度	过去一个学年内，校领导每学期参与 2 次以上的学科校本教研活动	52%	48%	▲**
	过去一个学年内，教研员或专家每学期参与 2 次以上的学科校本教研活动	50%	31%	▲

（续表）

教研品质的影响要素	数据点	本区均值	他区均值	横向对比结果
2. 教研的示范作用	过去一个学年内，学科教研组* 在区级及以上范围内进行教学展示的次数	1.49 次	1.13 次	▲
	过去一个学年内，学科教研组* 在校级范围内进行教学展示的次数	3.13 次	2.55 次	▲
	过去一个学年内，学科教研组* 发表或出版成果的个数	1.31 个	1.07 次	▲
3. 教研的研究取向	过去一个学年内，学校领衔开展的区域教育教学改革项目个数	3.80 个	2.11 个	▲
	过去一个学年内，学校参与的区域教育教学改革项目个数	3.30 个	0.93 个	▲
	过去一个学年内，学校开展的校内教育教学改革项目个数	8.91 个	5.27 个	▲
4. 教研的数字化转型导向	过去一个学年内，学科教研组组织的校内教学数字化转型的教研活动次数	1.48 次	1.71 次	▼**
	过去一个学年内，学科教研组参加的区内教学数字化转型的教研活动次数	1.65 次	1.77 次	▼

* 此处指语文、数学等九门考试学科。

** ▲指本区均值高于他区均值；▼指本区均值低于他区均值。

监测结果显示，本区在第 1—3 项影响因素上表现相对突出，但第 4 项因素上表现欠缺。例如，在“教研的研究取向”上，过去一个学年内，本区学校领衔开展的区域教育教学改革项目平均有 3.80 个，他区平均为 2.11 个；本区学校参与的区域教育教学改革项目平均有 3.30 个，他区平均为 0.93 个；本区学校开展的校内教育教学改革项目平均有 8.91 个，他区平均为 5.27 个。整体来看，本区学校在“研究取向”这一要素的各方面均表现突出。然而，在“教研的数字化转型导向”上，本区表现则弱于他区，过去一个学年内，本区各学科教研组组织的校内教学数字化转型的教研活动次数，以及参加的区内教学数字化转型的教研活动次数分别为 1.48 次和 1.65 次，均落后于他区平均值 1.71 次和 1.77 次。在数字化转型领域，本区仍有追赶空间。

三、指向问题诊断的数据应用

由于监测数据覆盖面广、内容庞杂，就点上的数据表现来诊断问题，容易导向片面，按主题或用途进行数据整合和对比，是更合理的方法。也就是说，当某主体（如学校、学科或某类课程）在一系列相关数据上都表现薄弱时，我们再将其作为“潜在问题”抽取出来，用于进一步研究。

例如，本区抽取了影响学科建设质量的一系列关键观测点，通过对比各学科在各关键点上的数据结果，发现某学科在课程设置、教学实施、评价机制、保障支持等多个观测点上普遍存在表现薄弱的现象，在本区众学科的横向比较中基本排在末位（见表5-5）。该学科被本区识别为“薄弱学科”后列为关注对象，后续本区将组织专业力量，开展进一步调研、摸排，识别导致薄弱的原因，展开精准干预。

表 5-5　某学科在“学科建设”主题下各观测点的数据表现举例

一级指标	二级指标	三级指标	观测点	某学科数据表现
课程设置	国家课程	学科课程	学科三类课程的排课方式	有42%的学校未开设该学科的选修课，为本区9门考试学科中开设选修课程的比例最低
教学实施	教学方式	跨学科学习	跨学科学习的落实程度	经等级化处理后，得分为2.82（最高等级为4分），在本区15门高中学科中位列末尾
		信息技术融合	信息技术融入教学的实施形式	有91%的学校处于“教师使用PPT、视频资源、工具软件、硬件设备等开展教学”的最基础水平，在本区15门高中学科中位列末尾
	个别辅导	辅导方式	个别辅导的信息化程度	有55%的学校信息系统在个别辅导中尚未实现智能诊断和学习资源推送，为本区9门考试学科中最低
评价机制	活动评价	学科活动评价	作业和作品评价、实践性活动评价和课堂表现评价等过程性评价工具应用	有73%、82%、82%的学校未应用作业和作品评价工具、实践性活动评价工具和课堂表现评价工具，为本区9门考试学科中最低

（续表）

一级指标	二级指标	三级指标	观测点	某学科数据表现
保障支持	研训支持	培训活动	培训内容领域、接受培训的人员占比	有27%的学校反映，教师命题能力和学科评级工具研制能力的提升主要依赖于教师自学，学校或教研组未作培训安排，为本区9门考试学科中最低
				在过去的学年内，本学科未组织过评价理论相关的区级或校级培训；参加考试命题区级培训的学校仅占9%，校级层面未组织过考试命题培训，以上三个方面在本区9门考试学科中位列末次
		教研活动	区域和学校教研活动的内容和频次	过去一学年平均仅举办了0.64次区级、0.64次校级数字化转型教研活动，位列本区15门学科倒数第二

四、反思与展望

数字技术赋能教育治理体系和治理能力现代化，是当下的一个重大实践课题。借助本次市级课程实施监测项目，嘉定区在上海市教委、上海市教师教育学院（上海市教委教研室）的指导下，经历了“规准—证据—诊断”的过程，并将在后续工作中持续推进，将诊断结果转化为改进行动，走完“循证决策”的完整闭环，并期待在这一过程中，促进区域数据治理能力的提升。如何将这一能力转化为更多的学校行动，如何形成长效机制，需要一线教育管理者发挥智慧与担当精神。

【案例 2】

基于课程实施监测数据的学校课程育人成效评估分析

2022 年，教育部印发《普通高中学校办学质量评价指南》，作为深化教育教学改革，提高普通高中办学质量的工作纲要，明确指出应坚持以评促建，强化过程评价和增值评价，有效发挥引导、诊断、改进、激励功能，促进普通高中多样化有特色发展。本文借参与普通高中课程实施监测的契机，基于数据进行二次分析，围绕课程、教学、作业、评价、资源五个方面探讨学校课程育人成效。

上海市曹杨中学是上海市首家特色普通高中，以“环境素养”培育为载体，坚持“大环境”育人的价值导向，执着追求“让每一位学生可持续地和谐发展”的教育理想，致力于培育学生与自然环境、社会人文环境以及人自身的心理环境和谐共生、协同发展的责任担当意识和自主力行能力。在新课程新教材全面实施的背景下，学校以课程改革作为主要突破口积极探索实践，在形成具有鲜明特色的课程校本化实施策略方面取得了一定的进展。学校以参与上海市教师教育学院（上海市教委教研室）“普通高中课程实施监测”项目为契机，对“双新”实施情况的 90 个监测点的 213 组相关数据进行分析，全面细致地审视了“双新”全面实施中学校课程的建设情况。本文从对数据进行二次分析解读入手，尝试从学生发展的角度探析学校课程育人成效。

一、支持学生全面加特长发展的课程体系

（一）彰显特色的“3+2”课程群

特色普通高中的“特”，首先体现在课程的“特”上。为有效落实立德树人根本任务，满足学生全面而有个性的发展需求，学校结合“双新”实施要求，基于“大环境”育人价值导向，对原有的课程结构进行了完善和优化，在全面开设国家课程的基础上，从整体上建构了指向五育并举、彰显特色的学校课程体系。由“大环境”概念的通识教育系列、“环境·科技”类课程群、“环境·人文”类课程群、“环境·心理”类课程群和实践体验类课程群组成的“3+2”“环境素养培育”特色课程群，形成了学校选修课程的基本框架（见图 5-9）。

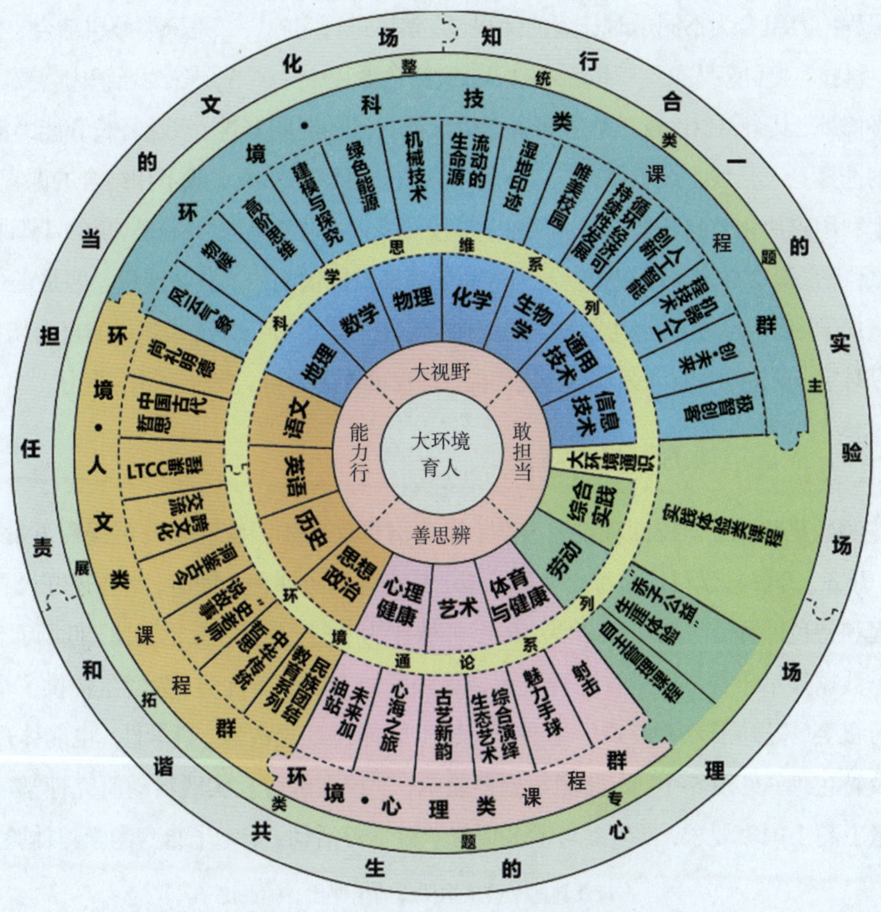

图 5-9　上海市曹杨中学课程体系设计

（二）特色与国家课程深度融合的“四式”策略

按照“双新”课程分类要求，探索并总结出学科融合式、专题拓展式、通识嵌入式、主题统整式“四式”策略，以释放学校课程的整体育人功能，优质高效地促进国家课程校本化实施，为学生个性发展提供更多、更丰富的选择和学习体验机会，提升育人实效。例如将“环境·心理”类课程群中校园自主管理系列课程、“赤子公益”志愿服务系列课程、职业体验系列课程嵌入劳动课程，作为劳动课程的补充，有效发挥课程的育人价值，同时彰显学校“环境素养培育”。再如依托学科开设的特色课程作为对学科内容的拓展延伸，开展诗歌韵律、数学建模等学科专题研究，实现学科课程的纵向深度学习。

（三）纵横联动的“四个结合”

一是长短课时结合，根据特色课程的设置目标和内容特点，将内容丰富但难度要求不高的课程内容组合为不同学时长短的课程包，整体进行实施。二是分类分层结合，学校的“环境·科技”“环境·人文”“环境·心理”三类特色课程中除了A层作为通识内容要求全体学生必修外，其余B、C、D三个层面由学生根据自己的时间安排、兴趣特长和能力潜质自主规划选择。三是线上线下结合，充分利用校内外资源开发线上线下相结合的课程资源，供学生利用碎片化时间开展学习。例如，学校开发了“绿色能源与科技”等8门慕课、“走进气象科学”等200多个微视频以及同济大学等高校提供的线上共享课程。四是正式学习与非正式学习结合，主要通过学习空间重构，实现正式学习与非正式学习的自由切换，释放学习时空，支持学生自我发起、自我调控、自我负责的学习，激活学习内驱力。

（四）丰富适切的课程设置

监测数据显示，学校课程设置合理，能严格贯彻落实国家和上海市课程方案要求，开足、开齐、开好各学科以及综合实践活动、劳动等国家课程。同时，学校还开设各类校本课程和特色课程61门，生课比为16.8，师课比为1.82，呈现“低生课比、低师课比”的态势。数据显示出曹杨中学在课程资源和教师资源上的显著优势，为学生提供了个性化的学习机会，提升了育人效果。在课程设置上既能体现规范性、科学性，也能体现出丰富性及特色性（见图5-10）。监测数据还显示，学校在综合性实践活动研究性学习的项目数量上超出国家要求，学生参与了多项跨学科学习活动，丰富了自身的学习体验。

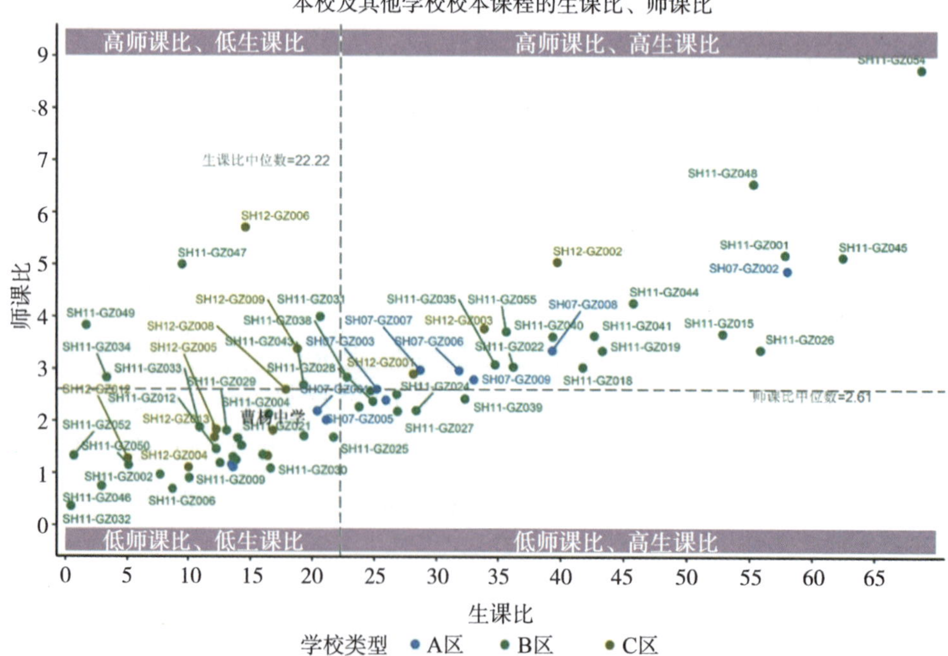

图5-10　本校及其他学校校本课程的生课比、师课比

二、促进学生思维成长的课堂变革

（一）重视学生自主建构学习能力的课堂实践

课堂时光是校园生活的主体，课程改革必然要变革教与学的方式。结合理论学习、长期的课堂教学改革实践和对学生发展的数据追踪分析，学校认识到提升学生思维品质是落实“双新”理念的现实需要和解决学校课堂教学面临问题的关键，只有抓住这个教学改革中的“牛鼻子”，才能牵一发而动全身。因此，学校围绕“双新”的高质量实施要求和学生的高阶学习需求，以思维能力提升为主线，推进课堂教学改革。学校将特色课程实施中凝练而成的积极价值观、生动的真实案例以及多样化的学习方式，系统融入必修课程的实施中。教师关注学生在课堂上的主动参与和思维活动，观察学生在参与具体课堂活动、回答某一问题时所展现出的思维层次，构建起“自主·合作·探究·体验”的课堂生态。教师在教学设计环节中抓住情境创设、认知冲突、分析解决、迁移应用四个关键要素进行整体教学设计；在教学过程中，运用真实情境的创设，在问题解决中引导学生自主建构学习，形成学习方法，激发学习动力。监测数据显示，学校自主性学习落实情况达到 70%，超过区平均水平，反映了学校在长期实践中对学生自主建构学习能力的重视与培养（见图 5-11）。

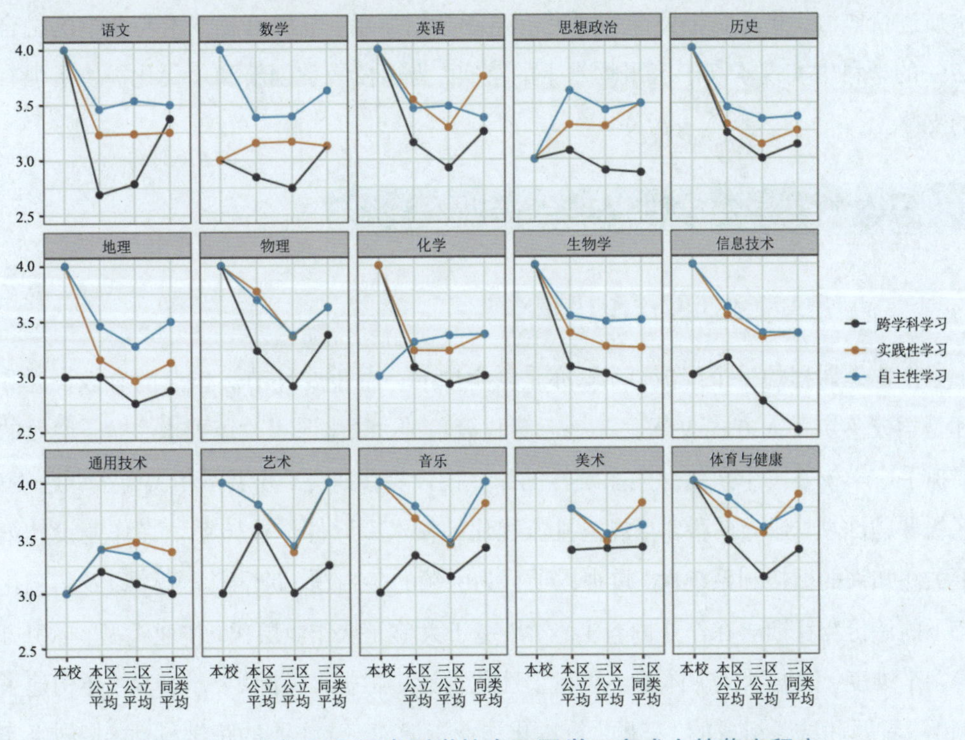

图 5-11　本校及不同类型学校在不同学习方式上的落实程度

（二）助力学生解决真实问题的“三大策略”

除了开展基于学科的项目化学习外，学校还倡导研究性学习以跨学科项目为主，进一步提高了学生在研究过程中综合运用各学科知识的能力。比如学校充分挖掘“大环境”中丰富的课程资源和更广泛的探究背景，将学科知识、生活中的实际问题糅合组成新的课题，开展以“生活中的环境问题”为主题的跨学科项目，以完成项目任务为载体，让学生在实践体验中学以致用，探索解决真实问题。数据显示，学校跨学科学习的落实情况在 60% 的学科中超过了区平均水平，这主要得益于学校采用了主题式课程统整、跨学科内容整合、实地探究体验三大策略，学生综合运用多学科知识解决复杂问题的能力得到显著提升。

（三）信息技术赋能的教学创新

以“千里竹下”综合创新实践项目为例，学校搭建跨区域生态系统远程观测数字平台，学生通过该平台实时开展长周期、远距离的科学探究活动。基于原有特色课程体系，学校进一步拓展学习空间，开发“千里水润”实践项目。在假期实践中，学生走出校园，赴杭州百丈镇实地测量竹林生长情况、计算竹林碳汇、对竹林生物多样性和小溪水质进行监测，并开展相关课题研究。监测数据显示，学校信息技术与教学的融合在 67% 的学科中实现了高于区平均水平的落实，为学校教学创新和现代化提供了强有力的支撑。

三、激发学生个性潜能的作业设计

（一）注重差异性的校本作业体系

作业是课程的一个组成部分，亦是教学中的一个重要环节。作业的有效设计和管理是学校落实育人方式改革、“双减”等政策精神，深化课程改革要求，提质增效的重要抓手。学校连续十余年探索系统性的作业设计实践研究，开展了相关市级课题 2 项、区级课题 2 项，建立了科学、规范且流程化的校本差异性作业体系。在作业设计策略上关注知识的衔接和系统性，重视以项目为引领的多主题、跨学科作业，以及信息化支持下的评价与反馈。在作业内容上，学校基于大单元从作业层次、作业类型、标引方式等多个维度，依据学生个体差异进行个性化设计。根据“双新”要求，学校还构建了由例题、习题和试题组成的“三题”校本化作业资源库，让作业的跨学科性、指向真实问题解决、促进思维成长等特点更加明显。监测报告显示，学校在课后作业方面的监测指标远高于区内以及三区平均水平（见图 5-12）。数据还显示，64% 的作业是在教材练习、学习任务或配套练习册基础上，补充了校本作业。基于校本需求的作业体系设计，帮助学生夯实了知识技能，也帮助学生在标准化内容之外获得更多个性化的练习机会。

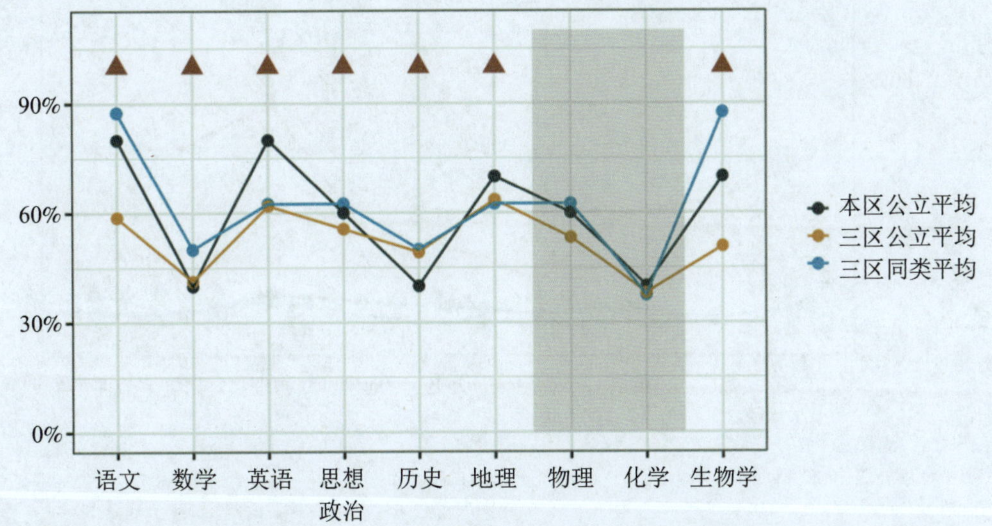

三角形指本校在该学科上做到了定期对所有学生作业习惯、质量做出评价并记录。

图 5-12 各科目做到“定期对所有学生作业习惯、质量做出评价并记录”的学校比例

（二）多元设计的新型作业

学校常采用主题式统整的项目化作业设计，探索纵向衔接、横向关联的作业设计，引导学生通过真实情境，跨学科运用所学知识解决实际问题。学生可以根据自己的兴趣和能力，在作业菜单中自主选择主题或者自己确定主题进行项目化研究，也可以在同一主题下衍生出不同的问题，运用不同的学科知识去解决实际问题，作业呈现出丰富的可选择性，也促进了学生的知行合一。数据显示学校有 80% 的学科布置了合作作业、跨学科作业、实践类作业和表现类作业这四类新型作业，明显高于区内同类学校（见图 5-13）。

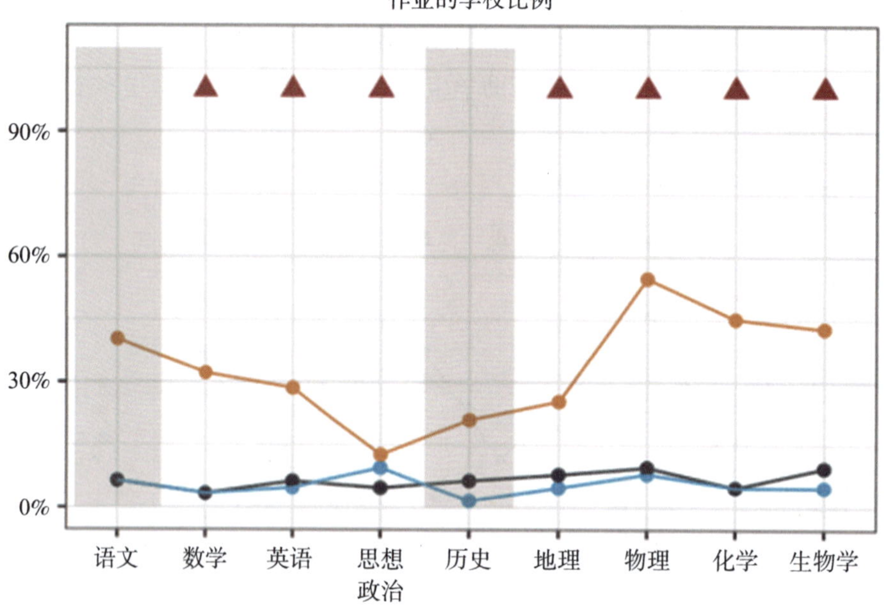

(a)

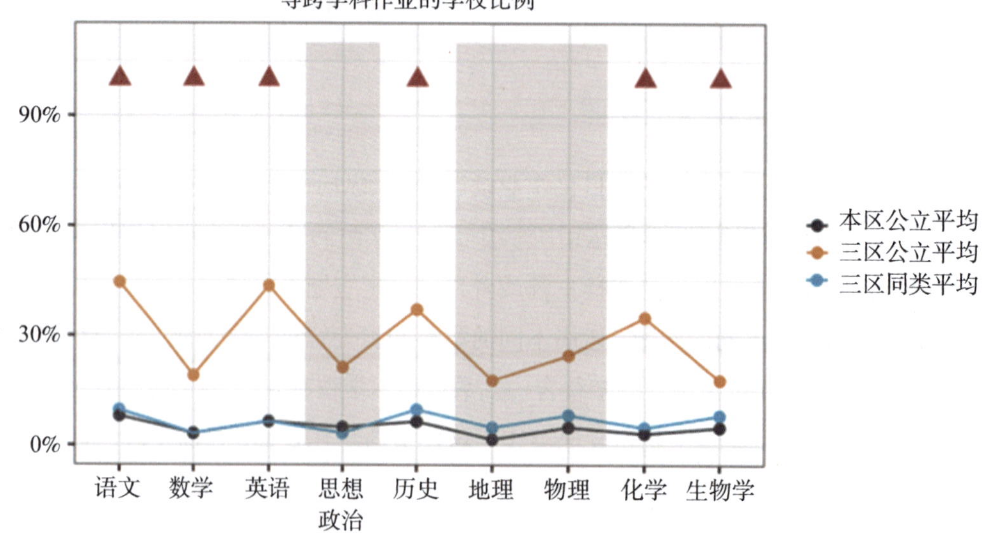

(b)

图 5-13　各科目布置四类新型作业的学校比例

（三）精准的作业推送

学校借助信息技术，建立差异性作业自适应平台，探索基于网络开展差异性作业的实施。利用平台对学生的作业进行数据收集与分析，对学生知识、能力多重评析，单次、多次综合评析，科学预警、有效分析，学生多次完成作业后，系统可以根据学生实际答题情况，智能推送作业，增强了作业的针对性和多样性。信息技术赋能，为“教”与“学”提供依据和资源，真正为学生提供精准的个性化、差异性作业。

（四）个别化的订正实施

各学科都有统一的批改标准和及时有效的反馈，在作业批改订正时，教师还注意进行错因分析，帮助改正学生的作业态度、作业习惯，这不仅提升了学生作业的质量，也有助于学生激发内驱力和改进学习习惯。监测数据显示，学校对所有课后作业都实现了 100% 的规范批改。在个别辅导方面，学校形成了系统的“个别化订正”实施原则，58% 的学科采用分层、分组辅导的方式，能较好地满足学生的个性化需求，远超区内平均水平，为不同层次的学生提供了有针对性的学习支持（见图 5-14）。这些探索都确保了作业成为有效的教学工具，既服务于学生的学业进步，也为他们未来的学习和实践打下坚实基础。

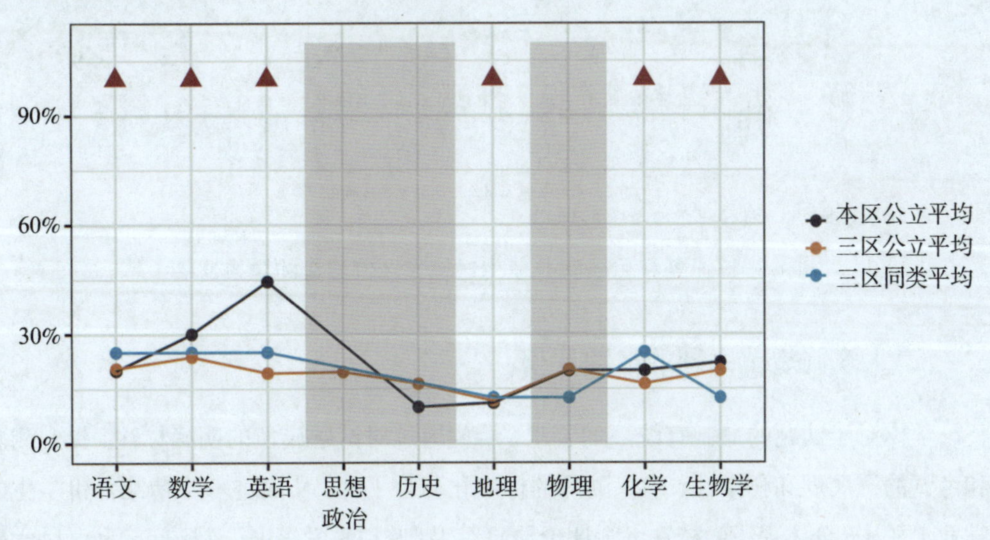

图 5-14　各科目采用“主要由教师依据学生情况分组，选择对象实施个别辅导”方式的学校比例

四、激励提升学生综合素质发展的评价体系

（一）研制校本化的评价工具

监测数据显示，学校在学业评价、学生活动评价、综合素质评价等方面的监测指标均优于区内以及三区平均水平，特别是在评价工具研制方面表现出色。如在作业或作品评价的校本化评价工具方面，学校覆盖率达到 71%；在校本化的实践活动评价工具方面，学校有 64% 的学科已开发并进行使用（见图 5-15）。这些评价工具帮助教师更加科学地评估学生成长，涵盖学生学习成果、兴趣态度、价值观、问题意识、研究方法、实践操作和表达能力等多个维度，并以反馈结果来不断完善教学措施，有效保障学生综合素养的全面提升。同时，71% 的学科已经使用了校本化的课堂学习评价工具，高于其他参测校大部分尚未研制和使用的现状，在课堂评价中关注学生积极参与、主动提问、学习兴趣、思维品质、探究方法等要素，更精准地反映出学生在课堂中的实时表现和能力发展，持续改进课堂教学效果。

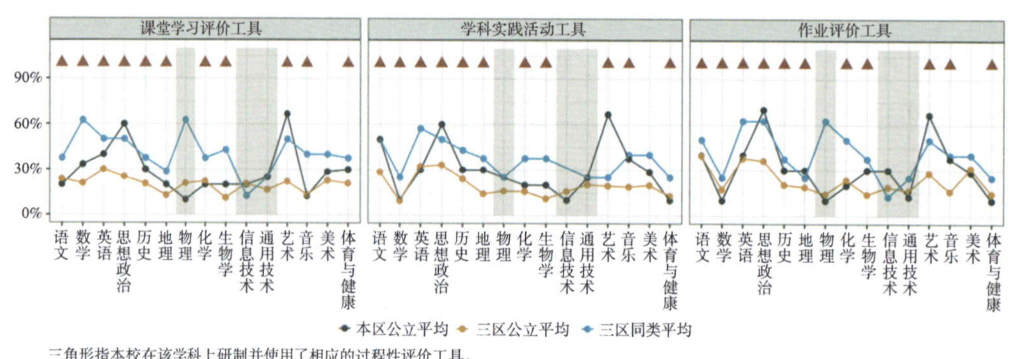

图 5-15　各科目研制并使用过程性评价工具的学校比例

（二）实施规范命制的试题评价

学校对于试题的命制有统一的要求，希望通过对试题属性的明确标注，提升测验和考试的透明度和科学性，确保测评的标准化与公平性，从而进一步精准评价学生的学业水平，充分体现了学校在发挥评价导向作用、监控教学进度、诊断问题和激励学生方面的实践成效。数据显示，学校所有学科的期末考试试题都需要标注试题属性，日常测验的试题属性标注要求也达到了 70%，高于同类学校。

（三）构建校本化综合素质评价体系

学校开展了市级课题"高中生'环境素养'评价体系的构建与实践研究"，该评价体系基于"环境素养"培育的目标指向，涵盖了学生学业成绩、思想品德、环境素养等多个维度，与国家的综合素质评价高度契合。学校采用自评、学生互评、教师评价相结合的评价方式，采用测验法、测评表、观察法、访谈法、查阅资料等多种方法获取数据，并设计了情境化、跨学科的评价工具，将定性与定量相结合，基于测评数据研究分析学生综合素养水平。在评价工具上运用数字化支持，建设了个性化的信息平台和评价工具。借助线上测评平台，助力开展多元主体的评价，进行长时间、大样本的数据收集，给学生提供群体画像和个性化画像，实现增值性评价（见图 5-16）。该评价体系还与学校的"生涯规划与体验"系列课程相结合，为学生提供科学合理的选科建议和职业规划信息，引导学生较为清晰地认识自我，科学地自我规划和发展，实现了评价体系对学生成长的深度支持（见图 5-17）。

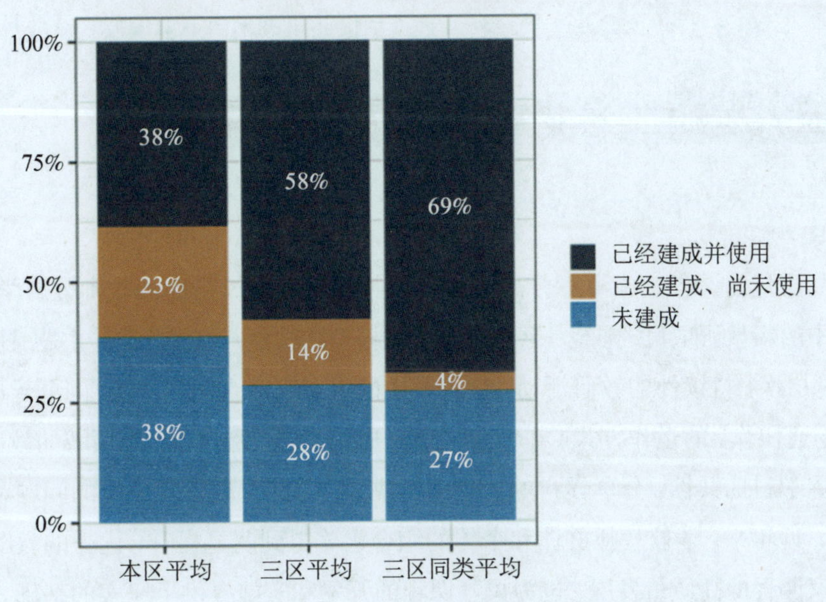

图 5-16　不同类型学校综合素质评价体系的建成和使用情况

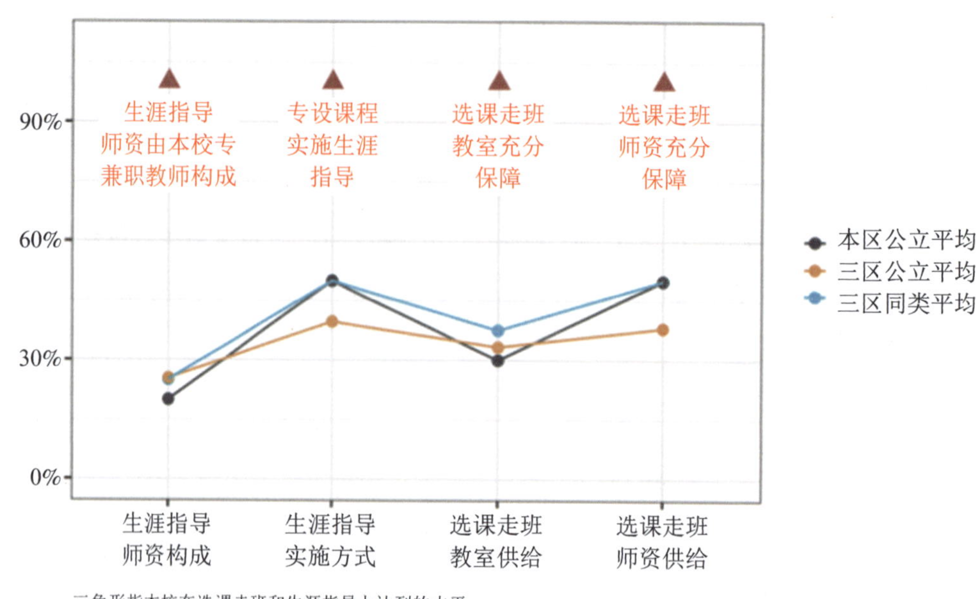

三角形指本校在选课走班和生涯指导上达到的水平。

图 5-17　本校与对照学校在选课走班和生涯指导上的资源支持程度

五、为学生提供丰富体验的课程资源保障

（一）高水平专业化的教师队伍

高质量的课程实施离不开高质量的教师队伍。学校借助市教师教育学院“双新”推进中的新教研项目，围绕“思维成长课堂模型的构建与实施”这一主题，开展了系列化、深层次、持续性的教研活动，针对其中的重点和难点问题，以“问题导向、任务驱动、沟通协作”的运作方式，在学校层面形成跨学科、跨学段、跨领域的教研团队，通过提炼学科的共性，分享学科的个性来解决课程、课堂教学实施中的问题和深化相关研究。近年来，学校教师群体和个体的综合素养得到明显提升，优秀的教师团队推动了国家课程的高质量发展，也为校本课程的开发和实施提供了坚实的基础。监测数据显示，学校部分学科的硕士比例和中级职称比例均高于本区平均水平，部分学科的“骨干教师”和“学科带头人”数量也超出本区平均水平，多门学科采用跨学科教研，近 50% 以上学科的教师荣誉比例也超出本区平均水平。监测数据还显示，100% 学科有固定教研活动时间、有年度或学期的工作计划并积累了活动档案，100% 学科开展了跨学科联合教研活动。

（二）“8 个有”的课程资源支持系统

学校有专门机构和人员负责社会资源的开发利用；有固定的来自高校、科研机构的专业人员组成兼职课程教师团队；有课程中心定期组织教师研究课程实施进程的问题和对策；有相关的专业部门和单位、32 个固定的课程实践基地；有一批国内外合作开展项目研究的中学；有大量稳定的有相关专业背景的家长，对母校怀有深厚情谊的校友组成的课程志愿者队伍，他们共同构建了学校课程发展的社会支持系统。在校内资源对学科三类课程实施的支持程度等方面，学校的监测数据远超其他学校和三区平均水平（见图 5-18）。

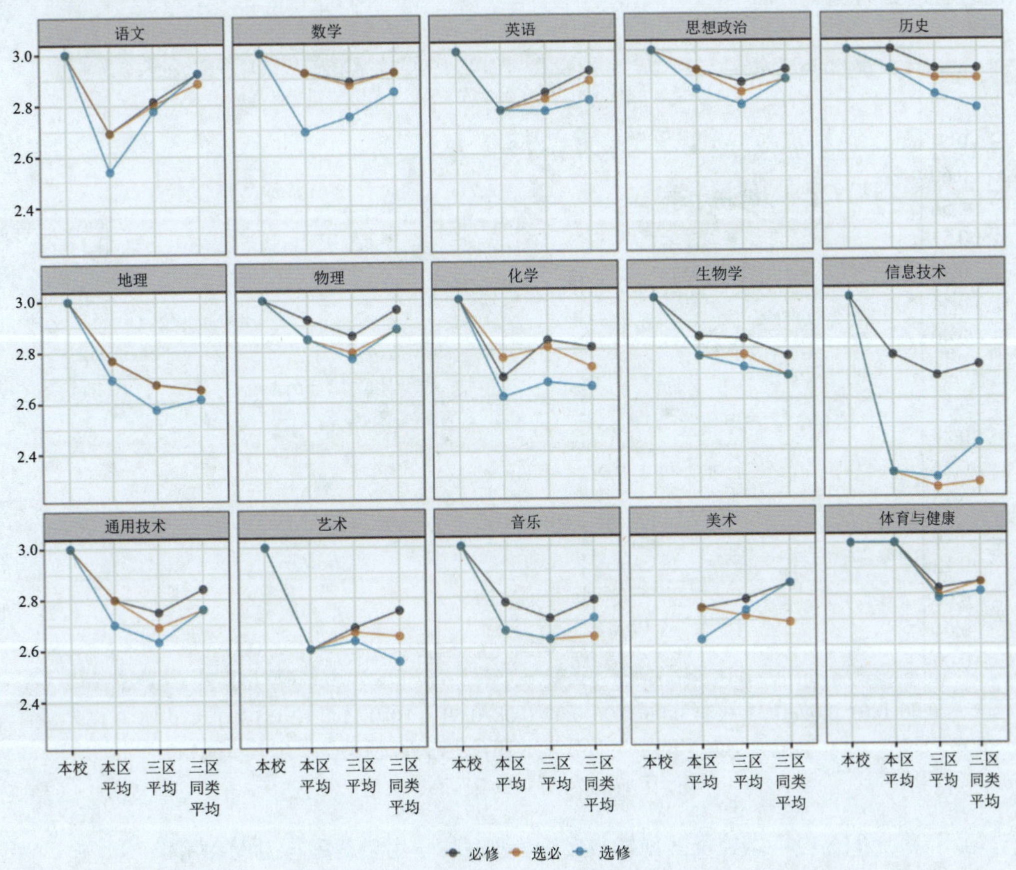

图 5-18　本校及不同类型学校对各科各课程类型的资源支持水平

（三）知行合一的“校园实验场”

学校建立了较为成熟的课程资源开发与管理机制，并通过持续更新设施设备，打破时空壁垒进行学习空间重构，将整个校园建成一个实验场，以满足日益丰富多元的课程需求。“校园实验场”中设置了既支持特色课程开展，又应用于实际校园生活的设施设备。例如在高中物理必修第三册《能源与可持续发展》章节的“风力发电和太阳能应用”的教学中，教师带领学生在真实的校园场景中利用各种风能和太阳能设施开展实际探究学习，对培养学生物理观念与应用、科学探究与交流、科学思维与创新、科学态度与责任有很好的助力作用。数据显示，学校的单位教学面积学生负载数为 0.04，体现了“高空间利用率、低学生负载率”的特点，从而确保了课程实施资源的稳定以及课程自身的更新迭代（见图 5-19）。丰富的课程资源让普通高中的学生有了不普通的学习体验，帮助他们在丰富的课程选择中发现并发展独特的才能，使学生个性特长发展的道路更为宽阔。

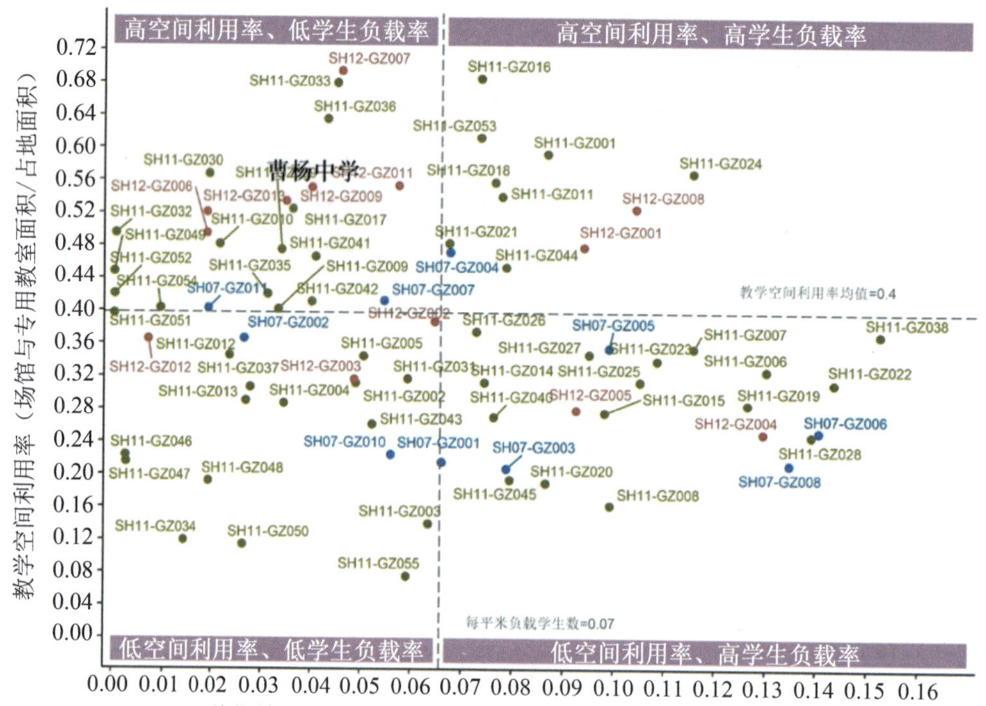

图 5-19　本校及其他学校场馆 / 教室的学生负载率与空间利用率

从监测数据的反馈中，学校也发现了一些仍然需要改进的问题，其中两个问题比较关键。一是学科之间发展水平不均衡，部分非高考学科相对薄弱。从监测数据可以看出，在信息化使用、新型作业设计、校本课程开发等方面，个别学科显示出理解和实施上的差距。学校将进一步完善课程管理机制，通过培训研修、交流展示、个别辅导、监控评价、人才引进等方式，持续提高薄弱学科教师的自主意识、理念认同、行为转变。二是信息化平台关联不够，赋能教育的作用发挥不充分。学校将借助数字化转型实验校和市信息化标杆培育校项目推进的契机，整合校内外技术力量，整体设计，研究打通平台关隘的可行办法，让信息技术和数字资源更充分地赋能学校可持续、有特色地发展。

【案例3】

“诊断+自评”助力学校课程实施质量再提升：来自监测的证据

为精准诊断与科学评估学校新课程新教材实施情况，上海海事大学附属北蔡高级中学于2024年参与了上海市普通高中课程实施监测工作。以监测数据为基础，深度分析与挖掘学校课程实施监测结果，针对学校课程实施现状，发现亮点与经验，对问题与成因进行分析，提出相应对策与思考，期望以“诊断+自评”监测结果分析与应用模式撬动学校课程实施质量再提升。通过参与本次课程实施监测，学校立足课程、教学、评价等内涵发展，基于监测数据从多层面剖析学校课程建设、学习方式变革、评价体系优化等一系列举措的实施效果。同时精准发力补短板，强化教师专业发展支持系统，切实提升学校课程实施水平，为新课程新教材实施提供一定的理论与实践参考。

近年来，为落实立德树人根本任务，发展素质教育，国家颁布了《教育部关于做好普通高中新课程新教材实施工作的指导意见》《关于新时代推进普通高中育人方式改革的指导意见》《基础教育课程教学改革深化行动方案》等文件，提出了深化课程教学改革，更新教育理念，转变育人方式，全面实施普通高中新课程新教材，深入推进适应学生全面而有个性发展的教育教学改革，形成普通高中多样化有特色发展的格局等改革要求。为贯彻落实这些纲领性文件，在普通高中新课程新教材实施过程中，基于实施素质教育的要求，为引导学校树立科学的教育质量观，必须转变过去单纯以结果鉴定、事后评价为主的学校评价模式，实现从行政监督到促进教育教学改进的评价理念转型，对学校的评价必须回归到学校教育教学和管理水平的轨道上来。①

2024年恰逢上海市普通高中课程实施监测之机，上海海事大学附属北蔡高级中学作为样本学校获得了本次监测的数据分析报告。通过开展本次监测，及时诊断学校课程实施各维度的现状，了解课程设置、教学实施、评价机制和资源支持水平，发现课程实施中的成功经验和存在的问题，促进学校自我反思和持续发展。通过监测工作，对学校新课程新教材实施情况进行评估与引领，强化“证据收集”和“数据分析”，成为构

① 马晓强．学校增值评价与学校改进［M］．北京：北京师范大学出版社，2024：26.

建循证支持的学校课程实施改进体系第一要义，即通过收集、分析和应用教育数据，科学评估课程实施的效果，依据这些证据来推动课程改进。[①] 立足于促进学校课程实施改进与内涵品质发展的视角，从课程设置、教学变革、评价机制、教师专业发展等维度进行深入诊断、自评，开展校本化总结分析，以“诊断 + 自评”监测结果分析与应用模式撬动学校课程实施质量再提升。

一、以“素养”立标，持续推进学校课程的系统建设

第一，构建支撑育人目标、校本化实施三类课程的学校课程新图谱。学校回应迈向海洋强国和上海建设国际航运中心这一社会大背景对教育与人才培养提出的要求，依托上海海事大学丰富的航海教育资源，确立“航海文化教育”为办学特色，被评为“上海市特色普通高中”。在多年的办学实践中，学校始终认为课程建设是高中特色办学的“船体”，教学变革是育人方式改革的“核心”。学校课程实施规划突出特色化、层次化与完善性。学校坚持以学生发展为本的课程理念，以“自主立身，合作共赢”的办学理念为引领，渗透、补充、拓展、延伸、增强、提升，整合航海文化与学校课程，优化国家通识课程、开发校本特色课程，强化学校课程的开放性、多样性与选择性，突出课程的人文性、实践性与创新性，使重构后的课程体系成为学校师生发展的重要载体。

学校根据新课程方案，将必修、选择性必修、选修三类课程与航海文化教育有机整合，加强国家课程、优化校本课程，做到三类课程既能面向全体学生的全面发展又能面向学生的个性完善，努力实现学校课程能满足基础型需求又能服务到发展型需求，强化课程的开放性、多样性与选择性，突出课程的人文性、实践性与创新性。[②] 学校结合航海特色和当前普通高中“双新”实施要求，在高质量落实国家课程的前提下，不断用“航海文化”为校本特色课程建设注入“续航力”，立足航海衍生的航海人文、航海科技、航海工程、航海军事、航海贸易等丰富内涵，架构了四个大类、五育并举的课程图谱（见图 5-20），增强课程的多样性和可选择性，通过选课走班的实施方式满足学生的差异化需求。

① 王洋．构建面向循证改进的中小学课程实施监测体系［J］．上海教育，2024（27）：10.
② 杨振峰，贾炜．新时代高中育人方式改革探索：上海市特色普通高中创建与评估实践［M］．上海：华东师范大学出版社，2023：109.

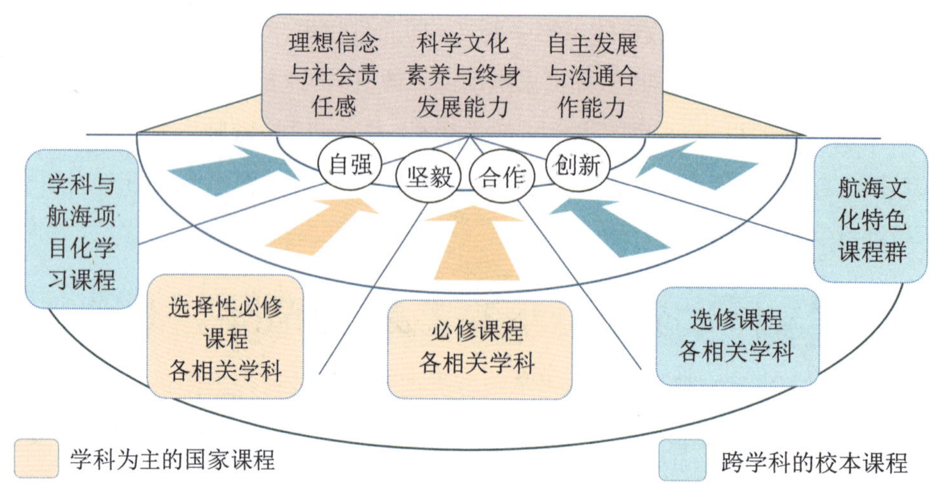

图 5-20　凸显办学特色的学校课程新图谱

第二，全学科开设基于学生需求的选修课程，增强选择性，促进因材施教。校本课程体现了课程的时代性、选择性、个性化。校本课程是增强学校办学特色，促进教师专业发展，服务学生个性化学习需求，发挥育人价值的重要载体。学校重视基于航海特色和学情实际的校本课程开发及实施，并将学科选修课的开设情况纳入学校学科发展评价体系，动员教师积极开设学科选修课程，提高教师参与课程开发的比例。根据监测数据分析结果，学校针对学生不同需求的选修课程供给比较充分，比如对高三学科选修课程开设情况如图 5-21 所示。

高三年级学科选修课程在本校的开设情况及在不同类型学校的开设比例

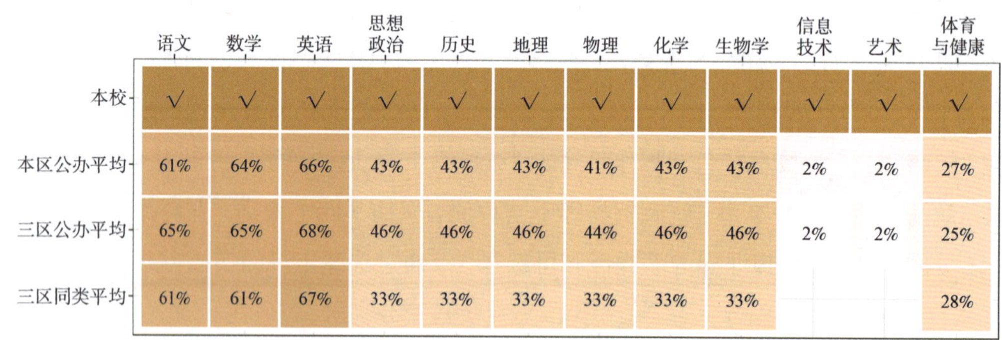

	语文	数学	英语	思想政治	历史	地理	物理	化学	生物学	信息技术	艺术	体育与健康
本校	√	√	√	√	√	√	√	√	√	√	√	√
本区公办平均	61%	64%	66%	43%	43%	43%	41%	43%	43%	2%	2%	27%
三区公办平均	65%	65%	68%	46%	46%	46%	44%	46%	46%	2%	2%	25%
三区同类平均	61%	61%	67%	33%	33%	33%	33%	33%	33%			28%

注：1.方框内数字指相应范围内有百分之多少的学校开设了该学科的选修课程。例如语文学科的三区公办平均数为70%，指三区有70%的公办学校在高三年级开设了语文选修课，其他数字以此类推。
2.如本校未开设相关选修课，则不体现在图上。

图 5-21　高三学科选修课程开设情况

将学科选修课程与学校办学特色紧密结合，关注学生的个体差异和个性化需求。根据学生兴趣与特长，结合高校相关专业要求和未来职业发展的愿景目标，丰富课程供给，给予学生更多的选择性，满足学生个性发展需求，促进因材施教。同时学校丰富的学科选修课程提高了学生的创新意识和实践能力，学生的兴趣特长和综合素质得到了进一步的发展和提升。

二、以“教与学方式”变革，培育学生学习素养

第一，推进“个性化学程”实施，提升教学实施与课程标准的一致性。学校的“个性化学程”包括分学科和跨学科两个层面。“个性化学程”顶层设计指向两个方面：一是进行国家课程校本实施的个性化学程研究；二是进行校本特色课程的个性化学程研究。学校着眼于学生学习素养培育，要求教师尊重学生的需求，创造性、个性化地根据教材内容进行个性化学程设计，帮助教师和学生从“教（学）什么”“怎么教（学）”“教（学）到什么程度”“如何评估教学效果”等方面整体思考教学，提升教学实施与课程标准的一致性。个性化学程就是师生在课前对教学内容怎么教和怎么学进行构思，课堂上可以留给学生更多的时间进行知识的建构。教师事前根据学生层次设计个性化学程单，借助信息化手段开发教学微视频，学生则根据选择的个性化学程单要求，采用观看微视频等方式进行课前自主学习，努力解决个性化学程单中提出的知识概念建构、内容质疑与迁移运用。

第二，推行“SAIL”课堂教学模式，促进教学方式转变。学校提炼出“SAIL”（航行）课堂教学模式：S 即 Student（学生）——以学生为中心；A 即 Activity（活动）——以师生、生生间活动为载体；I 即 Intellectual（智慧）——以培育学生高品质思维为导向；L 即 Linked（联结）——关注学习关联与系统化。概括起来，就是自主课堂、互动课堂、智慧课堂、统整课堂（见图 5-22）。“SAIL”课堂具备四大特征：以学生为中心，以师生、生生间活动为载体，关注学习的关联与系统化，以培育学生高品质思维为导向。①

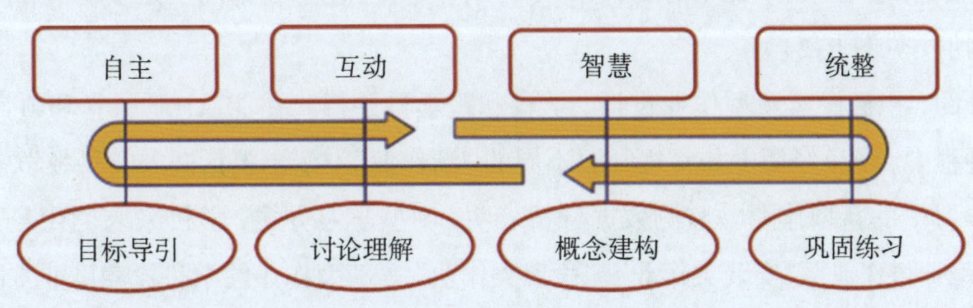

图 5-22 “SAIL”课堂教学基本环节及流程

① 马淑颖．创建航海文化教育特色高中的五大举措［J］．上海教育科研，2020（11）：33.

第三，促进学习方式变革，“双新”倡导的学习方式落实程度较高。落实新课程、新教材实施所倡导的课堂教学改革，“SAIL”课堂促进了教学方式的转变，教学不再过分强调死记硬背和反复操练，师生在课前对教学内容怎么教和怎么学进行构思，课堂上留给学生更多的时间进行知识的建构。这个过程中培养了自主阅读、搜集、组织、分析信息的能力以及交流、表达的能力，强调合作学习，有助于学生形成个性化的主动建构知识的学习过程。

从教学方式变革的水平来看（见图 5-23），学校达到水平三及以上的学科比例为 85.7%，高于全市、特色高中学校、区实验性示范性高中、市实验性示范性高中的平均水平。

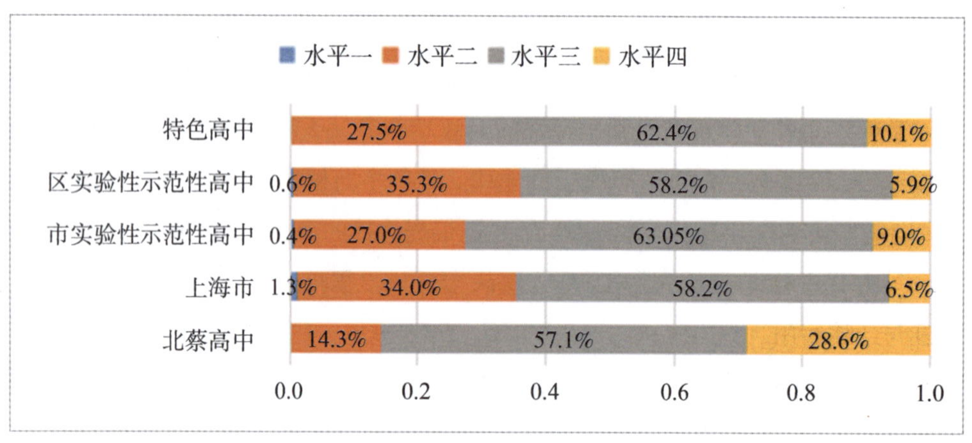

图 5-23　教学方式变革水平情况

监测数据分析表明，教学方式变革带动了学生学习方式变革。在理解式学习、实践性学习、自主性学习、跨学科学习和信息技术融入教学等方面，落实程度较高。在理解式学习、自主性学习、实践性学习、跨学科学习、信息技术与教学融合等的落实程度上，学校语文、数学、英语、历史、物理、音乐、美术 7 门学科都高于区平均值和同类学校平均值（见图 5-24）。

第四，积极探索新型作业设计，学科和跨学科并行。在“SAIL”课堂和项目化学习的过程中，学生经历了与常规学习不同的“新作业”体验，包括嵌入学科教学中和跨学科学习中的新型作业。监测数据分析表明，新型学习方式，学校采取“团队合作作业”“跨学科作业”“实践类作业”“表现类作业”等新型作业的学科覆盖度非常高（见图 5-25）。

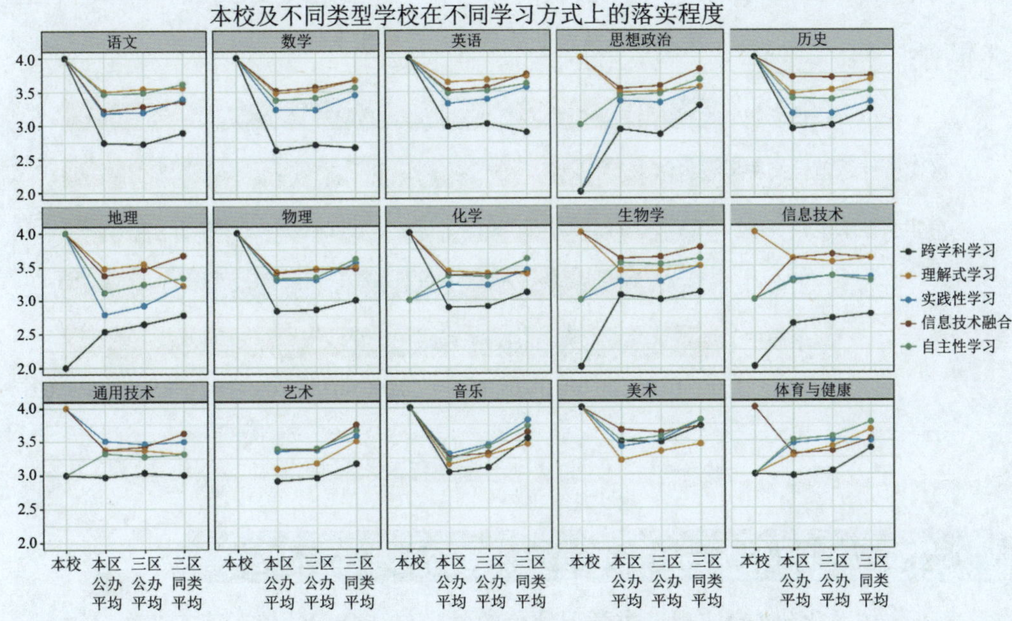

图 5-24 “双新”倡导的学习方式落实程度

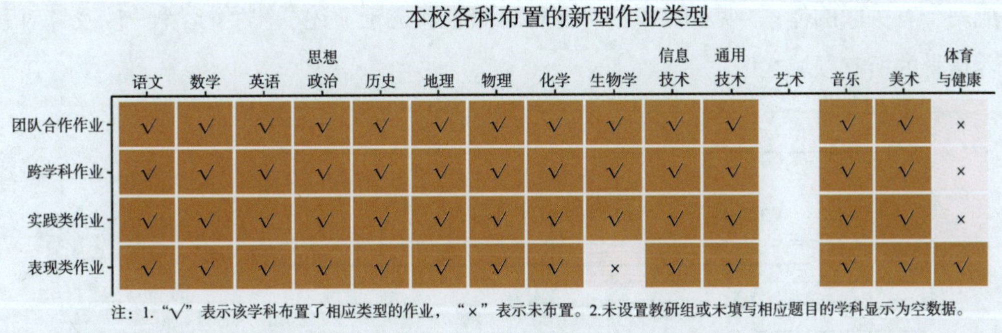
本校各科布置的新型作业类型

	语文	数学	英语	思想政治	历史	地理	物理	化学	生物学	信息技术	通用技术	艺术	音乐	美术	体育与健康
团队合作作业	√	√	√	√	√	√	√	√	√	√	√		√	√	×
跨学科作业	√	√	√	√	√	√	√	√	√	√	√		√	√	×
实践类作业	√	√	√	√	√	√	√	√	√	√	√		√	√	×
表现类作业	√	√	√	√	√	√	√	√	×	√	√		√	√	√

注：1.“√”表示该学科布置了相应类型的作业，“×”表示未布置。2.未设置教研组或未填写相应题目的学科显示为空数据。

图 5-25 各学科实施新型作业的情况

从作业设计与管理变革的水平（见图 5-26）来看，学校达到水平三及以上的学科比例为 92.9%，高于全市、特色高中学校、区实验性示范性高中、市实验性示范性高中的平均水平。

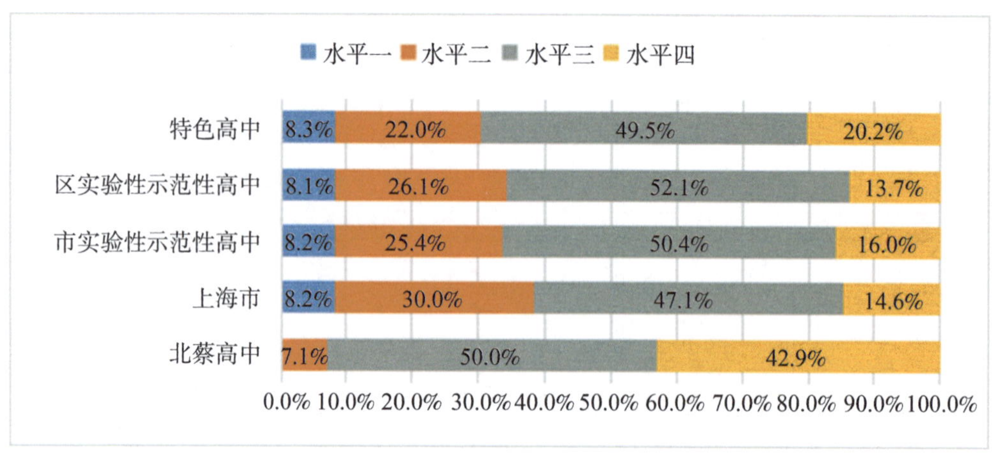

图 5-26 作业设计与管理变革水平情况

三、以"评价"伴随，促进"教、学、评一体化"

第一，体系化建构，实现三类学习评价的关联与结合。学校在落实"教、学、评一体化"的实践探索中，对学习评价根据素养立意的导向，注重将对标学生学习经历的"过程性评价"、对标阶段目标的"形成性评价"和对标学期目标的"终结性评价"组合成一个有关联的体系（见图 5-27）。这种思路也渗透于上述"个性化学程"以及针对素养培育的所有领域之中。

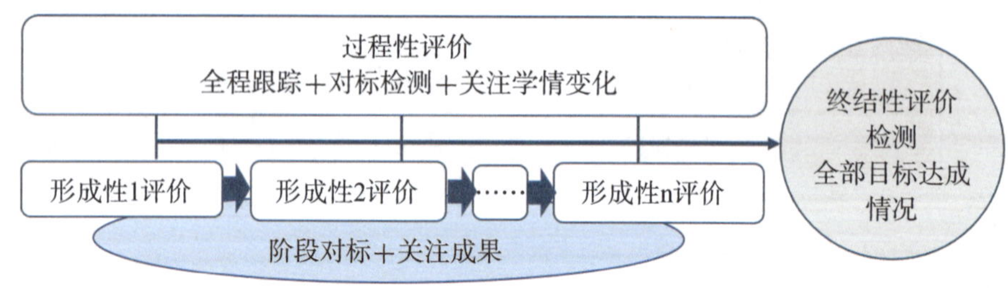

图 5-27 三类评价实施的结构关联

第二，研制校本化评价工具，分类形成校本化评价体系。在评价体系中，重视学生学习过程评价，通过研制与使用校本化的学习过程评价工具，促进课堂教学中教、学、评一体化，强化教、学、评过程的融合性，促进学科核心素养在课堂教学中的落实。关于学科课堂学习校本化评价工具的研制与使用情况，学科分布为 13 : 1，达到 93%。通过开发统一的过程性评价工具模板，确保评价维度涵盖学生的知识掌握、思维品质、探究能力、合作精神和创新意识，同时提升工具的科学性和一致性，减少评价中的主观性偏差。

对“研究性学习”校本化评价体系，关注要素包括问题意识、研究方法、设计能力、实践操作等；对社会考察的评价状况，则关注上报材料（过程性材料、研究报告、实物等）档案，已建成校本化评价体系（见图 5-28）；对劳动必修课程评价的关注要素，包括兴趣态度、团队精神、价值观、意志品质、问题解决、劳动技能、参与时间、体验收获等，评价体系也比较完善。

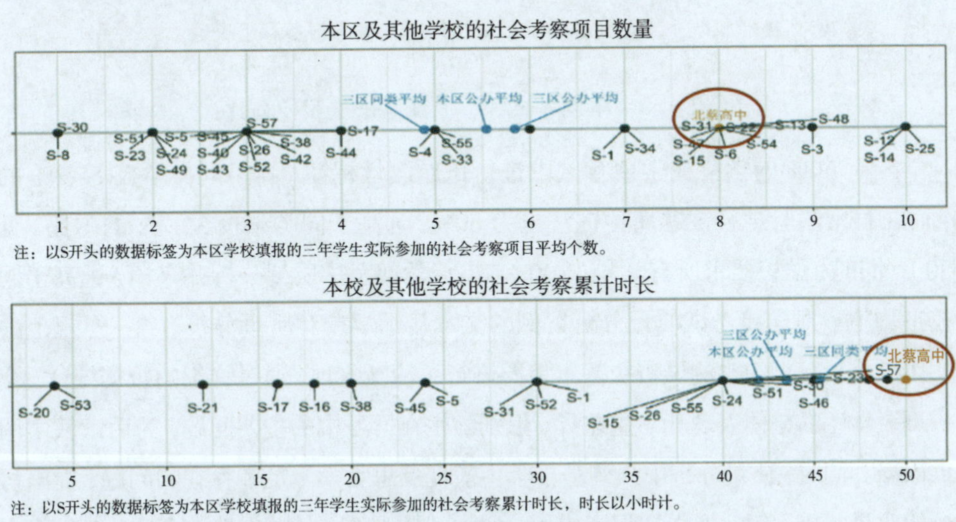

图 5-28　学校的社会实践活动课程评价情况

第三，分层分级管理，科学规范与自主能动有机结合。学校在学期考试和日常测验的管理方式上根据学科组实际情况采用分层分级的管理方式，数据显示在学期考试中，除语、数、英由学科备课组根据教学情况决定之外，其余 7 门学科均由学校统一规定。学校将日常测验的主要决定权下发至教研组和备课组，由教研组和备课组决定的比例增加至 60%。

对于日常测验频次的控制也体现出同样的特点，有 57% 的学科由教研组和备课组决定。采用分层分级的管理既保证了日常测验和考试的整体性和统一性，又兼顾了不同学科的具体情况和个性化需求，使学校能够更好地协调各方资源，优化测验和考试管理流程，体现了学校在管理中的科学性与自主性相结合的原则（见图 5-29）。

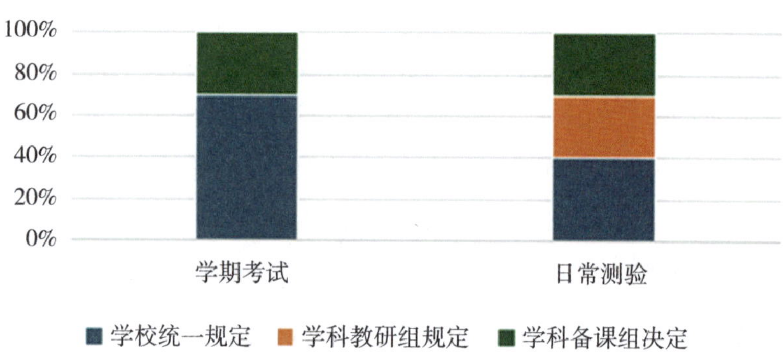

图 5-29　学期考试和日常测验的决定权占比

学校有 60% 的学科在学期考试中进行试题属性标注，高于同类学校 55.2% 的占比，而在日常测验进行试题属性标注也为 60%，远高于同类学校 33.2% 的占比（见图 5-30）。同时，学校要求所有学科（100%）进行学期考试质量分析并存档，远高于同类学校平均值。对学校考试质量分析案例的文本显示学校对质量分析有统一、规范的要求。质量分析案例中对测试班级基本情况进行了清晰呈现，通过详细的数据统计，全面分析班级学生的整体表现和学生差异，识别学生在学习中的主要问题，为后续教学调整提供依据。同时，质量分析中强调基于学生表现反思教学不足和存在的问题，提出切实可行的改进措施，包括加强知识点讲解、增加解题训练、多样化教学方法、强化能力提升等，提高学生的学习效果和教师的教学质量。同时，在考试质量分析中，学校不仅关注学生整体表现，还注重学生间个体差异，提出了个性化的辅导建议和改进措施。

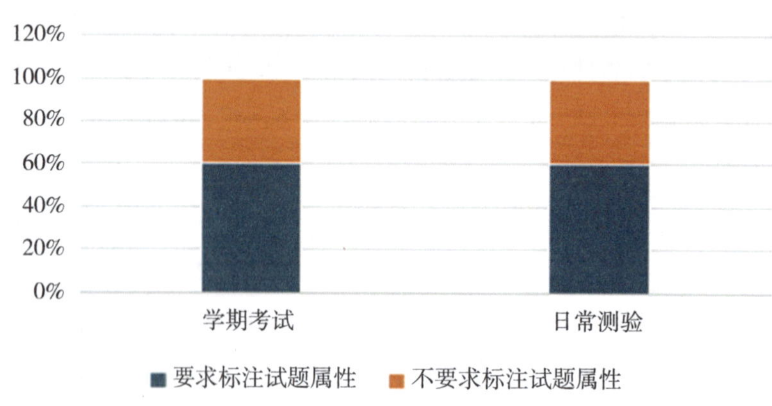

图 5-30　学期考试和日常测验的试题属性标注占比

第四，搭建信息化评价平台，多元评价与综合评价共塑画像。学校充分借助第三方信息化平台支持学业评价，支持学科达到 100%。学校开发了特色教育信息数据分析管理评价平台（“智慧校园”手机终端），形成适应综合素养培养与发展的学生学业评价体系，此次监测数据反映，学校对评价系统的建设和实施总体较好，而且注重与“双新”实施要求有机联系，既关注课堂学习评价，同时更关注学生综合素质评价。

目前学校学生综合素质评价平台包含学业管理、成长管理和校园生活三大功能模块。学业管理模块包括学生学业成绩、学习经历、作业情况 3 个分项目；成长管理则包含德育评价、身心健康、特长发展、社会教育经历等 7 个分项目；校园生活则对学生参加实践活动和志愿者活动、社团参与度、兴趣爱好和培养特色、职业生涯规划 4 个方面进行评价。通过这个综合、多元的评价体系，学校尽可能记录学生校园生活的方方面面，提供一个生动活泼、个性化的学生档案，以便教师、家长对学生发展的了解与指导。

四、精准发力补短板，为优化学校课程教学提质增效

近些年，学校紧紧围绕高中育人方式改革，在特色办学、“双新”改革、学生发展指导和学校治理建设等方面，尝试了一系列探索和实践，取得了一定的成效和经验，在课程领导力、教学变革力、学生发展指导力、教育质量评估力、教育条件保障力上，都高于其他类型高中学校均值（见图 5-31）。综合来看，学校在课程实施的课程领导力、教学变革力、学生发展指导力、教育质量评估力、教育条件保障力五个分维度，表现非常好；但在教师发展支持力上低于特色高中学校和市实验性示范性高中学校，需要进一步提高。

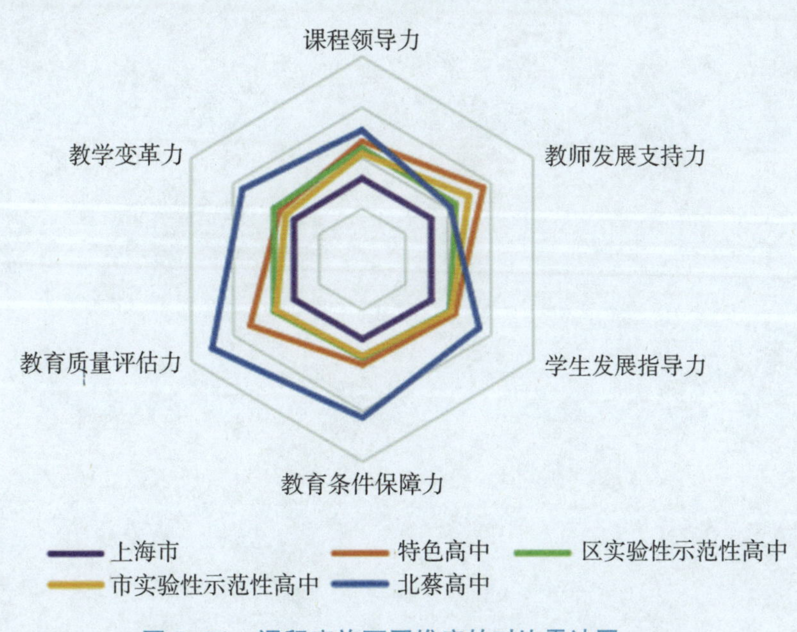

图 5-31 课程实施不同维度的对比雷达图

目前课堂改革的扎根与深化尚有不足，仍需在促进教师专业发展上持续发力、夯实基础、形塑学习共同体文化。在后续改进工作中，要关注教师的专业发展需求，为教学改进提供具体的帮助，营造学校的专业学习氛围。一是通过校本培训、校本教研提升教师教学能力，提升教师的教学实践知能。二是积极统筹资源，提供内外部资源促进校本教研的专家参与和指导。三是加强对外辐射、展示交流和项目研究，为教师搭建平台，提供多样化的专业发展渠道。

通过深入诊断自评，在本次监测数据中反应了新课程、新教材实施存在资源支持的困难与短板。学校自 2019 年开始分两期对校园进行整体改建，对原有比较成熟的航海科技创新实验室等设施设备都在迭代过程中，但目前本校已有专用教室和当前教学需要的匹配情况为“难以满足教学需要”，对智慧校园建设项目如何赋能课程实施和高质量办学导向也在完善过程中。

学校将以深入解读分析课程实施监测数据为契机，以“诊断 + 自评”监测结果应用模式促进学校课程实施质量全面提升。将长处优势进一步梳理总结，作为未来高质量发展的基础底气，发扬光大；对问题不足，聚焦关键立项攻关，成为面向新航程的探索命题，为提升特色高中办学品质不断注入新活力。

附 录
Appendix

附录 1

上海市三区特色高中学校课程实施监测报告

普通高中多样化有特色发展是当前我国普通高中教育发展的基本政策和主攻方向，是普通高中内涵建设的必经之路。党的二十大报告提出“坚持高中阶段学校多样化发展”。[①] 多项国家层面政策对普通高中多样化特色发展进行持续引导。上海市在国家政策文件的支持指引下，结合自身发展定位和需求，从 2010 年起积极开展特色普通高中创建工作，经历了从规划布局到具体实施，再到评估命名的全过程。至 2024 年 11 月，上海市通过项目引领、择校培育、分类建设的方式，已经创建并命名 20 所市特色普通高中。2024 年，上海市《关于新时代本市基础教育扩优提质行动计划的实施意见》再次指出要实施普通高中内涵建设行动，促进优质特色发展，强调“聚焦育人方式变革，突出创新人才培养，深化高中多样化发展，形成与上海城市定位相适应、与教育强国建设相匹配的理念先进、实践创新、特色多样、品质一流的普通高中发展新常态”。

持续深入开展特色高中评估工作对推动特色普通高中创建，深化普通高中多样化发展具有重要的引导意义。特色高中如何转化实施国家课程方案，如何通过有学校特色的课程建设、课堂教学、课程评价与学校管理创造性地实施课程改革举措，实施效果如何等等问题，都与特色高中评估与创建密切相关，应作为当下特色高中建设质量的重要标准。

① 习近平．高举中国特色社会主义伟大旗帜 为全面建设社会主义现代化国家而团结奋斗——在中国共产党第二十次全国代表大会上的报告［N］．人民日报，2022-10-26（01）．

2023 年 7 月—2024 年 3 月，在上海市教育委员会基础教育处领导下，上海市教师教育学院（上海市教育委员会教学研究室）开展了中小学课程实施监测的研究及试测工作。2024 年 4 月—6 月，在上海市三个区进行普通高中学校课程实施的数据填报，并开展数据统计与诊断评估等工作。借助上海市普通高中课程实施监测的契机，本报告以上海市三个区的课程实施数据为基础，抽取特色高中（共计 8 所）为分析对象，专题性地呈现上海市特色高中课程实施情况。

第一节

上海市特色高中创建的缘起、历程与成效

党的二十大报告提出“坚持高中阶段学校多样化发展”。实施普通高中内涵建设行动，推动普通高中多样化发展，促进普通高中优质特色发展，对于推进教育强国建设具有重要意义。在国家政策文件的支持指引下，结合自身发展定位和需求，上海市从2010年起积极开展了特色普通高中创建工作，以促进高中学校错位发展、特色发展和可持续发展，推进高中教育从分层教育逐步向分类教育发展。至2024年11月，上海市通过项目引领、择校培育、分类建设的方式，已经创建并命名20所市特色普通高中。反思总结上海市特色高中创建的缘起、历程与成效，可以深入剖析特色高中建设的经验与教训，提炼成功案例的共性特征，为未来进一步推动高中教育多样化、优质化和特色化发展提供宝贵的参考与借鉴。

一、缘起：普通高中教育改革的时代转向

普通高中教育是国民教育体系的重要组成部分，在人才培养中起着承上启下的关键作用。办好普通高中教育，对于巩固义务教育普及成果、增强高等教育发展后劲、进一步提高国民整体素质具有重要意义。[①] 我国普通高中教育在不同时期各有侧重点，呈现出阶段性的发展特征。我国普通高中教育发展大致划分为1978—1993年的优先建设重点高中、1994—2009年的示范性普通高中发展、2010年至今的普通高中特色化发展三个阶段。[②] 三个发展阶段的教育改革历程，不仅反映了我国教育改革的不断深化，也体现了对普通高中教育多样化和特色化发展的日益重视。

为推动普通高中特色化的建设，促进普通高中学校的内涵发展，国家在政策上给予了充分的支持和帮助。2010年7月，中共中央、国务院颁布的《国家中长期教育改革和发展规划纲要（2010—2020年）》（以下简称《教育规划纲要》）中明确提出要推动普通高中多样化发展，并鼓励普通高中办出特色。[③] 为响应《教育规划纲要》的要求，并进一步深

① 国务院办公厅．关于新时代推进普通高中育人方式改革的指导意见［EB/OL］．（2019-06-11）［2024-11-14］．http：//www.moe.gov.cn/jyb_xxgk/moe_1777/moe_1778/201906/t20190619_386539.html.

② 陈露．上海市特色普通高中建设研究［D］．上海：华东师范大学，2021.

③ 国家中长期教育改革和发展规划纲要工作小组办公室．国家中长期教育改革和发展规划纲要（2010—2020年）［EB/OL］．（2010-07-29）［2024-11-14］．http：//www.moe.gov.cn/jyb_xwfb/s6052/moe_838/201008/t20100802_93704.html.

化教育体制改革，国务院办公厅同年 10 月发布了《关于开展国家教育体制改革试点的通知》，决定在部分地区和学校开展普通高中多样化、特色化发展试验，建立创新人才培养基地。① 上海市凭借其深厚的教育底蕴和改革创新精神，被选为这一改革试点的重要地区。

上海市在国家政策文件的支持指引下，结合自身发展的需求，在出台的相关政策中积极推动普通高中多样化和特色化发展。在 2010 年颁布的《上海市中长期教育改革和发展规划纲要（2010—2020 年）》中指出“支持高中学校从实际出发，发挥传统优势，探索多样化办学模式，形成独特的教育理念和人文环境，形成一批教育方式独特、学科优势明显、活动富有创意等特色高中。总结和推广高中特色办学经验，发挥优质高中在特色办学中的示范和带动作用”。②

正是基于这一系列政策文件的指导和支持，上海市教委积极响应并迅速行动，于 2011 年正式启动了特色普通高中建设与评估工作。

二、历程：配套教育政策的持续推动与保障

（一）国家层面政策对普通高中多样化特色发展的持续引导

自《教育规划纲要》开启了鼓励和推动普通高中多样化特色发展的进程之后，多项国家层面的政策文件都重点强调了该项工作的重要性（见附表 1-1）。

附表 1-1 国家层面对普通高中多样化特色发展的政策

时间	发文单位	文件名	相关内容
2017.03	教育部等四部门	《高中阶段教育普及攻坚计划（2017—2020 年）》	推动学校多样化有特色发展。深化普通高中课程改革，探索发展综合高中，充分利用信息化手段促进优质教育资源共享
2019.06	国务院办公厅	《关于新时代推进普通高中育人方式改革的指导意见》	到 2022 年，德智体美劳全面培养体系进一步完善，立德树人落实机制进一步健全。普通高中新课程新教材全面实施……普通高中多样化有特色发展的格局基本形成

① 国务院办公厅．关于开展国家教育体制改革试点的通知［EB/OL］．（2010-10-24）［2024-11-12］．https：//www.gov.cn/gongbao/content/2011/content_1786411.htm.

② 上海市人民政府．上海市中长期教育改革和发展规划纲要（2010—2020 年）［EB/OL］．（2010-10-29）［2024-11-14］．https：//fzghc.shiep.edu.cn/38/6d/c297a14445/page.htm.

（续表）

时间	发文单位	文件名	相关内容
2021.12	教育部	《普通高中学校办学质量评价指南》	关注学校特色发展和学生个性发展情况……促进普通高中多样化有特色发展
2023.08	教育部等三部门	《关于实施新时代基础教育扩优提质行动计划的意见》	推动普通高中多样化发展。建设一批具有科技、人文、外语、体育、艺术等方面特色的普通高中，积极发展综合高中

（二）上海市陆续出台多项政策支持普通高中的多样化特色发展

为有力推进特色普通高中建设与评估工作，上海市陆续出台了多项项目支持政策，并在多项教育规划或督导评价意见中强调了对该工作的关注和支持（见附表 1–2）。

附表 1–2　上海市对普通高中多样化特色发展的政策

时间	发文单位	文件名	相关内容
2014.06	上海市教育委员会	《上海市推进特色普通高中建设实施方案（试行）》	通过上海市特色普通高中建设，在全市建成一批课程特色遍及人文、社科、理工、艺体等多个领域，布局相对合理，有效满足学生多样化学习需求的特色普通高中，并发挥示范引领作用
2016.10	上海市教育委员会	《上海市推进特色普通高中建设三年行动计划（2016—2018 年）》	通过三年行动计划的实施，在全市形成一批覆盖领域广泛、特色鲜明、定位科学、水平较高、上海知名，在全国具有一定影响力的特色普通高中。通过特色办学撬动学校发展方式和育人模式转型，努力形成上海普通高中分类发展、百花齐放的局面
2021.04	上海市教育委员会	《上海市普通高中发展性督导评价指导意见》	特色发展。主要包括改革实验和特色辐射。重点考察学校教育教学改革的创新实践、办学特色建设过程，以及学校近年办学取得的明显成效及社会影响力
2021.07	上海市人民政府	《上海市教育发展“十四五”规划》	推进新一轮特色普通高中建设三年行动计划，促进普通高中特色多样发展

（续表）

时间	发文单位	文件名	相关内容
2024.07	上海市教育委员会	《关于新时代本市基础教育扩优提质行动计划的实施意见》	推动普通高中多样化发展。研制并实施本市高中高质量发展政策，聚焦育人方式变革，突出创新人才培养，深化高中多样化发展，形成与上海城市定位相适应、与教育强国建设相匹配的理念先进、实践创新、特色多样、品质一流的普通高中发展新常态

自2010年起，上海市特色高中创建工作经历了从规划布局到具体实施，再到评估命名的全过程。初期，上海市教委通过广泛调研和专家论证，明确了特色高中创建的目标、标准和路径。随后，通过项目引领的方式，选取了一批具有潜力的学校进行试点培育。这些学校根据自身优势和特色，制定了详细的创建方案，并在课程设置、师资队伍建设、校园文化建设等方面进行了大胆创新和实践。经过几年的努力，这些学校逐渐形成了各自独特的办学风格和特色课程体系。

2014年，上海市教委出台了《上海市推进特色普通高中建设实施方案（试行）》（以下简称《实施方案》），进一步规范了特色高中的创建工作。《实施方案》指出上海市特色普通高中是指能主动适应上海城市功能定位、社会和地域经济发展以及学生发展的需求，有惠及全体学生、较为成熟的特色课程体系及实施体系，并以此为基础形成稳定独特办学风格的普通高中学校（含完中、十二年一贯制、十五年一贯制学校的高中部）。《实施方案》指出上海市特色普通高中建设坚持“校本化、递进性、稳定性”的建设原则；采用“项目孵化、滚动推进；分类指导、分阶提升”的策略，运行“学校自主规划、区县推荐支持、项目滚动指导、探索分阶管理”的机制。特色普通高中建设一般经历三个发展阶段：第一阶段（特色项目阶段），学校至少有一个适应学生需要的富有特色的课程或项目；第二阶段（学校特色阶段），学校围绕特色领域，形成相应的特色课程群，形成面向全体学生、层次递进的特色课程体系，形成一定的办学特色；第三阶段（特色学校阶段），学校以特色领域为主线，制订发展规划，形成系统引领和支撑学校发展的办学思想、发展目标、课程体系、教师架构、管理制度、资源体系和辐射机制。总体而言，市教委组织实施上海市推进特色普通高中建设项目，通过学校自主规划、项目滚动指导、建设目标引领的方式，根据特色普通高中建设三个发展阶段的建设路径，引导普通高中学校找准发展阶段、聚焦特色课程建设，提升学校特色办学水平。

2014年，《实施方案》还给出了“上海市特色普通高中建设参考指标”，具体从发展基础、育人目标、课程体系、支持系统四个方面的指标对学校创建情况进行评价。

2016 年，上海市教委出台了《上海市推进特色普通高中建设三年行动计划（2016—2018 年）》（以下简称《行动计划》），文件坚持“力求推动高中学校错位发展、特色发展和可持续发展，促进高中教育从分层教育逐步向分类教育发展，为进一步培养符合未来发展需要的创新型人才奠定坚实的基础”为指导思想。《行动计划》的目标是通过三年行动计划的实施，在全市形成一批覆盖领域广泛、特色鲜明、定位科学、水平较高、上海知名，在全国具有一定影响力的特色普通高中。通过特色办学撬动学校发展方式和育人模式转型，努力形成上海普通高中分类发展、百花齐放的局面。《行动计划》给出了 5 条创建路径：①规划引领，分阶段推进创建过程；②聚焦课程，融合普通课程与特色课程；③整合资源，丰富特色育人供给；④积极探索，形成常态运行机制；⑤创新平台，建设特色育人载体。《行动计划》的实施方案中指出“按照成熟 1 所创建 1 所、创建 1 所、命名 1 所的原则，有序推进相关创建工作”。

2021 年，上海市教委发布了《上海市普通高中发展性督导评价指导意见》（以下简称《督导评价意见》），该意见指出以“切实提高高中育人水平和教育教学质量，形成本市普通高中多样化有特色发展的格局”为目的。《督导评价意见》包含“学校治理”“教育教学”“资源配置”“学生发展”“特色发展”5 个一级指标、12 个二级指标及 28 项评价要素。其中“特色发展”部分的督导内容为：“主要包括改革实验和特色辐射。重点考察学校教育教学改革的创新实践、办学特色建设过程，以及学校近年办学取得的明显成效及社会影响力。学校可聚焦发展涉及的关键领域及要素，自主选择重点目标，强化发展优势，体现‘发展性’特征。‘改革实验’关注学校聚焦深化育人关键环节和重点领域改革，立足学校实际开展的项目或课题研究的实践与成效；‘特色辐射’关注学校特色课程和办学特色的独特育人价值，关注学校在原有基础上的发展和进步，以及通过改革创新实践及特色创建形成的可示范、可辐射的典型经验。”

2024 年，上海市教委发布《关于新时代本市基础教育扩优提质行动计划的实施意见》（以下简称《实施意见》），该文件指出上海市要“实施普通高中内涵建设行动，促进优质特色发展”。《实施意见》中涉及推动普通高中多样化发展的内容如下：“研制并实施本市高中高质量发展政策，聚焦育人方式变革，突出创新人才培养，深化高中多样化发展，形成与上海城市定位相适应、与教育强国建设相匹配的理念先进、实践创新、特色多样、品质一流的普通高中发展新常态。坚持分类发展和分层管理相结合，着眼激发每一所学校的改革动力和发展活力，打造一批市级学科教学高地学校，培育一批创新特征显著、育人方式先进的改革示范校，建设一批内涵更加丰富、育人持续精进的特色发展校，成就一批新优质高中成长校，带动面上学校树立新的发展理念和新的质量观。”

三、成效：特色评估引领下的百花齐放

（一）上海市特色普通高中的发展格局：百花齐放

根据《中国教育现代化 2035》《上海教育现代化 2035》《上海市推进特色普通高中建设实施方案（试行）》等文件精神，在学校申报、区教育行政部门审核同意的基础上，自 2016 年起第一次开展上海市特色普通高中评估。截至 2024 年 11 月，上海市共有 20 所学校经评估被正式命名为“上海市特色普通高中”（见附表 1–3），涵盖人文、科技、艺术、理工、社科、金融、医药等多个特色领域，呈现出“百花齐放”的发展格局，在全市范围产生了积极的影响。

附表 1–3　上海市特色普通高中（20 所）

年份	批次	学校	特色
2017 年	1	曹杨中学	以“环境素养培育”为特色，在校园环境规划和特色实验室建设中，秉持“校园即实验室”的理念
2018 年	2	上海市甘泉外国语中学	聚焦跨文化素养，推进特色融合，推出丰富的外语学习的选择门类
		华东政法大学附属中学	以“尚法”为特色，建立“明德尚法”实验室
		上海海事大学附属北蔡高级中学	围绕航海人文、航海工程、航海科技等，系统提升创新实践空间、课堂教学模式等
2019 年	3	华东师范大学附属东昌中学	以金融素养为特色
		上海戏剧学院附属高级中学	聚焦艺术戏剧特色
		同济大学第二附属中学	以理工为特色
		上海理工大学附属中学	以工程素养为特色
		上海市嘉定区第二中学	融合人文科技特色

（续表）

年份	批次	学校	特色
2020 年	4	徐汇中学	科技特色
		上海音乐学院附属安师实验中学	聚焦音乐美育特色
		华东师范大学附属枫泾中学	科技教育特色
2021 年	5	香山中学	美育特色
		闵行第三中学	航天科技特色
		崇明区城桥中学	艺体科融合特色
2022 年	6	上海师范大学附属罗店中学	美育特色
		上海师范大学第二附属中学	聚焦生态科技教育特色
2023 年	7	上海市紫竹园中学	美育特色
		上海市青浦区第一中学	着重生态素养培养
2024 年	8	华东理工大学附属奉贤曙光中学	办学特色为“红色精神培育”

（二）上海市特色普通高中的评估指向：体系建设，培育特色

上海市特色普通高中评估工作坚持“以评促建、以评促改、评建结合、重在建设”，力争为“全市形成一批覆盖领域广泛、特色鲜明、定位科学、水平较高、上海知名，在全国具有一定影响力的特色普通高中”提供助推力。现有可查的 2020 版的评估指标体系是由定位与管理、课程与教学、条件与资源、成效与示范、创新与亮点 5 个维度一级指标及 15 个二级指标构成。

（三）成效：注重实效，实现办学、育人双丰收

上海市自 2011 年起正式启动特色高中建设工作，经过五年的建设，于 2016 年启动了上海市特色普通高中评估，评估含初评和复评两轮。截至 2024 年，共开展了八轮评估，命名了 20 所特色普通高中。参评学校的特色涉及艺术、理工、科技、环境、语言、金融、法律等多个领域，在已命名的学校中，特色占比最高的是艺术，其次为理工、

科技。

10多年来，上海市特色高中建设提出了以课程为体、师资和教学等为翼的集成式建设方案，研发了以国家课程为主体的金字塔式课程架构模型，形成了国家课程与校本特色课程互鉴互补的多种教学方式，建立了内生力与外驱力结合的动力系统，构建了项目化、协同式建设的区域推进机制。这些成果打造了特色高中建设的学校新样例，探索出一条区域高中多样化发展的新路径，也带来了实实在在的效果。[①]

总体而言，在政策引领和评估引导下，上海市特色高中创建的成效显著，主要体现在以下五个方面。

（1）推动学校多样化特色发展。特色高中的创建打破了传统高中的同质化竞争局面，使得每所学校都能根据自己的优势和特色进行差异化发展。这不仅丰富了高中的教育生态，还为学生提供了更多元化的选择空间。

（2）提升学生综合素养。特色高中通过构建特色课程体系和实施特色教育，使得学生在掌握基础知识的同时，还能在特定领域得到深入学习和实践锻炼。这不仅提升了学生的专业素养，还培养了他们的创新思维和实践能力。

（3）促进学校内涵发展。特色高中的创建促进了学校内涵发展。学校通过深入挖掘和整合自身资源，形成了独特的办学理念和办学风格。这种独特性不仅提升了学校的知名度和影响力，还为学校的可持续发展奠定了坚实基础。

（4）产生了一批优秀案例。在特色高中创建过程中，涌现出了一批优秀案例。例如，闵行第三中学以航空航天为特色，构建了“逐梦空天”六大模块课程体系；紫竹园中学以美术教育为特色，打造了丰富的美育课程和一流的教师团队。这些案例为其他学校提供了有益的借鉴和启示。

（5）提高了社会认可度。随着特色高中教育质量的不断提升和办学成果的日益显著，社会对特色高中的认可度也在逐渐提高，为特色高中的招生和办学提供了有力支持。

---

① 上海市教育委员会.深化特色高中建设推动学校高品质多样化发展［J］.人民教育，2023（21）：19–20.

第二节 上海三区特色高中的基本特征

一、上海三区特色高中基本信息

参与本次监测的特色高中共有 8 所，各校基本信息汇总见附表 1-4。

附表 1-4　上海三区特色高中基本信息

学校代码	特色领域	学校类别	学校类型	地理区位	建校年份	建校历史（年）	学生总数	教师总数	生师比
TS01	科技	完中	区级实验性示范性学校	上海市中心城区	1953 年	71	1025	111	9.23
TS02	科技	完中	区级实验性示范性学校	上海市中心城区	2002 年	22	964	107	9.01
TS03	语言	完中	区级实验性示范性学校	上海市中心城区	1954 年	70	988	210	4.70
TS04	艺术	完中	普通高中	上海市中心城区	1865 年	159	590	86	6.86
TS05	航海	高中	区级实验性示范性学校	上海市郊区	1937 年	87	796	76	10.47
TS06	艺术	完中	区级实验性示范性学校	上海市中心城区	1995 年	29	877	122	7.19
TS07	金融	高中	区级实验性示范性学校	上海市中心城区	1954 年	70	1560	140	11.14

（续表）

学校代码	特色领域	学校类别	学校类型	地理区位	建校年份	建校历史（年）	学生总数	教师总数	生师比
TS08	科技	高中	区级实验性示范性学校	上海市郊区	1949 年	75	1463	152	9.62

特色领域上，3 所是科技特色高中，2 所是艺术特色高中，语言特色、航海特色、金融特色各有 1 所。具体包括：TS01 以环境素养培育为特色；TS02 以理工为特色；TS03 聚焦跨文化素养的外语学习；TS04 聚焦音乐美育特色；TS05 突出航海文化教育特色；TS06 具有美育特色；TS07 以金融素养为特色；TS08 是融合人文的科技教育特色。

从学校的基本属性来看，其中有 5 所学校是完中，有 3 所学校是高中；7 所学校既是特色高中也是区级实验性示范性学校，仅 1 所是普通高中；6 所学校位于上海市中心城区，2 所学校位于郊区。在生师比指标上，最低为 TS03（4.7），最高为 TS07（11.14）。生师比越低，说明学校的师资越充足。

二、上海三区特色高中师资及硬件情况

（一）师资较好，但与市实验性示范性高中有差距，校间、学科间不均衡

特色高中整体师资水平高于区实验性示范性高中，但与市实验性示范性高中仍有差距。统计各校师资队伍的职称、学历及荣誉分布情况（见附图 1–1），可知：特色高中高级及以上职称教师比例是 26%，硕士及以上学历教师比例是 47%，师资队伍的职称与学历整体上明显高于区实验性示范性高中；12 门学科的骨干教师比例在 5%—20% 之间，且 11 门学科的骨干教师比例不低于区实验性示范性高中。但是需要注意，不论是高级及以上职称教师比例、硕士及以上学历教师比例，还是学科骨干教师比例，特色高中的均值都低于市实验性示范性高中。

特色高中之间，师资有较明显的学校差异和学科差异。例如，TS06 的高级及以上职称教师比例仅 13%，低于区实验性示范性高中；TS01、TS02 硕士及以上学历教师比例分别是 54%、68%，高于市实验性示范性高中，并且将特色高中教师的学历整体拉高；化学、音乐、美术学科骨干教师比例明显低于区实验性示范性高中（见附图 1–1）。

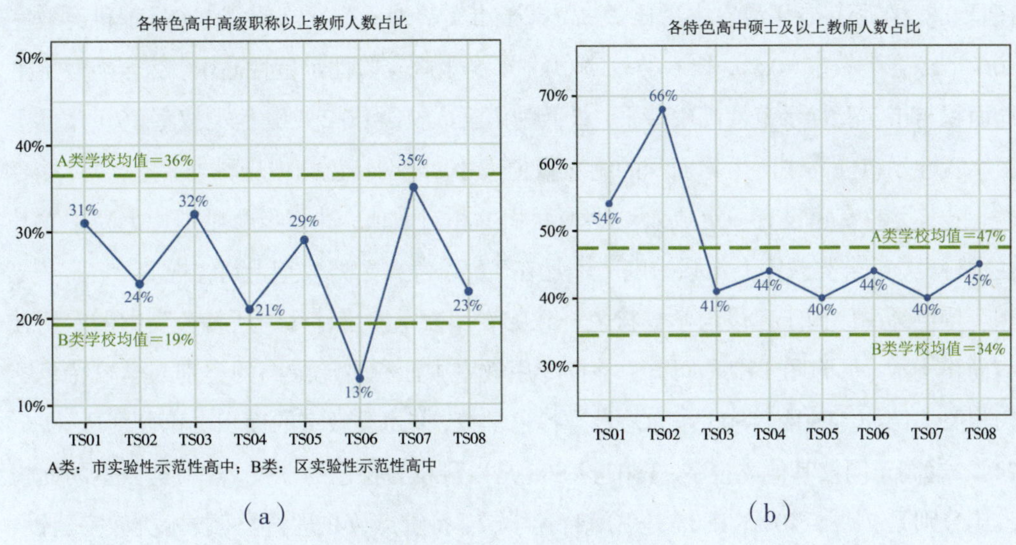

（a）　　　　（b）

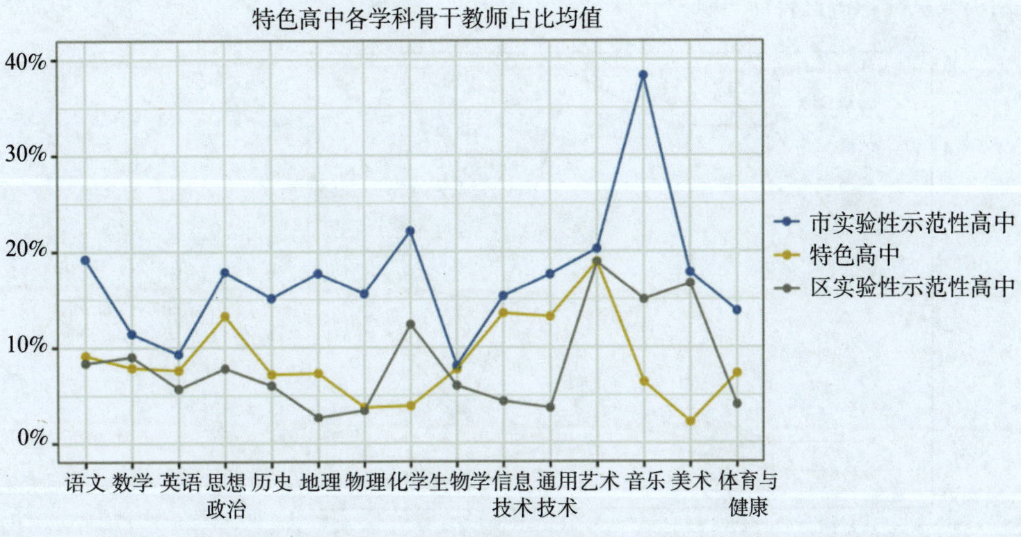

（c）

附图 1-1　特色高中师资队伍基本情况（包括职称、学历及荣誉）

（二）重视与学校特色一致的专用教室建设，而语言人文类受到忽视

特色高中尤其重视理科类、综合类教室建设，忽视语言人文类教室。比较不同类型学校生均专用教室面积[①]（见附图 1-2），可知：特色高中在艺术类教室上的生均面

① 公办普通高中学生人数少，生均面积高，不纳入比较。

积是 0.8，在所有专用教室中占比最高，高于市实验性示范性高中；其次是理科类教室（0.7）、综合类教室（0.5）、技术类教室（0.3），高于区实验性示范性高中，综合类教室生均面积与市实验性示范性高中持平，最低为语言人文类（0.2）、其他类教室（0.1），低于区实验性示范性高中。生均面积的绝对数值大小，表明特色高中理科类、艺术类、综合类、技术类教室建设有一定成效。生均面积的相对数值，进一步凸显了特色高中尤其在理科类、综合类教室上加强力度。不足在于，语言人文类教室受到忽视。

特色高中倾向于建设与学校特色一致的专用教室。统计每一所特色高中的专用教室面积构成（见附图 1-3），可知：学校专用教室中面积占比最高的类别与学校特色密切相关。例如，TS04、TS06 作为艺术类特色学校，艺术类教室的面积占比分别达 65%、74%，远高于同校其他类教室；TS02、TS08 是以科技为特色的学校，理科类教室的面积占比分别是 71%、40%；TS05 是航海特色学校，将重点放在理科类、技术类教室建设，两类教室面积占比合计 79%。

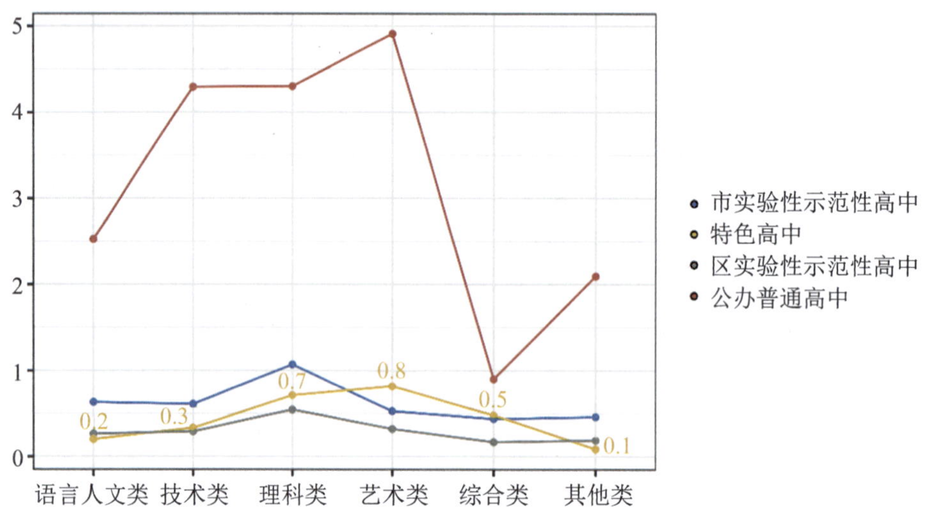

附图 1-2　不同类型学校生均专用教室面积占比

注：公办普通高中学生人数较少，所以生均面积占比高。

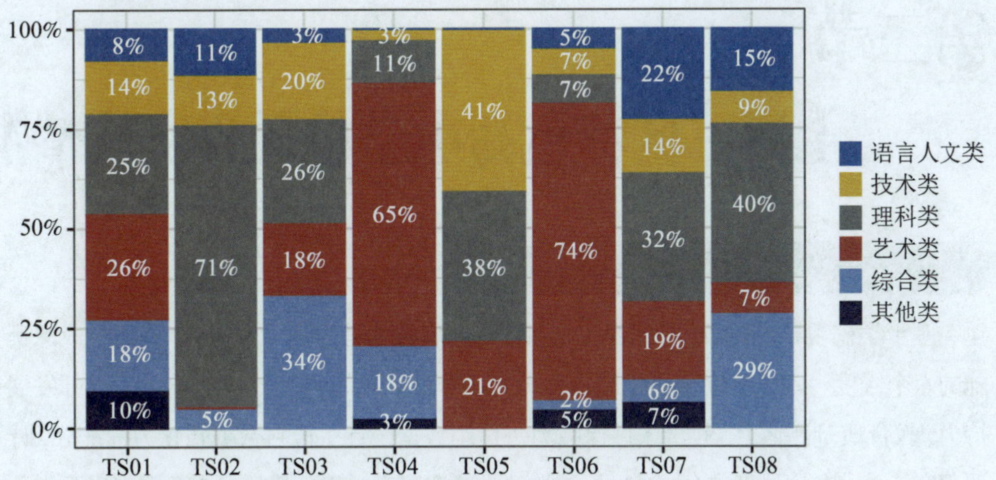

注：TS01、TS02和TS08为科技特色学校，TS04和TS06为艺术特色学校，TS03为语言特色学校，TS05为航海特色学校，TS07为金融特色学校。

附图 1-3　特色高中专用教室面积构成情况

第三节 上海三区特色高中学校课程实施情况

一、课程实施整体情况

基于学校领导力视角，将课程实施数据按照属性划分为若干个指标，并组合成课程实施的六个维度。六个维度分别是课程领导力、教学变革力、学生发展指导力、教师发展支持力、教育质量评估力、教育条件保障力。运用数据统计手段将数据转化为标准分，计算课程实施总分和分维度得分，进行不同类型学校课程实施得分比较。由此得出以下结论。

（一）课程实施整体表现优秀，总分高于其他类型学校

特色高中课程实施整体表现优秀，在不同类型学校中总分最高。附图 1–4 显示：特色高中的课程实施总分均值是 53.35，高于上海市均值 3.35 分；在不同类型学校中，特色高中的课程实施总分均值最高，高于民办高中均值 6.72 分，高于公办普通高中均值 4.23 分，高于区实验性示范性高中均值 3.00 分，高于市实验性示范性高中均值 0.96 分。

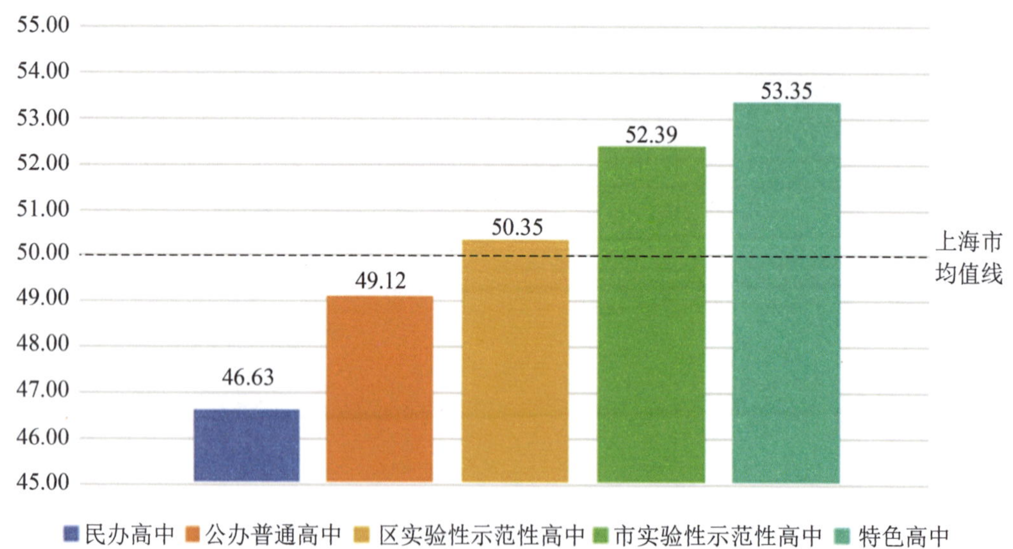

附图 1–4　不同类型学校课程实施得分情况

特色高中课程实施情况显著优于市级平均水平和区实验性示范性高中。进一步采用单样本 T 检验，结果表明，特色高中课程实施总分均值显著高于上海市均值（t=–

3.0108，p=0.01358），显著高于区实验性示范性高中均值（t=−2.4004，p=0.03125），显著高于公办普通高中均值（t=−3.2288，p < 0.001），显著高于民办高中均值（t=−4.7655，p<0.001）。

特色高中全部属于课程实施较好学校，占比高于市实验性示范性高中。剔除无效数据后[①]，对上海市 79 所学校进行维度聚类分析，发现上海市学校课程实施状况为：课程实施较好类（49 所）、课程实施待提高类（30 所）。两类课程实施状况在不同类型学校的分布数量如附图 1–5 所示，结果显示：参测的 8 所特色高中全部属于课程实施较好类，占特色高中的 100%；市实验性示范性高中有 15 所学校属于课程实施较好类，占比 93.75%；区实验性示范性高中有 18 所学校属于课程实施较好类，占比 75%；公办普通高中有 8 所学校属于课程实施较好类，占比 42.10%；民办高中有 6 所学校属于课程实施较好类，占比 33.33%。

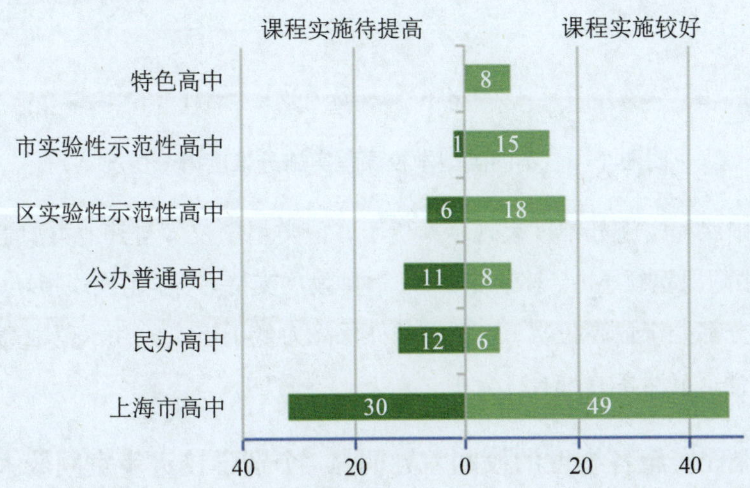

附图 1–5　学校课程实施类型的分布（单位：学校数量）

在课程实施总分均值上，特色高中为 53.35 分，高于课程实施较好类学校（52.48 分），高于课程实施需加强类学校（46.27 分）。

（二）教师发展支持力较强，教学条件保障力较弱

特色高中教师发展支持力是分维度得分中最高的，而教学条件保障力最低。附图 1–6 显示，特色高中课程实施分维度得分，从高到低依次是教师发展支持力（56.11 分）、教育质量评估力（55.07 分）、课程领导力（53.66 分）、学生发展指导力（52.79

① 本次监测共有 81 所高中参测，聚类分析剔除 2 所学校的无效数据，其他 79 所学校参与分析。

分）、教学变革力（51.61 分）、教学条件保障力（50.85 分）。

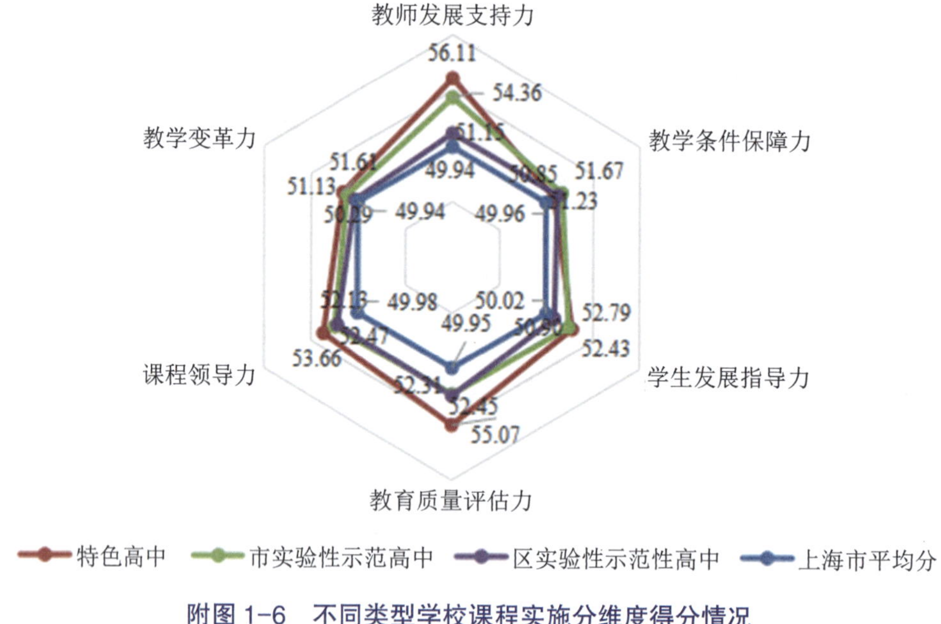

附图 1-6　不同类型学校课程实施分维度得分情况

特色高中课程实施分维度表现基本优于其他类型学校。与其他类型学校进行比较，特色高中的课程领导力、教学变革力、教师发展支持力、学生发展指导力、教育质量评估力得分都处于最高位次，但教学条件保障力低于市实验性示范性高中（51.67 分）、区实验性示范性高中（51.23 分）。

（三）课程实施各维度的校间差异明显，个别学校进步空间较大

在课程实施各个维度上进行指标的聚类分析，发现课程领导力状况、教育条件保障力状况能分为高、中、低三类，教学变革力、教师发展支持力、学生发展指导力能分为高、低两类，从附图 1-7 到附图 1-11 用不同颜色的圆点代表不同状况的学校。通过分析特色高中分布的学校状况类型，可知：特色高中尽管整体表现优秀，但学校之间存在着明显差异，个别学校仍须完善课程实施，进步空间较大。

一是课程领导力状况由课程结构建设、国家标准遵循、课程规范落实等指标得分构成，附图 1-7 的蓝色圆点代表高领导力学校，其特点是课程结构得分较高，课程规范落实和国家标准遵循得分中高偏上。从中发现：7 所特色高中属于高课程领导力学校，指标得分处于 40—65 中高值；TS01 课程领导力表现最好，得分高于其他学校；但 TS02 在课程规范落实方面、TS08 在国家标准遵循方面仍须提高。

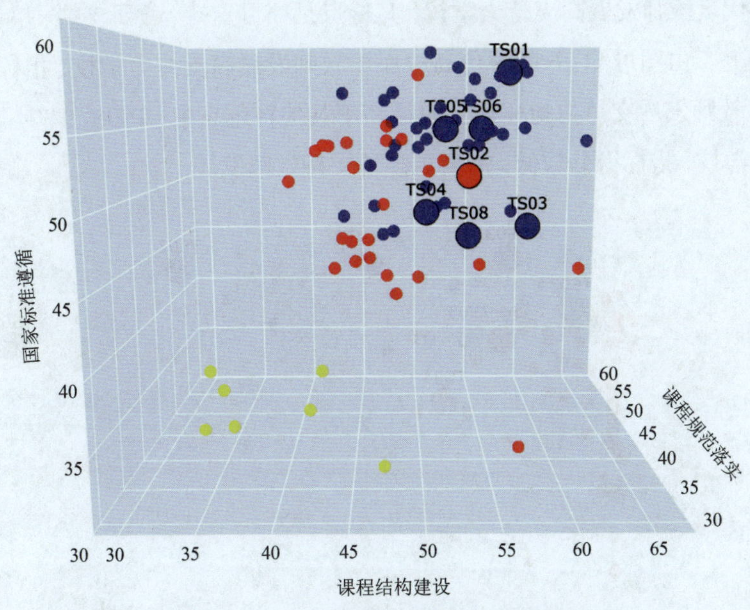

附图 1-7 课程领导力不同状况的学校

二是教学变革力由教学方式变革、作业设计与管理变革指标得分构成，附图 1-8 的蓝色圆点代表高变革力学校，其特点是教学方式变革、作业设计与管理变革得分均处于较高水平。这表明：6 所特色高中属于高教学变革力学校，指标得分较高，TS08、TS07 属于低变革力学校，指标得分较低；其中 TS07 的教学方式变革、作业设计与管理变革得分在所有学校中排名靠后，与其他特色高中差距较大。

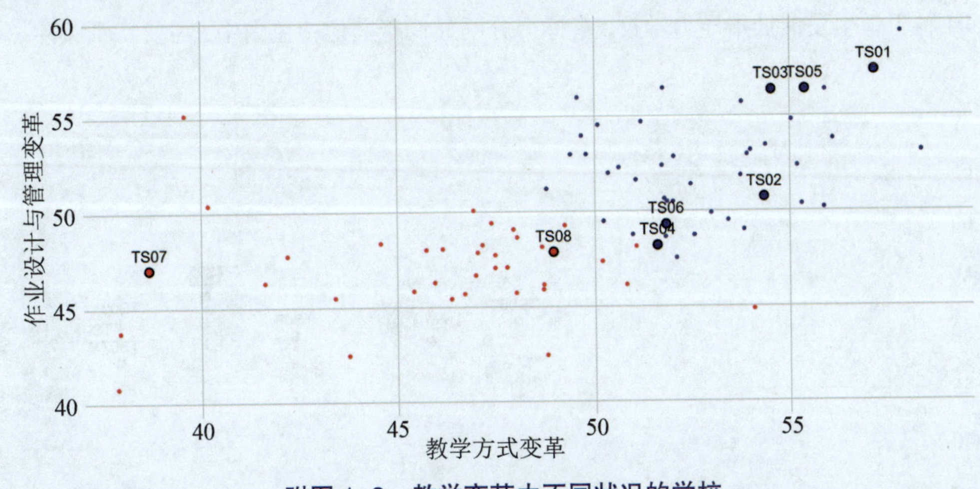

附图 1-8 教学变革力不同状况的学校

三是教师发展支持力由项目支持、教研支持、培训支持等指标得分构成，附图 1-9

的蓝色圆点代表教师发展高支持力学校，其特点是项目支持、教研支持、培训支持得分都是中高偏上。由图可知：6 所特色高中属于教师发展高支持力学校，指标得分较高；TS08、TS02 教师发展支持力指标得分明显高于其他特色高中；TS06、TS04 属于教师发展低支持力学校，指标得分较低，需要更多地支持教师发展。

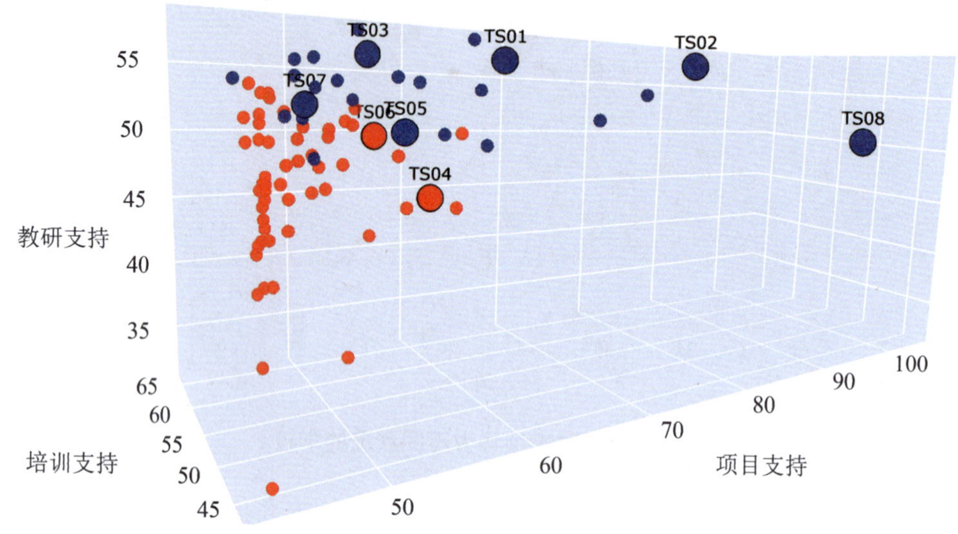

附图 1-9　教师发展支持力不同状况的学校

四是学生发展指导力由生涯指导、个性化辅导指标得分构成，附图 1-10 的蓝色圆点代表学生发展高指导力学校，其特点是生涯指导、个性化辅导指标得分处于中高偏上水平。由图可知：6 所特色高中属于学生发展高指导力学校，指标得分较高，TS06、TS04 属于学生发展低指导力学校，指标得分明显低于其他特色高中，需要特别关注。

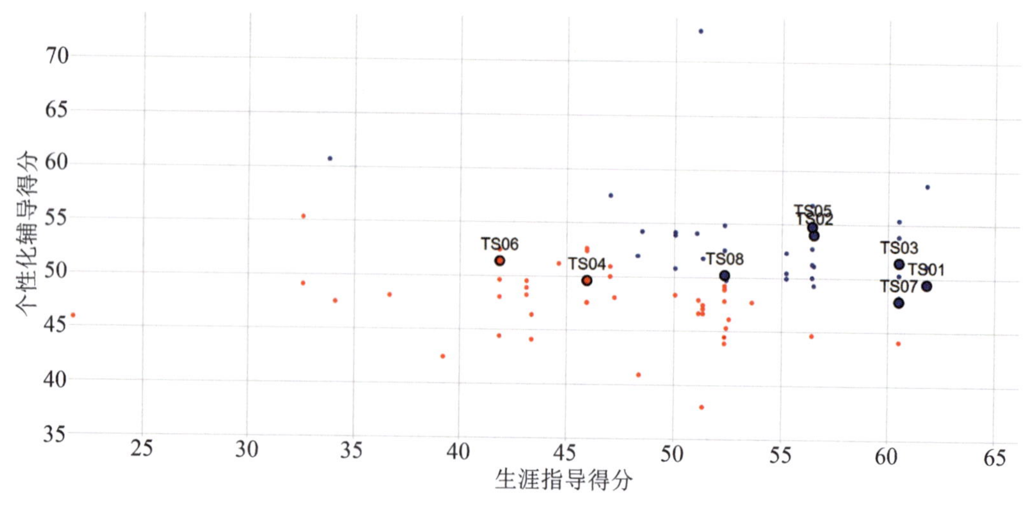

附图 1-10　学生发展指导力不同状况的学校

五是教育条件保障力由资源保障、环境支持、区域推进等指标得分构成，附图 1-11 的黄色圆点代表教育条件高保障力学校，其特点是资源保障、环境支持、区域推进等指标得分都处于中高偏上水平。由图可知：没有特色高中属于教育条件高保障力学校，8 所特色高中均存在某个指标得分较低的情况，例如 TS05 的资源保障、区域推进得分高于 60，但环境支持低于 40；区域推进指标得分上，特色高中之间差距大，极差超过 30 分。

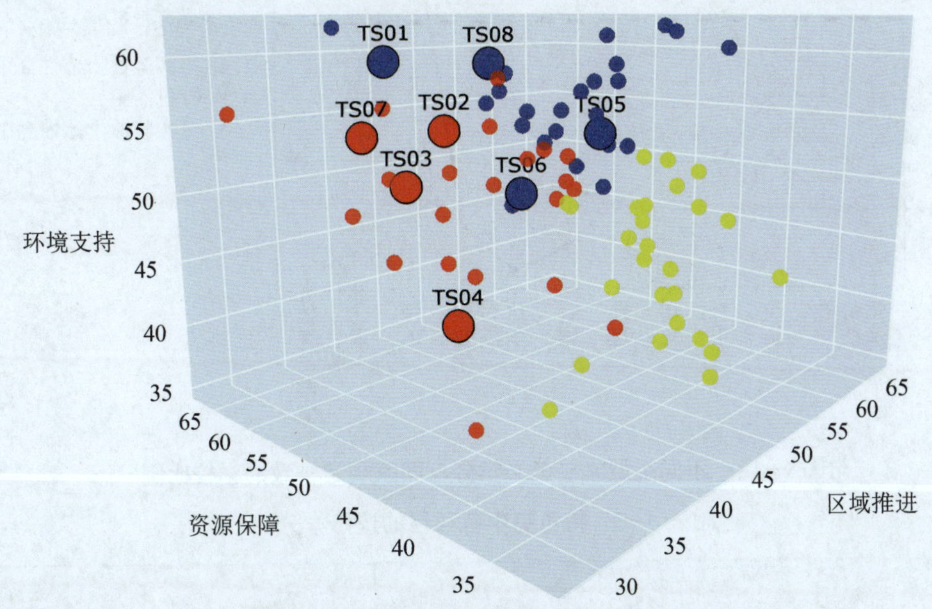

附图 1-11　教育条件保障力不同状况的学校

二、课程设置现状与问题分析

高中课程方案为高中课程体系建设勾勒蓝图，学校需发挥课程自主权，结合学校的办学传统、课程优势、培养目标等育人实际情况，对国家课程进行校本化的再次设计和转化。特色高中学校在课程设置上表现出如下特点。

（一）不同课程类型、科目和学校存在学分不合规的现象

在学科选择性必修课程上，平均有 71% 特色高中的学科选必学分在规定范围内，最低为语文、数学，38% 学校在学分规定内，最高为技术、体育，在学分规定内的学校比例 100%，见附图 1-12。

在学科选修课程上，特色高中 6 门选考科目的选修学分都超过了上限，语数外、技艺体科目有部分学校超出上限，例如 TS08、TS07、TS01、TS02 的语数外科目选修学分

超过了国家规定的 6 学分，见附表 1-5。

选择性必修课程学分一致性，整体优于市 / 区实验性示范性高中。

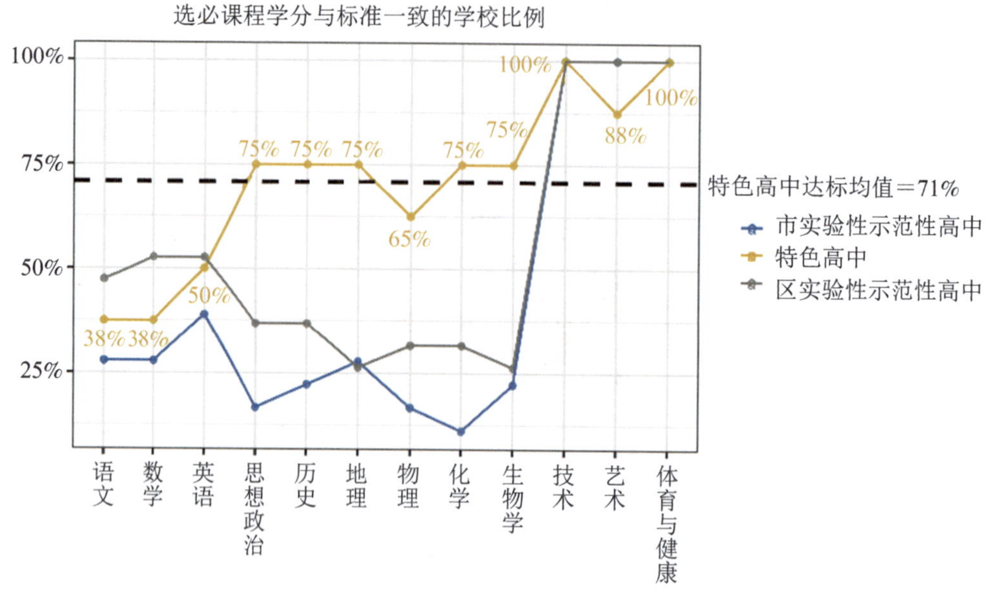

附图 1-12　不同类型学校选必学分与国家规定一致的学校比例

附表 1-5　特色高中各科目的选修学分

学校代码	语文	数学	英语	思想政治	历史	地理	物理	化学	生物学	技术	艺术	体育与健康
TS01	15	19	15	7	5	9	9	9	9	8	0	0
TS02	17	17	17	5	5	5	5	5	5	2	2	0
TS03	6	6	5	0	0	0	0	0	0	0	0	0
TS04	0	0	0	0	0	0	0	0	0	0	0	0
TS05	6	6	6	6	6	6	6	6	6	4	6	6
TS06	4	4	4	6	6	6	4	6	6	0	7	0
TS07	20	20	20	8	9	8	9	9	8	2	0	6
TS08	16	16	16	10	10	10	12	12	10	0	0	0

（二）课程体系结构化程度不一，校本课程支撑学校特色，需提高合规性

特色高中主要以结构图形式展现本校课程体系，但结构化程度不一。通过对 7 所

特色高中[1]课程图谱进行分析（见附表 1-6），发现以下几点特征。

一是在课程图谱的形式上，6 所学校以结构图形式展现学校课程体系，而非表格、散点，TS03 的课程图谱是一张表格；在核心素养与育人目标指向上，仅 3 所学校在课程图谱中展现了核心素养引领下的学校育人目标，课程载体指向育人目标，5 所学校的课程图谱只见课程，不见目标。

二是在课程类型关系上，6 所学校清晰展现了对国家课程与校本课程关系的处理，对必修、选择性必修、选修课程关系的处理，一定程度上说明了学校如何校本化建设课程体系。

三是在课程体系结构方面，课程图谱应能清晰体现课程结构，能看出课程类型、科目领域、具体课程的层级与从属关系的诉求，但遗憾的是，仅有 TS04 的课程图谱有所体现，部分学校缺失了具体课程、涉及科目，部分学校的课程层级与从属关系不够明晰。

作为特色高中，课程图谱应在育人目标层面体现学校特色，用特色课程支撑学校特色育人。分析发现，特色高中均在课程图谱中划分了特色课程或课程群，但是由于部分学校“只见课程，不见目标”，自然体现不出特色课程支撑了哪一个特色育人目标。

需引起注意的是，学校在劳动、学科选修等实施方式上进行了校本化调整，但存在不够规范的情况。例如，TS01 将志愿服务纳入综合实践活动，将劳动列入学科科目的下属，存在与国家课程方案要求不一致的问题。TS06 将技术科目误解为劳动技术和信息科技，而非通用技术和信息技术。

附表 1-6 特色高中课程图谱分析

学校代码	结构图形式	核心素养与育人目标	课程类型关系	课程体系结构	特色育人目标	特色课程	规定性要求
TS01	√	×	√	×	×	√	×
TS02	√	√	×	×	√	√	√
TS03	×	×	√	×	×	√	√
TS04	√	×	√	√	×	√	√
TS05	√	√	√	×	√	√	×
TS06	√	√	√	×	√	√	×

① TS07 未提交课程图谱，因此纳入课程图谱分析的学校数据是 7 所。

（续表）

学校代码	结构图形式	核心素养与育人目标	课程类型关系	课程体系结构	特色育人目标	特色课程	规定性要求
TS08	√	×	√	×	×	√	√

注：√代表学校课程图谱体现该分析要点；× 代表学校课程图谱未体现该分析要点。

（三）研究性学习基本达标，但跨学科体现不足，建设力度与深度不够

特色高中研究性学习项目基本达标，但存在个别学校不合规情况。统计每一所学校的研究性学习项目数（见附图 1-13），发现：特色高中的研究性学习平均项目数为 2.1，符合课程方案，且高于市实验性示范性高中（1.6），但是有 2 所学校（占比 25%，TS02、TS03）的项目数量仅为 1，未达到规定要求。

特色高中研究性学习项目的跨学科特征不够明显，不符合国家课程方案中“以开展跨学科研究为主”的要求。统计每一所学校的研究性学习项目构成（见附图 1-13），发现：6 所学校（占比 75%）兼顾跨学科和非跨学科项目来开展研究性学习，仅 2 所学校（占比 25%，TS01、TS06）的跨学科项目占比高于非跨学科项目占比，2 所学校（占比 25%，TS02、TS07）的项目均是非跨学科项目。

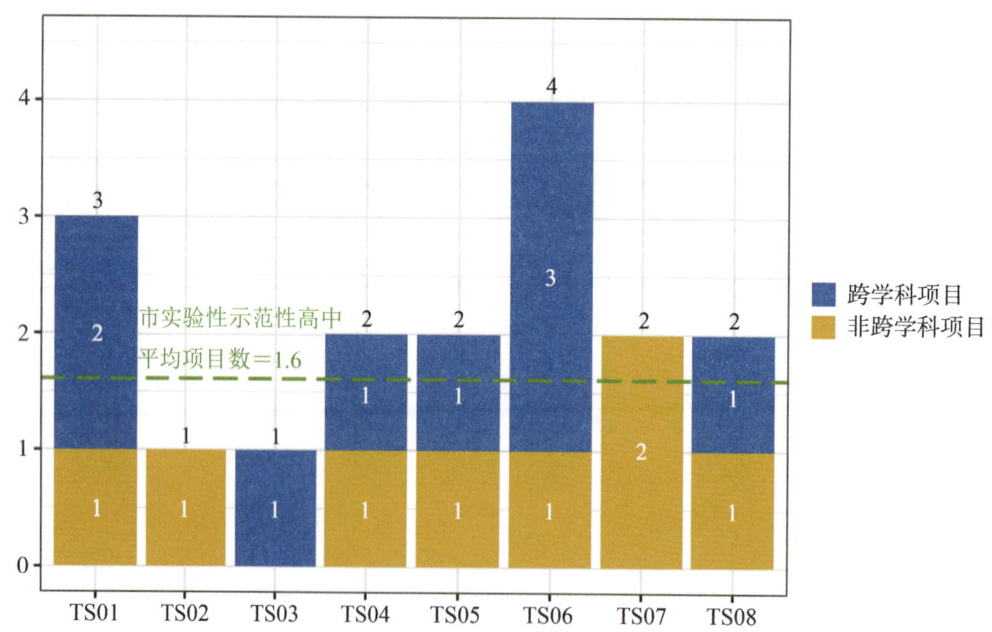

附图 1-13　特色高中研究性学习项目数量及构成

对于研究性学习的管理，特色高中基本实现了立制建规，但制度化与规范化水平有着明显的校间差异，整体仍须提升建设力度与深度。5 所学校①（占比 75%）提交了专门的制度性文本，通常以研究性学习实施方案、实施办法命名，该类文本对如何开展研究性学习进行了说明。7 所学校②递交了研究性学习评价工具，该类工具用于评价学生研究性学习成果成效，表明学校对研究性学习建立了一定的管理制度和评价工具。但结合制度性文本的基本要素涵盖数量、内容详略程度、与学校特色结合的紧密程度、评价工具的针对性，可以明显看出学校对研究性学习内涵与实践有着截然不同的认识，导致研究性学习规范化建设的力度与深度不一。

附表 1–7 说明，研究性学习制度性文本的涵盖要素上，出现频率最高的是实施阶段 / 实施流程 / 进度安排，5 所学校予以一定描述，其次是背景分析 / 学校基础 / 指导思想、学习内容 / 课程内容 / 项目内容、机构与人员保障，部分学校予以描述，出现频率最低为实施方法 / 实施策略、教室与设备保障、信息化平台操作，大多学校不涉及该要素。尽管有些要素被提及，但描述不够具体，不能指导实际操作。

附表 1–7　特色高中研究性学习制度性文本涵盖要素

学校代码	背景分析、指导思想	课程目标	课程内容	实施方法与策略	实施流程、进度安排	学生评价	管理保障机构 + 人员	管理保障教室 + 设备	信息化平台操作
TS01	√	√	√	√	√	√	√	√	×
TS05	√	√	×	×	√	×	×	×	×
TS06	√	√	√	√	√	√	√	×	×
TS07	×	×	√	×	√	√	√	×	√
TS08	√	×	√	×	√	×	√	×	×

注：√代表研究性学习制度性文本体现该分析要点；× 代表研究性学习制度性文本未体现该分析要点。

研究性学习制度性文本的内容详略程度有着明显的学校差距。例如，TS01 的研究性学习制度性文本十分详尽，能清晰具体地展现为何及如何开展研究性学习，对教师形成认识、转变观念、指导实践有重要价值。但 TS08 的研究性学习方案，说明了管理

① TS02、TS03 未提交研究性学习制度性文本；TS04 提交的是综合实践活动实施方案，未提交专门的研究性学习制度性文本。

② TS04 未提交研究性学习评价工具。

组织及人员分工，但项目内容、实施步骤等阐述较为简略。

在研究性学习与学校特色结合的紧密性上，仅 TS01、TS06 依托学校特色课程开展研究性学习，试图将学校特色融入研究性学习项目。其他学校仅将研究性学习视作一项常规的学校管理工作，对研究性学习目的与意义的认识不深，未能与学校特色育人统筹思考。

研究性学习评价工具方面，4 所学校的工具形式是含有评价指标与观测点的量规，个别学校针对不同用途开发了不同的评价量规，例如 TS07。但其他学校评价工具的针对性明显不足。2 所学校采用教师描述性评语，由于缺乏观测点，可能导致评价结果偏主观判断，不够全面。1 所仅涉及评价维度，无法用于评价实施。

（四）选修课数量多，倾向于开设综合选修课，但校间差异明显

特色高中选修课程数量较多，尤其是综合选修课程数量趋近于市实验性示范性高中。将校本课程分为学科选修和综合选修两类，经数量统计发现：

一是特色高中每校平均开设 16 门学科选修课、33 门综合选修课，特色高中的学科选修课数量整体上高于区实验性示范性高中（11 门），但明显低于市实验性示范性高中（37 门），综合选修课数量处于区（24 门）/ 市实验性示范性高中（40 门）之间，但接近于市实验性示范性高中（见附图 1–14 和附图 1–15）。

二是特色高中比较重视综合选修课开设。附图 1–16 表明，特色高中综合选修课数量平均占到校本课程的 70%，除 TS02 的综合选修课与学科选修课占比持平外，其他 7 所特色高中均是综合选修课占比高于学科选修课。结合绝对值、相对差值与类型分布，特色高中倾向于开设综合选修课，在校本课程开发和分类上体现综合性是特色高中的一大特点。

三是特色高中选修课程数量的校间差异较大。附图 1–14 表明，TS02 开设了 48 门学科选修课，受该异常值影响，特色高中学科选修课数量均值得到拉升。附图 1–15 表明，开设综合选修课最多的特色高中是 TS06（56 门），其次是 TS02（48 门）、TS01（46 门）、TS08（36 门），均高于特色高中均值。

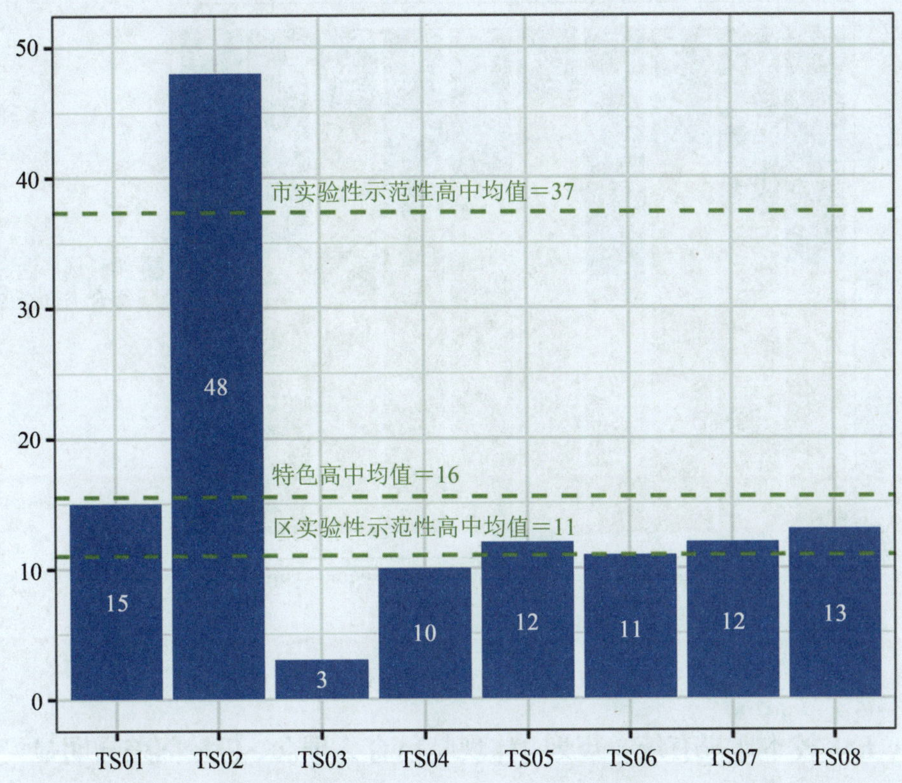

附图 1-14　特色高中学科选修课数量

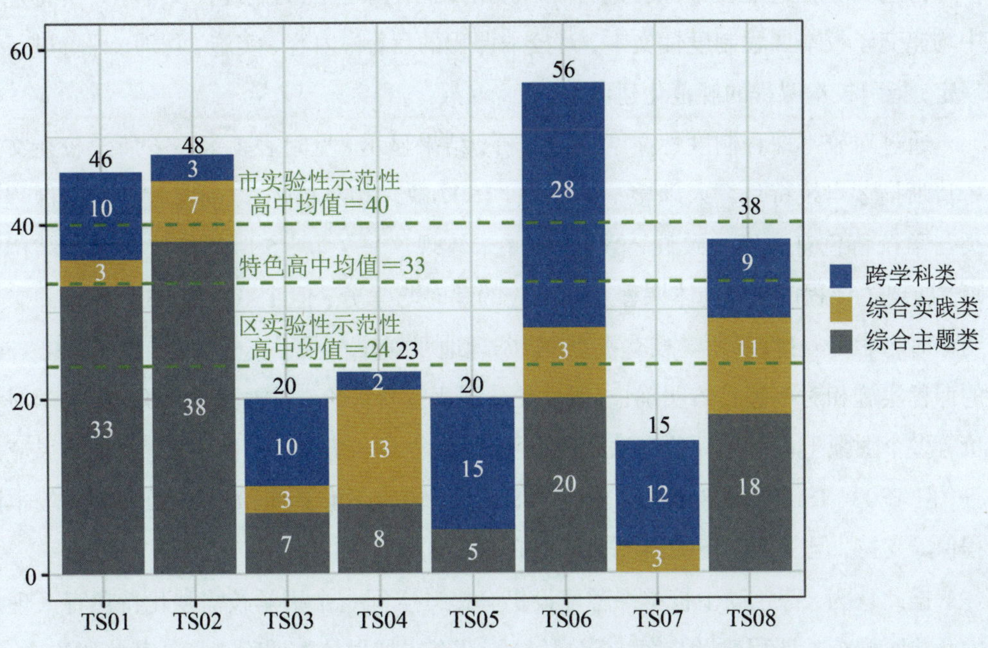

附图 1-15　特色高中综合选修课数量与结构

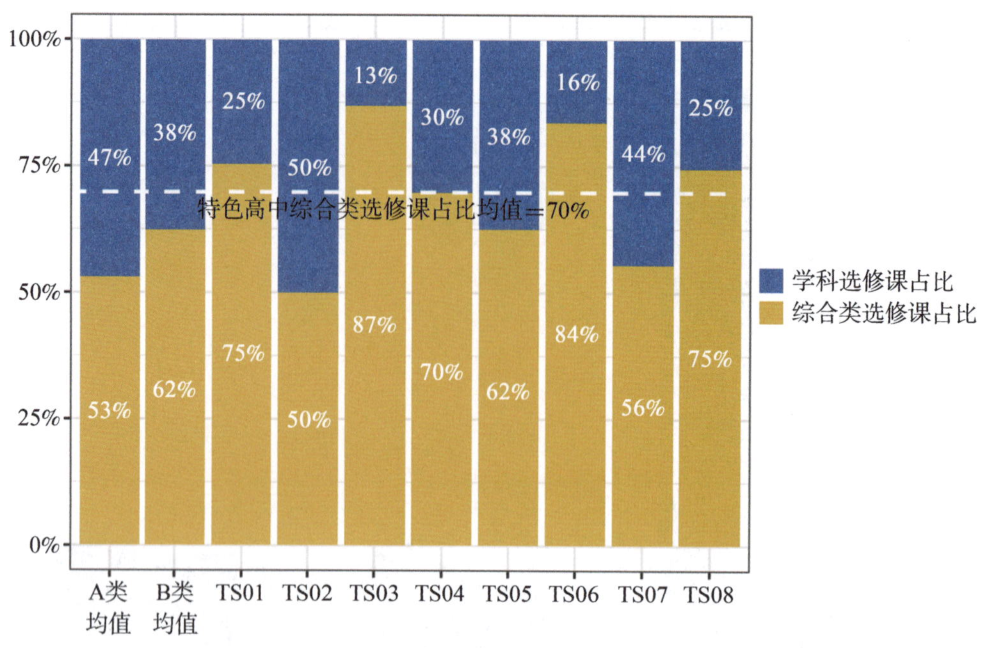

附图 1-16　特色高中选修课程构成

（五）校本课程有统一规划，体现特色育人理念，但校间差异明显

1. 校本课程进行统一规划，具有相应制度性文本

特色高中普遍对校本课程进行统筹规划，制定了匹配的制度性文本。8 所特色高中均递交了校本课程制度性文本，对校本课程的目标、内容、实施、管理、评价进行了规定，指引校本课程的规范化建设。

通过对校本课程制度性文本进行分析，结果显示（见附表 1-8）：6 所学校在文本中清晰描述本校特色育人理念，但 TS03、TS07 缺乏相关描述；7 所学校的校本课程门类与学校特色有高度一致性，但 TS03 并未体现这一关联；5 所学校校本课程结构清晰，展现了课程门类、具体课程及其对应的课时与学分，但 TS02、TS05、TS06 并未说明课时与学分安排；6 所学校有重点、有条理地罗列校本课程实施举措，但 TS03、TS08 的课程实施相对不够具体明确；5 所学校从课程本身评价、教师教学评价、学生学习评价等多个对象上设计了评价办法，涉及评价内容、评价方法、评价工具、评价结果应用等，但 TS03、TS07、TS08 缺失了学生学习评价，内容不够具体；6 所学校明晰了校本课程保障支持，但 TS06、TS07 未对此有专门说明。

据此认为，特色高中校本课程建设仍有提升空间。个别学校需强化特色育人理念内涵并匹配校本课程建设方案，部分学校需补充或加强校本课程规划的某些要素。

附表 1-8　特色高中校本课程制度性文本分析

学校代码	文本名称	特色育人理念清晰	校本课程门类与特色育人理念一致	校本课程结构清晰，划分类型、课时与学分	校本课程实施有重点、有举措，具体明确	校本课程评价有针对性，具体明确	有一定保障支持
TS01	课程实施规划	√	√	√	√	√	√
TS02	课程实施方案	√	√	×	√	√	√
TS03	校本课程实施方案	×	×	√	×	×	√
TS04	课程规划	√	√	√	√	√	√
TS05	校本课程方案	√	√	×	√	√	√
TS06	校本选修课程开发申报管理制度	√	√	×	√	√	×
TS07	校本课程开发、实施管理办法	×	√	√	√	×	×
TS08	课程实施规划	√	√	√	×	×	√

注：√代表校本课程制度性文本体现该分析要点；× 代表校本课程制度性文本未体现该分析要点。

2. 教师的校本课程开发动力足，接近市实验性示范性高中

特色高中教师更多地参与校本课程开发。附图 1-17 中校本课程师课比数据显示，全市校本课程的师课比中位数是 2.61，有 5 所特色高中（占比 62.5%）低于 2.61，有 3 所特色高中（占比 37.5%）高于 2.61，TS02 最低，TS03 最高。

与其他类型学校相比，有 72% 的市实验性示范性高中低于 2.61，有 33% 的区实验性示范性高中低于 2.61（见附图 1-18）。师课比越低，教师参与校本课程开发的概率越高。数据表明，特色高中教师对校本课程开发的动力更足，接近于市实验性示范性高中，大幅度高于区实验性示范性高中。

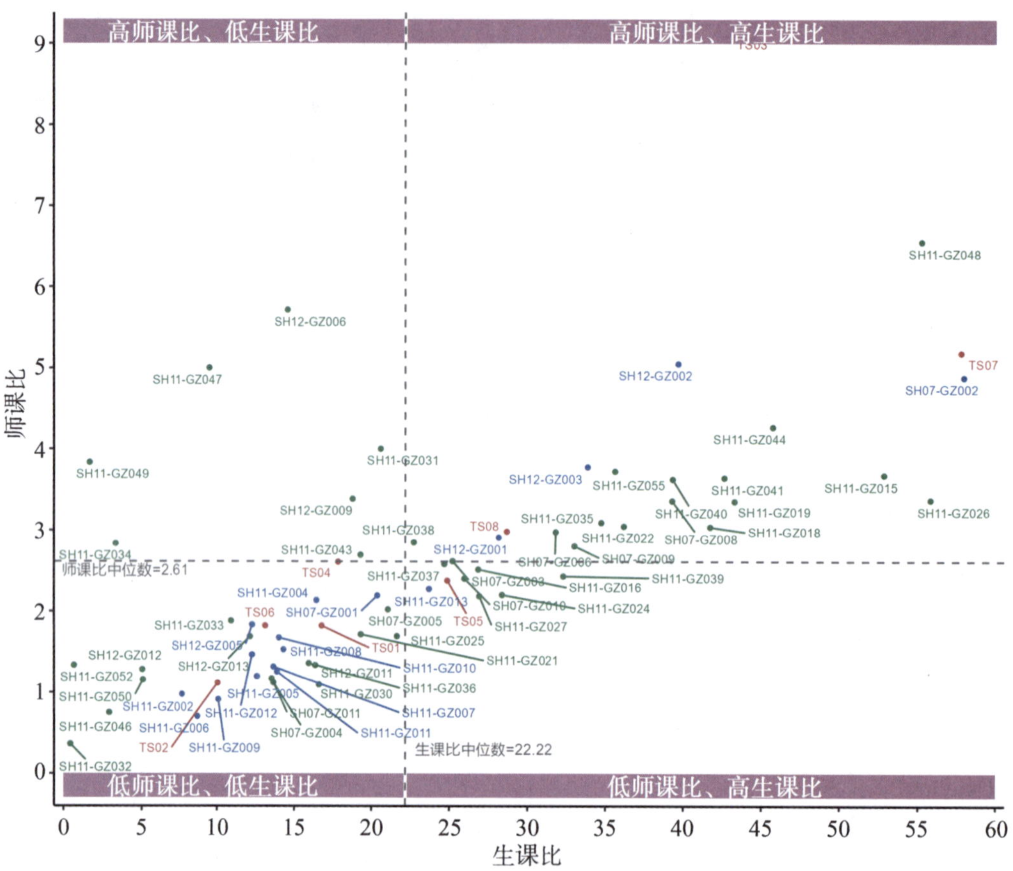

注：（1）横轴为生课比，计算方法＝本校在校生总数/本校所有校本课程门数；纵轴为师课比，计算方法＝本校所有专任教师总人数/本校所有校本课程门数。其中，校本课程含学科类选修课程和综合类选修课程。（2）浦东新区丰华高中、上南中学、南汇一中、吴迅中学、周浦中学、金苹果学校、工商附中未体现。

附图 1-17　不同学校校本课程生课比与师课比

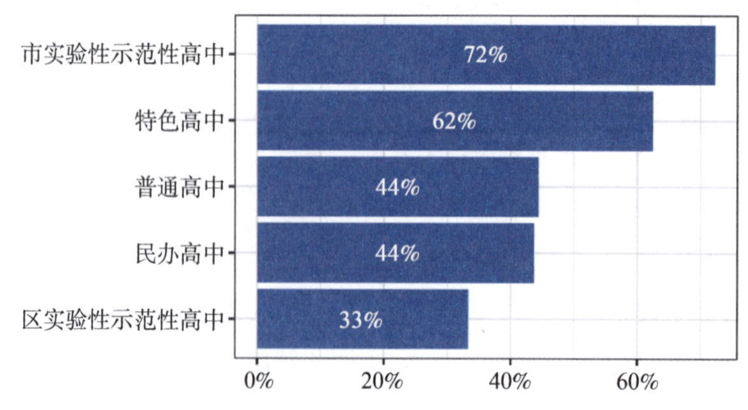

附图 1-18　不同类型学校位于“低师课比”的学校比例

三、教学实施现状与问题分析

教学实施是教育教学的核心环节，包括备课、上课、作业、辅导、评价等。教学实施在特色高中学校有如下情况。

（一）对教学方式的认识程度较高，但落实程度有较大校间差异

特色高中对“双新”倡导教学方式如实践性学习、自主性学习、跨学科学习和信息技术融入教学等，认识程度较高，其认识程度均值高于全市高中均值 0.44（满分为 4），但是落实程度又有很大不同。

附图 1-19 显示，特色高中只有 TS01、TS05 达到了“高认识－高落实”的水平，其余 6 所高中都处于“高认识－低落实”的层面。这些学校在理念上认同四种学习方式，但是在课堂教学中实施仍有难度。

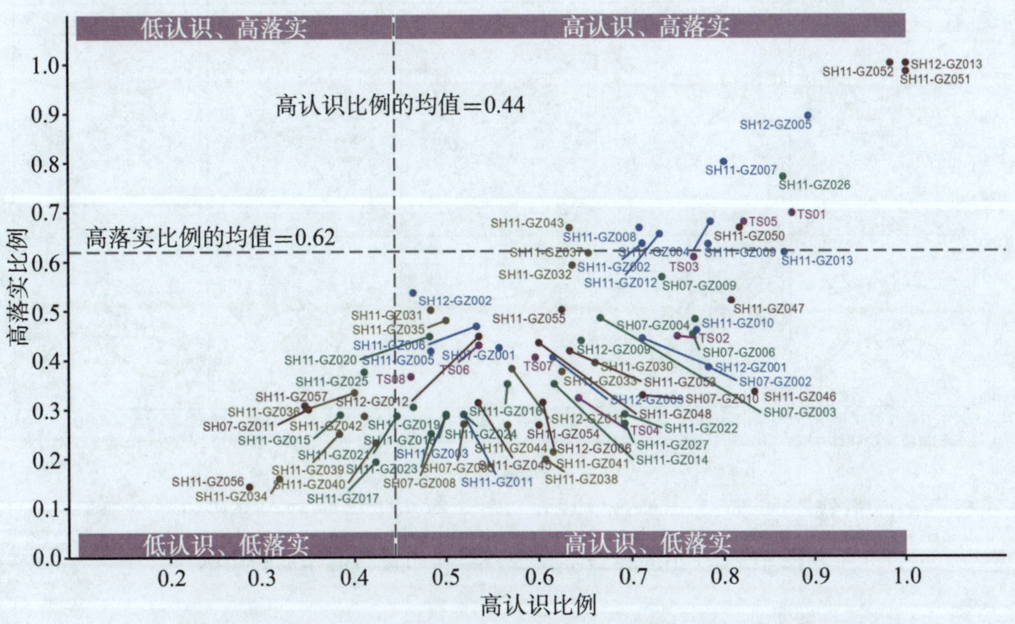

1.A类学校：市实验性示范性高中；B类学校：区实验性示范性高中；C类学校：公办普通高中；D类学校：民办高中；T类学校：特色高中。

2.横轴为教学方式指数达到高认识的比例，计算步骤为：（1）计算本校在四类教学方式上分别属于“高认识”层次的学科数量，除以本校参与监测的所有学科，得到四类教学方式各自的“高认识”比例；（2）将四类教学方式的“认识比例”计算均值，得到教学方式指数的高认识比例。教学方式指数达到高落实比例的计算方法以此类推。

附图 1-19　四种教学方式达到“高认识－高落实”水平的散点图

（二）积极探索新型作业，但呈现出明显的学科差异

作业是教学实施中的重要环节，可反映出不同层级的课程与教学改革是否真正落地。本次监测过程中，“作业设计与实施”主要是从表现类、跨学科类、实践类和团队

合作类四种作业类型作为监测点进行分析。

一是特色高中积极探索表现类、跨学科、实践类、团队合作等新型作业。附图 1-20 显示，在语文、数学、历史、地理、物理、化学、生物学、音乐等学科，特色高中学校布置四类新型作业的比例高于其他类型学校。

二是四类新型作业呈现出明显的学科差异。附图 1-20 显示，以历史、思想政治、英语等为代表的九门学科布置实践类作业比例最高，以物理、化学、语文等为代表的四门学科布置团队合作类作业比例最高。

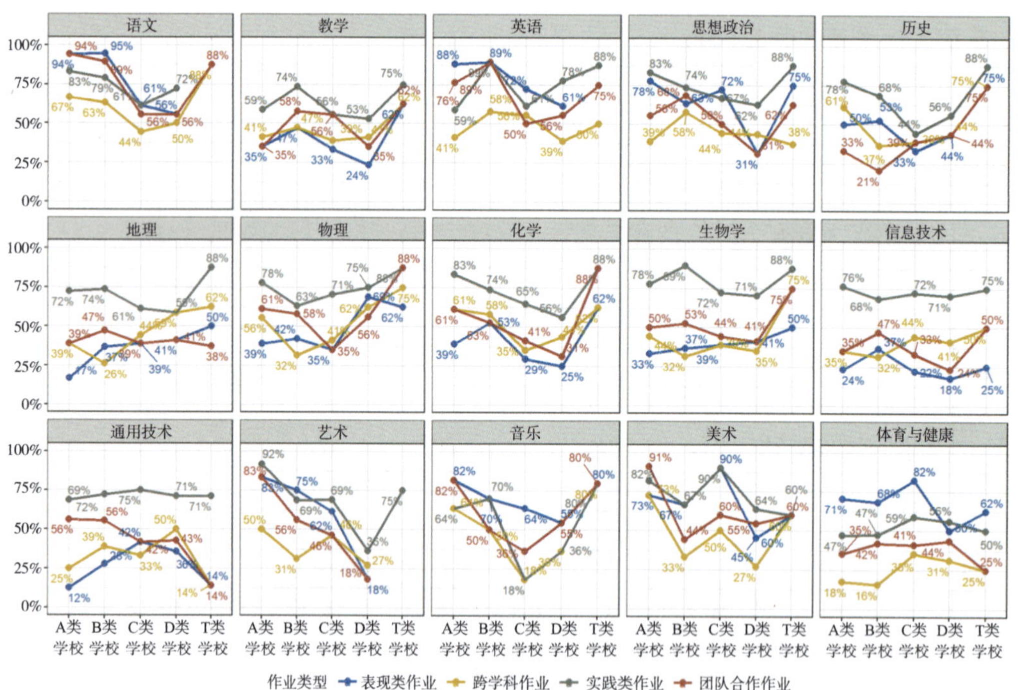

A类学校：市实验性示范性高中；B类学校：区实验性示范性高中；C类学校：公办普通高中；D类学校：民办高中；T类学校：特色高中

附图 1-20 不同类型学校在各学科布置新型作业的比例

（三）作业设计与管理显著优于其他学校，但作业内涵建设待提升

作业设计强调学校在实践类、表现类、跨学科、团队合作类等各类面向素养的作业的设计质量与多样性；作业管理强调学校在时长控制、作业批改、作业评价等配套活动中的管理水平。将作业设计、作业管理维度得分合成为作业设计与管理变革得分，统计不同类型学校的作业设计与管理得分及上海市平均得分（见附图 1-21），以及不同类型学校作业设计与管理变革的水平分布（见附图 1-22），从中可知：特色高中新型作业设计与管理显著优于其他类型学校。

一是特色高中作业设计与管理的得分均值为 51.66 分，高于上海市均值 1.64 分，高于民办学校均值 2.09 分，高于公办普通高中均值 2.28 分，高于区实验性示范性高中均值 2.03 分，高于市实验性示范性高中均值 0.84 分（见附图 1-21）。

二是进一步采用单样本 T 检验，结果表明，特色高中作业设计与管理得分显著高于上海市均值（t=−4.0809，p<0.001），显著高于民办高中均值（t=−4.2432，p<0.001），显著高于公办普通高中均值（t=−5.3025，p<0.001），显著高于区实验性示范性高中均值（t=−4.5481，p<0.001），显著高于市实验性示范性高中均值（t=−1.9896，p=0.0484）。

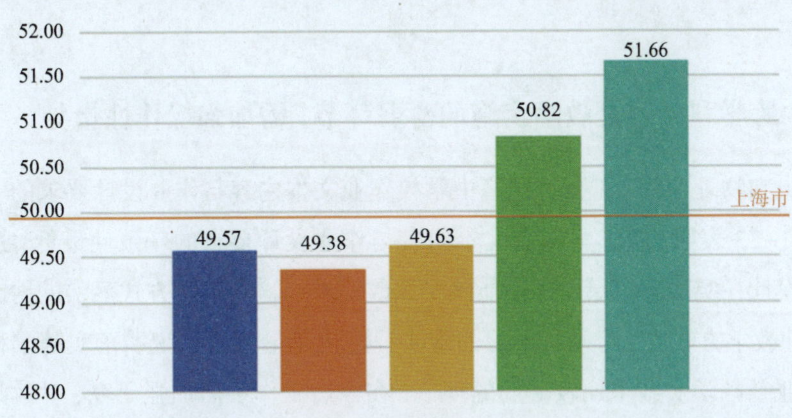

附图 1-21　不同类型学校作业设计与管理变革得分情况

三是从作业设计与管理变革的水平分布来看，特色高中达到水平三及以上的学科比例为 69.7%，高于上海市 8 个百分点，高于市实验性示范性高中 3.3 个百分点，高于区实验性示范性高中 6.3 个百分点（见附图 1-22）。

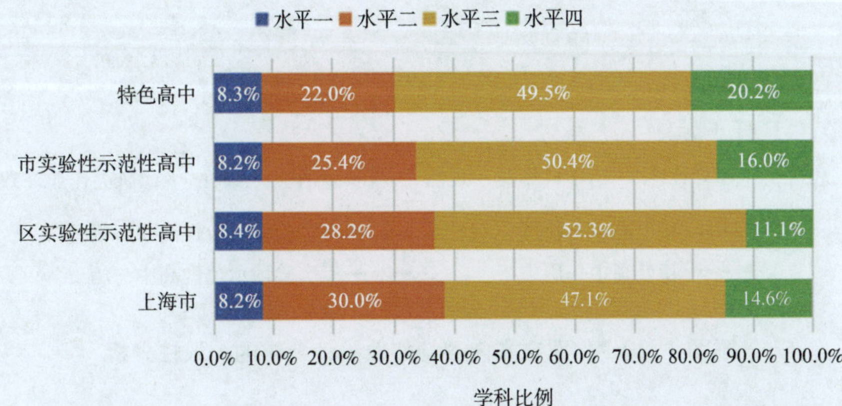

附图 1-22　不同类型学校作业设计与管理变革的水平分布

但是从作业的内涵来看，大多数特色高中不能准确区分四种新型作业的内涵。以“本学科在作业或作品评价实施中，最关注的要素是什么？”为例，历史学科和物理学科将思维品质放在第一位，但提交的案例作业并未有效支撑这一数据。后续应对四种新型作业的典型性问题，有针对性地开展教学实践研究，用教学行为明晰这些转变学生学习方式的作业内涵。

在实践类作业层面，除数学和信息技术之外，其他学科普遍缺乏问题意识。历史学科在实践评价中重兴趣态度却轻研究方法，物理学科则是重研究方法、团队精神和实践操作。

（四）跨学科学习是教学实施的薄弱环节，需加强操作性指导

以历史和物理为例，进行特色高中学校作业文本内容与作业设计要求的一致性分析。附图 1-23 表明，跨学科作业文本内容与作业设计要求的一致性最低，这说明跨学科作业设计在实践操作层面还不能落实课改要求。这和教学方式落实的情况是一致的，在几种教学方式中，跨学科学习的落实程度也是最低。这说明落实跨学科学习和跨学科作业是教学实施中比较薄弱的环节，在今后工作中需加强研究，对教师进行操作性的实践指导。

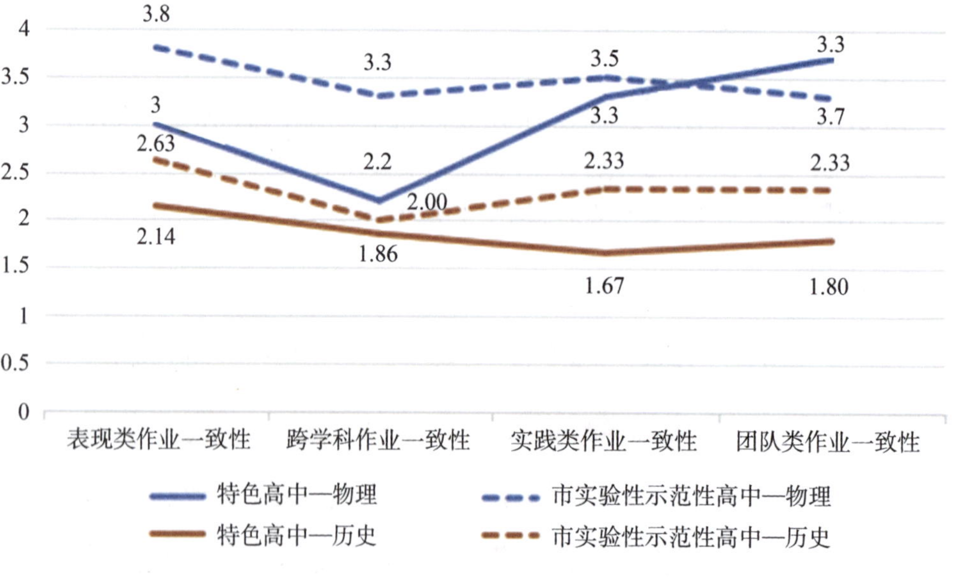

附图 1-23　作业文本内容与作业设计要求的一致性分析

四、评价机制的现状与问题分析

良好的评价机制是提升学校教育质量的关键保障，直接影响教学效果的反馈与调整，从而促进课程改革与教学实践的持续优化。特色高中在评价机制上表现出如下特点。

（一）对试题属性标注的学校比例高于其他类型学校，但亟须提高

特色高中在学期考试和日常测验上采用属性标注方式的比例普遍高于市实验性示范性高中（见附图 1-24），尤其在个别考试学科（如数学、历史、物理、化学等学科）的日常测验中，比例远高于后者。说明特色高中对日常测验与学期考试的评价管理较为规范。但仍有部分学科（语文、思想政治、地理、信息技术）在日常测验和学期考试中进行试题属性标注的学校比例低于或等于 50%，这个比例亟须提高，学校需要重视测验和考试评价的属性标注，以提升评价的科学性。

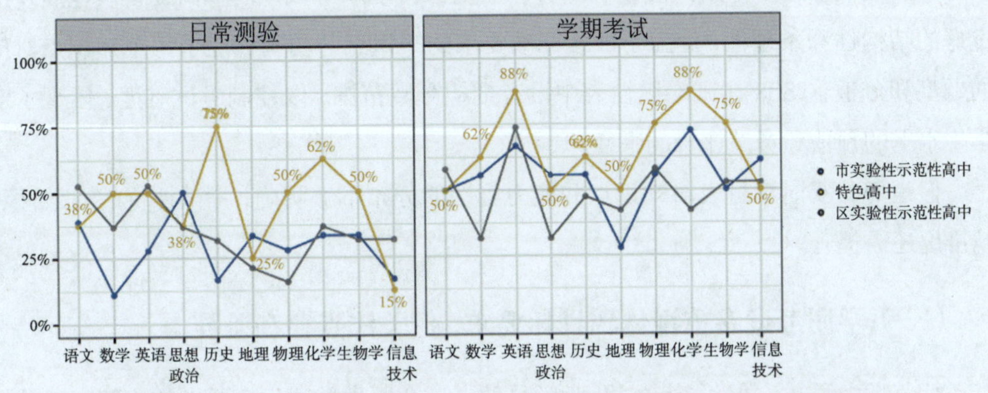

附图 1-24　日常测验和学期考试中开展试题属性标注的学校比例

（二）考试双向细目表与课标符合度较高，但有效性需要提升

在物理和历史学科提交的学期考试卷中附有双向细目表的比例分别为 33% 和 40%（见附图 1-25），比例较低，需要充分重视并提高比例。

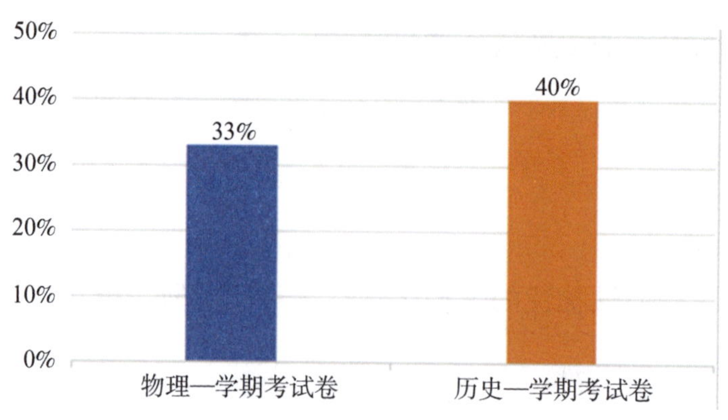

附图 1-25　学期考试卷中标注双向细目表的学校比例

通过对物理和历史学科文本分析，发现物理学科学期考试卷双向细目表在课程标准符合度、结构清晰度、学习水平分类、题型多样性等方面表现出较高质量，如 TS07 的细目表结构较为清晰，知识点、题型、学习水平和分值分配都有明确标注，知识点的安排从基础概念逐步深入到应用和综合。历史学科学期考试卷的双向细目表也展现出良好的结构性和条理性，涵盖了课程标准要求的知识点并明确标注了每个知识点对应的题型和分值，TS08 在试卷属性表中设有期望分数范围，以控制考试难度，体现了对学生水平的预估和考试评价的平衡。

但是部分双向细目表对知识点和能力层次的分布不够明确，考试评价的有效性和精准度还需提升。

（三）学期考试卷重视体现目标要求，但关注点存在差异

特色高中语文、数学、英语、化学学科的考试命题中关注目标要求的比例高于其他学校，但不同学科在命题中的关注点存在差异，如附图 1-26 所示。

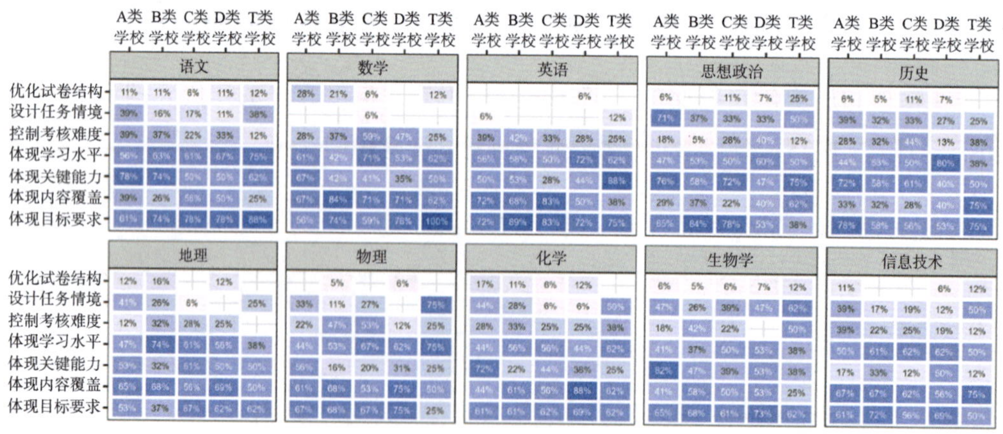

附图 1-26　不同类型学校在不同学科的考试命题关注点

通过对物理和历史学科文本分析，发现学期考试试卷与属性表、双向细目表之间的一致性较高。物理学科试卷既关注基础知识的理解和运用，也在一定程度上关注学生通过数据分析和实验验证物理规律等高学习水平。历史学科试卷体现了目标与内容的关注，通过材料应用和历史情境涵盖了各个历史阶段的核心知识点，考查学生的基础知识和理解能力的同时，侧重引导学生运用材料进行分析推理。

（四）考试命题关注情境设计的学校比例较高，但利用不够充分

特色高中物理、生物学、化学、信息技术和英语学科在考试命题中关注任务情境设计的学校比例高于其他学校，但语文、地理、历史和英语学科关注任务情境设计的学校比例低于 50%，需要提升考试命题中的情境关注，如附图 1-27 所示。

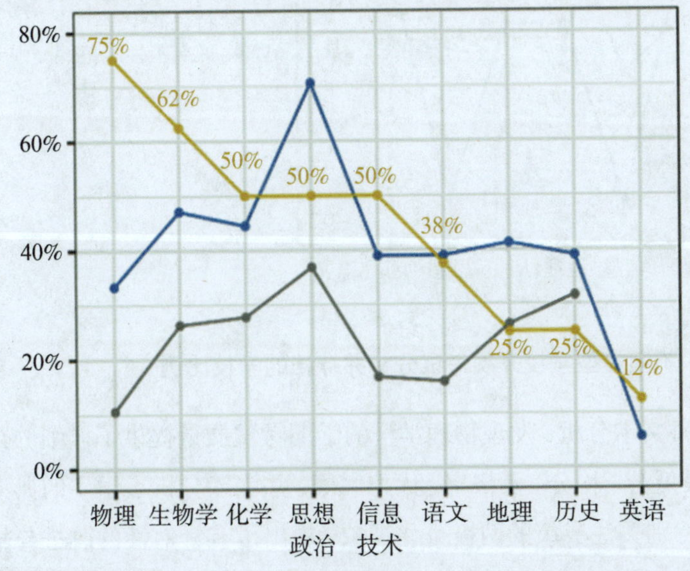

附图 1-27　不同类型学校在考试命题中关注“设计任务情境”的学校比例

通过对物理和历史学科文本分析，发现学期考试卷的情境设计多采用生活中实际存在的科技或自然现象，如“嫦娥五号”月球探测器、“复兴号”高铁等，有助于将抽象的物理知识与实际联系起来。历史试卷在情境设置上也表现出多样性，情境大多是真实、典型的史实，并通过引用文献、图片、时间轴、史料文本等方式帮助学生进入特定历史情境。尽管两个学科的情境设计较为丰富，但情境中的问题多为单一答案或定量分析题，未能充分利用情境对学生分析、综合、创新等能力和思维进行考查。

（五）对学期考试质量分析高度重视，但细致度、深度不够

特色高中化学、生物学、数学、物理、信息技术学科开展考试分析并存档的学校比例均为 100%，地理、历史等学科的比例也处于较高水平，体现了学校对考试及质量分析的高度重视，如附图 1-28 所示。

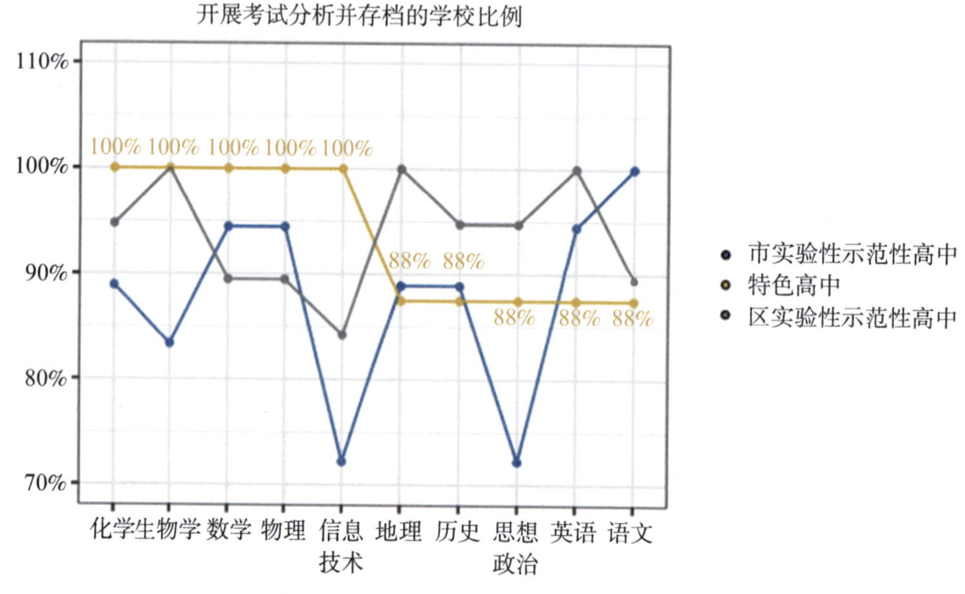

附图 1-28　不同类型学校开展考试分析并存档的学校比例

通过对物理和历史学科文本分析，发现物理学科的学期考试质量提供了详细的数据分析结果，如最高分、最低分、均分、及格率、优秀率等，并深入分析了学生的典型错误，部分学校在分析中特别关注成绩的两极分化现象，提出了有针对性的改进与辅导措施。历史学科的学期考试质量也进行了深入的数据分析，揭示了学生在考试中普遍存在的问题，如历史知识掌握不牢固、审题不仔细、答题不规范等，同时提出了切实可行的改进策略，如定期复习基础知识、提高课堂互动和提问频率、实施差异化辅导等。但是在数据分析的细致度、问题识别的深度、教学改进的可操作性、素养考查的多样性等方面还有提升的空间。

（六）过程性评价工具研制与应用高于其他学校，但使用比例存在差异

一是特色高中在各学科上均重视发挥过程性评价对学生精准学习的指导作用。附图 1-29 所示，在工具研制和应用方面，全面超越市实验性示范性高中。特色高中学

校在数学、物理、化学、生物学、英语学科研制与使用校本化的学习过程评价工具的比例，显著高于其他学校；在思想政治、历史、地理、通用技术、音乐、体育与健康等学科研制与使用校本化的学习过程评价工具的比例，略高于其他学校。

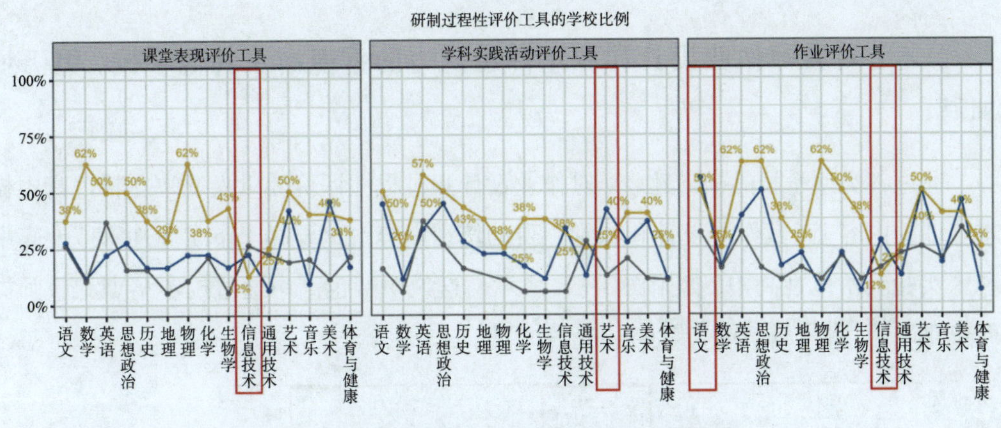

附图 1-29　不同类型学校研制过程性评价工具的学校比例

二是通过对物理和历史学科文本分析，发现特色高中物理学科设计的课堂表现、学科实践活动、作业或作品的评价工具质量高于实验性示范性高中，如附图 1-30 所示。特色高中历史学科除了学科实践活动评价工具质量稍低之外，其他两类评价工具质量也高于实验性示范性高中。

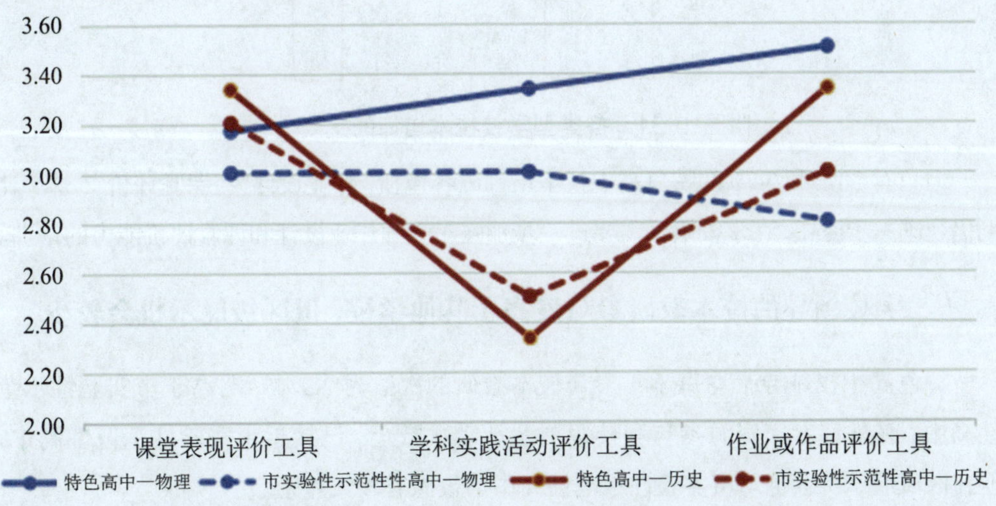

附图 1-30　物理、历史学科过程性评价工具质量

五、学校领导力现状与问题分析

学校领导力是学校发展的核心驱动力，直接影响学校课程教学品质与整体教育质量提升。学校领导力在特色高中学校课程实施过程中表现出如下特点。

（一）对教师作业设计和课堂评价能力的重视高于其他学校，但仍须加强

通过各类型学校的横向比较，对作业设计和过程性评价的重视反映在特色高中校本培训的内容上，其作业设计和课堂评价的培训内容占比要高于市实验性示范性高中和区实验性示范性高中，如附图 1-31 所示。这说明特色高中通过校本培训为教师提升作业设计、课堂评价能力赋能。

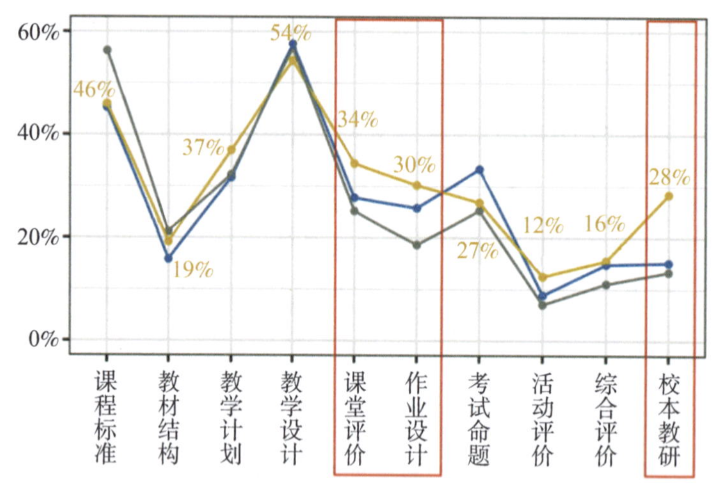

附图 1-31　各类型学校校本培训的主要内容

但只有 30% 和 34% 的特色高中校本培训内容包括“作业设计”“课堂评价”，这个比例仍须进一步提高，在学校层面需要进一步加强对教师作业设计和课堂评价能力的培训。

（二）校领导的校本教研参与度高于其他学校，但区级展示机会较少

特色高中校领导平均每学年参与校本教研的次数为 2.9 次，略高于市实验性示范性高中；在外部专家资源参与和校级展示活动次数上，已接近市实验性示范性高中。但在区域展示机会上与市实验性示范性高中学校尚有较大差距。

结合附图 1-32 的数据可知，特色高中学校在校本培训内容上对校本教研的重视程度高于市实验性示范性和区实验性示范性高中学校。这说明特色高中重视校本教研，学校管理者的教学领导力较强，管理者与教师们共同致力于教学实践的改进，关注教师的专业发

展需求，为教学改进提供具体的帮助，营造学校的专业学习氛围。主要表现为学校层面积极统筹资源，提供内外部资源促进校本教研的外部专家参与、对外辐射、展示交流。

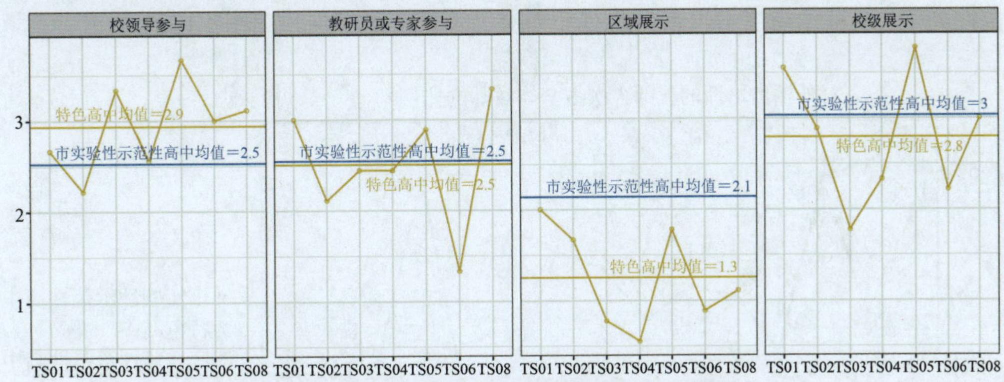

附图 1-32　特色高中的学科校本教研情况

（三）通过跨学科教研提升教师专业能力，在教师对外辐射上仍须提升

特色高中普遍重视校本特色课程开发，一定程度上得益于学校在推动跨学科教研方面的积极行动。如附图 1-33 所示，特色高中学校层面开展的跨学科联合教研比例明显高于市实验性示范性和区实验性示范性高中。特色高中更加积极落实跨学科联合的校本教研方式，说明这些学校的管理者在课程领导力和教学领导力较强，对于校本特色课程开发、跨学科联合教研具备较强的专业引领能力。

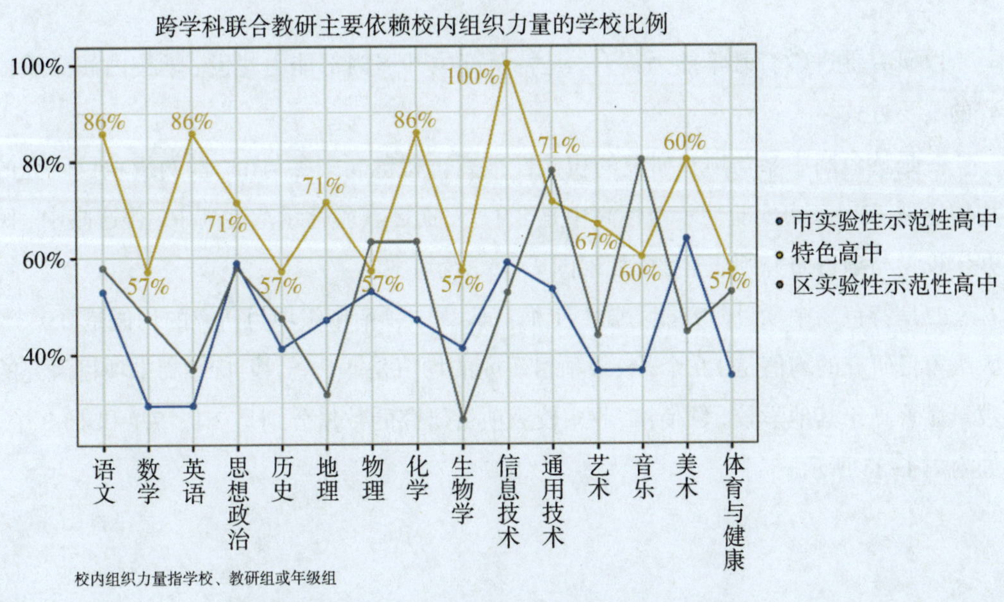

附图 1-33　特色高中的学科校本教研情况

特色高中亦积极对外输出经验，在学科教师对外培训上已经超过区实验性示范性高中，尤其是在英语、思想政治、美术、体育与健康等学科上已接近或超过市实验性示范性高中，但特色高中学校教师的对外辐射仍须进一步加强，如附图 1-34 所示。

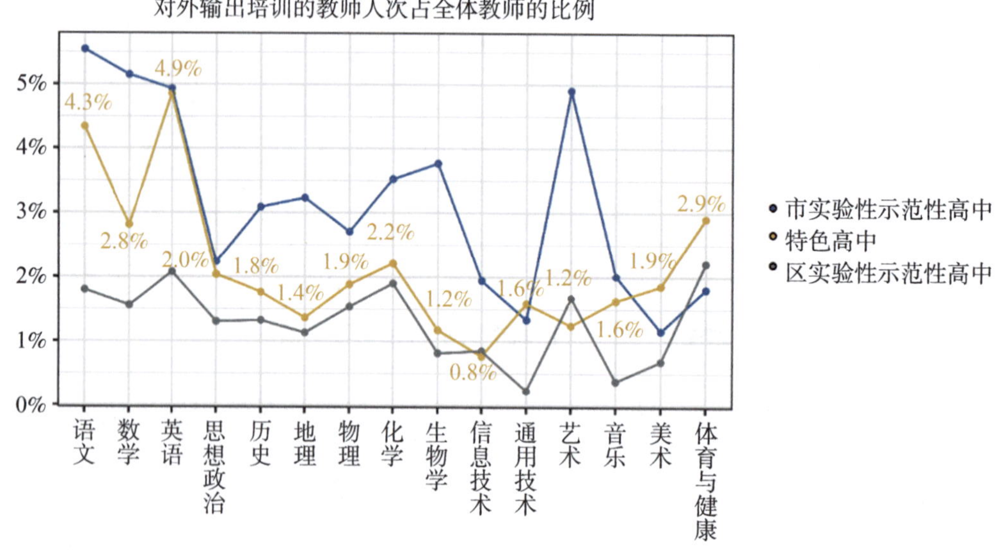

附图 1-34　特色高中各学科教师对外培训情况

（四）特色高中开展项目研究的积极性高，但市、区级项目研究仍须增加

以研究促进教育教学能力提升，是特色高中开展内部能力建设、学校内涵品质提升的重要方式。

一是特色高中参与项目研究的积极性很高。特色高中参与市、区两级项目研究的均值达到 15 个，市实验性示范性高中是 8.9 个；而区实验性示范性高中、普通高中、民办学校参与项目研究则非常少，如附图 1-35 所示。

二是特色高中项目研究能力强。上海三区高中领衔市级项目研究的均值是 0.9 个，区级项目研究的均值是 1.9 个，校级项目研究的均值是 4.1 个。但特色高中项目研究的数量显著高于其他学校，领衔市、区、校级项目研究的数量分别是 3.1、7.1 和 15.8 个，如附图 1-35 所示。

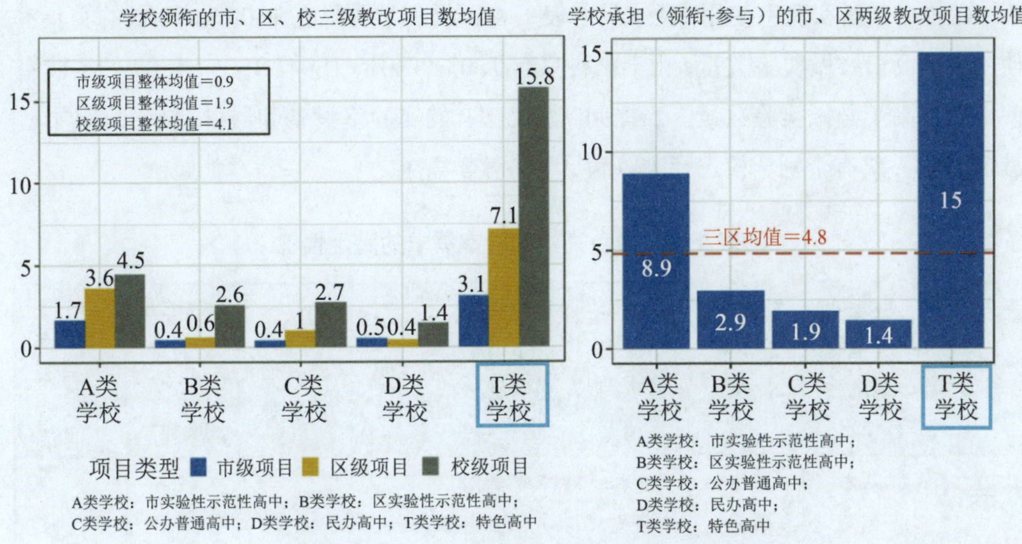

附图 1-35　各类型学校的项目研究情况

三是特色高中项目研究以校级项目为主，市级、区级项目研究数量仍须增加。受各项外部条件限制，特色高中在市级、区级研究项目的参与机会有明显的校际差异，除 TS08 和 TS02 外，其他学校参与机会非常有限。而学校成为推动项目研究的主要动力，校级项目在特色高中内的占比平均可达 62%，高于市实验性示范性高中校级项目占比均值 48%，如附图 1-36 所示。

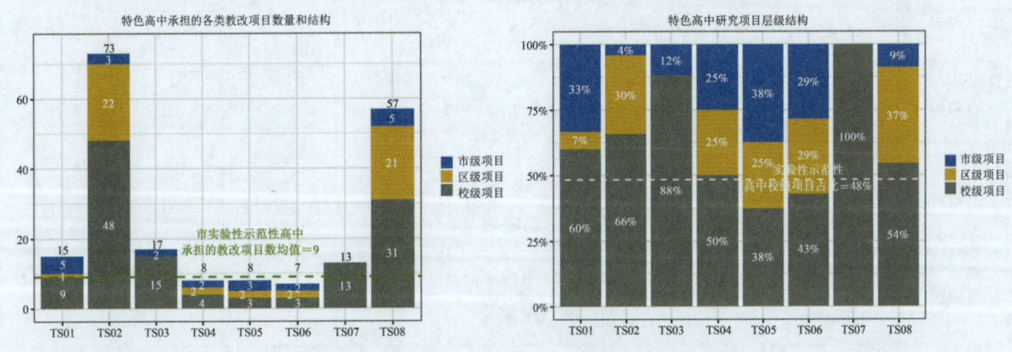

附图 1-36　特色高中的项目研究情况

（五）部分学校不能完成必做实验，仍有实验室需求不能满足

按照高中学科课程标准要求，化学学科课标要求高中三年必做实验 17 个，平均 1 年约 5.6 个；物理学科课标要求高中三年必做实验 21 个，平均 1 年 7 个。

当提问“2023 年 1 月至 2024 年 1 月，本学科教师所教班级去实验室的次数”，计算1年内各学科实验室使用次数（见附表1-9），物理学科只有TS08和TS05的实验室使用次数高于必做实验数量，化学学科只有TS03、TS01、TS04、TS05、TS07的实验室使用次数高于必做实验数量。当提问“学校已有的实验室设备和器材，能否满足本科教学需求”，仍有个别学校选择难以满足学科教学需求。

附表1-9　特色高中实验室需求的满足情况

学校代码	物理实验室需求满足情况	化学实验室需求满足情况	生物学实验室需求满足情况	地理实验室需求满足情况	物理实验室使用次数	化学实验室使用次数	生物学实验室使用次数	地理实验室使用次数
TS01	基本满足	基本满足	基本满足	不需要实验室	3	8	15	0
TS02	不需要实验室	基本满足	基本满足	不需要实验室	0	4	3	0
TS03	难以满足	基本满足	基本满足	不需要实验室	5	8	7	0
TS04	基本满足	基本满足	基本满足	不需要实验室	6	10	6	0
TS05	基本满足	能够满足	基本满足	基本满足	20	16	6	0
TS06	基本满足	基本满足	基本满足	不需要实验室	4	1	4	0
TS07	能够满足	基本满足	能够满足	基本满足	5	8	6	0
TS08	能够满足	基本满足	基本满足	不需要实验室	10	1	4	0

但总体来看，特色高中的物理、化学、生物学、信息技术和通用技术学科实验室使用次数均值明显高于区实验性示范性高中均值（见附图1-37）。特色高中的地理、化学、生物学、通用技术等学科实验室和设备都可以满足教学需求，明显好于区实验性示范性高中学校。说明特色高中学校在这几个学科上，实验室使用次数更多，实验设备资源配置更充足、更合理。

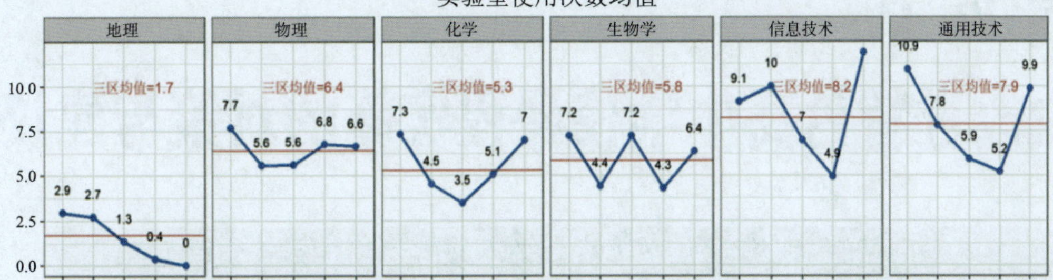

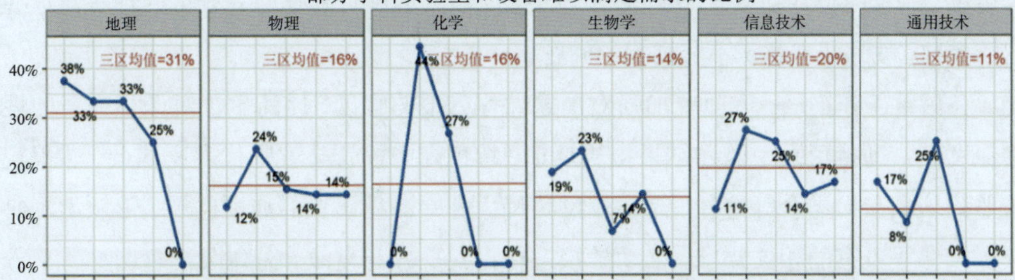

附图 1-37　实验室使用频率、实验室和设备难以满足需求的情况

第四节 改进特色高中学校课程实施的对策与建议

一、加强国家课程方案解读与实施监测，提高课程意识

特色高中课程设置不符合国家课程方案的现状主要体现在两点：课程学分超出学分范围，课程门类存在设置不当的情况。这反映出学校对国家课程方案的理解与把握有所欠缺，教师课程意识不够敏感的问题。

在后续工作中，一方面要加强对国家课程方案的解读，提高学校对课程方案的理解深度。借助特色高中监测结果报告反馈、特色高中校长与教师代表座谈会、课程实施监测培训与推进会等途径，向学校反映特色高中课程设置的典型问题，带领学校研读国家课程方案的相关要求，推动学校进行自我反思与整改，提高课程意识。另一方面，加强国家课程校本化实施监督，督促学校完善课程设置。在特色高中创建评估工作中纳入课程设置指标，重点评估课时、学分、门类与课程方案的一致性，评估课程方案学习的教师培训内容，达到以评促改的目的。

二、优化学校课程实施规划，提高课程统整的合理性

特色高中课程体系的结构化程度有着明显的学校差异，部分学校对必修课程、选择性必修课程、选修课程存在课时分配不均的问题；部分学校不能妥善处理课程类型、科目领域与具体课程的层级与从属关系，加上课时与学分不合规问题，说明尽管学校具备国家课程校本化实施理念，但是面对有限的课时容量和庞杂的课程门类，学校缺乏有效的课程整合方法使课程与课时安排在国家课程方案范围内相互匹配。

据此，需再次审视学校课程框架，加强国家课程校本化实施的整体谋划，利用政策预留的整合空间，统筹设置课程门类，整合实施重点领域课程，合理分配到高中各个学期，提高课程融合度。例如，学科必修课程与学科选择性必修课程做好课时分配，避免必修课程超学分而选择性必修课程不够学分；选修课程分为学科拓展选修与综合选修，用课程群或领域来划分门类，并预留一定课时；综合实践活动与选修课程在同一课时内整合实施，校本劳动必修课程与通用技术课程的选择性必修内容、校本特色课程结合等。

三、课程化建设研究性学习，强化跨学科性和规范性

特色高中研究性学习目前存在建设不规范、不受重视、缺乏深度的问题，具体表现在以下几个方面：研究性学习项目没有以开展跨学科研究为主；部分学校未能匹配详细的研究性学习管理制度；部分学校将研究性学习视作一项常规的学校管理工作，不能与学校特色育人统筹思考。这反映出学校对研究性学习内涵缺乏认识，对其实施缺乏操作方法和规范化制度。

因此，需引导学校和教师充分认识研究性学习，明确研究性学习在整个课程系统的生长空间，帮助学校找到研究性学习、校本特色课程、选修课程的结合点，推动学校有效利用研究性学习发展特色育人路径。其次，从规范化角度来说，使学校明确跨学科项目在研究性学习中实施的必要性，对跨学科学习方式应用于研究性学习予以一定操作指引，指导学校完善研究性学习相关实施办法、管理制度，从研究性学习的目标、开发、实施、评价和管理等多个方面制定相关要求，以保证研究性学习的有效运行。

四、积极落实跨学科学习，提升教学指导的操作性

数据显示，跨学科学习在课堂教学和课后作业中都是实施比例最低的。针对跨学科落实困难的现状，需建立跨学科学习实践专业发展共同体，依靠团队智慧不断缩小当前盲区、扩大已知区域和攻克未知区域。

首先，扎实推进跨学科教研。以跨学科项目设计为载体，增加跨学科教研比重，促进不同学科教师常态化开展基于合作设计课程的跨学科教研。其次，开展全学科培训与多领域研修。邀请市、区级各学科专家到校进行培训，其他学科教师全体全程参与学习，给予不同学科教师参加综合性培训的机会，比如专题类、重大主题等培训，引领教师站在经济、文化、时局发展等宏观背景中拓宽学科理解。

五、完善新型作业设计与实施，强化跨学科、实践性作业

作业是提升教育质量的关键领域之一，是课堂教学的延伸与拓展，是落实立德树人、推进素质教育的重要载体。跨学科学习是倡导理解取向、强调实践性的综合性深度学习。因此，新型作业设计也应该引导学生在理解的基础上进行自主、实践与探究活动。

首先，加强新型作业内容的主题性研究。打破学科之间的隔阂，科学设计主题式学习活动，引导和帮助学生进行跨学科主题学习。其次，加强凸显新型作业形式的项

目化研究。以项目化的形式指向核心知识的再建构，通过创建真实的驱动性问题和任务，引领学生持续进行学习实践。最后，强化新型作业方法的实践性研究。实践属性是学习的基本属性。新型作业指向的是转变学生的学习方式，在跨学科、实践性等作业中始终伴随着学生的体验、探究、操作、交往等实践性活动，帮助学生实现理论和实践之间的连接，能够更好地理解和掌握学科知识，进而将其应用于实际场景中。

六、优化考试评价体系，提升改进结果评价实效性

针对考试评价规范性和科学性有待提升的现状，建议开展全学科覆盖的考试评价改进行动，优化考试评价体系，改进结果评价的科学性和实效性。

一是全面推广试题属性标注，通过模板制定、案例评比和校级督导提高试卷属性标注比例；在此基础上提升双向细目表质量与覆盖率，强化知识点、能力层次与课程标准的精准匹配；考试完成之后围绕试题属性标注和学生表现进行深层次的量化与质性分析，将结果具化为课堂教学与辅导的改进措施。二是深化考试情境设计与综合运用，推动开放性、创新性跨学科情境的融入，注重学生学科核心素养的发展和问题解决能力的整体提升。

七、强化过程评价体系，促进评价工具设计的科学性和规范性

针对特色高中过程性评价现状，需要学校从整体出发优化评价体系，构建科学规范且可操作性强的过程性评价框架，全面发挥过程性评价对学生学习和教学改进的指导作用。引入多元评价主体，结合学生自评、同伴互评与教师评价的综合反馈，提升评价的客观性与全面性。

建议学校整合各学科的优秀实践，开发统一的过程性评价工具模板，确保评价维度涵盖学生的知识掌握、思维品质、探究能力、合作精神和创新意识，提升工具的科学性和一致性，减少评价中的主观性偏差。同时，注重评价的多维度全面覆盖，设计灵活的评价流程，既支持课堂学习表现的即时反馈，也对学生实践活动和作业作品进行长期跟踪。此外，建立动态反馈和优化机制，强化对教师使用评价工具的专项培训，提高其实施能力和评价的专业性。

八、提升校长领导力，以专业能力引领学校发展

学校领导力在有效缩小区域、校际教育差距、促进教育高质量发展等方面具有扮演学校教学软实力、发挥有效政策工具的作用。根据数据分析，特色高中在学校领导

力上表现较好，充分发挥了对学校发展规划、课程教学改进、教师专业引领的作用。特色高中在校本培训、校本教研、项目研究和资源保障等方面，学校管理者都高度重视，由学校层面统一进行顶层设计和组织实施，在学校组织层面管理学校整体的课程教学项目和推进课程教学改革，并且能够有效管理教学资源，提升教学质量；引领指导校本课程开发和学科教研，激发教师潜能，促进教师专业成长，构建高效协作的教师团队。

在追求教育高质量发展的目标导向下，校长作为学校的领航者，其专业领导力直接关系到学校的教育质量、教师团队的成长以及学生的全面发展。因此，需进一步有效提升校长的专业领导力，并构建相应的支持系统，成为当前教育领域亟待解决的问题。

九、搭建教研展示、对外辐射和项目研究平台，促进交流

特色高中在通过校本培训、校本教研提升教师教学能力上，学校层面的重视程度高于市实验性示范性和区实验性示范性高中，积极统筹资源，提供内外部资源促进校本教研的外部专家参与，为教学改进提供具体的帮助。但在区域教研展示机会、教师对外辐射引领和市区级项目研究上，特色高中与市实验性示范性高中学校尚有较大差距。

因此，需进一步加强特色高中学校教研展示交流、辐射引领和项目研究，在市级、区级层面给予支持，搭建平台，提供多样化的资源保障，制订优质特色发展的个性化学校方案，满足学校发展需求。加强校际交流与合作，推动资源共享、互相学习，激发学校办学活力。

附录 2

上海市三区普通高中物理学科课程实施监测报告

2024 年 4 月—6 月，上海市面向三区开展普通高中课程实施监测，共计 82 所高中、492 位学校管理者、1087 位学科教研组长、3849 位教师、31495 位学生参与监测。本报告针对物理学科课程实施数据进行分析，专题性地呈现高中物理学科“双新”实施情况，得出相应结论，提出改进建议。

一、持续提升物理教师专业素养，推动高层次教师培养与流动

调研显示不同类型学校的高中物理教师在学历与专业发展上存在明显差异，同时各类型学校物理教师的职称结构和荣誉情况呈现出不平衡态势，分别如附图 2-1、附图 2-2 和附图 2-3 所示。

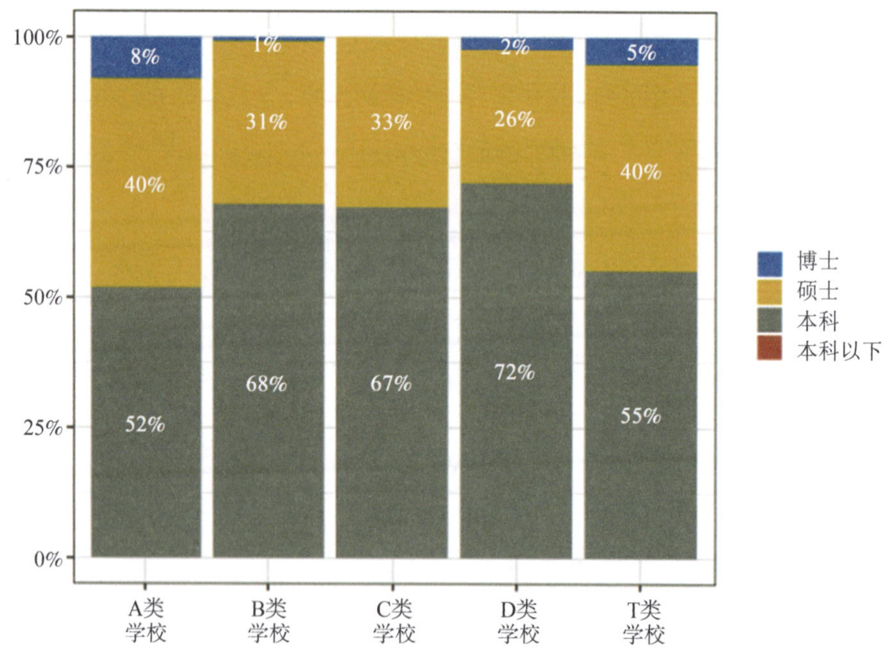

附图 2-1　物理学科教师的学历结构

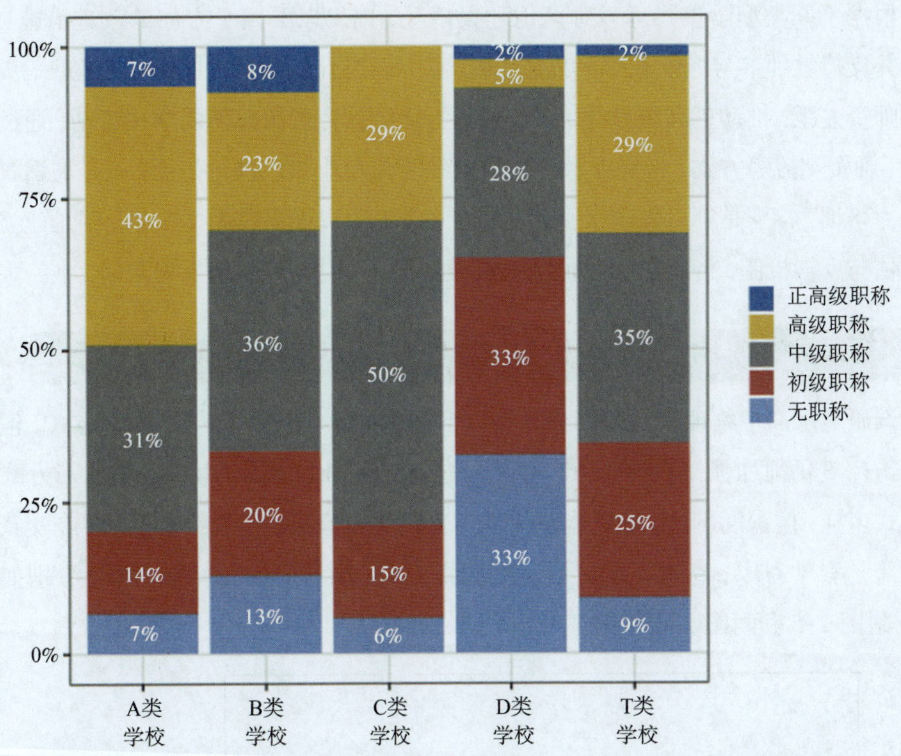

A类学校：市实验性示范性高中；B类学校：区实验性示范性高中；C类学校：公办普通高中；D类学校：民办高中；T类学校：特色高中

附图 2-2　物理学科教师的职称结构

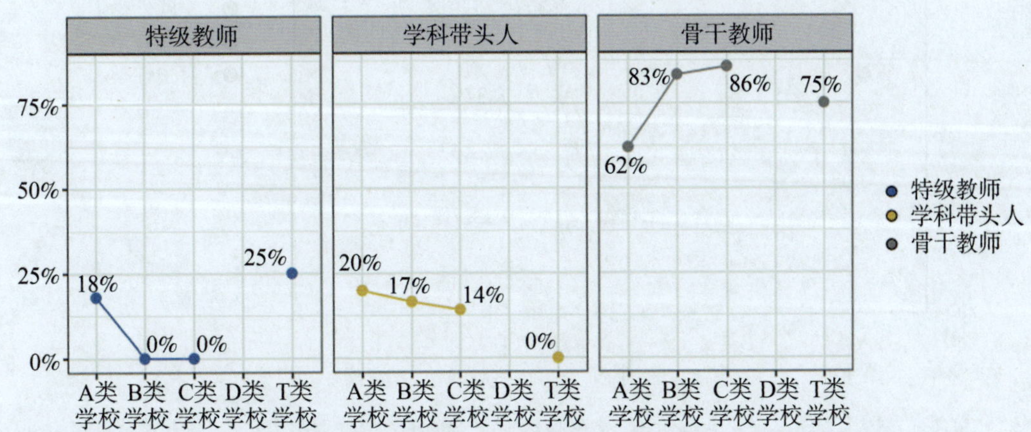

A类学校：市实验性示范性高中；B类学校：区实验性示范性高中；C类学校：公办普通高中；D类学校：民办高中；T类学校：特色高中

附图 2-3　物理学科教师的荣誉情况

根据不同类型学校物理教师队伍建设情况，提出以下四个方面的改进措施：一是鼓励并支持教师参与继续教育，攻读更高学位，以提升整体学历层次；二是进一步缩小校际师资差距，推动正高级教师、特级教师等优质教育资源向薄弱学校流动，通过校际合作、师资交流等方式，将优秀教师的教学经验与专业知识进行传播；三是加强教师专业能力培训，特别是针对教学水平相对较低的学校，以提高其教学质量；四是建立长效的评估与反馈机制，持续监测教师队伍建设情况，及时调整教师发展策略。

二、深化高中物理教学方式改革，促进学生深度学习

调研显示高中物理教与学方式存在以下问题：初步落实“双新”教学方式，但实施深度与广度仍须加强，特别是跨学科学习需进一步加大实施力度；各类学习方式虽表现形式多样，但深度不足，缺乏能够促进学生深度理解和高阶思维的活动；在实践性学习和跨学科学习中，高水平学习活动如调查调研、项目研究等相对薄弱，分别如附图 2-4、附图 2-5 和附图 2-6 所示。

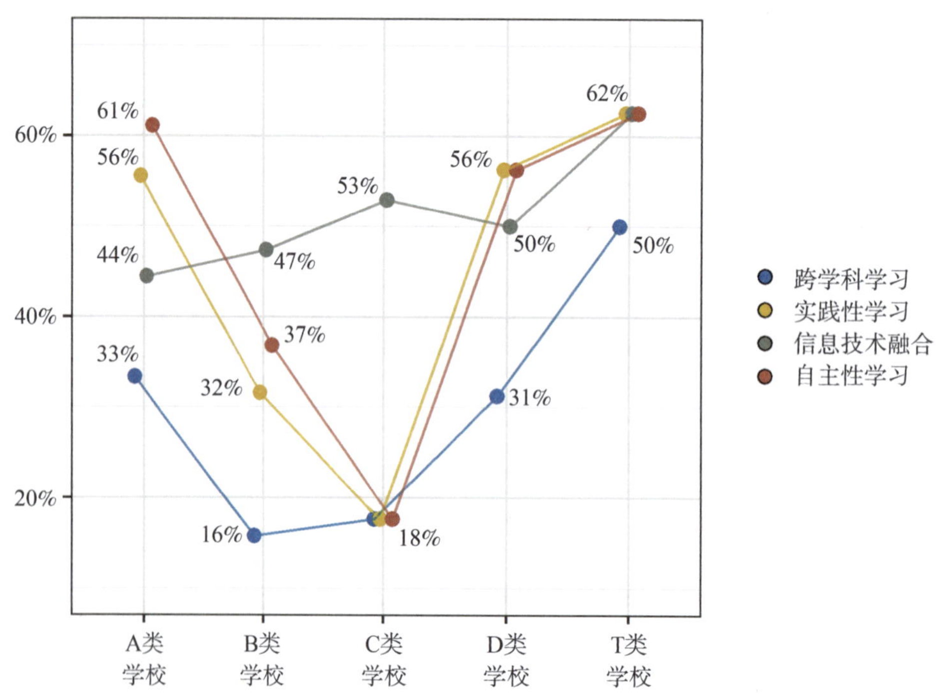

附图 2-4　不同类型学校物理学科对四类教学方式的落实情况

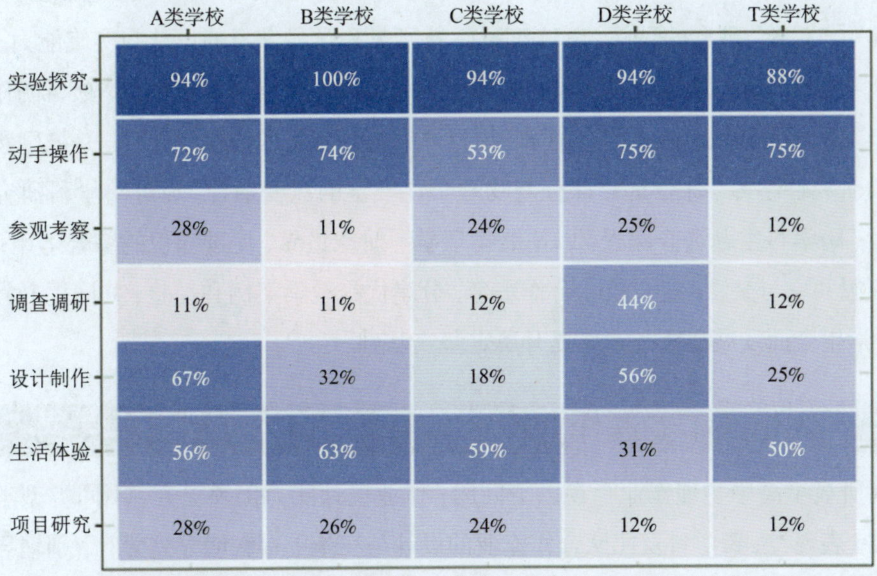

	A类学校	B类学校	C类学校	D类学校	T类学校
实验探究	94%	100%	94%	94%	88%
动手操作	72%	74%	53%	75%	75%
参观考察	28%	11%	24%	25%	12%
调查调研	11%	11%	12%	44%	12%
设计制作	67%	32%	18%	56%	25%
生活体验	56%	63%	59%	31%	50%
项目研究	28%	26%	24%	12%	12%

A类学校：市实验性示范性高中；B类学校：区实验性示范性高中；C类学校：公办普通高中；D类学校：民办高中；T类学校：特色高中

附图 2-5　实践性学习表现形式在不同类型学校的应用比例

	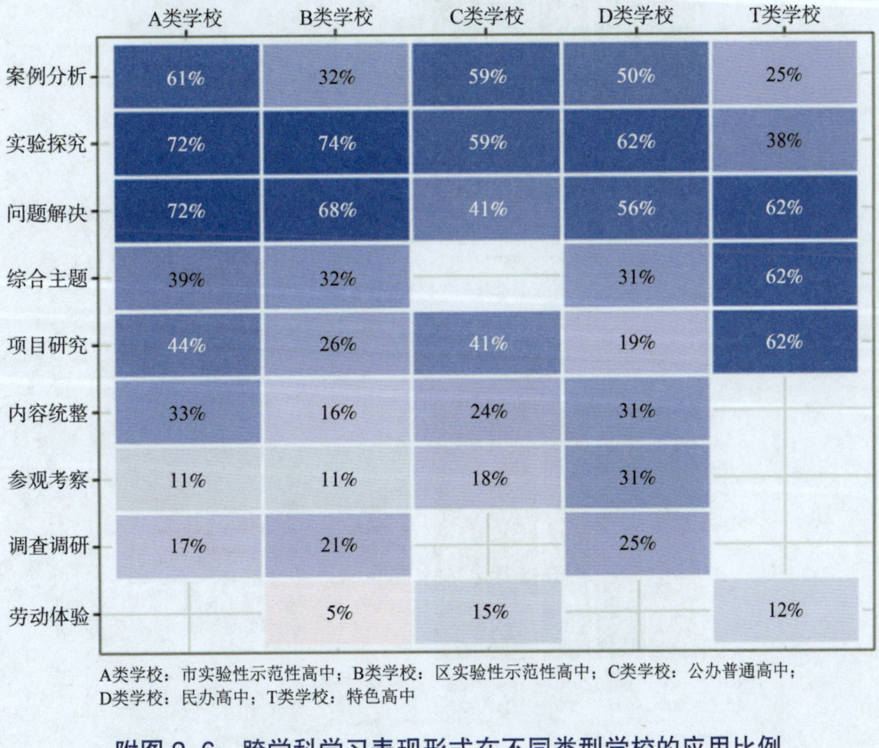 A类学校	B类学校	C类学校	D类学校	T类学校
案例分析	61%	32%	59%	50%	25%
实验探究	72%	74%	59%	62%	38%
问题解决	72%	68%	41%	56%	62%
综合主题	39%	32%		31%	62%
项目研究	44%	26%	41%	19%	62%
内容统整	33%	16%	24%	31%	
参观考察	11%	11%	18%	31%	
调查调研	17%	21%		25%	
劳动体验		5%	15%		12%

A类学校：市实验性示范性高中；B类学校：区实验性示范性高中；C类学校：公办普通高中；D类学校：民办高中；T类学校：特色高中

附图 2-6　跨学科学习表现形式在不同类型学校的应用比例

为优化高中物理教与学方式，提出以下建议：一是制订学科“双新”实施方案，提升教师对“双新”理念的理解与实施能力，特别是跨学科学习的设计与实施能力；二是深化学习方式改革，增加促进深度学习的活动，鼓励学生参与实验设计、项目制作等高水平自主性学习活动，加强调查调研、项目研究等高水平实践性学习；三是鼓励物理教师探索研究性学习、综合选修课程与物理学科教学的深度融合，设计跨学科研究性学习项目、跨学科主题选修课程，以拓展物理学习时空边界，促进知识的综合运用；四是加强资源共享与交流，建立校际合作平台，分享优秀教学案例和经验，共同提升教学水平，为学生全面发展与核心素养提升奠定坚实基础。

三、优化高中物理作业设计与管理，有力支持高效学习

调研显示高中物理作业存在以下问题：作业设计能力仍须提升，不同类型学校在实践类、表现类、跨学科及团队合作作业的设计与实施上存在明显差异；个别辅导对学生高阶学习需求的关注明显不足，分别如附图 2-7、附图 2-8 和附图 2-9 所示。

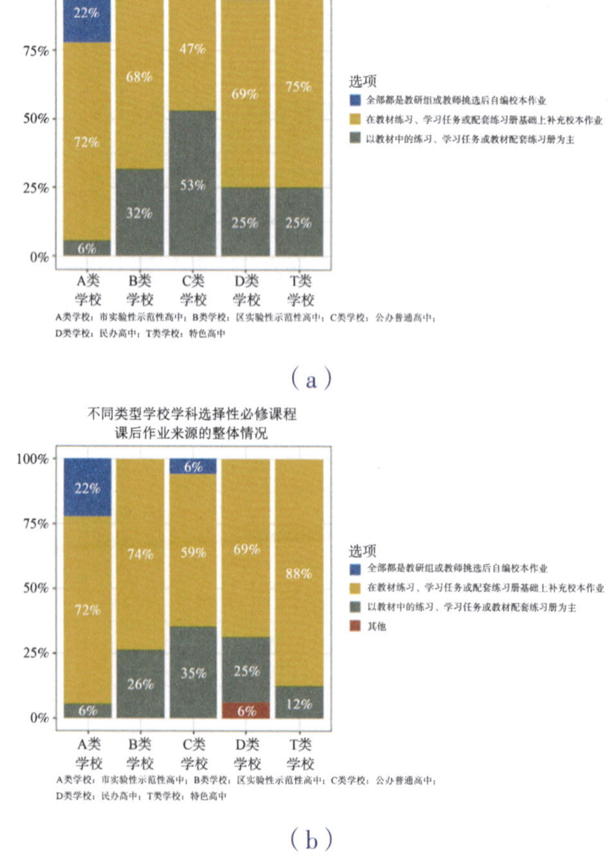

（a）

（b）

附图 2-7　不同类型学校课后作业的来源

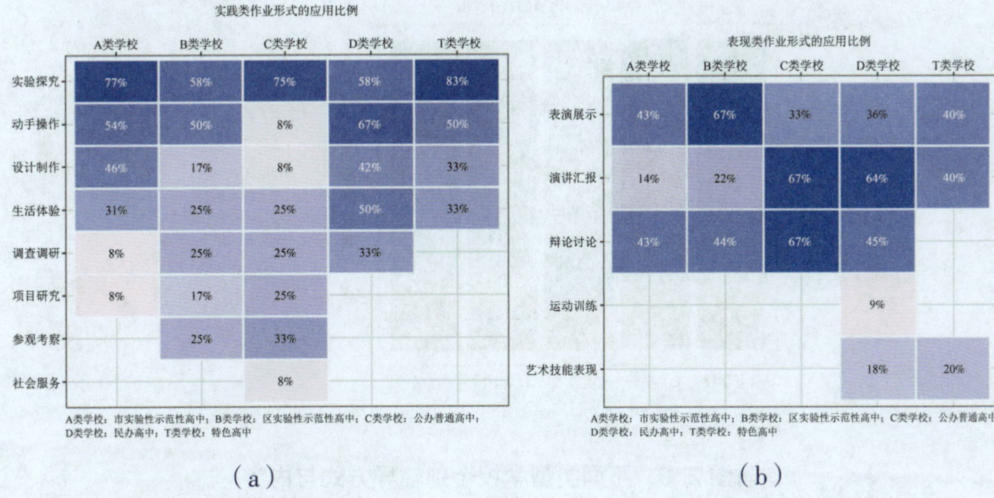

（a） （b）

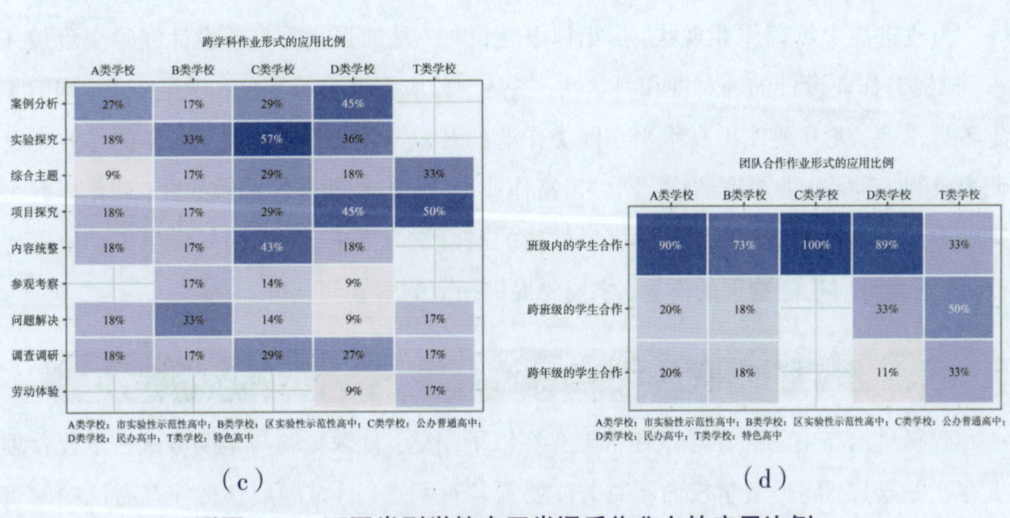

（c） （d）

附图 2-8　不同类型学校在四类课后作业上的应用比例

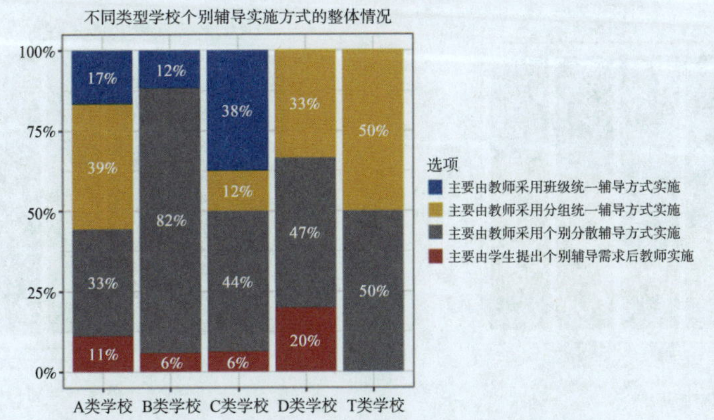

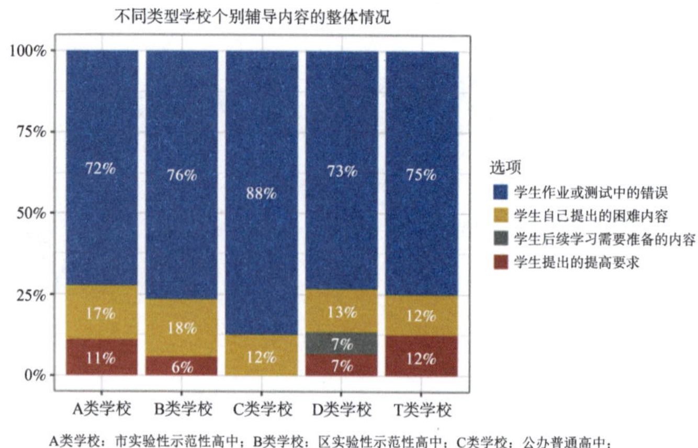

附图 2-9　不同类型学校个别辅导方式与内容

为改进高中物理作业现状，提出以下建议：一是加强优秀作业设计经验交流与共享，以提升作业设计的针对性和科学性；二是学校应根据自身特色和学生需求，均衡实施各类作业，尤其要注重高水平实践类作业的开发与实施；三是建立科学的作业难度调控机制，确保作业难度适中，同时丰富作业形式，增加趣味性和挑战性；四是提升个别辅导的精准性和效率，关注并满足学生的高阶学习需求，同时引导学生主动反思与改进；五是针对选考物理的学生，学校要提供相应的引导和支持。

四、加强考试属性标注与质量分析，提升教师命题能力

调研显示高中物理在考试评价上存在以下问题：日常测验与学期考试在学校管理上存在差异；不同类型学校命题时关注要素各有侧重，且试题属性标注在考试中的重视程度不足，分别如附图 2-10、附图 2-11、附图 2-12 和附图 2-13 所示。

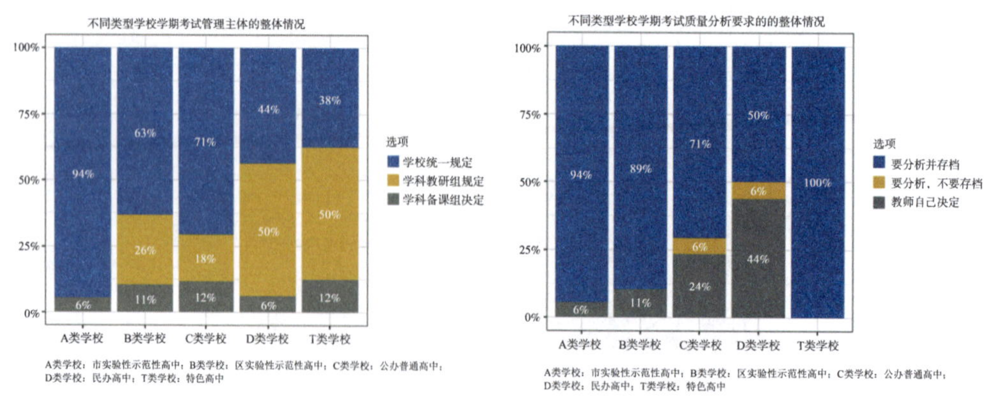

附图 2-10　不同类型学校学期考试管理与质量分析情况

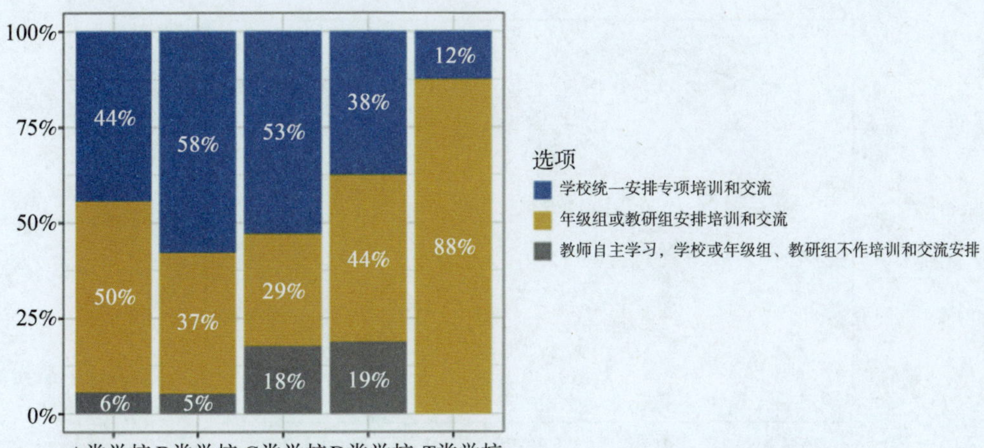

A类学校：市实验性示范性高中；B类学校：区实验性示范性高中；C类学校：公办普通高中；
D类学校：民办高中；T类学校：特色高中

附图 2-11　不同类型学校教师学业评价命题能力提升途径

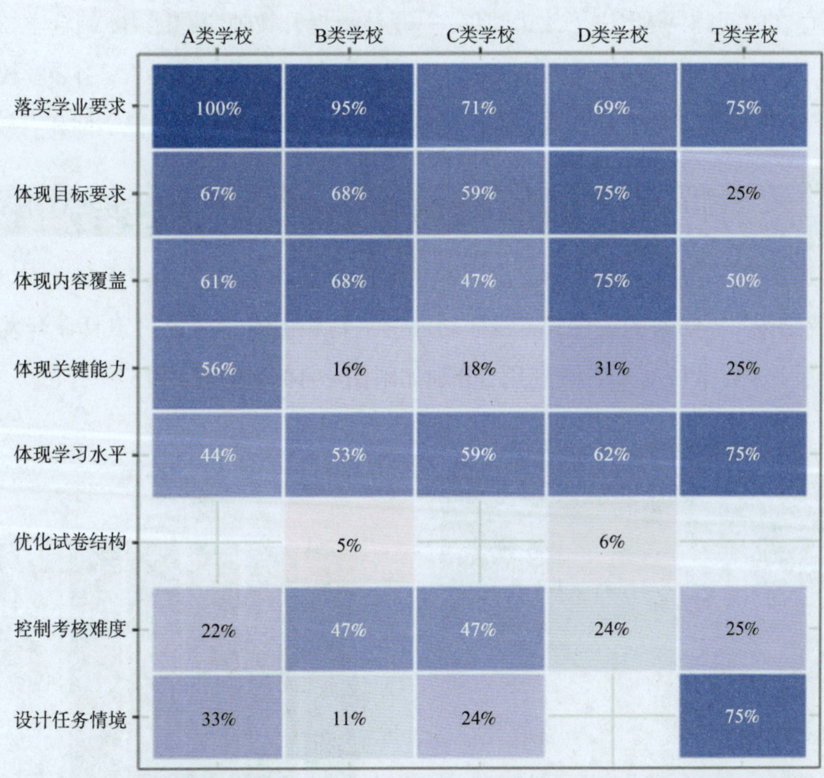

A类学校：市实验性示范性高中；B类学校：区实验性示范性高中；C类学校：公办普通高中；
D类学校：民办高中；T类学校：特色高中

附图 2-12　不同类型学校在学期考试中关注的命题要素

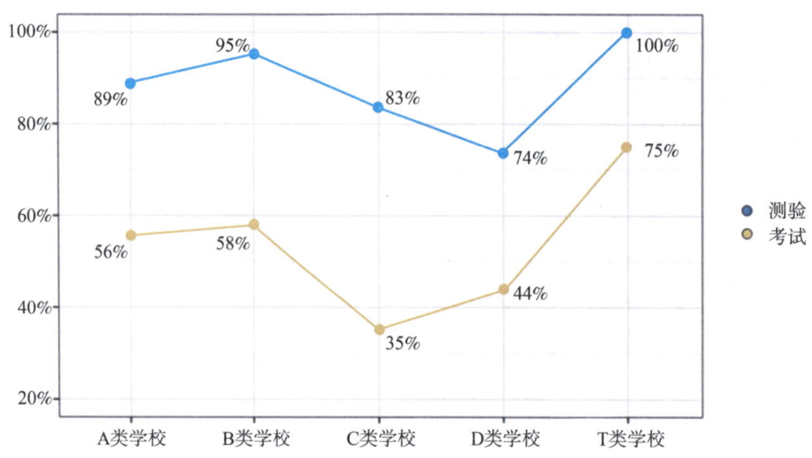

附图 2-13　不同类型学校试题属性标注情况

针对存在的问题，提出以下改进建议：一是注重提升教师命题能力，结合学校特点和教师需求，提供多样化的培训方式和资源支持；二是全面关注命题要素，引导学校在命题时全面关注各要素；三是加强试题属性标注的规范性，以提高考试的科学性和有效性。

五、关注评价的系统性，整体推进评价工具研发与应用

调研显示高中物理学科活动评价中的主要问题是作业和作品评价缺乏对“创意设计”“独特结果”等要素的关注；实践活动评价工具和课堂学习评价工具在开发和使用上明显滞后，多数学校尚未有效利用，分别如附图 2-14 和附图 2-15 所示。

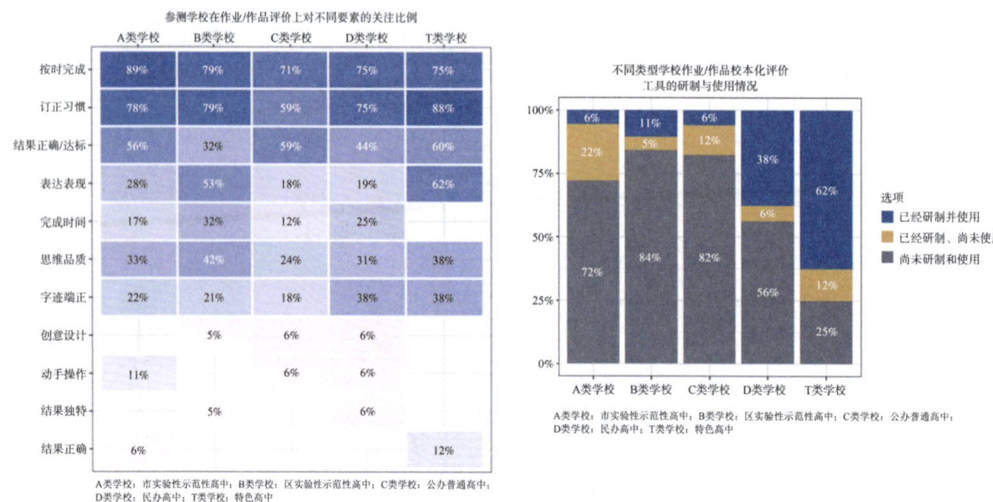

附图 2-14　作业 / 作品评价的关注要素、工具研制及应用

不同类型学校学科实践活动校本化评价
工具的研制与使用情况
100%
75%
50%
25%
0%
22%
11%
67%
11%
5%
84%
12%
6%
82%
25%
12%
62%
25%
12%
62%
A类学校
B类学校
C类学校
D类学校
T类学校
选项
已经研制并使用
已经研制、尚未使用
尚未研制和使用
A类学校：市实验性示范高中；B类学校：区实验性示范高中；C类学校：公办普通高中；
D类学校：民办高中；T类学校：特色高中
不同类型学校课堂学习校本化评价
工具的研制与使用情况
100%
75%
50%
25%
0%
22%
11%
67%
11%
5%
84%
12%
12%
76%
25%
12%
62%
62%
12%
25%
A类学校
B类学校
C类学校
D类学校
T类学校
选项
已经研制并使用
已经研制、尚未使用
尚未研制和使用
A类学校：市实验性示范高中；B类学校：区实验性示范高中；C类学校：公办普通高中；
D类学校：民办高中；T类学校：特色高中

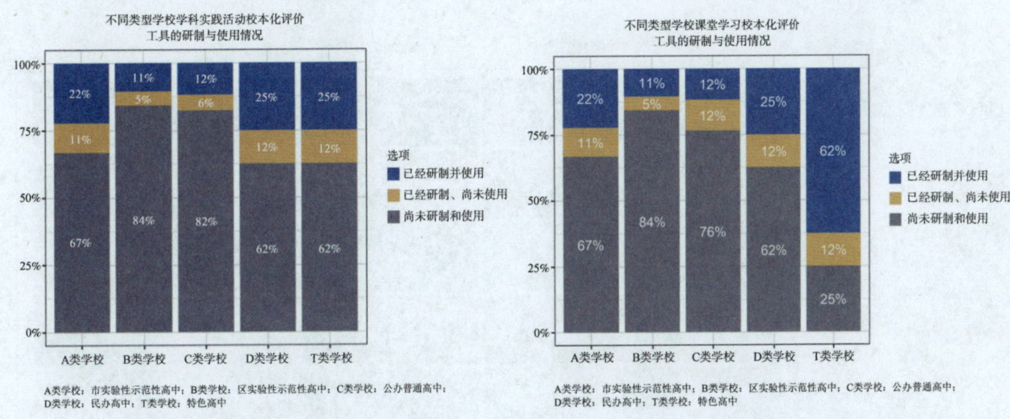

附图 2-15 学科实践活动评价工具和课堂学习评价工具的研制及应用

针对高中物理学科活动评价存在的问题，提出以下改进建议：一是注重评价的系统性，科学设置评价标准；二是加强活动评价工具的研发，确保工具能够全面覆盖知识、态度、思维等多个评价层面，同时结合学校特色和学科要求，制定具有针对性的评价指南；三是以活动评价实践为主题，从市、区层面组织征集优秀案例、优质工具，为学校提供可参考借鉴的资源，促进校际间合作交流。

六、拓展教研活动广度与深度，搭建学习交流平台

调研发现高中物理学科教研活动存在以下问题：缺乏跨学科和更广泛联合的探讨，跨学科教研的实际合作程度远低于期望；教研质量有待提升，特别是在普通高中和民办高中，领导参与和专家支持明显不足；区域教学展示机会分布不均，市实验性示范性高中占据主导，普通高中机会有限，分别如附图 2-16、附图 2-17 和附图 2-18 所示。

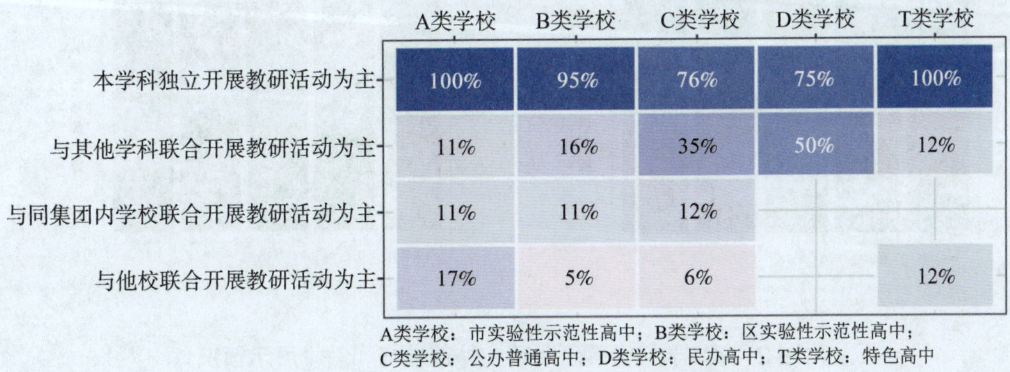

A类学校
B类学校
C类学校
D类学校
T类学校
本学科独立开展教研活动为主
100%
95%
76%
75%
100%
与其他学科联合开展教研活动为主
11%
16%
35%
50%
12%
与同集团内学校联合开展教研活动为主
11%
11%
12%
与他校联合开展教研活动为主
17%
5%
6%
12%
A类学校：市实验性示范性高中；B类学校：区实验性示范性高中；
C类学校：公办普通高中；D类学校：民办高中；T类学校：特色高中

附图 2-16 不同形式校本教研活动的开展比例

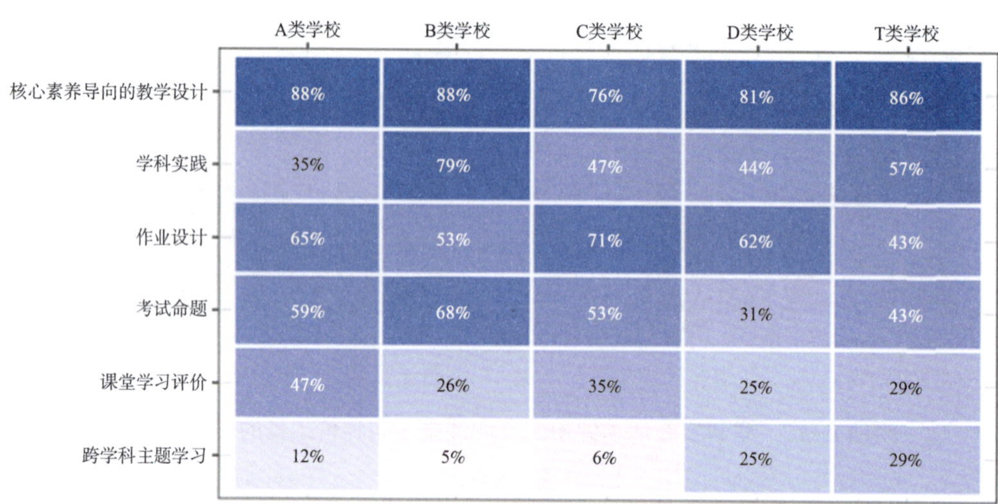

A类学校：市实验性示范性高中；B类学校：区实验性示范性高中；
C类学校：公办普通高中；D类学校：民办高中；T类学校：特色高中

附图 2-17　不同类型学校的校本教研活动主题

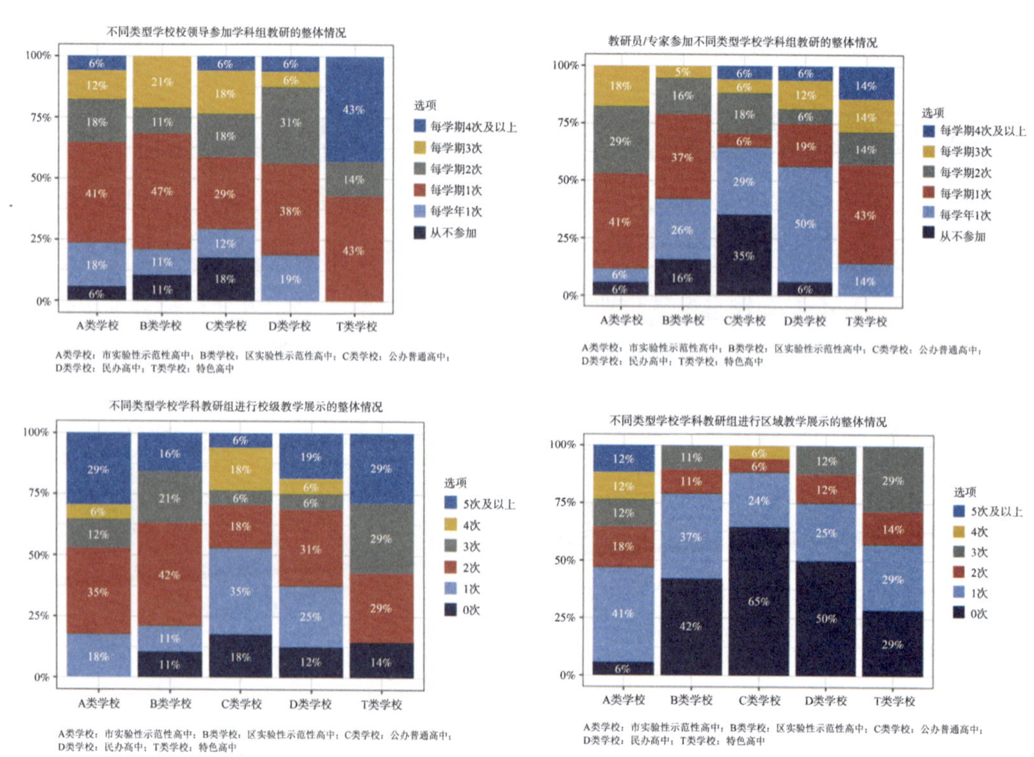

附图 2-18　学科组教研活动的外部参与和教学展示情况

针对上面的问题提出以下改进建议：一是拓展教研活动的广度和深度，通过组织多种形式的跨学科和跨校联合教研活动，打破学科壁垒，促进不同类型学校、不同层次教师之间的交流与合作，共同探索更为有效的教学方法和策略；二是完善教研管理机制，确保教研活动档案记录的规范性和完整性；三是提高学校领导对教研活动的重视程度，区级教研部门应加大对普通高中和民办高中的支持力度；四是促进区域教学展示机会均等，积极搭建展示交流平台，为不同类型学校提供展示自身教学成果的机会，特别是鼓励和支持普通高中参与区域教学展示活动；五是加强跨学科教研的整体规划设计，建立有效的协调机制，确保不同学科在教学内容进度上的衔接与配合；六是减轻教师工作负担，为参与跨学科教研提供足够时间和资源支持。

七、基于需求整体设计教研活动，促进“双新”落地落实

调研显示高中物理学科培训活动存在的问题是区域教研设计缺乏针对性，未能充分满足不同学校和教师的具体需求；“双新”教研的关注点不够全面，部分内容和主题重视不足，影响“双新”理念在教学中的全面深入实施，分别如附图 2-19 和附图 2-20 所示。

	A类学校	B类学校	C类学校	D类学校	T类学校
围绕“双新”找到需研究的问题，设计更有针对性的学科教研主题	78%	63%	59%	60%	50%
贴近教学实际，设定更明确清晰的学科教研目标	56%	47%	47%	25%	12%
根据不同类型教师的需求，建设针对性更强的教研机制	28%	32%	18%	31%	50%
加强对区域教师队伍特点、不同类型教师专业发展需求的调研	50%	16%	29%	19%	12%
加强学科教研的系列化、长程设计，加强教研内容的连贯一致性	11%	32%	29%	12%	38%

A类学校：市实验性示范性高中；B类学校：区实验性示范性高中；
C类学校：公办普通高中；D类学校：民办高中；T类学校：特色高中

附图 2-19　教师对区域教研改进的需求

	A类学校	B类学校	C类学校	D类学校	T类学校
课程标准	44%	79%	71%	56%	
教材结构	22%	42%	29%	38%	12%
教学计划	44%	37%	35%	38%	25%
教学设计	39%	37%	47%	19%	25%
校本教研	17%			12%	50%
课堂评价	33%	21%	24%		50%
作业设计	33%	11%	29%	31%	38%
考试命题	50%	21%	12%	19%	25%
综合评价	11%			6%	12%
活动评价				6%	

A类学校：市实验性示范性高中；B类学校：区实验性示范性高中；C类学校：公办普通高中；D类学校：民办高中；T类学校：特色高中

附图 2-20 不同类型学校学科专项培训的主题

为改进高中物理学科培训活动，提出以下改进建议：一是基于各学校和教师的实际需求，整体设计区域教研活动，增加案例分析、互动研讨等实践环节，以提高教研的针对性和实用性；二是全面关注“双新”教研的关键环节，确保“双新”理念能够在教学各环节得到有效落实；三是建立物理教师交流与分享平台，促进经验共享与互助成长，定期邀请专家举办讲座或工作坊，帮助教师及时更新教育理念、提升教学水平。

八、加强实验室建设与应用管理，推动信息化赋能教学评

调研显示高中物理学科在环境支持方面存在的问题包括信息化应用缺乏针对性和有效性，且部分学校信息化支持覆盖率低；部分学校实验室设备器材难以满足教学需求，部分学校实验室使用频率相对较低，分别如附图 2-21、附图 2-22 和附图 2-23 所示。

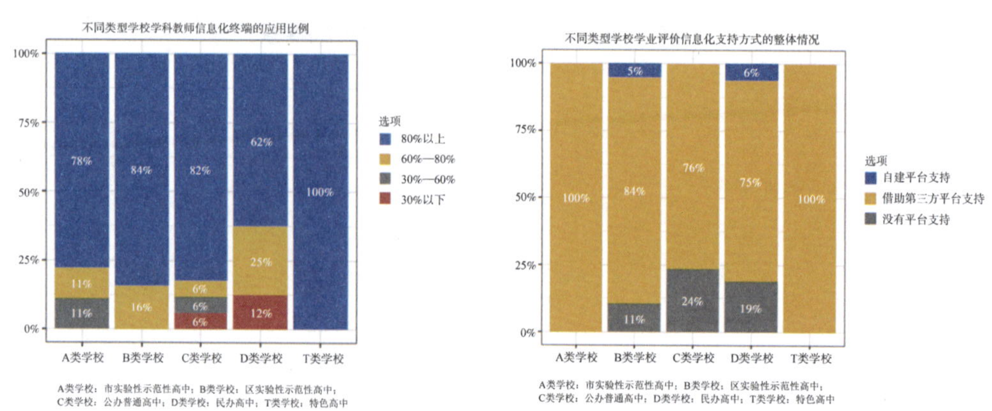

附图 2-21 信息化终端应用比例和信息化支持方式

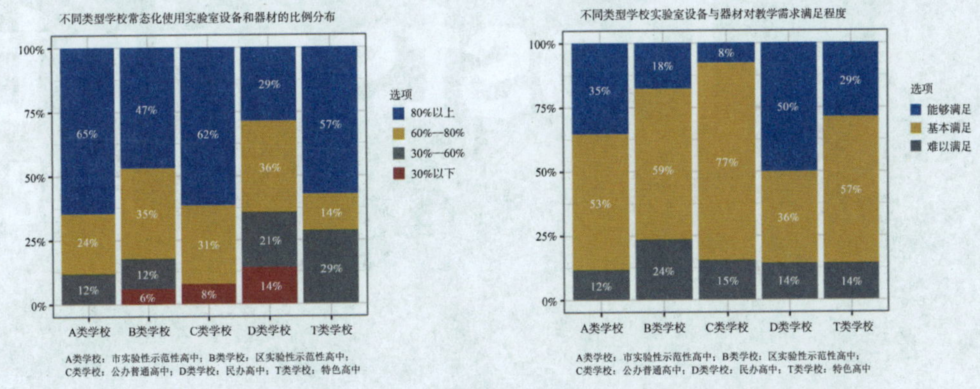

附图 2-22　实验室设备与器材的使用比例和教学需求满足情况

为提升高中物理学科环境支持的质量，提出以下改进建议：一是鼓励教师探索信息化赋能教学与评价，加强对薄弱学校信息化建设的支持，缩小校际差距；二是加强物理实验室的建设与使用管理，定期调研和评估，适时地更新实验设备，确保满足教学需求，特别关注薄弱学校的实验室建设，提供资金和技术支持；三是强化实验教学，融入物理教学互动软件或虚拟实验工具等，发挥实验教学对学生学习的促进作用。

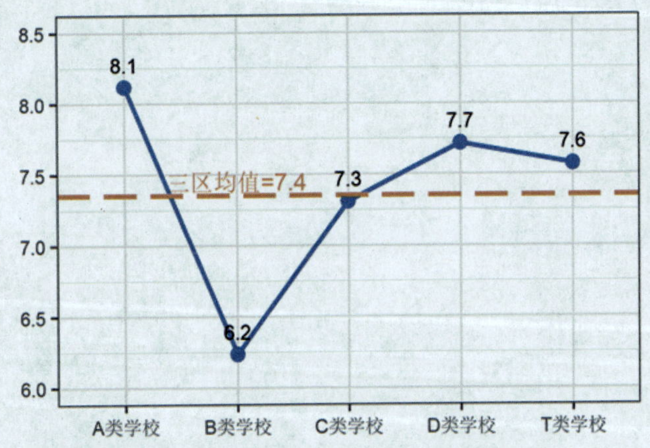

附图 2-23　实验室使用的年均次数

Postscript
后记

《教育强国建设规划纲要（2024－2035 年）》中明确教育评价改革方向，强调构建科学的教育评价体系，以此推动教育事业高质量发展。《教育部办公厅关于开展课程实施与教材使用监测工作的通知》要求建立健全课程实施与教材使用监测反馈机制，推动课程教材高质量实施。创新监测机制、有效护航新课程新教材实施成为当前的重要工作。然而，如何科学评估课程方案的落地成效？如何建构精准有效的监测框架与支持系统？如何将监测数据转化为教育改进的动力？这些问题既是教育治理现代化的重要命题，也是本书力求回应的核心问题。

本书以“理论建构—框架设计—技术支撑—数据分析—结果应用”为逻辑主线，系统呈现了普通高中课程实施监测框架的开发流程与实践应用。全书立足上海作为教育综合改革“先行区”的实践探索，融合教育心理学、教育技术学、教育评价学等多学科智慧，既注重学理层面的模型建构，如课程实施监测的国际经验比较与循证研究视角；又聚焦实践层面的工具开发，如监测框架指标研制、信息化平台建设、数据驱动的改进策略分析等实践环节；更强调监测结果的转化应用，如区域与学校的课程实施改进典型案例。这种“顶天立地”的研究取向，既彰显了学术创新的深度，也体现了服务实践的温度。

第一，基于循证视角，构建课程实施监测模型。本书第一章系统梳理了课程实施监测的学理基础和模型建构，并明确研究的开展立足于循证视角。本章系统梳理课程实施的定义、取向与层级，厘清了课程实施监测的定义与模式，分析了课程实施监测的国际经验。循证决策正成为全球治理和政策制定的共同愿景，强调基于现有数据和证据进行科学分析和评估，以提高决策准确性，其制度化与证据流动系统的构建成为关键趋势，多元化证据产品贯穿决策全过程。在 2023 年教育部办公厅关于印发《基础教育课程教学改革深化行动方案》的通知中提出“坚持循证决策，健全监测反馈机制，持续优化改进课程实施规划”。循证管理是以证据为基础，找出有效、可行的改革方案，进而解决组织问题。基于循证管理思想，面向循证改进的课程实施监测体系是一种系统化的教育监测框架，旨在通过收集、分析和应用教育数据，科学评估课程实施的效果，并依据这些证据来推动课程改进。它结合了循证管理和课程监测的原则，确保教育决策和改进措施基于可靠的数据和实证研究，从而提升教学质量和学生学习效果。

第二，聚焦实践需求，打造课程实施监测工具平台。本书第二、第三章展现了课程实施监测从设计到落地的完整路径。课程实施监测必须回应“为何监测”“谁来监测”“监测谁”“监测什么”“怎样监测”“监测结果如何应用”等核心问题。将这些问题依照循证管理理念和原则进一步发散和分解，便可以形成课程实施监测框架的整体结构，便于研制指标与确定监测点，明确监测内容。2024 年上海市开展的普通高中课程实施监测项目在回应了落实课程改革政策导向的基础上，建立了市、区、校三级课程实施监测体系，构建起上下联动、一体贯通的监测工作模式。课程监测框架设计采用了“背景—输入—过程—产出”（Context-Input-Process-Output，CIPO）模型，将课程实施监测的一级指标确定为“课程设置、教学实施、评价机制、保障支持、教师参与、实施效果”6 项，6 项一级指标，再具体分解为 21 个二级指标和 48 个三级指标。依据监测目的匹配和选择监测方法，开发监测工具，强调测评方式多样化，确保数据客观、真实。采用问题表单、文本评价表、问卷等监测工具，系统性地收集课程设置、教学实施、评价机制、保障支持、校长和教师参与、育人效果等多维度的数据。上海市通过建立常态化课程实施监测体系，建设监测指标与工具库、数据库、判据模型库，最终形成“规准—证据—诊断—反馈—改进”（Criteria- Evidence- Diagnosis-Feedback-Improvement，CEDFI）的闭环评估模型。

研发信息化支持平台，建立监测数据库是开展课程实施监测的有效保障。信息化平台是数据中心和管理中心，整合了数据采集、分析挖掘、反馈与报告呈现等功能，并承担着不同类型、层级用户信息管理功能。通过信息化平台可以实现对丰富的数据内容和多类型教育数据要素的整合和融通，进而推进监测数据分析和挖掘，完成从数据到证据的转化，为循证管理服务。上海市运用信息化系统平台开展大规模信息采集工作，便于填报数据、资料上传、智能化分析、即时性反馈、常态化预警。通过数据存储与积累，形成课程实施过程性证据系统。通过变量定义、聚类分析、关联分析、方差检验、回归分析等方法，进行问题与成因分析，提升循证决策的科学性。

第三，立足实证分析，揭示上海高中学校课程实施监测图景。本书第四章描述了上海高中学校课程实施监测概况，呈现了上海三区高中学校课程实施现状，分析了高中学校课程实施的问题与成因，提出了相关改进建议。2024 年，上海对全市 276 所高中学校进行监测：共有 1656 位学校管理者、3605 位学科教研组长参与 15 门学科的课程实施监测，收集结构化数据 865492 个，非结构化数据 23678 个，其中来自学校管理部门的 173700 个，来自学科教研组的 715470 个。针对 12 门非统编学科的教材使用监测共收集结构化数据 2281667 条，其中教师填写数据 667495 条，学生填写数据 1603092 条，学科教研员填写数据 11080 条。上海努力挖掘监测数据背后的原因，有效应用监测结果，形成市、区、校分级报告，通过问题分级诊断机制，引领上海课改、推进区域课改、推动学校课程校本化实施。通过实证研究，建立动态监测评估机制，形成“标准引领、分层推进、数据赋能”的操作路径，促进国家课程政策精准落地与区域教育质量整体提升。

第四，强化结果应用，探索课程实施改进机制。本书第五章提出要在加强对课程实施监测结果应用认识的基础上，探索基于监测结果应用的“立体化”课程实施改进。课程实施监测的核心在于推动学校持续改进教育教学工作，构建良性循环，从而实现高质量发展。因此，监测结果的应用应紧密围绕学校需求，精准识别问题，促进学校的自我改进。科学、系统地运用监测结果，是提升教育决策精准度和有效性的关键。它不仅能够确保我们以评估为杠杆，推动课程改革与实施的深化，还能够持续提升课程实施的整体质量。上海市组织开展的课程实施监测项目较好地实现了对监测结果的合理应用。第一，课程实施监测结果报告兼具描述性和处方性。在全面描述现状的基础上，报告深入诊断问题，提供基准数据，为学校自我诊断与改进提供了明确的参照系。第二，课程实施监测报告关注学校差异。坚持“一校一报告”的原则，强调因地制宜、因校制宜，侧重评估办学努力过程与学校可持续发展能力建设，促进学校内涵品质提升、多样化特色发展。第三，课程实施监测报告支持多视角、多维度的数据解读。遵循分层分级、分岗分类、分学科的原则，为市、区、校三级教育管理者、教研指导者，提供了丰富多样的可视化监测信息。无论是整体性的报告，还是分类型、分学科、分学校的专项报告，都旨在为不同层级的决策者提供有针对性的数据支持。区、校拿到监测报告后，根据自身需要进行个性化的“二次分析”和数据应用。例如，嘉定区结合区域高中学校布局，站在区域教育治理角度抽取数据点并分类整理，达到治理成效评估、潜在问题诊断的目的。上海市曹杨中学聚焦课程校本化实施策略与育人成效分析，基于课程实施监测数据分析结果全面审视了“双新”实施情况。上海海事大学附属北蔡高级中学以“诊断 + 自评”监测结果分析与应用模式撬动学校课程实施质量再提升，立足课程、教学、评价等内涵发展，基于监测数据从多层面剖析学校课程建设、学习方式变革、评价体系优化等一系列举措的实施效果；同时精准发力补短板，强化教师专业发展支持系统，切实提升学校课程实施水平。

第五，立足当下，面向未来，彰显时代教育研究价值。立足当下，本书的出版具有三重意义。首先，在政策层面，构建了“国家—区域—学校”协同的治理框架。其次，在理论层面，丰富了课程实施监测的中国话语体系。再次，在实践层面，提供了“监测—改进”一体化的工具包。最后，在文化层面，有助于形成上下同心、求真务实的课改文化。特别在“双新”改革深入推进的当下，本书提出的监测模型与改进策略，为破解“课程方案落地难”“校本化实施浅表化”等顽疾提供了破解之道。面向未来，应继续加强基础教育课程实施监测的制度建设，优化监测指标体系，提升监测数据的准确性和应用价值，确保监测结果能够真正转化为推动教育改革和发展的强大动力。

需要说明的是，课程实施监测的直接研究并不丰富，理论基础并不完善，可借鉴的实操模型与成熟经验并不充分。因此，本项目的研究充满挑战，在实际运作模式完全空白的情况下，项目组成员虽然殚精竭虑、慎之又慎，但仍有能力不及之处，期待各位读者批评指正。

我本人对此项目充满期待，进行了顶层设计、统筹规划、组织领导，并对监测工具包研制、数据采集与分析、监测报告撰写等工作提出了具体想法。写作分工如下：第一章“课程实施监测的学理基础和模型建构”由刘辉、任佳瑶撰写；第二章“普通高中课程实施监测的框架、指标及工具研制”由王洋撰写；第三章“普通高中课程实施监测的信息化支持平台建设”由陈琦撰写；第四章“普通高中课程实施监测数据分析与结论建议”由刘辉撰写；第五章“普通高中课程实施监测结果应用与改进案例”由刘辉、任佳瑶、许晓芳、叶玲、赵冉冉撰写；附录 1 “上海市三区特色高中学校课程实施监测报告”由刘辉、任佳瑶、史加祥、尚金兰撰写；附录 2 “上海市三区普通高中物理学科课程实施监测报告”由史加祥、刘辉撰写。本书的文字校对工作由刘辉、尚金兰、任佳瑶完成。

作为一部立足中国教育实践、回应时代命题的作品，本书既适合教育行政管理者作为决策参考，也可为教研员、校长提供方法论指引，还值得教育研究者深入研读。期待本书的出版，能推动我国课程监测研究从“经验驱动”走向“循证决策”，从“零散探索”迈向“体系创新”，为推动教育治理现代化贡献智慧方案。

感谢中国研修网对上海市普通高中课程实施监测工作给予技术支持。

感谢上海科技教育出版社焦婧茹编辑为本书出版所付出的辛苦劳动。

上海市教师教育学院（上海市教育委员会教学研究室）王洋

2025 年 5 月 25 日

图书在版编目（CIP）数据

普通高中课程实施监测框架的整体开发和实践应用 / 上海市教师教育学院（上海市教育委员会教学研究室）编著．-- 上海：上海科技教育出版社，2025.8. -- ISBN 978-7-5428-8474-9

Ⅰ. G632.3

中国国家版本馆 CIP 数据核字第 2025CJ5059 号

责任编辑　焦婧茹
封面设计　符　劼

普通高中课程实施监测框架的整体开发和实践应用

上海市教师教育学院（上海市教育委员会教学研究室）　编著

出版发行　上海科技教育出版社有限公司
（上海市闵行区号景路 159 弄 A 座 8 楼　邮政编码 201101）
网　　址　www.sste.com　www.ewen.co
经　　销　各地新华书店
印　　刷　上海华顿书刊印刷有限公司
开　　本　787 × 1092　1/16
印　　张　18.75
版　　次　2025 年 8 月第 1 版
印　　次　2025 年 8 月第 1 次印刷
书　　号　ISBN 978-7-5428-8474-9/G·5064
定　　价　128.00 元